KB203692

창세기 강해

AN EXPOSITION ON
THE FIRST BOOK OF MOSES,
CALLED GENESIS

〔4판〕

김효성
Hyosung Kim
Th.M., Ph.D.

옛신앙
oldfaith
2023

머리말

주 예수 그리스도(마 5:18; 요 10:35)와 사도 바울(갈 3:6; 딤후 3:16)의 증거대로, 성경은 하나님의 말씀이다. 성경이 하나님의 말씀이며 우리의 신앙과 행위에 있어서 정확무오한 유일의 법칙이라는 고백은 우리의 신앙생활에 있어서 매우 기본적이고 중요하다.

웨스트민스터 신앙고백에 진술된 대로(1:8), 우리는 성경의 원본이 하나님의 감동으로 오류가 없이 기록되었고 그 본문이 "그의 독특한 배려와 섭리로 모든 시대에 순수하게 보존되었다"고 믿는다. 이것은 교회의 전통적 견해이다. 그러므로 구약성경에서 전통적 히브리어 마소라 본문을 중요히 여기며 야곱 벤 카임에 의해 편집한 제2 랍비성경(봄버그판)을 표준적 본문으로 간주해야 한다고 본다.

성경은 성도 개인의 신앙생활뿐 아니라, 교회의 모든 활동들에도 유일한 규범이다. 오늘날처럼 다양한 풍조와 운동이 많은 영적 혼란의 시대에, 우리는 성경으로 돌아가 성경이 무엇을 말하는지 묵상하기를 원하며 성경에 계시된 하나님의 모든 뜻을 알기를 원한다.

성경으로 설교할지라도 그것을 바르게 해석하고 적용하지 않으면, 말씀의 기근이 올 것이다(암 8:11). 오늘날 많은 설교와 성경강해가 있지만, 순수한 성경 지식과 입장은 더 흐려지고 있는 것 같다.

그러므로 오늘날 요구되는 성경강해는 성경 본문의 뜻을 명료하게 해석하고 적용하는 것일 것이다. 실상, 우리는 성경책 한 권으로 충분하다. 성도는, 유일한 선생님이신 성령의 지도를 구하며 성경을 읽어야 하고, 성경강해는 오직 작은 참고서로만 사용해야 할 것이다.

심히 부족한 종에게 지혜와 분별력과 간절함과 건강을 주시고 또 약한 남편을 위해 일평생 헌신한 아내를 주시고 또 많은 기도와 물질로 후원한 성도들과 합정동 교회를 주신 하나님께만 영광을 돌린다.

내용 목차

서론

창세기의 원어성경의 **명칭**은 맨 처음 단어인 <u>베레쉬스</u> בְּרֵאשִׁית ('태초에')이다. 창세기(創世記, Genesis)라는 명칭은 헬라어 70인역에 따른 것으로 '기원'이라는 뜻이다. 창세기는 과연 세상의 기원, 인류의 기원, 결혼의 기원, 죄의 기원, 출산의 기원, 제사의 기원, 살인의 기원, 죽음의 기원, 심판의 기원, 언약의 기원, 나라들의 기원, 이스라엘 백성의 기원, 전쟁의 기원 등을 증거하는 기원에 관한 책이다.

창세기 **저자**는 모세이다. 주께서는 창세기 17장에 나오는 할례의 규례를 모세가 준 법이라고 말씀하셨다(요 7:23). 또 두 번째 책 출애굽기가 원어성경에서 웨 וְ('그리고, 그런데')라는 말로 시작되는 것은 두 책이 연결된 내용임을 나타낸다. 창세기는 출애굽기 이후의 책들의 배경으로서 필요했다. 이 일을 위해 모세는 적합한 인물이었다. 또 창세기 50:10-11의 "요단강 건너편"이라는 표현은 창세기의 저자가 요단 동편에 있었음을 나타낸다. 이것은 모세의 저작성에 맞다.

창세기가 한 사람에 의해 쓰여졌다는 것은 다음 두 사실에서 증거된다. 첫째, 히브리어 톨레도스 תּוֹלְדוֹת라는 말이 반복해 사용되었다는 점이다. 이 말은 한글개역성경에서 '대략'(2:4; 36:1, 9), '계보'(5:1), '사적'(6:9), '후예'(10:1; 11:10, 27; 25:12), '약전(略傳)'(37:2) 등으로 번역되었다. 둘째, 선택되지 않은 조상의 족보나 역사가 선택된 조상의 족보나 역사보다 먼저 기술된다는 점이다. 가인이 셋보다, 야벳과 함이 셈보다, 롯과 이스마엘이 이삭보다, 에서가 야곱보다 먼저 기록되었다. 이 사실들은 창세기가 한 사람의 저작임을 나타낸다.

창세기의 **내용**은 인류의 초기의 역사(1-11장)와 이스라엘 민족의 족장들에 관한 역사(12-50장)이다. 본서의 **특징적 진리**는 하나님의 주권의 진리이다. 창세기는 천지만물의 창조, 사람의 창조, 하나님의

처음 명령, 첫 사람의 범죄와 에덴 동산으로부터의 추방, 노아 시대의
홍수 심판, 소돔 고모라 성의 유황불비 심판, 아브라함과 이삭과 야곱
과 요셉의 선택과 언약과 보호, 하나님의 구원 계획과 메시아 예언
등에서 하나님의 주권의 진리를 잘 증거하였다.

본문 혹은 각주에 자주 사용된 약어

KJV	영어 King James Version
NASB	영어 New American Standard Version
NIV	영어 New International Version
LXX	고대 헬라어 70인역
Syr	고대 수리아어역
It	고대 라틴어역
Vg	고대 라틴어 Vulgate역
BDB	Brown-Driver-Briggs, *Hebrew Lexicon of the O. T.*
KB	Koehler-Baumgartner, *Lexicon in Veteris Testamenti Libros.*
Langenscheidt	*Langenscheidt Pocket Hebrew Dictionary.*
NBD	*The New Bible Dictionary.* IVP.
Poole	Matthew Poole, *A Commentary on the Holy Bible.*
JFB	Robert Jamieson, A. R. Faussett, and David Brown, *A Commentary Critical, Experimental, and Practical on the Old and New Testaments.*

1장: 천지 창조

1-5절, 첫째 날

[1절] 태초에(베레쉬스 בְּרֵאשִׁית)[맨 처음에] 하나님이[하나님께서] 천지를 창조하시니라.

본절은 1장의 제목이 아니고 하나님의 창조 사역의 시작을 증거한다. 1절이 제목이라면, 원문 2절은 웨(וְ)['그리고,' '그런데']라는 말로 시작될 수 없을 것이다. '태초에' 즉 '맨 처음에'라는 말은 시간의 시작을 가리킬 뿐 아니라, 우주 즉 존재 세계의 시작을 가리킨다. 태초에 하나님께서 천지(天地) 곧 하늘과 땅을 창조하셨다.

'하나님'이라는 원어(엘로힘 אֱלֹהִים)는 복수명사 형태이며 때때로 이방신들을 가리키는 데 사용되기도 하지만(출 23:13; 왕하 18:33 등) 특히 위엄과 능력이 크신 영원하신 참 하나님을 가리키는 말로 사용되며 그때에는 복수동사가 아니고 항상 단수동사를 취한다. 또 이 말은 하나님의 삼위일체 되심도 암시하는 것 같다.

'천지'는 우주 공간과 땅의 원소들을 가리킨다고 본다. 그것은 다음 절들에서 드러난다. 창조된 천지는 아직 원시 상태에 있었다.

'창조하신다'는 말은 하나님께만 사용되는 단어로서(BDB) 하나님께서 무(無)로부터 무엇을 만드셨음을 잘 나타낸다. 사람은 이미 있는 재료로 집도 만들고 물건도 만든다. 재료가 없으면 아무것도 만들 수 없다. 또 사람들은 이미 있는 자연법칙을 터득하여 전기도 발명하고 컴퓨터도 발명한다. 그러나 하나님께서는 자신 외에 아무것도 없이 모든 것을 만드셨다. 그는 전능하신 하나님이시다.

천지를 창조하시기 전부터 계신 하나님께서는 영원하신 분이시다. 맨 처음에 물질이 있지 않았다. 물질은 우주의 근본이 아니다. 물질은 영원하지 않다. 물질은 하나님께서 창조하심으로 존재하게 된 것뿐이다. 하나님께서 우주의 근원이시다. 그가 모든 것을 만드셨다. 이것은 세상에서 가장 근원적인 진리이며 가장 중요한 진리이다.

천지만물을 창조하신 하나님께서는 영원하신 하나님이시다. 그는 모세에게 자신을 '스스로 있는 자'라고 계시(啓示)하셨다. 출애굽기 3:14, "하나님이 모세에게 이르시되 나는 스스로 있는 자니라. 또 이르시되 . . . 스스로 있는 자가 나를 너희에게 보내셨다 하라." '여호와'라는 그의 이름은 '있다, 존재한다'는 단어(하야 הָיָה)의 고어형(하와 הָוָה)에서 나온 말로 '스스로 있는 자'라는 뜻이라고 본다.

하나님의 사람 모세는 시편 90:1-2에서, "주여, 주는 대대에 우리의 거처가 되셨나이다. 산이 생기기 전, 땅과 세계도 주께서 조성하시기 전 곧 영원부터 영원까지 주는 하나님이시니이다"라고 말했다. 선지자 이사야도 이사야 40:28에서 하나님을 '영원하신 하나님 여호와'라고 불렀다. 요한계시록 22:13에서 주께서는 "나는 알파와 오메가요 처음과 나중이요 시작과 끝이라"고 말씀하셨는데 그것은 하나님의 영원하심과 예수께서 하나님이심을 증거하신 말씀이다.

〔2절〕 [그런데] **땅이 혼돈하고 공허하며 흑암이 깊음 위에 있고 하나님의 신은**[영께서는] **수면(水面)에**[그 물 위에] **운행하시니라**[움직이시니라].

본절은 원문에 '그리고' 혹은 '그런데'라는 말(웨 וְ)로 시작된다. 그것은 창조된 천지(天地) 곧 하늘과 땅의 원시적 상태를 묘사한다고 본다. '혼돈'이라는 원어(토후 תֹהוּ)는 '형태가 없음, 혼돈, 공허' 등의 뜻이며, '공허'라는 원어(보후 בֹהוּ)도 '텅 비어 있음'이라는 뜻이다 (BDB). 창조된 땅은 아직 형태가 없고 텅 비어 있었다.

또 어두움이 깊음 위에 있었다. '깊음'이라는 원어(테홈 תְּהוֹם)는 바다의 깊음을 가리키는 말이며(시 104:6), 이어서 '수면에'라는 말이 나오는 것을 보면 그 깊음은 물로 뒤덮인 땅이나 수증기로 가득한 공간을 가리키는 것 같다. 피조 세계에서 기본적인 요소인 물은 창조된 천지의 초기 상태에 포함되어 있었다. 아직 어두움이 천지에 가득하였다. 빛이 창조되기 전까지 온 우주는 캄캄하였다.

그때 하나님의 영께서는 그 물(함마임 הַמָּיִם) 위에 행하셨다. '그 물'은 앞에 말한 '깊음'(테홈 תְהוֹם)을 가리킨다. 땅과 우주 공간은 물과 수증기로 가득한 상태이었다. 그의 창조 사역에 하나님의 영 곧 성령께서 그 물 위에 계셨다. 하나님의 아들께서도 천지만물의 창조자이셨다(요 1:3). 삼위일체 하나님께서 천지만물을 창조하셨다.

어떤 이들은 본절이 천사의 타락을 가리키며 하나님의 창조하신 땅이 천사의 타락으로 혼란하고 공허해졌다고 추측했다. 창세기 1장의 내용을 천지 창조가 아니라 천지 회복이라고 해석한 것이다. 그러나 본장의 구조상 1-2절은 첫째 날 안에 포함된다고 보는 것이 자연스럽다. 또한 창세기 1-2장과 출애굽기 20:11은 천지 만물의 창조가 엿새 동안에 된 것을 증거하며, 이것은 천사들을 포함하여 모든 피조 세계의 기원을 말한다고 보는 것이 가장 자연스럽다. 또 창세기 1:31에 기록된 바와 같이 "하나님께서 그 지으신 모든 것을 보시니 보시기에 심히 좋았더라"는 말씀은 천사의 타락이 천지 창조의 6일 이전에 있기 어렵다는 사실을 보인다.

〔3-4a절〕 하나님이[하나님께서] 가라사대 빛이 있으라 하시매 빛이 있었고 그 빛이 하나님의 보시기에 좋았더라.

창조된 천지가 아직 형태가 없고 비어 있었고 캄캄했을 때 하나님께서는 빛을 만드셨다. 그는 말씀으로 빛을 만드셨다. 본장에는 '가라사대' 혹은 '이르시되'라는 말이 열한 번 나온다. 요한복음 초두에는 주 예수 그리스도께서 태초부터 계셨던 말씀(로고스 λόγος)이라고 불리었고, "만물이 그로 말미암아 지은 바 되었으니 지은 것이 하나도 그가 없이는 된 것이 없느니라"고 증거되었다(요 1:3). 하나님께서는 말씀으로 일하셨다. 하나님의 말씀은 능력이 있으셨다. 사람의 말도 약간 힘이 있지만 하나님의 말씀은 없는 것을 있는 것같이 부르시고 죽은 자를 살리시는 완전한 능력의 말씀이다.

하나님께서는 그의 말씀으로 빛을 만드셨다. 그는 어두움도 만드셨고 빛도 만드셨다. 하나님께서 어두움의 세계에 빛을 만드셨다. 빛은 신기한 물질이다. 우리는 태양 빛 아래서 살고 있고 화로 불빛이나 전기 빛을 보며 살고 있다. 창조 세계의 아름다움은 빛 가운데서만 드러난다. 빛이 있어야 만물의 존재나 색깔이 드러난다. 어두움 속에서는 물체와 그 색을 볼 수 없다. 빛은 참으로 좋은 것이다. 하나님께서는 빛이시며(요일 1:5) 그의 세계는 빛의 세계이다.

하나님께서는 창조하신 빛이 좋았음을 보셨다. '하나님의 보시기에 좋았더라'는 말씀은 창세기 1장에 일곱 번 나온다. 이 말씀은 창조된 천지만물의 본래 상태가 좋고 아름다웠음을 보인다. 창조된 세상이 하나님의 보시기에 좋았다면, 그것은 사람들 보기에도 좋고 아름다운 세상이었음에 틀림없다. 오늘날 세상에 있는 죄와 불행은 이 세상의 본래 상태의 모습이 아니고 사람이 범죄한 후 상태의 모습이다.

〔4b-5절〕 하나님이[하나님께서] 빛과 어두움을 나누사 빛을 낮이라 칭하시고 어두움을 밤이라 칭하시니라. 저녁이 되며 아침이 되니 이는 첫째 날이니라.

하나님께서는 빛을 만드셨고 빛과 어두움을 나누셨다. 빛과 어두움은 본질상 서로 다르다. 하나님께서는 혼돈과 무질서를 싫어하신다. 그는 빛과 어두움을 나누신 하나님이시다. 그는 의와 불의, 선과 악을 나누시며, 마지막 날에 의인과 악인을 나누실 것이다. 마태복음 13:49, "세상 끝에도 이러하리라. 천사들이 와서 의인 중에서 악인을 갈라내어." 요한계시록 22:15, "개들과 술객들과 행음자들과 살인자들과 우상숭배자들과 및 거짓말을 좋아하며 지어내는 자마다 성밖에 있으리라." 천국은 의인들만의 세계가 될 것이다.

하나님께서는 빛을 낮이라 부르시고 어두움을 밤이라 부르셨다. 낮과 밤이라는 것이 시작되었다. 이와 같이, 첫째 날에 하나님께서는 공간과 땅의 원질, 물, 그리고 빛을 만드셨다. 천사들의 창조도 첫째 날에 두어야 할 것이다. 욥기 38:4, 7, "내가 땅의 기초를 놓을 때에 네가 어디 있었느냐?" "그때에 새벽 별들이 함께 노래하며 하나님의 아들들이 다 기쁘게 소리하였었느니라." 시편 148:5; 골로새서 1:16.

본장에 '저녁이 되며 아침이 되니'라는 말이 여섯 번 나온다. 이것은 본장에서 '첫째 날' '둘째 날' 등의 '날'이 일상적인 24시간의 하루에 적합함을 보인다. 본장의 '날'이 긴 시대를 가리킨다면, '저녁이 되며 아침이 되니'라는 말은 무의미할 것이다. 또 하나님께서 천지만물을 엿새 동안에 창조하시고 일곱 째 날에 안식하셨고 또 이것에 근거하여 안식일을 명하셨음을 생각할 때 본장의 '날'을 24시간의 일상적 하루로 보는 것이 가장 자연스럽다. 그렇다면, 천지 창조의 처음 3일은 태양 없는 날들이었다고 보아야 할 것이다.

본문은 교훈을 정리해보자. 첫째로, 하나님께서는 영원하신 하나님이시다. '여호와'라는 말은 '스스로 있는 자'라는 뜻이라고 본다. 하나님께서는 태초에 천지를 창조하셨다. 이 말은 그가 태초에 천지를 창조하시기 전부터 계셨다는 뜻이고 그것은 그가 영원하신 분이시라는 뜻이다. 하나님께서는 영원하시다. 이것은 중요한 철학적 질문에 대한 대답이다. 옛날부터 철학자들은 존재 세계의 기원을 묵상해왔다. 이 세상은 어디로부터 혹은 무엇으로부터 기원한 것인가? 이것은 고대 헬라 철학자들의 중요한 질문이었다. 창세기 1:1은 그 대답이다. 이것은 철학적 질문에 대한 바른 대답이다. 기독교는 철학적 질문에 대해 대답한다. 이 세상은 무신론이 판을 치는 세상이다. 과학을 신뢰하는 많은 지식인들이 무신론적인 것 같다. 그들은 하나님께서 태초에 세상을 창조하신 것을 믿지 않는다. 그 대신, 그들은 진화론을 믿는다. 그러나 진화론이야말로 참으로 비합리적인 이론이다. 진화론자들은 태초에 물질이 있었다고 가정하지만, 물질의 기원을 알지 못한다. 더욱이, 그들은 그 물질에서 우연히 생명체가 나왔고 그 생명체가 발전하여 이 오묘막측한 우주와 생명의 세계가 되었다고 말한다. 그것이 도대체 합리적인가? 물질이 전능한가? 인류의 문화적 흔적의 연대가 수천년에 불과함에도 불구하고, 그들은 인류의 연대를 수십만년, 지구의 연대를 수십억년으로 보려 하나, 그것은 증명되지 못한 비과학적 가설일 뿐이다.

하나님의 존재의 증거는 풍성하다. 오묘막측한 천지만물이 그 첫째 증거이며 하나님의 많은 특별계시들과 기적들이 그 둘째 증거이다. 그는 인류의 역사 속에서 자신을 수없이 많이 나타내셨다. 성경은 하나님을 체험한 자들의 증거 문서이다. 무신론은 자체를 논증하기 불가능하지만, 기독교는 수많은 증거들을 가지고 있다. 영원하신 하나님께서는 우주와 세상과 사람들의 근원적 질문들에 대한 바른 대답이시다.

둘째로, 이 세상은 하나님의 창조물이다. 하나님께서는 천지만물과 사람을 창조하셨다. 요한복음 1:3, "만물이 그로 말미암아 지은 바 되었으니 지은 것이 하나도 그가 없이는 된 것이 없느니라." 골로새서 1:16, "만물이 그에 의해 창조되되 . . . 만물이 다 그로 말미암고." 여기에 사람의 바른 위치가 있다. 세상은 결코 주인 없는 세상이 아니고 조종사 없는 비행체가 아니다. 하나님께서는 이 세상의 창조자이시며 섭리자이시다. 세상을 창조하지 않은 신은 다 가짜 신이다(시 96:5). 우리는 참 하나님을 바로 알고 바로 믿고 섬겨야 한다. 그것이 구원과 영생이다.

셋째로, 하나님께서는 빛을 창조하셨다. 빛은 존재 세계를 드러내고 거기에 질서와 아름다움을 주었다. 어두움은 이 세상에만 있다. 성경에서 어두움은 무지와 죄, 슬픔과 불행과 죽음을 상징하고, 빛은 지식과 의, 기쁨과 행복과 생명을 상징한다. 하나님의 창조 세계는 기쁨과 행복이 기대되는 세계이었으나, 죄가 들어옴으로써 무지와 슬픔과 불행과 죽음이 지배하는 세상이 되었다. 현재 세상은 사람의 죄로 슬픔과 불행이 많지만, 구원은 지식과 의, 기쁨과 평안과 영생을 준다. 장차 우리가 들어갈 천국은 의와 평안과 기쁨과 영원한 생명이 넘치는 나라이다.

6-13절, 둘째 날, 셋째 날

본문은 하나님의 천지 창조 6일 중 둘째 날과 셋째 날에 하신 일을 증거한다. 하나님께서는 둘째 날 궁창을 만드시고 그것을 하늘이라 부르셨고, 셋째 날 궁창 아래의 물이 한 곳에 모여 마른 땅이 드러나게 하시며 그것을 땅이라 부르셨고 그 모인 물을 바다라 부르셨다. 또 그 날 하나님께서는 땅에서 각종 식물이 나게 하셨다.

〔6-8절〕 하나님께서 가라사대 물 가운데 궁창(라키아 רקיע)[큰 공간]이 있어 물과 물로 나뉘게 하리라[하라] 하시고 하나님께서 궁창을 만드사 궁창 아래의 물과 궁창 위의 물로 나뉘게 하시매 그대로 되니라. 하나님께서 궁창을 하늘이라 칭하시니라. 저녁이 되며 아침이 되니 이는 둘째 날이니라.

첫째 날 하나님께서는 천지를 창조하셨는데, 그가 만드신 하늘은 우주 공간이며 그가 만드신 땅은 아직 형태가 없는 상태이었다고 본다. 또 그가 만드신 원시상태의 천지는 물이 가득했고 하나님의 영께서는 그 물 위에 행하셨다(1:2). 이제 둘째 날에 그는 물 가운데 궁창이 있어 물과 물로 나뉘게 하라고 말씀하셨다. 그의 말씀대로 궁창이 창조되었고 궁창 아래의 물과 궁창 위의 물이 나뉘어졌다.

궁창 즉 큰 공간이라는 말은 이중적 의미로 사용된 것 같다. 좁은 의미의 궁창은 땅과 구름 사이의 공간을 가리키는 것 같다. 본장 20절은 궁창에서 새들이 난다고 말한다. 구름은 작은 물방울들이 모여 있는 것인데, 낮은 구름의 높이는 해면에서 1.8킬로미터 미만이지만 높은 구름의 높이는 18킬로미터 되는 것도 있다고 과학자들은 말한다.[1] 그러므로 땅과 구름 사이 공간인 궁창 위에는 많은 물들이 있다.

땅으로부터 100킬로미터 정도까지를 대기권(공기가 있는 공간)이라고 부르는데, 여기에 공기의 99퍼센트 이상이 있다고 한다.[2] 과학

---

1) *The World Book Encyclopedia*, vol. 4, 709, 711.
2) 공기는 질소 78퍼센트, 산소 21퍼센트, 아르곤 가스 등 기타 1퍼센트로

자들에 의하면, 대기권도 네 개의 층으로 구성되어 있으며3) 그 중 맨 아래층인 대류권에 구름들이 있지만, 대기권 전체에 땅에서 80킬로 미터 높이까지의 공기 중에 평균 약 3퍼센트의 수증기가 있고, 대기 중 수증기의 부피는 약 만 3천 입방킬로미터, 무게는 약 13조 톤이라 고 한다.4) 바다와 육지에서 증발하는 수증기 양은 연간 약 519경 톤 이며5) 이것은 1초당 약 1,645억 톤이 된다. 이 수증기들은 비와 눈이 되어 땅 위에 내린다. 참으로 궁창 위에는 많은 양의 물이 있다.

그러나 다른 한편, 궁창은 땅과 구름 사이의 공간뿐 아니라 하늘 공간 전반을 가리키기도 한다. 궁창은 하늘(솨마임 שָׁמַיִם)이라고 불 린다. 그러면 이 하늘은 1절에서 언급된 하늘과 구별이 없는 것 같다. 또 14절과 17절은 궁창에 해와 달과 별들이 있다고 말한다. 그러면 이때의 궁창은 구름 아래의 낮은 공간이 아니고 높은 하늘이다. 달은 지구로부터 38만 킬로미터 떨어져 있고, 해는 1억 5천만 킬로미터나 떨어져 있고, 별들은 그보다 훨씬 더 멀리 있다. 그러므로 해와 달과 별들이 있는 궁창은 우주 공간과 같은 뜻이라고 보인다. 이와 같이, 궁창은 이중적 의미를 가진다고 본다. 좁은 의미로는 땅과 구름 사이 의 공간이지만, 넓은 의미로는 우주 공간을 가리킨다고 본다.

[9-10절] 하나님께서 가라사대 천하의 물이 한 곳으로 모이고 뭍[마른 땅]이 드러나라 하시매 그대로 되니라. 하나님께서 뭍[마른 땅]을 땅이라 칭

구성되었고, 매우 적은 양의 공기는 지상 1,600킬로미터까지 있다고 한다.

3) (1) 대류권(Troposphere)(8-16km), (2) 성층권(Stratosphere)(16-50km) --이 중 오존층(Ozonosphere)(20-50km)은 생물체에 해로운 태양광선(자외 선, 우주선, 감마선 등)을 차단해준다, (3) 중간권(Mesosphere)(50-80km), (4) 열권(Thermosphere)(80km 이상). 중간권과 열권 중 지상에서 발사하는 전파 를 반사하는 층인 전리층(Ionosphere)(약 60-1000km)이 있다. 김영길 외 26 인, 자연과학, 수정판 (서울: 생능, 1991), 83-85쪽.

4) 김영길, 자연과학, 97쪽.

5) 위의 책, 100쪽.

하시고 모인 물을 바다라 칭하시니라. 하나님의 보시기에 좋았더라.

　1절과 2절은 땅과 물이 첫째 날 창조되었음을 보였었다. 하나님께서는 셋째 날에 단지 물을 한 곳으로 모으시고 마른 땅이 제 모습을 드러나게 하신 것뿐이다. 형태가 없고 텅 빈 것 같았던 땅은 이제 제 모습을 드러내었다. 또 바다도 제 모습을 가지게 되었다.

　하나님께서 창조하신 지구는 거대한 공과 같다. 지구의 볼록 나온 배부분을 적도라고 부르는데 그 둘레는 약 4만 75킬로미터이며 거기에서 지구의 중심까지의 거리는 약 6,378킬로미터라고 한다. 지구의 무게는 약 6섹스틸리온 톤이라고 하는데, 섹스틸리온은 10의 21제곱을 가리키는 말이다. 이렇게 큰 공과 같은 지구는 팽이처럼 돌고 있는데(자전이라 함), 한 바퀴 도는 시간이 하루 즉 24시간, 정확히 말하면 23시간 56분 4.09초이다. 또 지구는 태양을 중심으로 하여서도 돌아가고 있는데(공전이라 함), 그것을 한 바퀴 도는 시간이 1년 즉 365일, 정확히 말하면 365일 6시간 9분 9.54초라고 한다.

　물이 한 곳으로 모이며 이 거대한 지구는 제 모습을 드러내었다. 이 지구에는 높은 산들도 있고 낮은 언덕들도 있으며 넓은 평원들도 있고 깊은 골짜기들도 있다. 흔히 지구에는 여섯 개의 큰 대륙들이 있다고 말하는데, 아시아, 유럽, 아프리카, 북아메리카, 남아메리카, 오세아니아 등이 그 여섯 대륙이다. 이것을 육대주라고 말한다.

　이 지구에는 더운 곳들도 있고 추운 곳들도 있다. 지구에서 제일 더운 곳은 섭씨 58도나 되고 제일 추운 곳은 섭씨 영하 89도나 된다고 한다. 과학자들에 의하면, 지구는 세 개의 층으로 되어 있으며[6] 세 번째 층 즉 가장 중심층인 중심핵의 중앙에는 섭씨 약 5,000도의 뜨거운 불이 있다고 추측한다. 이 불은 때때로 화산으로 분출된다.

---

　6) 지하 8-40km는 지각(Crust)층이고, 지하 2,900km까지는 맨틀(Mantle)층이고, 그 다음에는 중심핵이라고 한다.

물들은 모여 바다를 이룬다. 지구가 가진 물의 총량은 약 1억 3,600만 입방킬로미터(km³)이며 그것은 지구 전체를 약 2.7킬로미터 깊이로 덮을 수 있는 양이라고 한다.[7] 지구의 물의 97.2퍼센트는 바닷물이다. 바다는 육지에 닿은 곳은 얕지만, 멀리 나가면 깊어지는데 깊은 바다는 보통 깊이가 5-6킬로미터나 된다. 현재까지 알려진 가장 깊은 바다는 깊이가 약 11킬로미터이다. 지구에는 다섯 개의 큰 바다가 있는데, 태평양, 대서양, 인도양, 남빙양, 북빙양이 그것이다. 여섯 개의 대륙과 합해 그것을 6대주 5대양이라고 부른다. 땅과 바다는 하나님께서 보시기에 좋았다. 세상은 하나님의 아름답고 훌륭한 작품이다.

〔11-13절〕 하나님께서 가라사대 땅은 풀과 씨 맺는 채소와 각기 종류대로 씨 가진 열매 맺는 과목을 내라 하시매 그대로 되어 땅이 풀과 각기 종류대로 씨 맺는 채소와 각기 종류대로 씨 가진 열매 맺는 나무를 내니 하나님의 보시기에 좋았더라. 저녁이 되며 아침이 되니 이는 셋째 날이니라.

셋째 날 하나님께서는 식물들도 창조하셨다. 식물들은 세 부류로 구분되었다. 첫째는 풀(데쉐 דֶּשֶׁא, grass)이요, 둘째는 씨 맺는 채소(에셉 עֵשֶׂב, herb)이며, 셋째는 씨 가진 열매 맺는 나무(에츠 עֵץ, tree)이다. 물론 이 세 부류들 안에는 수많은 종류의 풀들과 채소들과 나무들이 있다. 식물학자들에 의하면, 지구상에는 식물들이 35만종 이상이 있고 그 중 반 이상은 꽃을 피우는 것들이라고 한다. 작은 것도 있고 큰 것도 있다. 가장 작은 것은 현미경으로만 볼 수 있는 규조류(diatom)라는 것이 있고, 가장 큰 나무는 키가 88미터이며 너비가 9미터라고 한다. 나무의 수명은 길어서 가장 오래된 것은 4,000-5,000년된 것도 있다고 한다.

하나님께서는 식물들을 '각기 종류대로'(3번이나 언급됨), 즉 다양한 종류의 식물들을 만드셨다. 또 그 식물들은 그가 보시기에 좋았다.

---

7) 김영길, 자연과학, 96쪽.

식물의 세계는 아름다운 다양성을 지닌 세계이다.

본문의 교훈을 정리해보자. 첫째로, 하나님의 지으신 세상은 광대하고 오묘막측한 세상이다. 우리가 사는 지구는 광대한 우주의 작은 한 부분이다. 그러나 이 지구도 광대하여 우리는 광대한 하늘, 광활한 땅, 신비한 바다를 갖춘 세상에 살고 있다. 우리는 이 크고 오묘한 세상을 바라보면서 하나님의 크신 능력과 지혜를 깨닫는다. 그러므로 우리는 우리의 눈을 높이 떠야 하고 우리의 마음을 넓게 열어야 한다. 우리는 이 광대한 우주만물을 지으신 위대하신 하나님을 높이 찬양해야 한다.

둘째로, 하나님께서 지으신 하늘과 땅과 바다 그리고 각종 식물들은 하나님의 보시기에 아름다운 것들이었다. 우리는 오늘날 세상의 중대한 문제들이 실상 자연만물의 문제라기보다 사람들의 문제임을 깨달아야 한다. 세상의 근본 문제는 사람의 마음이 심히 부패했다는 데 있다. 사람이 경건과 도덕성, 즉 하나님을 아는 지식과 경외심과 그의 계명을 지키는 도덕성을 잃어버렸다는 것, 즉 죄의 문제가 세상의 근본적 문제이다. 하나님께서 지으신 하늘과 땅, 산들, 들판들, 바다들, 나무들, 풀들은 아름답지만, 사람은 만물보다 거짓되고 심히 부패한 존재이다. 그러므로 오늘날 가장 필요한 일은 사람들이 하나님께로 돌아와 죄사함과 의롭다 하심의 구원을 얻고 경건과 도덕성을 회복하는 것이다.

셋째로, 하나님께서는 다양성을 가진 세상을 만드셨다. 우리는 그러한 사실을 생각하면서 하나님을 경외하며 섬기며 순종하면서 다양성을 인정하고 그것을 존중하고 활용해야 할 것이다. 획일주의는 하나님의 창조의 방식이 아니다. 모든 식물들과 동물들의 세계에 다양성이 있듯이, 하나님께서는 사람들에게도 다양한 재능과 취미와 기술과 직업을 주셨다. 오늘날 하나님의 자녀들에게도 하나님께서 각 사람에게 주신 재능들이 있고 그들이 세상에서 해야 할 역할들이 있다. 하나님께서는 이 세상의 모든 일들을 섭리하신다. 그러므로 우리는 서로를 존중하면서 하나님께서 각자에게 주신 재능과 은사와 직분에 충실해야 한다.

14-23절, 넷째 날, 다섯째 날

〔14-19절〕하나님께서 가라사대 하늘의 궁창에 광명[빛을 내는 것]이 있어 주야(晝夜)[낮과 밤]를 나뉘게 하라. 또 그 광명으로 하여 징조와 사시(四時)와 일자(日字)와 연한(年限)이 이루라. 또 그 광명이 하늘의 궁창에 있어 땅에 비취라 하시고 (그대로 되니라). 하나님께서 두 큰 광명을 만드사 큰 광명으로 낮을 주관하게 하시고 작은 광명으로 밤을 주관하게 하시며 또 별들을 만드시고 하나님께서 그것들을 하늘의 궁창에 두어 땅에 비취게 하시며 주야를 주관하게 하시며 빛과 어두움을 나뉘게 하시니라. 하나님의 보시기에 좋았더라. 저녁이 되며 아침이 되니 이는 넷째 날이니라.

장엄한 천지 창조의 6일 중 넷째 날 하나님께서는 하늘의 궁창에 해와 달과 별들을 만드셨다. '하늘의 궁창'은 땅에서 볼 때 저 높은 우주 공간을 가리킨다. 하나님께서는 해와 달과 별들로 "징조들과 계절들과 날들과 해(年)들"을 이루게 하셨다. 또 그는 그것들이 하늘의 궁창에 있어 땅에 비취게 하셨다. 그는 두 큰 광명(마오르 מָאוֹר)[빛을 내는 것]을 만드셔서 큰 것 즉 해는 낮을 주관케 하시고 작은 것 즉 달은 밤을 주관케 하셨고 그것들로 빛과 어두움을 나뉘게 하셨다. 그것들은 다 하나님의 보시기에 좋았다.

해와 달과 별들은 참으로 신기한 것들이다. **해**는 빛을 내는 거대한 공 같은 가스 덩어리로서 수소 75퍼센트와 헬륨 25퍼센트로 구성되었다고 한다. 해는 직경이 약 139만 킬로미터로서 지구보다 약 109배 크고 달보다 약 400배 크지만, 달보다 400배나 멀리, 즉 지구에서 약 1억 5천만 킬로미터 떨어져 있기 때문에 달보다 작게 보인다고 한다. 과학자들에 의하면, 해는, 티엔티 1메가톤 즉 100만톤급의 원자탄을 1초에 천만 개씩 계속 터뜨리는 것과 같은 가스 폭발을 함으로써 그 열과 빛을 유지하고 있으며 그것의 표면 온도는 섭씨 약 5,500도이며, 그것의 중심 온도는 섭씨 약 1,500만 도로 추정된다고 한다.

달은 스스로 빛을 내지 못하고 태양 빛을 받아 반사하는 큰 물체이다. 달의 크기는 직경이 약 3,476킬로미터로 지구의 4분의 1 정도이며 지구로부터 평균 약 38만 킬로미터 떨어져 있고 타원을 그리며 지구를 돌고 있다고 한다. 달에는 공기도 바람도 물도 없다고 한다.

해를 중심으로 타원형을 그리며 도는 거대한 물체들이 있는데 이것을 **행성들**(planets)이라고 부른다. 과학자들은 지구도 그 행성들 중의 하나라고 본다. 행성은 스스로 빛을 발하는 별들(stars)과 다르다. 별들은 그 자체에 열과 빛이 있지만, 행성은 그런 것이 없고 햇빛을 반사하는 것뿐이라고 한다. 밤하늘에 보면, 행성은 지속적으로 빛나는 물체이지만 별들은 반짝거리는 물체라고 한다.

해에서 가장 가까운(약 5천만 킬로미터) 행성은 지구의 반보다 작은 수성인데, 표면 온도가 섭씨 영하 193도부터 영상 342도까지라고 한다. 그 다음은 지구보다 약간 작은 금성인데, 해에서 약 1억 킬로미터 떨어져 있고 표면 온도가 약 455도의 고온이라고 한다. 금성은 해가 진 후에 서쪽 하늘에서 보이므로 '저녁별'이라고도 하고 또 해 뜨기 전에 동쪽 하늘에서 보이므로 '새벽별(계명성)'이라고도 한다.

그 다음, 해에서 약 1억 5천만 킬로미터 떨어져 있는 지구가 있다. 그 다음, 역시 지구의 반 만한 크기의 화성인데, 태양에서 약 2억 3천만 킬로미터 떨어져 있고 표면 온도는 영하 124도부터 31도까지라고 한다. 그 다음에 있는 목성과 토성은 지구보다 10배나 크며 천왕성과 해왕성은 4배나 크다. 마지막 명왕성은 해에서 가장 멀리 있는, 평균 약 60억 킬로미터나 떨어져 있는 아주 작은 행성이다. 이 행성들은 다 영하 150도가 넘는다고 한다. 햇빛은 그 곳까지 6시간 걸린다고 한다. 해를 중심으로 돌고 있는 행성들을 태양계(solar system)라고 부르는데, 그 직경은 빛의 속도로 반나절쯤 걸리는 셈이다.

별들은 멀리 떨어진 하늘에서 빛을 발하는 거대한 공 같은 가스 덩어리들이다. 해도 하나의 별이다. 별들은 지구로부터 매우 멀리 떨어져 있다. 가장 가까운 별도 지구에서 40조 킬로미터 이상 떨어져 있다고 한다. 이것은 가장 빠른 제트기로도 약 100만년 걸리는 거리이다. 또 이 별은 가장 먼 별의 거리의 10억분의 1에 불과하다고 한다.

별은 수소 75퍼센트와 헬륨 22퍼센트 등으로 구성된 가스 덩어리가 불타고 있는 것인데, 온도와 크기에 따라서 노란색, 붉은색, 파란색을 띤다. 붉은색 별은 온도가 섭씨 2,800도, 노란색 별은 5,500도, 파란색 별은 28,000도이며, 별의 중심 온도는 약 110만 도라고 한다. 별들의 크기는 다양해서 해보다 약 1,000배나 큰 별도 있고, 지구보다 더 작은 별도 있다고 한다.

맑은 날 밤에 사람의 눈으로 볼 수 있는 별들은 약 3,000개이지만, 과학자들은 하늘에 약 2,000경[2,000억 X 10억] 개 이상의 별들이 있다고 추정한다. 별들은 무리를 이루고 있는데, 해와 같은 별 1,000억 개 이상으로 구성된 은하수(galaxy)가 그것이다. 은하수는 직경이 약 10만 광년이며 중앙의 두께는 약 16,000광년이라고 한다. 빛은 1초에 거의 30만 킬로미터를 가며 빛이 1년간 간 거리를 1광년(光年)이라고 한다. 1시간이면 10억 8천만 킬로미터, 1일이면 259억 킬로미터, 1년이면 약 9조 4,500억 킬로미터의 거리이며 그것이 1광년의 거리이다. 그런데 은하수의 직경은 약 10만 광년이라는 것이다. 게다가, 이 우주에는 약 1,000억개의 은하수(galaxy)들이 있다고 과학자들은 추정한다. 우리가 사는 이 우주와 그 별들은 계산할 수 없이 크고 많다.8)

해와 달은 사계절과 날들과 해들을 만든다. 앞에서 말한 대로, 큰 공과 같은 지구는 팽이처럼 돌고 있는데(이것을 자전이라 한다) 한 바퀴 도는 시간이 하루 즉 24시간이다. 그것은 지구에서는 해가 뜨고 지는 것으로 나타난다. 또 지구는 태양을 중심으로 돌아가고 있는데

---

8) 본 강해의 과학적 자료들은 *The World Book Encyclopedia*와 김영길 외 26인, 자연과학, 수정판 (서울: 생능, 1991)을 참고한 것이다.

(이것을 공전이라 한다) 한 바퀴 도는 시간이 1년 즉 365일이며, 그것은 사계절을 만든다. 또 달은 지구를 돌고 있고 한 바퀴 도는 시간이 한 달이다. 보름달에서 다음 보름달까지는 대략 29.5일이라고 한다. 이와 같이, 해와 달은 사계절과 날들과 달들을 만드는 것이다.

〔20-23절〕 하나님께서 가라사대 물들은 생물로 번성케 하라. 땅 위 하늘의 궁창에는 새가 날으라 하시고 하나님께서 큰 물고기와 물에서 번성하여 움직이는 모든 생물을 그 종류대로, 날개 있는 모든 새를 그 종류대로 창조하시니 하나님의 보시기에 좋았더라. 하나님께서 그들에게 복을 주어 가라사대 생육하고 번성하여 여러 바다 물에 충만하라. 새들도 땅에 번성하라 하시니라. 저녁이 되며 아침이 되니 이는 다섯째 날이니라.

다섯째 날, 하나님께서는 물들에 큰 물고기들(핫탄니님 학게돌림 הַתַּנִּינִם הַגְּדֹלִים)[큰 바다 동물들]과 물에서 움직이는 모든 생물들을 그 종류대로 창조하셨고 하늘의 궁창에 나는 모든 새들을 그 종류대로 창조하셨다. 그것들은 하나님의 보시기에 좋았다. 하나님께서는 또 그것들에게 복을 주시며 "생육하고 번성하여 여러 바다 물에 충만하라. 새들도 땅에 번성하라"고 말씀하셨다.

하나님께서 창조하신 물고기의 종류들은 참으로 다양하다. 지구상에 물고기(fish) 종류들은 약 21,700가지가 된다고 한다. 그러나 성경이 말하는 물고기는 오늘날 과학자들이 물고기에서 제외하는 고래나 바다표범 같은 큰 바다 동물들도 포함한다. 고래는 보통 물고기와는 다르다. 보통 물고기는 아가미로 숨을 쉬고 꼬리에 수직 지느러미가 있고 대부분 알을 낳지만, 고래는 땅의 짐승처럼 허파로 숨을 쉬고 꼬리에 수평 지느러미가 있고 새끼를 낳아 젖을 먹여 키운다. 또 큰 강이나 바다에는 악어 같은 큰 동물이나 거북, 게, 조개, 소라 같은 것들과, 또 낙지, 문어 같은 것들도 있다.

물고기들의 크기도 다양해서 작은 망둑어는 길이가 1.3센티미터이지만, 고래상어는 길이가 12미터이며 무게가 14톤(코끼리의 두 배)이나 되고, 청색 고래는 길이가 30미터, 무게가 200톤이나 된다. 물고기들의 수명도 다양하여서 숭어는 4년, 철갑상어는 50년, 악어는 56년, 메기는 60년 이상, 그리고 거북은 최고 123년된 것도 있다고 한다.

하나님께서 창조하신 새들의 종류들도 다양하다. 지구상에 새들의 종류는 약 8,600가지라고 한다. 크기가 5센티미터, 무게가 3그램밖에 안 되는 벌새 같은 작은 새도 있고, 키가 2.4미터, 무게가 140킬로그램이나 되는 타조 같은 큰 새도 있다. 타조는 알도 1.4킬로그램 정도나 된다. 또한 7,600미터가 넘는 히말라야 산맥을 넘는 기러기 같은 새도 있고, 먹이를 잡으려고 내려올 때 시속 320킬로미터 이상으로 빠르게 내려오는 송골매 같은 새도 있고, 북극 제비갈매기같이 북극에서부터 남극까지 17,700킬로미터를 나는 새도 있다. 또 수명이 긴 새도 있는데, 타조는 수명이 50년이고 까마귀는 수명이 69년이라고 한다.

본문의 교훈을 정리해보자. 첫째로, 하나님께서는 해와 달과 별들과, 공중의 새들과 바다의 물고기들은 창조하셨다. 해와 달과 별들은 신비하고 아름답고 놀랍고 그것들로 인해 날들과 달들과 사계절이 생긴다. 또 하나님께서 창조하신 새들과 물고기들도 참으로 신비롭고 놀랍다. 우주만물은 그의 크신 지혜와 능력을 나타낸다. 하나님의 창조 사역은 참으로 위대하고 놀랍다. 창조자 하나님께서는 위대하신 하나님이시며 그의 지혜와 능력은 지극히 크시다. 그러므로 세상의 모든 피조물들은 마땅히 창조자 하나님을 높이며 찬양하며 감사와 영광을 세세토록 돌려야 하고 그를 섬기며 그를 의지하고 그에게 복종해야 한다.

둘째로, 해와 달과 별들과 하늘의 새들과 바다의 물고기들을 창조하신 하나님께서는 이 거대한 우주의 주인이시며 주관자, 경영자, 관리자이시다. 그는 이 거대한 우주만물을 지키시고 기르시고 먹이신다. 우리는 그것을 하나님의 섭리라고 부른다. 인류 역사상 하나님께서 자신이 세상의 주인이시며 주관자이심을 그의 많은 기적들을 통해 증거하셨지만, 특히 그는 역사상 몇 번 해와 달을 비상하게 운행하셨다. 그는 애굽에 10가지 재앙을 내리실 때 아홉 번째 재앙으로 애굽 땅에 3일 동안 캄캄한 흑암을 주셨고(출 10:21-22), 여호수아가 아모리 다섯 왕과 전쟁할 때 태양과 달을 얼마 동안 멈추게 하셨고(수 10:13), 또 유다 왕 히스기야가 죽을병에 걸려 통곡하며 기도하였을 때 병을 낫게 하는 징조로 해 그림자 시계가 10도를 물러가게 하는 기적을 행하셨다(왕하 20:11).

그러나 옛날 사람들은 무지하여 하나님을 알지 못하고 오히려 해와 달과 별들을 숭배하였다. 이스라엘 백성도 앗수르 나라에 멸망하기 전 이방인들의 풍습을 본받아 해와 달과 별들을 숭배하였고(왕하 17:16), 유다의 므낫세 왕과 백성들도 해와 달과 별들을 숭배하였었다(왕하 21:3). 이것은 10계명의 제1, 2계명을 범하는 우상숭배이었고 하나님을 매우 진노케 한 죄악이었다. 사람은, 하나님이 아닌 해와 달을 숭배해서는 안 되고, 그것들을 만드신 하나님, 그것들의 주인이시며 홀로 주관하시고 운행하시는 하나님만 섬기고 그에게 경배하고 순종해야 한다.

셋째로, 해와 달과 별들을 포함하여 천지만물은 하나님의 창조물이다. 우주는 수수께끼 같은 세계가 아니다. 사람은 어둡고 광막한 우주 속에 던져져 방황하는 고아와 같은 존재가 아니다. 우리는 창조자 하나님의 품안에 있고 그의 품안에서 평안을 누리며 살 수 있다.

그러므로 하나님의 사람 모세는 "주여, 주는 대대에 우리의 거처가 되셨나이다"라고 고백하였다(시 90:1). 또 하나님의 사람 다윗은 "여호와는 나의 목자시니 내가 부족함이 없으리로다. 그가 나를 푸른 초장에 누이시며 쉴 만한 물가로 인도하시는도다. 내 영혼을 소생시키고 자기 이름을 위하여 의의 길로 인도하시는도다. 내가 사망의 음침한 골짜기로 다닐지라도 해를 두려워하지 않을 것은 주께서 나와 함께하심이라. 주의 지팡이와 막대기가 나를 안위하시나이다"라고 고백하였다(시 23편). 모든 피조물들은 창조자 하나님의 품안에 살고 있다. 우리는 창조자 하나님을 알고 그를 믿고 그 품안에서 평안을 누려야 한다.

24-31절, 여섯째 날

[24-25절] 하나님께서 가라사대 땅은 생물을 그 종류대로 내되 육축과 기는 것과 땅의 짐승을 종류대로 내라 하시고 (그대로 되니라.) 하나님께서 땅의 짐승(카예소-에레츠 אֶרֶץ־חַיְתוֹ(וְחַיְתוֹ))을 그 종류대로, 육축(베헤마 בְּהֵמָה) 을 그 종류대로, 땅에 기는(레메스 רֶמֶשׂ) 모든 것을 그 종류대로 만드시니 하나님의 보시기에 좋았더라.

여섯째 날, 하나님께서는 땅 위의 생물들을 창조하셨다. 본문은 땅 위의 생물들을 세 부류로 말한다. 첫째는 가축이고, 둘째는 기는 것이고, 셋째는 땅의 짐승이다. 첫째 부류인 가축은 소, 양, 말, 나귀, 낙타, 돼지, 개, 고양이, 토끼 등 집에서 기르는 동물들을 가리킨다.

둘째 부류인 기는 것에는 많은 것들이 포함된다. 과학자들은 기는 동물, 소위 파충류 동물을 약 6,000종으로 본다. 물론 그것에는 악어나 거북처럼 물에서 사는 것들도 포함된다. 그러나 그것들을 제외해도 도마뱀이나 뱀 종류만 거의 3,000종에 이르며 그 중에 비단뱀같이 길이가 9미터나 되는 것도 있고 어떤 도마뱀같이 길이가 5센티미터밖에 안 되는 것도 있다. 또한 거기에 더하여, 개구리나 두꺼비 종류가 약 2,700가지나 된다고 한다. 뿐만 아니라, 메뚜기, 개미, 바퀴벌레, 거미 등 곤충(insects) 혹은 발이 여섯 개 달린 벌레들은 무려 80만종 이상이나 된다고 한다.

셋째 부류인 땅의 짐승은 소위 포유동물 중 집에서 기르지 않는 것들이다. 포유동물은 새끼를 낳아 젖을 먹여 키우고 새끼를 보호하며 훈련시키고 또 머리털이 있고 체온이 있고 뇌가 발달한 특징이 있다고 하는데, 이런 동물들이 약 4,000종이라고 한다. 코끼리, 사자, 표범, 코뿔소, 곰, 기린, 사슴, 원숭이, 여우 등 야생동물들이 여기에 속한다. 코끼리는 키가 7.5미터, 무게가 7.5톤 되는 것도 있고, 치타는 시속 110킬로미터로 달릴 수 있다. 또 짐승의 수명도 다양해서 코끼리같이

60년이나 사는 것도 있고 쥐같이 1년도 못 사는 것도 있다.

〔26-27절〕 하나님께서 가라사대 우리의 형상을 따라 우리의 모양대로 우리가 사람을 만들고 그로 바다의 고기와 공중의 새와 육축과 온 땅과 땅에 기는 모든 것을 다스리게 하자 하시고 하나님께서 자기 형상 곧 하나님의 형상대로 사람을 창조하시되 남자와 여자를 창조하시고.

사람은 땅의 동물 중 하나이거나 원숭이 같은 저급한 동물로부터 진화(進化)된 존재가 아니고 하나님께서 특별히 창조하신 존재이다. 하나님께서는 사람을 특별한 존재로 창조하셨다. 본문은 '만들다'(아사 עָשָׂה), '창조하다'(바라 בָּרָא)는 단어들을 사용하였고, 창세기 2:7은 '짓는다'(야차르 יָצַר)는 단어도 사용했다. 이 세 단어는 서로 교대로 쓸 수 있는 동의어(同義語)라고 보인다.

하나님께서는 "우리의 형상을 따라 우리의 모양대로 우리가 사람을 만들자"라고 말씀하셨다. 이 말씀은 하나님께서 삼위일체 되심을 암시한다. 창세기 3:22에서 하나님께서 "이 사람이 선악을 아는 일에 우리 중 하나같이 되었다"고 말씀하셨을 때, 그런 암시는 더욱 분명해진다. 사람은 삼위일체 하나님께서 의논하심으로 창조되었다.

하나님께서는 사람을 자기 형상으로 창조하셨다. 여기에 사람의 가치성과 존귀성이 있다. '형상'이나 '모양'이라는 말은 특별한 차이가 없어 보인다. 사람이 하나님의 형상대로 창조되었다는 것은 사람의 영적 특성을 가리킨다고 본다. 사도 바울은 그것의 핵심을 지식과 의(義)라고 말했다. 골로새서 3:10, "새 사람을 입었으니 이는 자기를 창조하신 자의 형상을 좇아 지식에까지 새롭게 하심을 받는 자니라." 에베소서 4:24, "하나님을 따라 의와 진리의 거룩함으로 지으심을 받은 새 사람을 입으라." 이 요소들은 사람이 범죄함으로 상실되었으나 예수 그리스도의 대속(代贖)을 통한 구원으로 회복된다.

사람은 범죄한 후에도 '하나님의 형상'이라고 불린다. 창세기 9:6, "무릇 사람의 피를 흘리면 사람이 그 피를 흘릴 것이니 이는 하나님이 자기 형상대로 사람을 지었음이니라." 고린도전서 11:7, "남자는 하나님의 형상과 영광이니." 그러므로 하나님의 형상은 지식과 의 외에 사람의 어떤 독특한 점들도 포함한다고 보인다. 그것들은 사람의 인격성과 생물통치권을 포함할 것이다. 사람의 몸도 그것의 기능들에 있어서 하나님의 선한 모습을 닮은 것이라고 말할 수 있다.

하나님을 모르는 과학자들은, 짐승이 몸의 구조나 새끼의 출산과 양육 방식이나 지능 등에 있어서 사람과 비슷한 점이 있다고 해서, 사람을 포유동물에 포함시킨다. 그러나 사람은 본질적으로 짐승과 다르다. 사람이 하나님의 형상으로 창조되었다는 점이 바로 그 본질적 차이이며 사람과 짐승의 가치의 차이이기도 하다.

또 하나님께서는 사람을 남자와 여자로 창조하셨다. 그는 남자만 창조하신 것이 아니고 남자와 여자를 창조하셨다. 사람과 생물들을 암수로 만드신 것은 하나님의 창조의 방식이었다. 남자와 여자 간에는 기능의 차이와 질서가 있지만, 그 둘은 다 하나님께서 창조하신 존귀한 존재이며 하나님의 형상이라는 점에서 차별이 없다. 그러므로 그들이 하나님께 받아 누리는 복과 영광은 동등하다.

[28절] 하나님께서 그들에게 복을 주시며 그들에게 이르시되 생육하고 번성하여 땅에 충만하라. 땅을 정복하라. 바다의 고기와 공중의 새와 땅에 움직이는 모든 생물을 다스리라 하시니라.

하나님께서 사람을 남녀로 창조하신 일차적 목적은 출산에 있었다. 출산은 하나님의 복이었다. 하나님께서는 그들에게 복을 주시며 그들에게 생육하고 번성하여 땅에 충만하라고 말씀하셨다. 하나님께서는 공중의 새들과 바다의 생물들에게도 같은 말씀을 하셨었고(창 1:20, 22), 하나님의 이런 뜻은 땅의 생물들에게도 해당되는 말씀이었다(창 8:17). 사람은 출산을 통해 땅에 충만해야 하였다. 하나님께서는 후에 노아와 그 아들들에게도 복을 주시며 생육하고 번성하여 땅에 충만하라고 말씀하셨다(창 9:1).

오늘날 사람들이 자녀 출산을 짐스러운 일로 여기는 것은 하나님의 뜻을 알지 못함이요 그의 뜻을 거스르는 것이다. 하나님을 경외하는 자들까지도 그런 세상 풍조에 물든다는 것은 회개해야 할 문제이다. 하나님의 뜻은 여전히 믿음 안에서 결혼하여 자녀들을 많이 출산하는 것이다. 시편 127:3-5는, "자식은 여호와의 주신 기업이요 태의 열매는 그의 상급이로다. 젊은 자의 자식은 장사의 수중의 화살 같으니 이것이 그 전통[화살통]에 가득한 자는 복되도다"라고 말한다.

하나님께서 사람을 창조하신 목적은 궁극적으로는 하나님의 영광을 위하고 그를 찬송하며 살게 하시기 위함이지만(사 43:21), 일차적으로는 본문의 말씀대로 땅을 정복하고 바다의 고기와 공중의 새와 육축과 온 땅에 기는 모든 것을 다스리게 하시기 위함이었다.

땅을 정복하라는 명령은 흔히 '문화 명령'이라고 불린다. 문화라는 말 속에는 사람의 삶의 물질적, 정신적 모든 부분들이 다 포함된다. 인류의 역사는 하나님의 그 명령을 수행해온 과정이라고 할 수 있다. 그것은 오늘날 고도로 발달된 과학과 인터넷 문명까지도 포함한다. 그러므로 오늘날 땅의 개발을 반대하고 환경 보전만을 주장하는 자들은 창조주 하나님의 뜻을 거스른다고 보인다. 땅을 정복하는 일은 땅의 개발을 포함할 수밖에 없다. 단지 우리는 그 개발이 다른 이들에게 해를 주는 개발이 되지 않도록 조심할 필요가 있고 물론 매우 어려운 일이며 불가능한 일일지도 모르지만, 사람은 생태계 파괴를 최소화하고 자연 환경을 고려하면서 땅을 정복해야 할 것이다.

또 사람은 생물들을 다스려야 하였다. 그러나 사람은 범죄함으로 영적으로 어두워져서 그 목적에서 떠나며 그 임무를 포기하고 오히려 피조물들을 섬기는 우상숭배적 악을 행하였다. 세상에는 암소가 우주의 근원이라고 생각하는 종교도 있다. 생물을 다스리는 권한 속에는 노아 홍수 후에 허락된 대로 생물을 먹을 수 있는 권한도 포함된다(창 9:3). 생물들은 윤회(輪廻)하는 것이 아니다. 생물들을 죽이는 것은 하나님께서 허락하신 바이므로(창 9:3) 죄가 아니다. 우리는 가축이나 물고기를 감사함으로 잡아먹을 수 있다.

〔29-31절〕 하나님께서 가라사대 내가 온 지면의 씨 맺는 모든 채소와 씨 가진 열매 맺는 모든 나무를 너희에게 주노니 너희 식물(食物)이 되리라. 또 땅의 모든 짐승과 공중의 모든 새와 생명이 있어 땅에 기는 모든 것에게는 내가 모든 푸른 풀(예레크 에세브 עֵשֶׂב יֶרֶק)[푸른 채소]을 식물로 주노라 하시니 그대로 되니라. 하나님께서 그 지으신 모든 것을 보시니 보시기에 심히 좋았더라. 저녁이 되며 아침이 되니 이는 여섯째 날이니라.

하나님께서는 씨 맺는 모든 채소와 씨 가진 열매 맺는 모든 나무를 사람에게 먹을 양식으로 주셨다. 그는 또 새들과 동물들에게는 푸른 풀을 먹이로 주셨다. '푸른 풀'이라는 원어는 '푸른 채소'라는 뜻이며 이것은 풀과 씨 맺는 채소를 포함하였다고 보인다. 식물들은 하나님께서 모든 짐승과 새와 땅에 기는 것에게 주신 원래의 양식이다. 그렇다면 본래 모든 동물은 초식동물이었다. 동물의 일부가 육식동물이 된 것은 인류가 타락하고 세상이 악화된 이후, 특히 노아 시대의 홍수 심판 이후이었던 것 같다.

창조된 만물은 하나님의 보시기에 매우 좋았다. 창세기 1장에는 '하나님의 보시기에 좋았더라'는 말이 일곱 번 나오며, 그 중에 31절은 "하나님께서 그 지으신 모든 것을 보시니 보시기에 심히 좋았더라"고 말한다. 창조된 세상, 하늘과 땅, 산들과 들판, 바다와 강들과 호수들, 들판의 식물들, 공중의 새들, 물 속의 생물들, 땅의 동물들은 다양하고 아름답다. 사람의 마음의 지혜와 사랑도 아름답다. 거기에는 아직 죄가 없었다. 눈물도, 고통도, 죽음도 없었다. 오늘날 세상은 창조된 본래 모습이 아니고 천사의 타락과 그의 꾀임을 받은 첫 사람들의 범죄로 변질된 모습이다. 하나님께서 창조하신 본래의 세계는 진선미(眞善美)의 세계이었다. 천국의 영광은 그 이상일 것이다.

창세기 1장: 천지 창조

본문의 교훈을 정리해보자. 첫째로, 하나님께서는 땅의 생물들을 각기 종류대로 만드셨다. 오늘날 많은 사람들은 진화론을 믿는다. 진화론은 세상에 처음부터 물질이 있었고 물질에서 생명체가 생겼고 단순한 생명체로부터 복잡한 생명체로 진화해왔다고 말한다. 그러나 진화론에 대한 확실한 증거는 없다. 진화론은 무신론적 사상이요 허무한 사상이고 비도덕적 사상이다. 진화론에는 사람과 짐승들 간의 본질적 차이가 없다. 거기에는 사람의 의미와 가치가 없고 도덕적 선과 의의 근거도 없다. 창세기 1장은 하나님께서 천지만물을 창조하셨음을 선포하고 또 하나님께서 모든 생물을 각기 종류대로 창조하셨음을 증거한다. 그것은 진화론의 잘못을 단번에 증거한다. 하나님의 창조 사역은 존재 세계의 시작이었다. 하나님께서는 세상과 그 안의 모든 것을 창조하셨다.

둘째로, 사람은 하나님의 형상대로 창조되었다. 그 하나님의 형상은 사람에게 주신 지혜와 지식, 의와 선, 그리고 땅을 정복하고 생물들을 다스리는 것을 포함한다. 사람이 땅을 정복하고 생물들을 다스리는 일은 어느 정도 해왔지만, 지혜와 지식, 참된 의와 선은 잃어버렸고 생물들을 다스리는 일도 때로는 생물들을 섬기는 우상숭배의 행위로 나타났다. 물론 사람에게는 양심이 있고 약간의 도덕성이 남아 있지만, 세상과 사람의 본성은 매우 죄악되고 악화되었다. 여기에 하나님의 구원과 구주 예수 그리스도의 복음이 필요하였다. 사람은 죄사함과 의롭다 하심을 얻고 거룩해져 하나님의 형상의 본래 모습을 회복해야 한다.

셋째로, 창조된 세상은 하나님 보시기에 심히 좋았다. 이것은 창세기 1장에 일곱 번 언급된 사실이다. 본래 세상에는 평안과 기쁨이 있었다. 땅에 가시덤불과 엉겅퀴가 난 것은 사람이 범죄한 이후였다. 생물세계도 악화되었다. 인간 사회는 더욱 그러하였다. 수고, 고통, 미움, 다툼, 속임, 늙음, 살인, 죽음, 또 각종 자연재해들, 각종 질병들과 전염병들, 현대사회의 각종 대형사고들, 전쟁들 등이 끊임없는 불행한 세상이 되었다. 그러나 죄사함으로 말미암은 구원은 천국과 영생의 소망을 준다.

2장: 사람 창조

1-3절, 일곱째 날에 안식하심

〔1절〕 **천지와 만물이 다 이루니라**[이루어지니라].

　천지와 만물 즉 천지에 속한 모든 것들이 6일 동안 다 창조되었다. 그것은 물질 세계의 모든 것뿐 아니라 영의 세계 곧 천사의 세계까지도 창조되었음을 뜻한다고 본다. 천사들은 영들, 곧 영적 존재들이다. 천사들도 하나님의 창조물이다(시 103:20-22). 천사들은 창조의 6일 중에 아마 첫째 날에 창조되었을 것이다.

　엄격한 의미에서 '창조'라는 말은 최초의 천지만물들에게만 적용된다. 그 후에는 사람과 동식물은 출산 혹은 번식을 통하여 퍼져나간다. 출산이나 번식도 하나님의 창조적 능력의 활동이지만, 또 그의 창조 세계 속에서 그의 행하신 기적들을 포함하여 그의 섭리의 모든 일들이 그의 크신 능력으로 이루어지지만, 우리는 그것을 창조라고 부르지 않는다. 그러나, 하나님의 창조 사역이 처음 6일로 다 끝났지만, 우리는 사두개파처럼 하나님의 능력을 부정하지 말고(마 22:29) 하나님의 변함 없는 능력을 항상 믿어야 한다.

　물론, 우리는 오늘날 기적이 우리의 현실 속에서 일어난다고 생각하지 않는다. 우리는 오히려 기적주의, 은사주의를 경계해야 한다고 본다. 개혁교회와 개혁신학은 하나님께서 계시하신 시대에 기적들을 주셨으나 성경이 완성된 후에는 그런 것들 대신 단순히 성경의 교리와 생활 교훈으로 우리를 지도하신다고 믿어 왔다. 오늘날 하나님께서 원하시는 것은 기적의 체험이 아니고 성경이 가르친 좋은 인격과 진실하고 선하고 정직한 도덕적인 삶이라고 본다.

〔2절〕 **하나님의 지으시던 일이 일곱째 날이 이를 때에 마치니 그 지으시**

던 일이 다하므로 일곱째 날에 안식하시니라[쉬시니라].

하나님께서는 6일 동안에 천지만물을 만드시는 놀라운 많은 일들을 행하셨고 일곱째 날에는 그 일들을 그치고 쉬셨다. 하나님의 쉬심은 사람들의 생활 양식에 본이 되었다. 이것은 사람들도 6일간 열심히 수고하면서 일하고, 일곱째 날에 쉬는 것이 좋다는 것을 암시한다. 실상, 하나님께서는 휴식이 필요하지 않으시지만, 사람들은 휴식이 필요하다. 특히, 옛 시대에 종들에게는 휴식이 매우 필요했다. 가축들도 그랬다. 그래서 출애굽기 23:12에는 "너는 6일 동안에 네 일을 하고 제7일에는 쉬라. 네 소와 나귀가 쉴 것이며 네 계집종의 자식과 나그네가 숨을 돌리리라"고 말씀하셨다.

또 하나님의 본을 따라 사람들에게 7일을 단위로 하는 생활 양식이 나타났다. 우리가 날들을 7일 단위로 나누는 것은 창조 때 하나님의 쉬심에서 비롯되었다. 그래서 노아는 방주에서 비둘기를 내어보낼 때 7일을 기다렸고 또다시 7일을 기다렸다(창 8:10, 12). 또한 야곱은 결혼할 때 7일 간격으로 두 형제를 아내로 얻었다(창 29:27).

[3절] 하나님께서 일곱째 날을 복 주사 거룩하게 하셨으니 이는 하나님께서 그 창조하시며 만드시던 모든 일을 마치고 이 날에 안식하셨음이더라.

하나님께서는 자신이 쉬신 날을 복되게 구별하셨다. 구약의 안식일의 기원이 여기 있다. 이 일은 사람이 아직 범죄하기 전에 이루어졌다. 하나님께서는 처음부터 제7일을 복되게 구별하셨다.

이와 같이, 안식일 계명 자체는 모세의 율법에서 성문화되었지만, 안식일은 창조 때부터 암시되었다. 그러므로 하나님께서 시내산에서 이스라엘 백성에게 십계명을 그의 친 음성으로 주실 때 제4계명 즉 안식일을 기억하여 거룩히 지키라는 계명을 자신의 일곱째 날의 안식에 근거시키셨다. 출애굽기 20:8-11은 이렇게 말씀한다.

안식일을 기억하여 거룩히 지키라. 엿새 동안은 힘써 네 모든 일을 행할 것이나 제7일은 너의 하나님 여호와의 안식일인즉 너나 네 아들이나 네 딸이나 네 남종이나 네 여종이나 네 육축이나 네 문안에 유하는 객이라도 아무 일도 하지 말라. 이는 엿새 동안에 나 여호와가 하늘과 땅과 바다와 그 가운데 모든 것을 만들고 제7일에 쉬었음이라. 그러므로 나 여호와가 안식일을 복되게 하여 그 날을 거룩하게 하였느니라.

구약의 안식일은 복된 날이었다. 그것은 사람에게 영적으로, 육적으로 유익하였다. 이사야 58:13-14는 모든 사람들에게 안식일의 유익을 가장 잘 증거한다.

만일 안식일에 네 발을 금하여 내 성일(聖日)에 오락을 행치 아니하고 안식일을 일컬어 즐거운 날이라, 여호와의 성일을 존귀한 날이라 하여 이를 존귀히 여기고 네 길로 행치 아니하며 네 오락을 구치 아니하며 사사로운 말을 하지 아니하면 네가 여호와의 안에서 즐거움을 얻을 것이라. 내가 너를 땅의 높은 곳에 올리고 네 조상 야곱의 업(業)으로 기르리라. 여호와의 입의 말이니라.

안식일은 사람에게 짐이나 부담으로 주신 법이 아니었다. 그것은 처음부터 복이었다. 물론, 하루의 구별은 믿음이 없이는 할 수 없는 일이다. 하나님께서는 심지어 "밭 갈 때에나 거둘 때에도 쉬라"고 명하셨다(출 34:21). 그러나 그것을 지킬 때 받는 영적 유익과 육적 유익은 다른 것과 비교할 수 없이 매우 크다. 그러므로 예수께서는 사람이 안식일을 위해 있는 것이 아니고 안식일이 사람을 위해 있는 것이라고 말씀하셨다(막 2:27). 안식일은 사람에게 유익하다.

하나님께서는 또한 이 날을 거룩하게 구별하셨다. 이것은 나중에 엄격한 계명과 법이 되었다. 그것이 십계명의 제4계명이다. 이 법은 매우 엄격하여 어기면 사형에 해당했다. 출애굽기 31:14-15에 보면, 하나님께서는, "너희는 안식일을 지킬지니 이는 너희에게 성일이 됨이라. 무릇 그 날을 더럽히는 자는 죽일지며 무릇 그 날에 일하는 자는 그 백성 중에서 그 생명이 끊쳐지리라. 엿새 동안은 일할 것이나 제7일은 큰 안식일이니 여호와께 거룩한 것이라. 무릇 안식일에 일하는 자를 반드시 죽일지니라"고 했다. 이것은 엄한 명령이다.

구약의 안식일은 예수 그리스도 안에서 이루어질 참 안식을 예표한다. 예수께서는 "수고하고 무거운 짐 진 자들아, 다 내게로 오라. 내가 너희를 쉬게 하리라"고 말씀하셨고(마 11:28), 또 "인자(人子)는 안식일의 주인이니라"고 말씀하셨다(마 12:8). 우리 주와 구주이신 예수 그리스도 안에 죄인들을 위한 참 안식이 있다.

사도 바울은 골로새서 2:16-17에서 구약 율법에 규정된 안식일이 예수 그리스도를 예표한다고 증거하면서, "먹고 마시는 것과 절기나 월삭이나 안식일[안식일들--연중 절기 안식일들을 포함했다고 보임]을 인하여 누구든지 너희를 폄론[판단]하지 못하게 하라. 이것들은 장래 일의 그림자이나 몸은 그리스도의 것이니라"고 했다.

성도에게는 참 안식이 남아 있다. 히브리서는 "그런즉 안식할 때가 하나님의 백성에게 남아 있도다. 이미 그의 안식에 들어간 자는 하나님이 자기 일을 쉬심과 같이 자기 일을 쉬느니라. 그러므로 우리가 저 안식에 들어가기를 힘쓸지니 이는 누구든지 저 순종치 아니하는 본에 빠지지 않게 하려 함이라"고 교훈하였다(히 4:9-11).

이 세상은 수고로운 세상이다. 참 안식은 장차 천국에서 완전하게 이루어질 것이다. 모세는 "우리의 연수가 70이요 강건하면 80이라도 그 연수의 자랑은 수고와 슬픔뿐이라"고 말한 후, "우리를 곤고케 하신 날수대로와 우리의 화를 당한 연수대로 기쁘게 하소서"라고 기도했는데(시 90:10, 15), 하나님께서 주시는 천국에서의 안식이 그 기도에 대한 하나님의 응답과 같다. 신약성도들은 예수 그리스도 안에서 죄사함으로 인한 마음의 평안을 상당히 누리고 있지만, 장차 천국에서 충만한 평안과 기쁨을 누리게 될 것이다.

본문의 교훈을 정리해보자. 첫째로, 하나님께서 태초에 천지만물을

창조하신 일은 그쳤지만, 우리는 하나님의 창조적 능력이 역사상 항상 있었고 지금도 있음을 기억해야 한다. 물론 이것은 기적주의를 말하는 것이 아니다. 그러나 하나님의 눈은 온 세상을 두루 감찰하시며 전심으로 자기에게 향하는 자들을 위해 능력을 베푸신다(대하 16:9). 영원하신 하나님 여호와, 땅끝까지 창조하신 자는 피곤치 아니하시며 곤비치 아니하시며 명철이 한이 없으시며 피곤한 자들에게는 능력을 주시며 무능한 자들에게는 힘을 더하시므로 하나님을 앙망하는 자는 새 힘을 얻는다(사 40:28-29, 31). 우리는 우리에게 능력 주시는 그리스도 안에서 모든 것을 할 수 있다(빌 4:13). 우리는 하나님의 능력을 항상 사모하며 의지하고 이 세상에서 당하는 환난과 고난과 핍박을 이겨야 한다.

둘째로, 죄인인 우리 사람들에게 참 안식은 오직 주 예수 그리스도 안에 있다. 주께서는 "수고하고 무거운 짐 진 자들아, 다 내게로 오라. 내가 너희를 쉬게 하리라"고 말씀하셨고(마 11:28) 또 "평안을 너희에게 끼치노니 곧 나의 평안을 너희에게 주노라. 내가 너희에게 주는 것은 세상이 주는 것 같지 아니하니라. 너희는 마음에 근심도 말고 두려워하지도 말라"고 말씀하셨다(요 14:27). 사도 바울은 교인들에게 "평강의 주께서 친히 때마다 일마다 너희에게 평강을 주시기를 원하노라"고 기원했다(살후 3:16). 참 안식은 오직 예수 그리스도 안에 있다. 우리는 구주 예수 그리스도 안에 있는 참 안식과 참 평안을 항상 누려야 한다.

셋째로, 우리는 천국에서 완전한 안식을 누릴 것을 기대하면서 세상에서 주일을 자원함으로 지켜야 한다. 우리는 주일을 그리스도인들의 안식일로 지킴으로 육신의 휴식과 함께 하나님께 예배하는 일과 성도들 간의 아름다운 교제와 자신의 영적 성장을 이루는 일을 힘써야 한다. 히브리서는, "서로 돌아보아 사랑과 선행을 격려하며 모이기를 폐하는 어떤 사람들의 습관과 같이 하지 말고 오직 권하여 그 날이 가까움을 볼수록 더욱 그리하자"라고 교훈한다(히 10:24-25). 우리는 주일을 그리스도인의 복된 안식일로 거룩히 구별하여 자원함으로 지켜야 한다.

4-7절, 아담을 만드심

창세기 2:4 이하는 하나님께서 여섯째 날에 창조하신 일들 중에서 사람을 창조하신 일을 좀더 자세히 증거하며 기록하였다.

〔4절〕 여호와 하나님이[하나님께서] 천지를 창조하신 때에 천지의 창조된 대략이 이러하니라.

1장에서 하나님의 명칭으로 '하나님'이라는 말(엘로힘 אֱלֹהִים)을 줄곧 사용하던 모세는 본장에서 '여호와 하나님'이라는 말(예호와 엘로힘 יְהוָה אֱלֹהִים)을 사용한다. '여호와'라는 명칭은 구약성경에서 '하나님'보다 2.5배나 더 많이 사용된 명칭이다.[9] '하나님'이라는 명칭(엘로힘)은 하나님의 크신 위엄과 능력을 나타내는 것 같고, '여호와'라는 명칭(예호와)은 하나님께서 영원 전부터 스스로 계심과 사람과 언약을 맺으심을 나타내는 것 같다. 그러나 구약성경에서 두 말은 때때로 구별 없이 사용되는 것 같다.[10] 천지만물을 창조하신 하나님께서는 곧 영원 전부터 스스로 계신 여호와이시다.

창세기에 하나님의 두 명칭이 나오는 것은 자유주의 신학자들의 잘못된 추측대로 두 저자가 쓴 다른 문서들이 후대에 익명의 저자에 의해 편집되었기 때문에 생긴 현상이 아니다. 창세기는 모세가 쓴 것이다. 물론 모세 이전에도 창조 사건에 대해 입으로 전해 내려오는 내용들이나 기록물들이 있었으며 모세가 성령의 감동 가운데 그런 것들을 참조했을 수도 있다. 그러나 모세가 성령의 감동으로 이 내용들을 다 썼고 이 내용들이 다 진리이며 사실이라는 점이 중요하다. 모든 성경은 하나님의 감동으로 기록된 말씀이다(딤후 3:16).

---

9) '하나님'(엘로힘 אֱלֹהִים)이라는 말은 2,570회 사용되었고, '여호와'(예호와 יְהוָה)라는 말은 약 6,823회 사용되었다. 그 외에 '하나님'(엘 אֵל)은 217회, '하나님'(엘로아흐 אֱלֹהַ)은 57회 사용되었다(BDB).

10) 창세기 7:16; 17:1, 3과 출애굽기 3:4 등에는 두 명칭이 함께 나온다.

본문에 '대략'이라는 원어(돌레도스 תּוֹלְדוֹת)는 창세기에 10번 나오며 '대략'(2:4; 36:1, 9), '계보'(5:1), '사적'(6:9), '후예'(10:1; 11:10, 27; 25:12), '약전'(37:1)으로 번역되었다. 이 말은 기원과 계보와 자손들에 대한 진술을 가리킨다. 이 말은 2장부터 37장에 이르기까지 사용됨으로써 창세기 저자가 한 사람임을 잘 나타낸다. 모세는 출애굽 시대에 책을 쓰기에 가장 적합한 인물이었다.

〔5-6절〕 **여호와 하나님이**[하나님께서] **땅에 비를 내리지 아니하셨고 경작할 사람도 없었으므로 들에는 초목이 아직 없었고 밭에는 채소가 나지 아니하였으며 안개만 땅에서 올라와 온 지면을 적셨더라.**

얼른 보면, 본문이 증거하는 천지만물의 창조 순서가 창세기 1장이 증거하는 순서와 달라 보이지만, 실상은 그렇지 않다. 창세기 1장은 천지와 만물의 창조 전반을 순서적으로 기술한 것이고, 창세기 2장은 사람 창조에 대해 좀더 자세히 기술한 것이다. 창세기 1장의 내용과 2장의 내용은 서로 보충적이다. 셋째 날에 풀과 채소와 나무가 창조되었지만, 여섯째 날에 들에 초목이 아직 없었고 밭에 채소가 나지 않았었다. 초목이라는 원어(시아크 שִׂיחַ)는 '관목, 떨기나무'를 가리킨다. 본문은 초목이나 채소가 아직 들판에 두루 퍼지지 않았고 안개만 땅에서 올라와 온 지면을 적시고 있었다는 뜻이다.

〔7절〕 **여호와 하나님이**[하나님께서] **흙으로**[땅의 흙으로] **사람을 지으시고 생기(生氣)**(니쉬마스 카이임 נִשְׁמַת חַיִּים)[생명의 호흡]**를 그 코에 불어넣으시니 사람이 생령(生靈)**(네페쉬 카이야 נֶפֶשׁ חַיָּה)[산 재]**이 된지라.**

여호와 하나님께서는 첫 사람 아담을 지으셨다. '사람'이라는 원어는 아담(אָדָם)이다. 하나님께서는 흙으로 사람의 모양을 만드시고 그 코에 생명의 호흡을 불어넣으셨다. 생명의 호흡을 사람의 코에 불어넣으셨다는 것은 사람의 '영'을 창조하셨다는 뜻으로 본다. 여기에 '생명'이라는 말(카이임 חַיִּים)은 '생명들'이라는 복수명사로서 충만한 생명, 영원한 생명을 가리킨다고 보인다.

생령(生靈)(네페쉬 카이야 נֶפֶשׁ חַיָּה)은 '산 자'라는 뜻이다. 창세기 1:20, 21, 24에서는 '생물'이라고 번역되었고 공중의 새들이나 바다의 물고기들이나 땅의 짐승들을 가리켰다. 사람은 흙으로 만들어진 몸과, 생명의 호흡으로 만들어진 영이 결합되어 산 자가 되었다. 사람은 몸과 영으로 구성된 존재이다.

사람이 몸과 영의 두 실체로 구성되었는가(이분설), 아니면 몸과 영과 영혼의 세 실체로 구성되었는가(삼분설) 하는 문제는 교회 역사상 교리적으로 변론되어 온 문제이었다. 그러나 결론적으로 말한다면, 사람은 몸과 영과 영혼의 세 실체로 구성된 존재가 아니고, 몸과 영의 두 실체로 구성된 존재이다. 영과 영혼은 두 다른 실체를 가리키지 않고 한 실체에 대한 두 다른 용어일 뿐이다. 그 증거는 성경에서 영과 영혼이라는 그 두 용어가 구별 없이, 교대적으로 사용된다는 사실이다. 예를 들어, 성경은 사람을 전체적으로 묘사할 때 어떤 곳에서는 몸과 영이라고 말하고 어떤 곳에서는 몸과 영혼이라고 말한다(전 12:7; 마 10:28). 성경은 사람의 죽음을 묘사할 때에도 어떤 곳에서는 영이 떠난다고 말하고 어떤 곳에서는 영혼이 떠난다고 말한다(눅 23:46; 창 35:18). 성경은 죽은 자의 부활을 묘사할 때에도, 어떤 곳에서는 영이 돌아온다고 말하고, 어떤 곳에서는 영혼이 돌아온다고 말한다(눅 8:55; 왕상 17:21-22). 성경은 죽은 자를 묘사할 때도, 어떤 곳에서는 '영들'이라고 말하고, 어떤 곳에서는 '영혼들'이라고 말한다(히 12:23; 계 6:9). 또 영혼은, 삼분설자들이 생각하듯이, 영보다 저급하지 않다. 성경은 동물에게도 영이라는 말을 사용한 경우가 있고(전 3:21) 하나님께도 영혼이라는 말을 사용하고(암 6:8), 또 사람의 종교적 활동을 영뿐 아니라, 영혼에게도 돌린다(눅 1:46).

하나님께서 몸도 만드셨다는 것은 몸도 소중히 여겨야 할 요소임을 보인다. 몸은 저급한 것이 아니다. 물질세계도 하나님께서 만드신 세계이며 결코 저급한 것이 아니다. 천사는 영으로만 된 존재이지만, 사람은 영과 몸을 가진 존재이다. 장차 부활 때에도 사람이 영으로만 된 존재가 되는 것이 아니고 영화롭게 변화된 몸을 가진 자가 되는 것이다. 그러므로 사람은 자신의 몸을 잘 먹이고 잘 보살펴야 한다. 사람이 몸을 위해서는 적당한 영양 섭취와 수면과 운동이 필요하다. 그런 것을 무시하고 몸을 학대하는 것은 건전한 생각이 아니다. 몸의 기본적 욕구를 부정하는 금욕주의는 하나님의 뜻이 아니다. 음식은 사람이 감사함으로 또 맛있게 요리하여 먹을 수 있는 것이며 결혼의 즐거움도 사람이 감사함으로 누릴 수 있는 복이다.

사람의 몸은 흙으로 만들어졌기 때문에 매우 약하다. 잘못 넘어지면 살이 찢어지고 터져 피가 나고 뼈에 금이 가거나 부러지기도 한다. 사람은 범죄한 후 몸이 더욱 약해져서 각종 질병에 시달리며 또 세월이 지나면 노쇠해진다. 그래서 고린도전서 15:43은 현재의 우리의 몸을 '약한 몸'이라고 표현했고, 고린도후서 4:7은 우리 몸을 '질그릇'이라고 말했고 4:17은 우리의 겉사람이 후패하며 낡아지고 있다고 말했다. 특히 여성들의 몸은 연약하다. 그러므로 베드로전서 3:7은 여성을 남편이 잘 보살펴야 할 '연약한 그릇'이라고 표현했다.

그러나 사람에게서 몸보다 더 중요한 것은 영이다. 영은 몸의 활동을 통제하는 사령관이다. 영은 생각하고 느끼고 결심한다. 마음은 영의 활동 양식이다. 몸은 영의 지시와 마음의 결심대로 행동한다. 사람은 몸만 가진 존재가 아니고 또한 영을 가진 존재이다. 하나님과 영을 부정하고 세상에 물질만 있다고 보는 유물주의(唯物主義) 사상은 무지하고 허무하고 근본적으로 잘못된 사상이다.

사람은 영이 건강하고 평안해야 한다. 하나님의 말씀은 사람의 영의 건강을 위한 양식이다. 그러므로 주께서는 "기록되었으되, 사람이 떡으로만 살 것이 아니요 하나님의 입으로 나오는 모든 말씀으로 살 것이라 하였느니라"고 말씀하셨다(마 4:4). 사람의 영의 건강과 평안은 하나님 안에 있다. 죄는 마음의 불안과 두려움의 근본 원인이다. 악인에게는 평안이 없다(사 48:22). 그러나 예수 그리스도 안에서 죄 사함을 받고 의의 길을 걷는 자들의 심령은 항상 평안하다.

사람의 영은 몸과 밀접히 연결되어 있으므로 마음이 평안하면 몸도 평안하지만, 마음이 아프면 몸도 아프다. 그러므로 사람이 의롭게 살며 심령으로 평안하고 강건할 때 몸도 건강할 수 있다. 그러므로 잠언 3:7-8은 "스스로 지혜롭게 여기지 말지어다. 여호와를 경외하며 악을 떠날지어다. 이것이 네 몸에 양약이 되어 네 골수로 윤택하게 하리라"고 말했고, 잠언 18:14는 "사람의 심령은 그 병을 능히 이기려니와 심령이 상하면 그것을 누가 일으키겠느냐?"고 말했다.

사람은 몸과 영의 두 실체가 결합된 존재이며 그 둘은 하나님께서 만드신 것들이다. 또 그 두 실체는 다 하나님의 손 안에 있다. 하나님께서는 우리의 심령의 평안도, 몸의 건강도, 우리의 생명까지도 주관하시는 섭리자이시다. 하나님께서는 신명기 32:39에서 "이제는 나 곧 내가 그인 줄 알라. 나와 함께하는 신이 없도다. 내가 죽이기도 하며 살리기도 하며 상하게도 하며 낫게도 하나니 내 손에서 능히 건질 자 없도다"라고 말씀하셨다. 또 그는 출애굽기 15:26에서 "너희가 너희 하나님 나 여호와의 말을 청종하고 나의 보기에 의를 행하며 내 계명에 귀를 기울이며 내 모든 규례를 지키면 내가 애굽 사람에게 내린 모든 질병의 하나도 너희에게 내리지 아니하리니 나는 너희를 치료하는 여호와임이니라"고 말씀하셨다.

본문의 교훈을 정리해보자. 첫째로, 우리는 우리의 영 뿐만 아니라, 우리의 몸도 하나님께서 만드신 것임을 알고 몸도 소중히 여겨야 한다. 우리는 우리의 몸의 정당한 욕구를 부정하지 말고 또 몸을 학대하지 말고 잘 먹이고 적당하게 쉬게 하고 잘 관리하고 보살펴야 한다. 적당한 영양 섭취와 적당한 수면과 적당한 운동은 몸을 위해 선한 일이며 그런 것을 천히 볼 것이 아니다. 특히 남자는 여성의 몸이 연약함을 알고 잘 보살펴주어야 한다. 우리는 우리의 몸을 건강하게 하여 하나님의 영광을 위하고 선한 일을 위해 그것을 사용해야 한다. 고린도전서 6:19-20, "너희는 너희의 것이 아니라 값으로 산 것이 되었으니 그런즉 너희 몸으로 하나님께 영광을 돌리라." 우리는 몸도 잘 관리해야 한다.

둘째로, 그러나 우리는 우리의 영이 우리의 몸보다 더 귀함을 알고 영의 건강을 위해 힘써야 한다. 죄로 죽었던 영이 다시 살아났다. 이제 영의 건강은 하나님의 말씀을 읽고 듣고 묵상함과 하나님의 뜻을 따라 믿음으로 행하고 계명을 순종하며 죄 짓지 않고 의롭게 살 때 얻는다. 사람은 밥만 먹으면 사는 육적 존재가 아니다. 우리는 죄를 회개하고 하나님의 말씀을 믿음으로 영생을 얻었고 그 말씀을 통해 평안과 힘과 용기를 얻는 영적 존재이다. 또 우리의 영은 몸과 밀접히 연결되어 있기 때문에, 영이 건강하면 몸도 건강해질 것이다. 그러므로 잠언 3:7-8은, "여호와를 경외하며 악을 떠날지어다. 이것이 네 몸에 양약이 되어 네 골수로 윤택하게 하리라"고 말했고, 잠언 18:14는, "사람의 심령은 그 병을 능히 이기려니와 심령이 상하면 그것을 누가 일으키겠느냐?"고 했다. 우리는 몸의 건강을 위해서라도 영의 건강을 위해 힘써야 한다.

셋째로, 우리는 무엇보다 하나님 중심으로 살아야 한다. 하나님께서는 우리의 몸도 영도 다 주관하신다. 사람이 죄를 지으면 몸도, 영도 다 망한다. 그러므로 우리는 항상 경건하게 살고 성령의 인도하심을 따라 살아야 한다. 로마서 8:14, "무릇 하나님의 영으로 인도함을 받는 그들은 곧 하나님의 아들이라." 갈라디아서 5:16, "너희는 성령을 좇아 행하라. 그리하면 육체의 욕심을 이루지 아니하리라." 디모데전서 4:7-8, "경건에 이르기를 연습하라. 육체의 연습은 약간의 유익이 있으나 경건은 범사에 유익하니 금생과 내생에 약속이 있느니라." 우리는 하나님 중심으로 성령의 인도하심을 따라 경건하게 말씀과 기도로 살아야 한다.

8-17절, 에덴 동산에서 주신 명령

[8-9절] 여호와 하나님이[하나님께서] 동방의 에덴에 동산을 창설하시고 그 지으신 사람을 거기 두시고 여호와 하나님이[하나님께서] 그 땅에서 보기에 아름답고 먹기에 좋은 나무가 나게 하시니 동산 가운데에는 생명나무와 선악을 알게 하는 나무도 있더라.

'동방의 에덴'이라는 말은 에덴 동산이 하나님께서 이스라엘 조상들에게 약속하신 땅의 동쪽에 있었음을 암시하는 것 같다. 에덴 동산은 실제 장소이다. 에덴이라는 원어(עֵדֶן)는 '우아함, 기쁨, 즐거움'이라는 뜻이다. 그 곳은 아름답고 복된 곳이었다. 아담을 위해 아름다운 에덴 동산을 준비하셨던 하나님께서는 우리를 위해 아름답고 복된 천국, 새 하늘과 새 땅, 새 예루살렘 성을 준비하실 것이다.

하나님께서는 에덴 동산에 보기에 아름답고 먹기에 좋은 나무들을 나게 하셨다. 하나님께서는 아름다움의 하나님이시며 그가 창조하신 세계는 아름다운 세계이다. 그가 만드신 나무들은 보기에 아름다운 것들이었고 먹기에 좋은 열매들을 맺는 것들이었다. 그것들은 사과와 포도, 복숭아와 감 등 다양한 과일들을 맺었을 것이다. 과일과 열매는 하나님께서 사람들을 위해 주신 좋은 음식이다.

동산 가운데는 생명나무와 선악을 알게 하는 나무도 있었다. 이것들도 실제의 나무이었을 것이다. 생명나무의 열매는 그것을 먹으면 건강하고 영생할 만한 열매이었던 것 같다. 범죄한 후 에덴 동산에서 쫓겨날 때, 하나님께서는 사람이 그 나무 열매를 먹지 못하도록 천사들과 화염검으로 그 길을 막으시고 지키셨다. 그 나무는 영생이 있음을 암시한다. 천국에도 생명나무가 있을 것이다(계 22:2). 한편, 선악을 알게 하는 나무는 사람을 시험하는 나무이었다. 하나님께서는 그 나무를 두고 사람을 시험하실 것이다. 사람은 자신이 하나님의 명령을 순종하면 선이 되고 거역하면 악이 됨을 알게 될 것이다.

〔10-14절〕강이 에덴에서 발원하여 동산을 적시고 거기서부터 갈라져 네 근원이 되었으니 첫째의 이름은 비손이라. 금이 있는 하윌라 온 땅에 둘렸으며 그 땅의 금은 정금이요 그 곳에는 베델리엄과 호마노도 있으며 둘째 강의 이름은 기혼이라. 구스 온 땅에 둘렸고 세째[셋째] 강의 이름은 힛데겔이라. 앗수르 동편으로 흐르며, 네째[넷째] 강은 유브라데더라.

에덴은 높은 지대이었다. 거기에는 강들의 발원지인 샘이 있었다. 강은 에덴에서 시작되어 동산을 적시고 거기서부터 갈라져 네 근원이 되었다. 에덴 동산에서 흘렀던 강으로부터 네 강들이 갈라졌다는 묘사는 에덴 동산이 실제적 장소이었음을 증거한다. 이것은 신화가 아니다. 이것은 에덴 동산에 대해 구체적으로 증거하는 진실한 내용이다. 성경에서 비유와 상징을 문자적으로 해석하는 것도 잘못이지만 역사적 서술을 비유적, 상징적으로 해석하는 것도 잘못이다.

첫 번째 강은 비손이다. 본문은 비손강이 '금이 있는 하윌라 온 땅에 둘렸으며 그 땅의 금은 정금이요 그 곳에는 베델리엄과 호마노도 있다'고 말한다. 비손강의 위치는 알려져 있지 않다. 오늘날 우리가 아는 하윌라 땅은 아프리카 동북부의 이디오피아 지역이다. 세상이 창조된 이후 지구의 지형에 대변화가 있었음에 틀림없다. '하윌라'라는 이름은 함의 손자, 구스의 아들 중에도 있고(창 10:7), 셈의 6대손 중에도 있다(창 10:29). 베델리엄(בְּדֹלַח)은 그 정확한 뜻을 모르나 아랍역이나 다수의 유대교 랍비들은 그것을 '진주'라고 보았다.

두 번째 강인 기혼의 위치도 알려져 있지 않다. 그 강이 구스 온 땅에 둘렸다는 표현은 나일강을 생각나게 하지만, 구스는 오늘날의 이집트와, 수단 동쪽 지역을 가리키며 나일강은 남에서 북으로 흐르는 반면, 다음에 언급된 셋째와 넷째 강인 힛데겔과 유브라데는 북쪽에 있고 북에서 남으로 흐르기 때문에 지형의 대변화를 전제하지 않고서는 이 강들의 공통적인 근원지를 상상하기 어렵다. 노아 시대의 대홍수 때 아마 지구의 지형에 대변화가 있었을지도 모른다.

셋째 강인 힛데겔은 앗수르 동편으로 흐르는 티그리스 강을 가리키고, 넷째 강인 유브라데는 오늘날 시리아와 이라크를 가로지르는 유프라테스 강을 가리킨다. 이 두 강은 오늘날 아르메니아에서 발원하여 이라크로 흐르고 있다. 그것들은 인류 문명의 발상지 중 하나인 메소포타미아 평원을 가로지르는 두 개의 큰 강이다.

〔15절〕여호와 하나님이[하나님께서] 그 사람을 이끌어 에덴 동산에 두사 그것을 다스리며[가꾸며] 지키게 하시고.

'다스린다'는 원어(아바드 עָבַד)는 '일한다, 가꾼다, 경작한다'는 뜻을 가진다. 사람에게 처음 주어진 일은 동산을 가꾸며 경작하는 일, 즉 농사짓는 일이었다. 그때 그것은 아담에게 즐거운 일이었을 것이다. 노동은 저주의 결과가 아니었다. '지키게 하셨다'는 말은 악한 자의 침입을 예상하는 말이다. 얼마 후 아담은 타락한 천사의 시험을 받을 것이다. 천사의 타락은 오래 전의 일이 아니고 단지 얼마 전의 일이었을 것이다. 하나님께서는 그의 높으신 뜻 가운데 천사의 타락을 허락하셨다. 아담은 타락한 천사의 시험으로부터 자신과 그 에덴 동산의 기쁘고 복된 상태를 잘 지켜야 했다.

〔16-17절〕여호와 하나님이[하나님께서] 그 사람에게 명하여 가라사대 동산 각종 나무의 실과는 네가 임의로 먹되 선악을 알게 하는 나무의 실과는 먹지 말라. 네가 먹는 날에는 정녕 죽으리라 하시니라.

하나님께서 아담에게 처음 명령을 주신 것은 하나님과 사람 간의 기본적 관계를 보여준다. 즉 창조자 하나님께서는 사람에게 무엇을 명령하실 수 있는 위치에 계시고 피조물인 사람은 그에게 순종해야 할 위치에 있음을 보이는 것이다. 이 기본적 관계는 하나님과 아담의 관계일 뿐 아니라, 하나님과 모든 인류의 관계이며 또 어느 시대에나 변함이 없는 관계인 것이다.

아담의 실패와 에덴 동산에서의 추방은 이 기본적 관계를 잘 지키지 못했기 때문에 왔다. 이스라엘 백성의 실패도 그들이 하나님 앞에서 목이 곧고 그의 음성을 항상 거역한 데 있었다. 그러므로 모세는 신명기 10:12-13에서 "이스라엘아, 네 하나님 여호와께서 네게 요구하시는 것이 무엇이냐? 곧 네 하나님 여호와를 경외하여 그 모든 도를 행하고 그를 사랑하며 마음을 다하고 성품을 다하여 네 하나님 여호와를 섬기고 내가 오늘날 네 행복을 위하여 네게 명하는 여호와의 명령과 규례를 지킬 것이 아니냐?"라고 말하였다. 또 전도서는, "일의 결국을 다 들었으니 하나님을 경외하고 그 명령을 지킬지어다. 이것이 사람의 본분이니라"고 증거하였다(전 12:13).

신약 성도들도 마찬가지의 의무 아래 있다. 사도 바울은 말하기를, "이제는 너희가 죄에게서 해방되고 하나님께 종이 되어 거룩함에 이르는 열매를 얻었으니 이 마지막은 영생이라"고 말했다(롬 6:22).

하나님께서 아담에게 주신 처음 명령은 또한 하나님께서 그에게 자유를 주셨음을 보인다. 아담은 에덴 동산에서 나는 여러 가지 맛있는 과일들을 그가 원하는 대로 따먹을 자유가 있었다. 아담은 에덴 동산에서 자유와 먹는 즐거움을 누렸다.

그러나 그 자유는 하나님의 명령 안에서의 자유이었다. 하나님께서는 그 명령에 금지하는 한가지 내용을 포함시키셨다. 그것은 동산 가운데 있는 선악을 알게 하는 나무의 열매를 먹지 말라는 내용이었다. 하나님께서는 많은 것들을 허락하셨고 단지 한가지만 금하셨다. 그것은 아담의 순종을 시험하시는 내용이었다. 아담에게는 선택의 자유가 있었다. 하나님께서는 아담을 기계와 같이 만들지 않으시고 자신의 형상과 같이 만드셨다. 사람은 하나님의 명령에 대해 자유로이 선택하고 그 선택에 책임을 져야 하는 존재로 창조된 것이다.

하나님께서는 아담에게 처음 명령을 주실 때 죽음에 대한 경고도 분명하게 주셨다. "선악을 알게 하는 나무의 실과는 먹지 말라. 네가 먹는 날에는 정녕 죽으리라." 그것은 하나님의 명령을 어기면 반드시 죽을 것이라는 하나님의 뜻을 분명하게 보인다. '정녕 죽으리라'는 말은 과장된 경고가 아니었다. 그 경고대로 범죄한 아담은 죽을 수밖에 없었다. 순종은 생명이요 불순종은 죽음이었다.

죄의 결과는 죽음이다(롬 6:23). 성경은 그 죽음이 사람의 영혼이 하나님과 단절됨으로 평안을 잃어버리고 불안과 공포와 고통 속에 사는 것과, 몸이 늙고 병들고 연약하다가 죽는 것과, 또 몸과 영혼이 함께 영원한 지옥 불못에 던지우는 것을 다 포함한다고 가르친다.

그러나 하나님께서 아담에게 주신 처음 명령 속에는 영원한 생명에 대한 암시도 있었다. 그 명령은 사람이 하나님의 명령을 순종하면 영원히 살 수 있다는 것을 암시하였다. 그 영원한 생명은 또한 에덴 동산 가운데 있는 다른 한 나무인 생명나무를 통해서도 암시되었다.

성경은 영생에 대해 증거한다. 예수께서는 "너희가 성경에서 영생을 얻는 줄 생각하고 성경을 상고한다"고 말씀하셨다(요 5:39). 아담의 범죄는 인류에게 죽음을 가져왔지만, 예수 그리스도로 말미암은 구원은 죄씻음과 영생을 가져온다. 요한복음 3:16, "하나님께서 세상을 이처럼 사랑하사 독생자를 주셨으니 이는 저를 믿는 자마다 멸망치 않고 영생을 얻게 하려 하심이니라." 요한복음 6:39-40, "나를 보내신 이의 뜻은 내게 주신 자 중에 내가 하나도 잃어버리지 아니하고 마지막 날에 다시 살리는 이것이니라. 내 아버지의 뜻은 아들을 보고 믿는 자마다 영생을 얻는 이것이니 마지막 날에 내가 이를 다시 살리리라." 로마서 6:23, "죄의 삯은 사망이요 하나님의 은사는 그리스도 예수 우리 주 안에 있는 영생이니라." 디도서 1:2-3, "이 영생은 거짓이 없으신 하나님께서 영원한 때 전부터 약속하신 것인데 자기 때에 자기의 말씀을 전도로 나타내셨으니 이 전도는 우리 구주 하나님의 명대로 내게 맡기신 것이라." 요한일서 5:13, "내가 하나님의 아들의 이름을 믿는 너희에게 이것을 쓴 것은 너희로 하여금 너희에게 영생이 있음을 알게 하려 함이라." 주 예수 그리스도 안에 영생이 있다.

본문의 교훈을 정리해보자. 첫째로, 창조자 하나님과 피조물 사람 간의 기본적 관계는 명령과 순종의 관계이다. 우리는 이 기본적 관계를 이해해야 한다. 명령과 순종의 관계는 오늘날에도 변함 없는 진리이다. 인류의 불행은 하나님의 명령을 순종하지 않는 데서 왔다. 이스라엘의 역사를 통해 하나님께서 보여주신 바도 죄와 불순종의 결과는 멸망이라는 진리이다. 우리는 전에 하나님을 알지 못하고 그의 뜻을 거슬러 죄의 낙을 누리며 살았을지라도 이제는 하나님께 순종하는 자가 되어야 한다. 우리가 예수님 믿고 구원 얻고 영생을 얻었고 하나님의 자녀가 되었다면, 이제는 하나님의 명령과 뜻에 순종하는 자가 되어야 한다.

둘째로, 우리는 자발적으로, 자원적으로 하나님의 명령에 순종해야 한다. 첫 사람 아담은 자유 의지를 잘못 사용했다. 물론 아담의 자손인 인류는 선을 행할 자유 의지를 잃어버렸다. 그러나 우리는 이제 성령의 도우심을 힘입어 하나님의 명령과 교훈을 선택하고 실천하는 자들이 되어야 한다. 우리는 다시 몸의 죄성을 따라 살아서는 안 된다. 우리는 하나님의 뜻을 가르쳐 주는 성경책을 열심히 읽고 배우고 하나님의 선한 일들을 위해 우리 자신을 즐거이 드리며 순종하며 충성해야 한다.

셋째로, 아담은 하나님의 처음 명령을 어김으로 실패했지만, 우리는 하나님의 아들 예수 그리스도의 십자가 대속 사역을 믿음으로 죄사함과 영생의 구원을 얻었음을 깨닫고 감사해야 한다. 주 예수 그리스도의 복음은 바로 죄사함과 영생의 소식이다. 이것이 성경의 요지이다. 이것은 우리를 구원하시려는 하나님의 뜻이며 방법이었다. 어떤 악한 자라도 구주 예수 앞으로 나아오면, 예수께서는 그의 십자가의 보혈로 죄인들의 추하고 더러운 죄를 다 씻어주시고 영원한 생명을 은혜로 주실 것이다. 이것이 성경에 밝히 증거된 복된 소식이다. 우리는 이것을 깨닫고 구원을 얻었다. 아직 구원 얻지 못한 자는 예수께로 나와야 한다. 사람이 구원 얻는 길은 구주 예수께로 나아와 그를 믿는 길밖에 없다.

18-25절, 여자를 만드심

[18절] 여호와 하나님이[하나님께서] 가라사대 사람의 독처하는[혼자 있는] 것이 좋지 못하니 내가 그를 위하여 돕는 배필을 지으리라 하시니라.

하나님께서는 아담이 혼자 있는 것이 좋지 못하다고 여기시며 그를 위해 '돕는 배필'을 만드시기를 원하셨다. 아담이 홀로 하나님과 교제하며 살 수 있었으나, 하나님께서는 그를 위해 여자를 만드시고 가정을 이루게 하시기를 원하셨다. 물론 거기에는 자녀 출산이라는 하나님의 뜻도 있었다. 아담은 결혼을 통해 자녀들을 출산해야 했다. 이것은 하나님께서 작정하신 기쁘신 뜻이었다.

'돕는 배필'이라는 원어(에제르 케네그도 עֵזֶר כְּנֶגְדּוֹ)는 문자적으로는 '그 앞에 늘 있는 돕는 자'라는 뜻이다. 영어성경들은 '그에게 맞는 돕는 자'(a helper suitable for him)라고 번역했다. 한글개역성경의 '배필'(配匹)이라는 말은 '짝'이라는 뜻인데 좋은 번역 같다. 하나님께서 여자를 만드신 목적은 남자를 위해 항상 그의 곁에 있어 그와 교제하고 그를 위로하고 그를 도와주는 짝이 되게 하기 위함이었다. 여자는 남자를 돕는 짝이 되게 하기 위해 창조되었다.

남자와 여자는 둘 다 하나님의 형상이며 동등한 영적 특권을 누리지만, 이 세상에서 그들의 역할은 다르다. 여자는 남자를 돕는 자로 지음을 받았다. 이것이 하나님께서 여자를 만드신 뜻이었다. 여자가 하나님의 뜻대로 본래의 역할을 다할 수 있는 곳은 바로 가정이다. 여자가 좋은 아내가 되는 것은 여자로서 가장 중요한 일이다.

모범적 여자의 모습을 가르친 성경은 잠언 31:10-31이다. 거기에 보면, 모범적 여자는 '현숙한 여인'으로 표현되며 그 값은 진주보다 크다고 말한다. '현숙한'이라는 원어(카일 חַיִל)는 '힘있는, 훌륭한'이라는 뜻이다. 현숙한 여자는 가정에서 자기 남편을 잘 내조(內助)하는 여자 즉 아내로서 역할을 잘 행하는 여자이다. 그 본문에 보면, 그 여자는 "살아 있는 동안 그 남편에게 선을 행하고"(12절), "양털과 삼을 구하여 부지런히 손으로 일하며"(13절), "밤이 새기 전에 일어나서 그 집 사람에게 식물을 나눠주며 여종에게 일을 정하여 맡기며"(15절), "간곤한[가난한] 자에게 손을 펴며 궁핍한 자를 위하여 손을 내밀며"(20절), "그 집안일을 보살피고 게을리 얻은 양식을 먹지 아니하는" 자이며(27절), 그의 자녀들은 일어나 그에게 감사하고 그의 남편은 그를 칭찬한다고(28절) 묘사되어 있다.

〔19-20절〕여호와 하나님이[하나님께서] 흙으로 각종 들짐승과 공중의 각종 새를 지으시고 아담이 어떻게 이름을 짓나 보시려고 그것들을 그에게로 이끌어 이르시니 아담이 각 생물을 일컫는 바가 곧 그 이름이라. 아담이 모든 육축과 공중의 새와 들의 모든 짐승에게 이름을 주니라. . . .

하나님께서는 흙으로 지으신 각종 들짐승들과 공중의 각종 새들을 아담에게로 이끌어 오셨다. 사람이나 짐승이나 새의 몸은 다 흙으로 지음 받았으므로 죽을 때 흙으로 돌아간다(시 104:29; 전 3:20). 아담은 모든 가축들과 새들과 들짐승들에게 이름을 지어주었다. 여기에 아담의 지혜가 잘 드러나고 모든 생물들을 다스리도록 창조된 그의 권위가 잘 나타난다. 그러나 그런 생물들은 아담과 본질적으로 달랐기 때문에 그것들 중에는 그에게 돕는 배필이 될 자가 없었다.

〔20-22절〕. . . 아담이 돕는 배필이 없으므로 여호와 하나님이[하나님께서] 아담을 깊이 잠들게 하시니 잠들매 그가 그 갈빗대 하나를 취하고 살로 대신 채우시고 여호와 하나님이[하나님께서] 아담에게서 취하신 그 갈빗대로 여자를 만드시고 그를 아담에게로 이끌어 오시니.

하나님께서는 아담을 깊이 잠들게 하신 후에 그의 갈빗대 하나를 취하여 그 갈빗대로 여자를 만드셨다. 처음 여자는 아담의 갈빗대로 만들어졌다. 하나님께서는 여자를 만드실 때 아담을 만드실 때처럼 흙을 사용하여 독립적으로 만들지 않으셨다. 그는 아담의 갈빗대를 사용해 만드셨다. 그것은 하나님의 창조의 의도를 잘 나타낸다. 하나님께서는 별개의 두 인격체를 만들지 않으셨다. 그는 한 사람을 만드시고 그의 갈빗대로 다른 한 사람을 만드신 것이다. 즉 여자는 남자의 갈빗대에서 나온 자이었다. 그 둘은 한 몸, 곧 한 인격처럼 살아야 할 자들이었다. 그것이 하나님께서 의도하신 바이었다.

하나님께서 아담의 갈빗대를 사용하신 것은 뜻이 있어 보인다. 그는 아담의 머리뼈나 발뼈를 사용하지 않으셨고 그의 갈빗대를 사용하셨다. 그것은 여자가 남자를 지배하거나 남자에게 짓밟힘을 받는 존재가 아니고 사랑의 대상인 것을 잘 나타낸다. 가슴은 사랑의 품이다. 사람이 사랑하면 가슴이 뛰고 사랑에 실패하면 가슴이 아프다. 그러므로 아내를 구박하며 학대하는 남편은 자신의 갈빗대를 스스로 치는 자와 같다. 부부는 서로 사랑해야 하는 자들이다.

〔23절〕 아담이 가로되 이는 내 뼈 중의 뼈요 [내] 살 중의 살이라. 이것을 남자(이쉬 אִישׁ)에게서 취하였은즉 여자(잇솨 אִשָּׁה)라 칭하리라 하니라.

잠에서 깨어난 아담은 하나님께서 그를 위해 행하신 일을 알았다. 그는 자기 눈 앞에 서 있는 아름다운 여자가 하나님께서 바로 그의 갈빗대로 그를 위해, 그를 돕는 배필로 만들어주신 아내임을 알았다. 그는 그 여자를 보고 "이 사람은 내 뼈 중의 뼈요 내 살 중의 살이다"라고 외쳤다. 그는 그가 자기 몸의 소중한 한 부분이며 자기가 가슴으로 사랑해야 할 대상임을 알았다. 그는 그를 여자라고 불렀다.

〔24절〕 이러므로 남자가 부모를 떠나 그 아내와 연합하여 둘이 한 몸을 이룰지로다.

본절은 결혼의 의미를 가르쳐 준다. '떠난다'는 원어(아자브 עָזַב)는 '버린다'는 뜻이다. 물론 이것은 자녀가 부모에 대해 가지는 효도의 의무를 부정하는 말이 아니다. 이것은 결혼이 부모와의 관계에서 무슨 의미를 가지는지 말해준다. 사람은 어릴 때 부모의 보호와 감독 아래 있었다. 그러나 이제 커서 결혼한다는 것은 부모의 곁을 떠나 독립된 한 가정을 이룬다는 것을 의미한다.

부모와의 관계에서 보면, 결혼은 부모를 떠나 독립된 가정을 이루는 것이다. 이것은 결혼시키는 부모 입장에서도, 결혼하는 자녀 입장에서도 기본적으로 알아야 할 사실이다. 부모가 결혼한 자녀를 자기의 통제 아래 두려고 할 때 부모와 자녀 간에 갈등이 생긴다. 효도는 자녀 편에서 자발적으로 하는 것이며, 부모가 교훈은 할 수 있어도 강요할 수 없는 것이다. 부모는 결혼한 자녀의 가정의 독립성을 인정해야 하며 자녀도 결혼 후에는 부모 의존적인 태도를 버려야 한다.

결혼은 또한 부부간의 관계에서 보면 연합하여 한 몸이 되는 것이다. "남자가 부모를 떠나 그 아내와 연합하여 둘이 한 몸을 이룰지로다." 사랑은 연합이다. 사랑의 노래인 아가서에서 신부는 신랑에 대한 사랑의 감정을 표현하기를, "나의 사랑하는 자는 내게 속하였고 나는 그에게 속하였구나"라고 한다(아 2:16; 6:3). 이것이 사랑의 성격이다. 사랑하는 부부는 서로 상대방에게 붙잡혀 산다.

결혼한 남자는 부모를 떠나 아내와 연합하여 한 몸이 된다. 결혼은 부모와 자식의 관계보다 더 밀접한 관계이다. 부모와 자녀는 한 몸이 아니지만 부부는 한 몸이다. 이것이 하나님께서 남녀를 창조하신 뜻이다. 부부는 이 세상의 어떤 인간 관계보다도, 심지어 부모와 자식의 관계보다도 더 가까운 관계이다. 그러므로 부부는 한 사람처럼 살아야 한다. 즉 삶의 목적과 방식과 심지어 돈주머니가 하나이어야 한다. 결혼의 이런 원리를 알고 사는 부부들은 복되다.

부부가 한 몸으로 사는 성경적 방법은 무엇인가? 그것은 요약하면 사랑과 순종이다. 남편은 아내를 사랑해야 한다. 왜냐하면 아내는 바로 남편의 갈빗대이기 때문이다. 사도 바울은 "남편들아, 아내 사랑하기를 그리스도께서 교회를 사랑하시고 위하여 자신을 주심같이 하라," "남편들도 자기 아내 사랑하기를 제 몸같이 할지니 자기 아내를 사랑하는 자는 자기를 사랑하는 것이라"고 교훈했고(엡 5:25, 28), 또 사도 베드로도 "남편된 자들아, 이와 같이 지식을 따라 너희 아내와 동거하고 저는 더 연약한 그릇이요 또 생명의 은혜를 유업으로 함께 받을 자로 알아 귀히 여기라. 이는 너희 기도가 막히지 아니하게 하려 함이라"고 교훈하였다(벧전 3:7).

지금부터 3,500년 전, 모세도 "사람이 새로이 아내를 취하였거든 그를 군대로 내어 보내지 말 것이요 무슨 직무든지 그에게 맡기지 말 것이며 그는 일년 동안 집에 한가히 거하여 그 취한 아내를 즐겁게 할지니라"는 하나님의 법을 전하였다(신 24:5). 성경이 남편에게 교훈하는 바는 아내를 사랑하고 배려하라는 것이다.

한편, 아내는 남편에게 순종해야 한다. 성경은 아내의 의무를 순종이라는 말로 표현하였다. 사도 바울은, "아내들이여, 자기 남편에게 복종하기를 주께 하듯하라. 이는 남편이 아내의 머리됨이 그리스도께서 교회의 머리됨과 같음이니 그가 친히 몸의 구주시니라. 그러나 교회가 그리스도에게 하듯 아내들도 범사에 그 남편에게 복종할지니라"고 교훈하였다(엡 5:22-24).

사도 베드로도, "아내된 자들아, 이와 같이 자기 남편에게 순복하라. 이는 혹 도를 순종치 않는 자라도 말로 말미암지 않고 그 아내의 행위로 말미암아 구원을 얻게 하려 함이니 너희의 두려워하며 정결한 행위를 봄이라. 너희 단장은 머리를 꾸미고 금을 차고 아름다운 옷을 입는 외모로 하지 말고 오직 마음에 숨은 사람을 온유하고 안정한 심령의 썩지 아니할 것으로 하라. 이는 하나님 앞에 값진 것이니라. 전에 하나님께 소망을 두었던 거룩한 부녀들도 이와 같이 자기 남편에게 순복함으로 자기를 단장하였나니 사라가 아브라함을 주라 칭하여 복종한 것같이 너희가 선을 행하고 아무 두려운 일에도 놀라지 아니함으로 그의 딸이 되었느니라"고 교훈했다(벧전 3:1-6).

부부는 사랑과 순종으로 한 몸이 되며 거기에 결혼의 행복이 있다.

사랑과 순종이 없는 부부는 하나님께서 주시는 결혼과 연합의 복을 모를 것이다. 자기 아내를 학대하는 남편이나 자기 남편을 멸시하는 아내는 하나님께서 주시는 행복을 스스로 포기하는 자들이다.

〔25절〕아담과 그 아내 두 사람이 벌거벗었으나 부끄러워 아니하니라.

처음 사람들은 순수했고 그들에게는 죄악된 생각이나 감정이 없었다. 부끄러움은 선악의 비교 의식에서 생기는 것 같다. 아직 악이 없는 상태에서는 부끄러움도 없었다. 물론 범죄한 이후는 달랐다.

본문의 교훈을 정리해보자. 첫째로, 여자는 본래 남자를 돕는 배필로 창조되었다. 현숙한 여자는 그 남편을 돕는 역할을 잘 행하는 아내이다. 그러므로 여자는 자신의 본래 역할을 알고 결혼을 귀히 여기고 사모하고 자신이 결혼하여 현숙한 아내 즉 남편을 돕는 좋은 배필이 되기를 소원해야 한다. 그것이 하나님의 기뻐하시는 뜻이다. 여자가 사회 활동을 할 경우에도, 비록 어렵지만 그의 본래 역할을 잊지 말아야 한다.

둘째로, 결혼은 남자가 부모를 떠나 그 아내와 연합하여 둘이 한 몸을 이루는 것이다. 우리는 하나님께서 제정하신 결혼 제도의 의미를 알아야 한다. 결혼은 하나님의 뜻이며 복된 것이다. 그러므로 결혼하지 않은 자들은 결혼을 사모해야 한다. 또 우리는 결혼이 독립 가정을 이루는 것임을 알고 결혼시키는 부모는 결혼한 자녀를 결혼 전처럼 자기 뜻에 순응시키려 하지 말아야 하고, 또 결혼한 자녀들도 부모를 의존하는 태도를 버리고 독립적으로 가정을 세우고 지키고 관리해야 한다.

셋째로, 결혼한 부부는 사랑과 순종으로 한 몸이 되어야 한다. 남편은 아내를 자기 갈빗대인 줄 알고 사랑해야 하며, 아내는 남편을 돕는 배필로 창조된 줄 알고 그를 돕고 순종해야 한다. 신약성경은 주 예수 그리스도의 사랑과 교회의 순종을 남편의 사랑과 아내의 순종의 본으로 말했다. 남편은 아내를 그리스도의 사랑으로 사랑하고 아내는 남편을 순종해야 한다. 사랑과 순종으로 하나가 된 부부는 참으로 행복하다.

3장: 사람의 범죄와 그 형벌

하나님과 천지 창조와 사람의 범죄에 대한 지식은 사람이 알아야 할 기본적 지식들이다. 창세기 1장부터 3장까지는 그런 내용을 증거한다. 창세기 3장은 첫 사람의 범죄와 그 형벌에 대해 증거한다. 첫 사람의 범죄 사건은 그가 자녀들을 가지기 전이었으므로(창 4:1) 그가 창조된 후 오래되지 않아서 생긴 일이었다고 보인다.

1-6절, 첫 사람의 범죄

〔1절〕여호와 하나님의 지으신 들짐승 중에 뱀이 가장 간교하더라. 뱀이 여자에게 물어 가로되 하나님이 참으로 너희더러 동산 모든 나무의 실과를 먹지 말라 하시더냐?

첫 사람의 범죄는 뱀의 시험을 통해 일어났다(고후 11:3). 이 뱀은 하나님께서 지으신 들짐승 중 하나인 실제 뱀이었지만, 마귀가 사용한 도구이었다. 그러므로 요한계시록 12:9에는 "큰 용이 내어쫓기니 옛 뱀 곧 마귀라고도 하고 사단이라고도 하는 온 천하를 꾀는 자라"고 기록하였다. 그 뱀은 들짐승 중에 가장 간교하였다.

간교함은 마귀의 특징이다. 간교함은 이중적이고 거짓됨을 말한다. 그것은 성도들의 품성에 반대된다. 하나님께서는 진실하시며 그의 백성된 우리에게 진실함, 마음에 간사함이 없음, 순진함을 요구하신다(시 15:2; 32:2; 요 1:47). 그러나 마귀는 간교하고 거짓되다.

마귀와 악령들은 범죄함으로 타락한 천사들이다(벧후 2:4; 유 6). 요한일서 3:8은 "죄를 짓는 자는 마귀에게 속하나니 마귀는 처음부터 범죄함이니라"고 말한다. 마귀의 범죄는 인류 역사 초기에 일어난 것 같다. 그는 교만함으로 범죄하였다고 보인다(딤전 3:6). 마귀는 이제 악한 꾀를 내어 첫 사람 아담과 하와를 범죄케 하였다.

뱀은 먼저 여자에게 접근했다. 그것은 그가 여자에게서 어떤 약점들을 보았기 때문일 것이다. 하나님께서 아담에게 선악을 알게 하는 나무의 열매를 먹지 말라고 명령하셨을 때(창 2:16-17) 여자는 아직 창조되기 전이었을 것이다. 여자는 아담을 통하여 하나님의 명령을 전해 들었을 것이며 그의 지식과 믿음은 아담보다 약했던 것 같다.

우리는 하나님의 말씀에 대한 지식과 믿음이 약할 때 마귀의 시험을 받기 쉽다. 그러므로 우리는 성경책을 직접 읽고 하나님의 말씀을 직접 듣고 묵상해야 한다. 사도 바울이 베뢰아에서 전도했을 때 그곳 사람들은 마음이 고상하여 간절한 마음으로 말씀을 받고 이것이 그러한가 하여 날마다 성경을 살피므로 그 중에 믿는 사람들이 많았고 또 헬라의 귀부인들과 남자들도 적지 않았다(행 17:11-12).

뱀이 여자에게 접근한 다른 한 이유는 여자가 남자보다 감성적이기 때문일 것이다. 여자는 대체로 남자보다 더 감성적이며 덜 이성적이고 다른 이의 말에 잘 반응한다. 또 뱀은 남자가 여자에게, 그것도 사랑하는 여자에게, 약하다는 점도 노렸던 것 같다. 아내가 남편에게 끼치는 영향은 적지 않다. 성경도 그러한 사실을 증거한다. 이스라엘 역사를 보면, 왕후가 우상숭배자일 때 왕이 쉽게 우상숭배에 빠졌다(대하 21:6). 그러므로 어머니와 아내의 역할은 아주 중요하다. 경건하고 훌륭한 사람의 배후에는 경건하고 훌륭한 어머니가 있다. 잠언 31:30은 "고운 것도 거짓되고 아름다운 것도 헛되나 오직 여호와를 경외하는 여자는 칭찬을 받을 것이라"고 말하였다.

뱀은 여자에게 물었다. 뱀이 말하는 것은 일반적인 일이 아니지만, 마귀의 역사로 그렇게 한 것 같다. 성경에 보면, 하나님께서 당나귀의 입을 열어 말하게 하신 경우가 있고(민 22:28), 또 요한계시록 13장에는 장차 마귀의 활동으로 우상이 말하는 일도 예언되어 있다.

뱀은 여자에게 말했다. "하나님이 참으로 너희더러 동산 모든 나무의 실과를 먹지 말라 하시더냐?" 이것은 부정확한, 지나친 질문이었다. 뱀은 하나님께서 아담에게 하신 명령을 알았을 것이다. 그러나 그는 지나친 질문을 통하여 여자의 생각을 혼란시켰다. 마귀는 진리를 혼란시키기를 잘한다. 그러나 우리는 바른 생각과 지식으로 그것을 물리쳐야 한다. 바른 지식과 논리는 하나님의 선물이다.

〔2-3절〕여자가 뱀에게 말하되 동산 나무[나무들]의 실과를 우리가 먹을 수 있으나 동산 중앙에 있는 나무의 실과는 하나님의 말씀에 너희는 먹지도 말고 만지지도 말라. 너희가 죽을까 하노라 하셨느니라.

뱀의 지나친 질문에 대해 여자는 지나치게 대답하였다. 동산 중앙에는 두 개의 나무, 즉 생명나무와 선악을 알게 하는 나무가 있었고(창 2:9) 그 중에 선악을 알게 하는 나무의 열매만 먹지 말아야 했다. 또 하나님께서는 그 열매를 '먹지 말라'고만 하셨지 '만지지도 말라'고 하지는 않으셨다. 우리는 하나님의 말씀을 우리 임의대로 가감해서는 안 된다. 우리는 기록한 말씀을 넘어가지 말고 그 말씀에 충실하도록 힘써야 한다. 고린도전서 4:6에서 바울은 "형제들아, 내가 너희를 위하여 이 일에 나와 아볼로를 가지고 본을 보였으니 이는 너희로 하여금 기록한 말씀 밖에 넘어가지 말라 한 것을 우리에게서 배워 서로 대적하여 교만한 마음을 먹지 말게 하려 함이라"고 말했다.

〔4절〕뱀이 여자에게 이르되 너희가 결코 죽지 아니하리라.

뱀은 확신에 찬 거짓말을 하였다. 그의 말은 확신이 있어 보였으나 하나님의 말씀을 정면으로 부정하는 거짓말이었다. 하나님께서는 "네가 먹는 날에는 정녕 죽으리라"고 말씀하셨으나 마귀는 "너희가 결코 죽지 아니하리라"고 말했다. 그것은 거짓말이다. 주께서는 마귀가 거짓말쟁이요 거짓의 아비라고 말씀하셨다(요 8:44). 마귀는 사람으로 하여금 하나님의 말씀을 불신임하게 만들고 있었다.

하나님의 말씀을 불신임하는 것, 곧 말씀에 대한 불신앙이 모든 죄의 원인이다. 우리가 하나님과 그의 말씀을 순종하려면 우선 하나님의 말씀을 신임해야 한다. 하나님께서는 이 중요한 일을 위해 성경을 주셨다. 거짓과 속임이 가득한 세상에서 우리가 성경을 읽고 배우고 확신해야 하는 이유가 바로 여기에 있다(딤후 3:13-17).

〔5절〕너희가 그것을 먹는 날에는 너희 눈이 밝아 하나님과 같이 되어 선악을 알 줄을 하나님이 아심이니라.

뱀의 이 말은 부분적인 진리라고 보인다. 그 나무의 열매를 먹으면 사람이 눈이 밝아 선과 악을 알게 될 것이다. 이것은 사실일 것이다. 첫 사람은 범죄한 이후 자신이 악을 행했다는 것을 알았을 것이다. 그러나 뱀의 이 말은 여자의 교만을 부추기는 뜻이 있어 보인다. 그것은 마치 하나님께서 우리가 하나님과 같이 되는 것을 막으신다는 뜻을 가진 것 같고 우리가 하나님처럼 될 수 있는 길을 말해주는 것 같았다. 그것은 여자의 교만을 부추겼다고 보인다.

사람은 자신을 하나님처럼 높일 때 하나님의 말씀을 거역하게 된다. 교만은 불순종의 원인이다. 교만은 사람이 하나님 대신에 자신을 섬기는 우상숭배이다(삼상 15:23). 사람이 하나님의 정해주신 한계선을 넘어서서 하나님처럼 되려 하는 것은 매우 악한 마음이다. 사람이 교만하면 결국 멸망하게 된다(잠 16:18).

〔6절〕여자가 그 나무를 본즉 먹음직도 하고 보암직도 하고 지혜롭게 할 만큼 탐스럽기도 한 나무인지라. 여자가 그 실과를 따먹고 자기와 함께한 남편에게도 주매 그도 먹은지라.

여자는 뱀의 거짓말에 영향을 받았다. 여자의 마음 속에는 하나님의 말씀에 대한 믿음이 깨어지고 하나님께서 금하신 나무의 열매에 대한 흥미가 생기기 시작했다. 그가 그 나무를 본즉 그것은 먹음직도 하고 보암직도 하고 지혜롭게 할 만큼 탐스럽기도 했다. 그 여자는 마침내 하나님께서 금하신 그 나무의 열매를 따먹었다.

여자는 자기만 그것을 먹은 것이 아니고 그 남편에게도 주었고 그 남편은 그것을 받아먹었다. 본문은 "여자가 그 실과를 따먹고 자기와 함께한 남편에게도 주매 그도 먹은지라"라고 단순히 기록했다. 마귀의 계산과 계획은 적중하였다. 여자가 먼저 범죄했고(딤전 2:14) 남편은 그 뒤를 따라 너무 쉽게 범죄하였다. 첫 사람 아담과 그 아내는 이렇게 범죄하였고 무죄 상태로부터 타락하였다.

에덴 동산에서 첫 사람 아담과 그 아내의 행복한 생활은 오래 지속되지 못하였다. 첫 사람 아담은 하나님의 시험 기간을 잘 통과하지 못했다. 그들은 하나님께서 주신 본래의 상태와 행복을 잃어버렸다. 그것은 그들만의 불행이 아니고 온 인류의 불행이었다.

오늘날도 세상에는 마귀와 악령들의 시험이 많다. 마귀는 예수님 당시에도 그를 시험하였다(마 4:1). 예수께서는 곡식과 가라지 비유에서 인자가 하나님의 말씀을 뿌리나 원수 마귀도 세상에 가라지를 덧뿌리고 다닌다고 말씀하셨다(마 13:25, 38-39). 또 사도 바울은 '이 세상 신'이라고 불리는 마귀가 지금도 사람들이 복음을 깨닫지 못하게 그들의 마음을 혼미케 하고 있고(고후 4:3-4) 공중에 권세 잡은 그가 지금도 세상 사람들 속에 활동하고 있다고 말하였다(엡 2:2).

또 성경은, "후일에 어떤 사람들이 믿음에서 떠나 미혹케 하는 영과 귀신의 가르침을 좇으리라"고 말하였고(딤전 4:1), 또 이단들이 많이 나타날 것을 예언했다(요일 4:1). 또 성경은, 예수 그리스도의 재림 직전의 징조로서 마귀가 교회를 진리에서 떠나게 하는 배교와 거짓된 은사주의, 기적 운동을 예언하였다(살후 2:9-10). 또 요한계시록은 큰 성 바벨론으로 묘사된 마지막 때의 배교한 교회는 "귀신의 처소와 각종 더러운 영의 모이는 곳과 각종 더럽고 가증한 새의 모이는 곳"이 될 것이라고 예언하였다(계 18:2).

우리의 신앙생활은 영적인 전쟁과 같다. 우리는 이 세상에 권세 잡은 마귀와 그를 따르는 악령들과 싸우는 자들이다(엡 6:12). 마귀와 악령들은 이 세상을 불경건과 부도덕으로 악화시키고 교인들을 교만

창세기 3장: 사람의 범죄와 그 형벌

과 불경건과 불신앙으로 이끌고 교회를 배교와 세속화로 이끈다.

본문의 교훈을 정리해보자. **첫째로, 우리는 오늘날에도 마귀의 시험을 물리쳐야 한다.** 우리는 마귀를 대적해야 한다. 야고보서 4:7-8, "그런즉 너희는 하나님께 순복할지어다. 마귀를 대적하라. 그리하면 너희를 피하리라. 하나님을 가까이하라. 그리하면 너희를 가까이하시리라." 베드로전서 5:9, "너희는 믿음을 굳게 하여 저[마귀]를 대적하라."

둘째로, 여자들은 조심해야 한다. 첫 사람의 범죄와 인류의 타락은 여자의 범죄로 시작되었다. 성경이 여자 목사와 장로를 금하는 이유 중 하나가 그것이다. 디모데전서 2:14, "[여자의 목사직과 장로직을 금하는 이유는] 여자가 꾀임을 보아 죄에 빠졌음이니라." 그러므로 이제 여자들은 조심해야 하고 남자들도 여자들의 실수를 조심해야 한다.

셋째로, 우리는 하나님의 말씀에 대한 정확한 지식을 가지고 거짓말을 분별하고 대적해야 한다. 마귀는 부정확한 말로 사람을 혼란시킨다. 오늘날에도 온갖 거짓말, 즉 온갖 이단사설이 난무하다. 이것은 말세의 징조이기도 하다. 그러므로 우리는 이런 때일수록 성경말씀을 주야로 읽고 묵상하고 연구함으로 부정확한 말, 즉 좌우로 치우쳤거나 지나친 말을 분별하고 배격하고 배척해야 한다. 요한일서 4:1, "사랑하는 자들아, 영을 다 믿지 말고 오직 영들이 하나님께 속하였나 시험하라. 많은 거짓 선지자가 세상에 나왔음이니라." 우리는 성령의 검 곧 하나님의 말씀을 가지고 마귀의 시험들을 이겨야 한다(엡 6:17). 우리는 바르고 정확한 말, 즉 성경적 교훈을 믿고 확신하고 지켜야 한다.

넷째로, 우리는 교만한 마음으로 하나님의 말씀을 의심하거나 거역하지 말고 믿고 순종해야 한다. 첫 사람은 마귀의 미혹을 받아 범죄함으로 타락하였다. 그러나 이제 예수 그리스도를 믿어 죄사함과 영생의 구원을 얻은 신약 성도들은 죄에게서 해방되어 하나님께 종이 되고 의에게 종이 된 자들이므로(롬 6:17-18, 22) 성경에 교훈된 하나님의 말씀을 겸손히 다 믿고 순종하며 경건하고 의롭고 선하게만 살아가야 한다.

7-24절, 첫 범죄의 결과

〔7-8절〕이에 그들의 눈이 밝아 자기들의 몸이 벗은 줄을 알고 무화과 나뭇잎을 엮어 치마를 하였더라. 그들이 날이 서늘할 때에 동산에 거니시는 여호와 하나님의 음성을 듣고 아담과 그 아내가 여호와 하나님의 낯을 피하여 동산 나무 사이에 숨은지라.

아담과 그 아내는 하나님께서 금하신 나무의 열매를 먹은 후 눈이 밝아 자기들의 몸이 벗은 줄을 알았다. 그들은 벌거벗었으나 부끄러워하지 않던 본래의 순진함을 잃어버렸고 죄의식과 더불어 수치감을 가지게 되었다. 그들은 무화과 나뭇잎으로 치마를 하였다.

하나님께서는 에덴 동산에 거니시며 사람과 교제하곤 하셨다. 그는 사람과 교제하시는 하나님이시다. 그런데 사람이 범죄한 그 날에 교제에 이상이 생겼다. 아담과 그 아내는 서늘한 바람이 불 때 동산에 거니시는 하나님의 음성을 듣고 그의 얼굴을 피하여 동산의 나무들 사이에 숨었다. 그들은 분명히 죄책감과 수치감 때문에 숨었다.

죄는 하나님과의 정상적 교제를 가로막는다(사 59:2). 죄인은 하나님께 나오기를 꺼려한다. 주께서는 "악을 행하는 자마다 빛을 미워하여 빛으로 오지 아니하나니 이는 그 행위가 드러날까 함이라"고 말씀하셨다(요 3:20). 하나님의 명령을 거역하고 그의 얼굴을 피해 다시스로 도망치려고 배를 탔고 배 밑창에 내려가 자신을 숨기려 했던 선지자 요나처럼, 죄인은 거룩하신 하나님을 피해 숨으려 한다.

〔9-10절〕여호와 하나님이[하나님께서] 아담을 부르시며 그에게 이르시되 네가 어디 있느냐? 가로되 내가 동산에서 하나님의 소리를 듣고 내가 벗었으므로 두려워하여 숨었나이다.

하나님께서는 잃어버린 양을 찾는 선한 목자처럼, 아담을 부르시며 찾으셨다. "네가 어디 있느냐?" 그는 지금도 자기 백성을 찾으신다. "네가 어디 있느냐?" 아담은 대답했다. "내가 벗었으므로 두려워하여 숨었나이다." 범죄한 사람에게는 두려움이 있었다. 의인은 사자 같이 담대하지만, 악인에게는 항상 두려움이 있다(잠 28:1).

〔11-13절〕 가라사대 누가 너의 벗었음을 네게 고하였느냐? 내가 너더러 먹지 말라 명한 그 나무 실과를 네가 먹었느냐? 아담이 가로되 하나님께서 주셔서 나와 함께하게 하신 여자 그가 그 나무 실과를 내게 주므로 내가 먹었나이다. 여호와 하나님께서 여자에게 이르시되 네가 어찌하여 이렇게 하였느냐? 여자가 가로되 뱀이 나를 꾀므로[속이므로] 내가 먹었나이다.

하나님께서는 아담에게 생긴 수치심이 그가 금하신 나무의 실과를 먹은 결과임을 깨닫게 하셨다. 아담은 여자가 그 실과를 주므로 먹었다고 대답했고, 여자는 뱀이 속이므로 그 실과를 먹었다고 대답했다. 그들이 범죄한 과정은 그들의 말 그대로이었다. 그러나 그들의 말 속에는 잘못의 책임을 남에게 돌리는 핑계의 생각이 보인다.

〔14-15절〕 여호와 하나님이[하나님께서] 뱀에게 이르시되 네가 이렇게 하였으니 네가 모든 육축과 들의 모든 짐승보다 더욱 저주를 받아 배로 다니고 종신토록 흙을 먹을지니라. 내가 너로 여자와 원수가 되게 하고 너의 후손도 여자의 후손과 원수가 되게 하리니 여자의 후손은 네 머리를 상하게 할 것이요 너는 그의 발꿈치를 상하게 할 것이니라 하시고.

하나님께서는 먼저 뱀에게 두 가지 저주를 선언하셨다. 첫째는 배로 다니며 흙을 먹으리라는 것이다. 아마 뱀의 발들은 그 후 퇴화하였고 발이 없는 뱀이 먹이를 먹을 때 흙도 먹는 것은 불가피하였다. 둘째는 사람과 원수가 되리라는 것이다. 여자는 하나님보다 뱀을 더 친근히 했고 하나님 말씀보다 뱀의 말을 더 신뢰했지만, 이제 뱀과 여자는 원수가 될 것이다. 사실, 뱀은 여자의 친구가 아니고 원수이었다. 여자가 범죄한 것은 그의 거짓말 때문이었다. 그는 여자를 속이고 그에게서 영생의 복을 빼앗고 영원한 죽음을 준 살인자이다.

"여자의 후손은 네 머리를 상하게 할 것이요 너는 그의 발꿈치를 상하게 할 것이니라"는 하나님의 말씀은 문자적으로 사실이다. 사람은 뱀의 머리를 상하게 하려 하고 뱀은 사람의 발꿈치를 상하게 하려 한다. 그러나 이 말씀은 깊은 영적 의미를 가진다. 이것은 구주 예수 께서 십자가에 죽으심으로 죄와 사망과 마귀의 권세를 파하실 것을 암시한다. 주 예수께서는 "여자에게서 나셨고"(갈 4:4) "사망의 세력 을 잡은 자 곧 마귀를 없이하셨다"(히 2:14). 이와 같이, 본문 15절은 하나님께서 사람에게 처음으로 주신 메시아 약속이었다.

〔16절〕 또 여자에게 이르시되 내가 네게 임태하는 고통을[너의 고통과 너의 잉태를] 크게 더하리니 네가 수고하고 자식을 낳을 것이며 너는 남편 을 사모하고 남편은 너를 다스릴 것이니라 하시고.

하나님께서는 여자에게 세 가지의 징벌을 내리셨다. 첫째는 임신 과 출산의 고통이다. 여자는 임신하며 출산하는 많은 수고와 고통을 경험할 것이다. 둘째는 남편을 사모함이다. 사모한다는 말은 바라며 열망하며 원한다는 뜻이다. 범죄한 후 여자는 무슨 부족이 있는 사람 처럼 남편을 애타게 사모하는 연약한 마음이 생겼다. 셋째는 남편의 지배를 받는 것이다. 그것은 남편의 사랑 없음과 욕심과 횡포 때문에 생길 것이다. 이것들은 사람의 범죄로 인한 불행한 결과들이었다.

〔17-19절〕 아담에게 이르시되 네가 네 아내의 말을 듣고 내가 너더러 먹지 말라 한 나무 실과를 먹었은즉 땅은 너로 인하여 저주를 받고 너는 종 신토록 수고하여야 그 소산을 먹으리라. 땅이 네게 가시덤불과 엉경퀴를 낼 것이라. 너의 먹을 것은 밭의 채소인즉 네가 얼굴에 땀이 흘러야 식물을 먹 고 필경은 흙으로 돌아가리니 그 속에서 네가 취함을 입었음이라. 너는 흙 이니 흙으로 돌아갈 것이니라 하시니라.

하나님께서는 아담에게도 세 가지의 징벌을 내리셨다. 첫째는 땅 의 저주이다. 아담은 땅의 책임자이며 그의 범죄 때문에 땅은 저주를 받았다. 땅은 가시덤불과 엉경퀴를 내며 땅에는 천재지변과 질병과 병충해가 있을 것이다. 인류는 저주받은 땅에서 살게 되었다.

둘째는 평생 수고하며 땀을 흘리는 것이다. 아담은 평생 수고하며 얼굴에 땀이 흘러야 식물을 먹게 될 것이다. 땀 흘리며 수고하는 삶은 세상에 사는 아담의 후손들에게 정상적인 삶이 되었다.

셋째는 죽음이다. 사람의 몸은 본래 흙으로 만들어졌기 때문에(창 2:7) 범죄한 사람은 그 본래의 흙으로 돌아가야 했다. 사람이 범죄치 않았더라면 몸의 죽음은 없었을 것이다. 사람의 몸은 비록 흙으로 만들어졌으나 사람이 범죄하지 않았더라면 영생할 수 있었다. 그러나 범죄한 몸은 본래의 원소로 돌아가야 했다(전 3:20; 12:7).

본문에 영혼에 대한 언급은 없지만, 영혼이 불멸하다는 것은 성경의 진리이다. 주께서는, "몸은 죽여도 영혼은 능히 죽이지 못하는 자들을 두려워하지 말고 오직 몸과 영혼을 능히 지옥에 멸하시는 자를 두려워하라"고 말씀하셨다(마 10:28). 신약성경뿐 아니라(눅 16:10-31도) 구약성경도 이 사실을 증거한다. 시편 73:24는, "주의 교훈으로 나를 인도하시고 후에는 영광으로 나를 영접하시리니"라고 말했고, 전도서 3:20-21은, "다 흙으로 말미암았으므로 다 흙으로 돌아가나니 다 한 곳으로 가거니와 인생의 혼은 위로 올라가고 짐승의 혼은 아래 곧 땅으로 내려가는 줄을 누가 알랴"고 말했다.

〔20절〕 아담이 그 아내를 하와라 이름하였으니 그는 모든 산 자의 어미가 됨이더라.

'하와'(카와 חַוָּה)는 '생명'이라는 뜻이다. 그는 모든 산 자의 어머니이며 그를 통해 사람은 번식할 것이다. 아담과 하와는 범죄함으로 죽을 것이지만, 하와를 통하여 아담의 자손들이 많이 출산될 것이고, 하나님의 택하신 자들에게 영생을 주실 메시아께서도 오실 것이다.

〔21절〕 여호와 하나님이[하나님께서는] 아담과 그 아내를 위하여 가죽옷을 지어 입히시니라.

범죄하여 죽게 된 아담과 하와를 위하여 하나님께서는 가죽옷을 지어 입혀주셨다. 가죽옷은 그들의 수치감을 가려주고 몸의 약함을 보호할 영구적인 의복 이상의 어떤 의미를 가졌다. 하나님께서는 그들을 위해 한 짐승을 죽이셨고 그 피를 흘리셨다. 사실, 죽임을 당해야 할 자는 아담과 하와이었다. 그러나 하나님께서는 그들을 대신하여 한 짐승을 죽이셨다. 여기에 짐승 제사와 구주 예수 그리스도의 대속(代贖)으로 말미암은 하나님의 구원의 은혜가 암시되어 있었다. 하나님께서 그들에게 가죽옷을 지어 입히시기 위해 죽이신 짐승은 장차 인류를 위해 죽으실 어린양 예수 그리스도를 상징하였다.

예수 그리스도의 십자가 대속 사역은 죄인들의 수치를 가릴 완전한 의의 옷이다. 우리의 행위의 의는 다 더러운 옷과 같으나(사 64:6), 하나님께서는 우리에게 완전한 의의 옷을 입혀주셨다. 이사야 61:10, "내가 여호와로 인하여 크게 기뻐하며 내 영혼이 나의 하나님으로 인하여 즐거워하리니 이는 그가 구원의 옷으로 내게 입히시며 의의 겉옷으로 내게 더하심이 신랑이 사모를 쓰며 신부가 자기 보물로 단장함 같게 하셨음이라." 갈라디아서 3:27, "누구든지 그리스도와 합하여 세례를 받은 자는 그리스도로 옷 입었느니라."

〔22-24절〕여호와 하나님이[하나님께서] 가라사대 보라, 이 사람이 선악을 아는 일에 우리 중 하나같이 되었으니 그가 그 손을 들어 생명나무 실과도 먹고 영생할까 하노라 하시고 여호와 하나님이[하나님께서] 에덴 동산에서 그 사람을 내어보내어 그의 근본된 토지를 갈게 하시니라. 이같이 하나님이[께서] 그 사람을 쫓아내시고 에덴 동산 동편에 그룹들과 두루 도는 화염검[사방으로 번쩍이는 칼]을 두어 생명나무의 길을 지키게 하시니라.

범죄하기 전에는 악을 알지 못하였던 사람이 이제는 선악을 아는 자가 되었다. '우리 중 하나같이'라는 표현은 하나님의 삼위일체 진리를 암시한다(창 1:26; 11:7; 사 6:8). 생명나무 열매를 따먹고 영생할까 염려하심은 타락한 상태로 영생할까 염려하심을 의미하는 것 같다. 사람이 영원히 죄인이 되는 것은 가장 큰 불행이다.

하나님께서는 사람을 에덴 동산에서 내어보내셨고 농사의 일을 하게 하셨다. 그는 그를 쫓아내셨다(24절). 죄인은 에덴 동산에 적합하지 않았다. 더욱이 아담과 하와는 생명나무의 실과를 먹어서는 안 되었다. 하나님께서는 그룹 천사들과 사방으로 번쩍이는 칼로 생명나무의 길을 지키게 하셨다. 그 후로는 아무도 하나님의 허락 없이 생명나무의 길에 접근할 수 없었고 영생을 얻을 수 없었다.

본문의 교훈을 정리해보자. 첫째로, 우리는 첫 사람의 범죄로 인하여 모든 사람이 이 저주받은 땅 위에서 수고로운 삶을 살고 있다는 현실을 받아들여야 한다. 여자들은 결혼과 임신과 출산의 고통을 겪고 있으며 심리적으로 남편을 사모하는 연약함이 있으며 또 남편의 지배를 받아 때때로 몸과 마음으로 적지 않은 고통을 당하기도 한다. 남자들은 평생 이마에 땀을 흘리며 수고하며 살아간다. 세상에는 수고와 슬픔이 많고 질병과 눈물과 고난이 많다. 이것은 첫 사람 아담과 그의 아내 하와의 범죄로 인해 모든 사람이 겪어야 할, 아무도 회피할 수 없는 현실이다. 세상에서 날마다 수고하며 사는 것은 정상적인 생활이다.

둘째로, 모든 사람은 마침내 다 죽는다. 하나님께서는 범죄한 아담에게 "너는 흙이니 흙으로 돌아갈 것이니라"고 말씀하셨다. 죽음도 사람이 피할 수 없는 현실이다. 우리는 이 현실을 긍정하며 그것의 원인을 알고 그것에 바르게 대처하며 살아야 한다. 죽음은 죄의 결과로 내려진 징벌이기 때문에 오직 죄사함 안에 부활과 영생의 길이 있다.

셋째로, 하나님께서는 범죄한 아담과 하와에게 여자의 후손에 대한 예언을 주셨고 또 그들을 위해 가죽옷을 지어 입히셨다. 그것은 하나님의 은혜의 구원을 암시하였다. 성경의 요점이 여기에 있다. 예수께서는 여자의 후손으로 오셔서 죄와 사망과 마귀의 권세를 파하셨다. 하나님께서는 구주 예수의 십자가로 이루신 완전한 의의 옷을 우리에게 입혀 주셨다. 예수께서는 모든 믿는 자를 위해 의를 이루셨고(롬 10:4) 우리에게 의로움이 되셨다(고전 1:30). 그러므로 우리는 하나님께 감사하며 하나님만 의지하고 소망하며 사랑하고 순종하며 선하게 살아야 한다.

4장: 가인과 아벨

1-15절, 가인이 아벨을 죽임

〔1절〕 **아담이 그 아내 하와와 동침하매**(아다 יֵדַע)[하와를 알므로](성관계를 돌려서 표현한 것임) **하와가 잉태하여 가인을 낳고 이르되 내가 여호와로 말미암아**(엣-예호와 אֶת-יְהוָה)[여호와의 도움으로](BDB) **득남(得男)하였다 하니라.**

하와의 출산은 아담과 하와가 에덴 동산에서 쫓겨난 후부터 있었던 것 같다. 아담은 하와와 동침하였고 하와는 임신하여 첫아들 가인을 낳고 내가 여호와의 도우심으로 아들을 낳았다고 말하였다.

〔2절〕 **그가 또 가인의 아우 아벨을 낳았는데 아벨은 양 치는 자이었고 가인은 농사하는 자이었더라.**

농사하는 것과 양을 치는 것은 가인과 아벨의 직업으로 인류 역사의 아주 초기로부터 있었던 가장 오래된 직업들이었다.

〔3-4a절〕 **세월이 지난 후에 가인은 땅의 소산으로 제물을 삼아 여호와께 드렸고 아벨은 자기도 양의 첫새끼와 그 기름으로 드렸더니.**

많은 날들이 지난 어느 날, 가인은 곡식 제물로 하나님께 제사를 드렸고 아벨은 양의 첫 새끼와 그 기름으로 제사를 드렸다. 율법에 의하면, 곡물 제사(소제)는 정당한 제사의 한 방식이었고, 또 양의 첫 새끼와 그 기름으로 제사를 드린 것(번제나 화목제 등)도 그러했다.

〔4b-5a절〕 **여호와께서 아벨과 그 제물은 열납하셨으나**(솨아 שָׁעָה)[(호의를 가지고) 주목하셨으나, 존중하셨으니] **가인과 그 제물은 열납하지**[주목하지] **아니하신지라.**

하나님께서는 아벨과 그 제물을 주목하셨으나 가인과 그 제물은 주목하지 않으셨다. 두 사람의 제사의 차이가 무엇이었는가? 히브리서 11:4는 "믿음으로 아벨은 가인보다 더 나은 제사를 하나님께 드림으로 의로운 자라 하시는 증거를 얻었으니 하나님께서 그 예물에 대하여 증거하심이라. 저가 죽었으나 그 믿음으로써 오히려 말하느니라"고 말한다. 아벨의 '양의 첫 새끼와 그 기름'으로 드린 제사가 가인의 제사보다 더 나은 것은 두 가지 점이었다고 본다.

첫째로, 아벨의 제물은 정성어린 제물이었다. '첫 새끼'는 짐승 중에 가장 귀한 것을 가리킨다. '기름'이라는 원어(켈렙 חֵלֶב)도 '가장 좋은 부분'이라는 뜻이 있다. 민수기에 보면, 이스라엘 백성은 소득의 십일조를 레위인들에게 주고 레위인들은 그들이 받은 모든 예물 중 그 아름다운 것을 취하여 하나님께 드려야 하였다(민 18:29-32). 그 본문에 세 번이나 나오는 '아름다운 것'이라는 원어가 바로 이 단어이며 영어성경들은 '가장 좋은 부분'이라고 번역했다(KJV, NASB, NIV). 신명기 6:5는 우리가 유일하신 여호와 하나님을 마음과 영혼과 힘을 다하여 사랑해야 한다고 교훈했다. 잠언 3:9는 "네 재물과 네 소산물의 처음 익은 열매로 여호와를 공경하라"고 교훈한다. 아벨은 바로 이런 정신으로 정성어린 제물을 하나님께 드렸던 것이라고 보인다.

둘째로, 아벨의 제물은 피가 있는 제물이었다. 그것은 속죄신앙이 없이는 드릴 수 없는 것이었다. 아벨은 자신이 죽어야 할 죄인이며 장차 하나님께서 자신을 대속(代贖)하실 구주를 보내실 것을 믿었다고 보인다. 그것은 하나님께서 아담과 하와를 에덴 동산에서 내보내실 때 입히신 가죽옷을 통해 아담과 하와가 깨달았든지, 혹은 하나님의 직접 계시로 말미암아 받은 진리이었을 것이다. 여기에 짐승 제사의 시작이 있다. 그것은 하나님의 은혜이었다. 오직 대속하실 구주의 피로써 죄인이 하나님께 나아갈 수 있다는 것은 성경 전체에 흐르는 진리이다(창 8:20; 레 1장; 히 9:7, 12; 10:19; 고전 11:25; 계 13:9). 죄인은 피의 제사를 하나님께 드려야 한다. 짐승 제사의 필요성이 여기에 있다. 그러므로 레위기 17:11은 "육체의 생명은 피에 있음이라. 내가 이 피를 너희에게 주어 단에 뿌려 너희의 생명을 위하여 속(贖)하게 하였나니 생명이 피에 있으므로 피가 죄를 속(贖)하느니라"고 말했고, 히브리서 9:22는 "피흘림이 없은즉 사함이 없느니라"고 말했다.

[5b-7a절] 가인이 심히 분하여 안색이 변하니[얼굴이 떨어지니] 여호와께서 가인에게 이르시되 네가 분하여 함은 어찜이며 안색이 변함은 어찜이뇨? 네가 선을 행하면 어찌 낯을 들지 못하겠느냐?

가인은 하나님께서 그의 제물을 받지 않으셨을 때 자신의 부족을 깨닫고 엎드려 회개했어야 함에도 불구하고 도리어 교만하였고 심히 분노했고 얼굴을 아래로 떨어뜨렸다. 하나님께서는 가인에게 그가 그런 태도를 취하는 것이 정당치 않다고 지적하셨다. 하나님께서는 가인의 제사가 선하지 않았다는 것을 암시하셨다.

[7b절] 선을 행치 아니하면 죄가 문에 엎드리느니라. 죄의 소원은 네게 있으나 너는 죄를 다스릴지니라[그에 대한 소원이 네게 있으며 너는 그를 다스릴 것이라](KJV).

사람은 선과 악, 둘 중 하나를 선택해야만 한다. 사람이 선을 행치 않으면 악을 행케 될 것이며 사람이 선을 행하면 악을 멀리하게 될 것이다. 예를 들어, 사람은 마음을 다해 하나님을 사랑하라는 계명을 지키지 못하면 큰 죄를 짓는 자가 될 것이다. 그래서 야고보서 4:17은 "사람이 선을 행할 줄 알고도 행치 아니하면 죄니라"고 말하였다.

원어에서 문법적으로 '그에 대한(남성 인칭어미) 소원'이라는 말은 '죄에 대한 소원'을 가리킬 수 없다. 왜냐하면 '그'는 남성인칭이며 죄 (캇타스 חַטָּאת)는 여성명사이기 때문이다. 따라서 연결되는 명사는 아벨뿐이라고 본다. 그러므로 '그에 대한 소원'은 아벨을 이기고 지배하려는 소원을 가리킬 것이다. 또 그가 아벨을 다스릴 것이라는 말씀은 가인이 아벨을 죽이게 될 것을 암시하신 것으로 보인다.

[8절] 가인이 그 아우 아벨에게 고하니라. 그 후 그들이 들에 있을 때에 가인이 그 아우 아벨을 쳐 죽이니라.

가인은 그 아우 아벨에게 하나님의 말씀을 전해주었다. 그 후 그들이 들에 있을 때 가인은 그 아우 아벨을 죽였다. 그의 교만과 불쾌함은 분노와 시기심과 미움으로 발전하였고 그 미움은 마침내 살인의 행위로 나타났다. 이것이 인류 역사상 최초의 살인 사건이었다.

죄가 전혀 없었던 세상에 아담과 하와가 범죄한 이후 살인이라는 추한 죄악이 처음으로 나타났다. 선하게 창조되었던 아담과 하와의 아들 가인 속에 이런 무서운 죄성이 있었다. 우리는 분노와 시기와 미움을 경계해야 한다. 성경은 이런 악을 행하는 자들이 결코 천국에 들어가지 못한다고 말하였다(갈 5:19-21; 계 21:8; 22:15).

〔9-10절〕여호와께서 가인에게 이르시되 네 아우 아벨이 어디 있느냐? 그가 가로되 내가 알지 못하나이다. 내가 내 아우를 지키는 자니이까? 가라사대 네가 무엇을 하였느냐? 네 아우의 핏소리가 땅에서부터 내게 호소하느니라.

하나님께서 가인에게 "네 아우 아벨이 어디 있느냐?"고 물으셨을 때 가인은 "내가 알지 못하나이다"라고 거짓말을 했고 "내가 내 아우를 지키는 자니이까?"라고 뻔뻔스럽게 대답하였다. 가인은 하나님의 전지하심을 알지 못하고 있었다. 아벨의 억울한 죽음을 변호해줄 자가 아무도 없어도 하나님께서는 그 핏소리가 땅에서부터 호소하는 것을 들으셨다. 하나님께서는 그 살인 사건을 다 알고 계셨다.

〔11-12절〕땅이 그 입을 벌려 네 손에서부터 네 아우의 피를 받았은즉 네가 땅에서 저주를 받으리니 네가 밭 갈아도 땅이 다시는 그 효력을 네게 주지 아니할 것이요 너는 땅에서 피하며 유리하는 자(나 와나드 נָע וָנָד)[비틀거리며 방황하는 자(BDB), 떠돌며 방랑하는 자]**가 되리라.**

가인이 아벨을 죽인 죄의 결과는 컸다. 그는 땅에서 저주를 받을 것이다. 가인이 땅에서 하나님의 복을 받지 않고 저주를 받는 것은 큰 불행이 아닐 수 없다. 또 땅은 다시 그 효력을 그에게 주지 않을 것이다. 농사의 수확은 사람들의 삶에 필수적인 요소인데, 땅이 다시 가인에게 효력을 주지 않는다는 것은 큰 물질적 타격이 아닐 수 없다. 또 가인은 땅에서 떠돌며 비틀거리며 방랑하는 자가 될 것이다. 사람은 누구나 땅에서 평안과 안정을 원하지만, 그것은 하나님께서 허락하셔야 누릴 수 있는 복이다. 사람이 안정이 없이 이리저리 떠돌며 방랑하고 방황하는 것은 참으로 불행한 일이다.

〔13-14절〕 가인이 여호와께 고하되 내 죄벌이 너무 중하여 견딜 수 없나이다. 주께서 오늘 이 지면에서 나를 쫓아내시온즉 내가 주의 낯을 뵈옵지 못하리니 내가 땅에서 피하며 유리하는 자[비틀거리며 방황하는 자(BDB), 떠돌며 방랑하는 자]**가 될지라. 무릇 나를 만나는 자가 나를 죽이겠나이다.**

또 가인은 하나님의 징벌이 너무 무거워 견디기 어렵다고 느꼈고 또 자신이 이후로는 하나님을 뵈올 수 없을 것이라는 두려움과 또 그를 만나는 자들이 그를 죽이려 할 것이라는 두려움을 가지고 있었다. 가인이 아벨을 죽인 사건은 세월이 좀 흐른 때의 일이었다고 보이며, 그때에는 가인과 아벨 외에 아담의 다른 자녀들도 있었을 것이라고 생각된다. 죄의 결과는 무거운 죄책감과 두려움이다. 의인은 사자같이 담대하나 악인은 쫓아오는 자가 없어도 도망친다(잠 28:1).

〔15절〕 여호와께서 그에게 이르시되 그렇지 않다[혹은 '그러므로'].[11] **가인을 죽이는 자는 벌을 7배나 받으리라 하시고 가인에게 표를 주사 만나는 누구에게든지 죽임을 면케 하시니라.**

하나님께서는 두려워하는 가인에게 긍휼을 베푸셨다. 그가 가인에게 주신 표가 무엇이었는지는 알 수 없으나 그것은 살인자에게 주신 은혜이었다. 하나님께서는 가인에게 회개할 기회를 주고 계셨다.

본문의 교훈을 정리해보자. 첫째로, 가인은 그냥 땅의 소산으로 하나

---

11) 마소라 본문(라켄 לֵכֵן)은 '그러므로'이며(KJV, NASB) '가인의 살인 죄에 대한 벌이 이러하므로'라는 뜻일 것이나, 고대 역본들(LXX, Syr, 시마쿠스역, 데오도션역, Vg)은 '그렇지 않다'(로 켄 לֹא כֵן)로 읽었다(NIV).

님께 제사드렸지만, 아벨은 양의 첫 새끼와 그 기름으로 드렸고, 하나님께서는 가인의 제사는 받지 않으셨으나, 아벨의 제사는 받으셨다. 영원하신 하나님, 천지만물의 창조자와 섭리자이신 하나님께서는 우리의 최상의 경배와 찬송과 영광을 받으시기에 합당하시다. 사람은 하나님을 경외하고 마음을 다하고 성품을 다하고 힘을 다하여 그를 사랑해야 한다(신 6:5). 시편 96:8-9, "여호와의 이름에 합당한 영광을 그에게 돌릴지어다. 예물을 가지고 그 궁정에 들어갈지어다. 아름답고 거룩한 것으로 여호와께 경배할지어다. 온 땅이여, 그 앞에서 떨지어다." 우리는 하나님을 경외하고 우리의 정성과 힘을 다해 하나님을 섬겨야 한다.

둘째로, 양의 첫 새끼로 제사를 드린 아벨의 제물은 예수 그리스도의 대속 사역의 예표이었다. 예수 그리스도께서는 우리의 크신 대제사장이시며 중보자이시다. 죄인은 죽어야 마땅하지만, 어린양 예수 그리스도의 속죄의 피로 구원을 얻고 하나님께로 나아갈 수 있으며 하나님께서 받으시는 예배를 올릴 수 있다. 속죄의 피는 성경 전체에 계시되어 있는 근본적 진리이다. 예수께서는 죄인들을 위해 대속 제물이 되셨다(마 20:28). 우리는 그의 피로 죄씻음과 거룩함을 얻었고(히 9:12; 10:10, 14), 그의 피를 힘입어 성소에 들어갈 담력을 얻었다(히 10:19). 주 예수 그리스도를 믿는 자마다 멸망치 않고 영생을 얻는다(요 3:16). 우리는 구주 예수 그리스도의 속죄와 의를 힘입어 하나님께 예배드려야 한다.

셋째로, 가인 속에는 교만, 시기심, 미움, 분노가 있었고 그것이 살인에 이르게 하였다. 이것은 모든 사람에게 있는 죄악된 성질이다. 사람들은 원죄 즉 아담의 죄책과 죄성(부패성)을 가지고 태어난다. 중생한 자들 속에도 죄성이 남아 있다. 우리 속에도 교만, 시기심, 미움, 분노가 남아 있다. 우리는 이런 죄성을 죽여야 하며 이런 죄성을 경계해야 한다. 악인에게는 평안이 없으나 회개하고 예수님 믿는 자들에게 영생이 있고 평안도 있다. 우리는 이제 교만, 시기심, 미움, 분노 등 모든 죄를 멀리하고 의와 선을 행해야 하고 그때 더욱 평안을 누릴 것이다.

16-26절, 가인과 셋

〔16-18절〕 가인이 여호와의 앞을 떠나 나가 에덴 동편 놋 땅에 거하였더니 아내와 동침하니 그가 잉태하여 에녹을 낳은지라. 가인이 성을 쌓고 그 아들의 이름으로 성을 이름하여 에녹이라 하였더라. 에녹이 이랏을 낳았고 이랏은 므후야엘을 낳았고 므후야엘은 므드사엘을 낳았고 므드사엘은 라멕을 낳았더라.

가인은 하나님의 앞을 떠나 나가 에덴 동편 놋 땅에 거했다. 그가 하나님의 앞을 떠나 나갔다는 표현은 그가 하나님과 교제하며 그를 섬기는 일을 멀리했음을 나타내는 것 같다. 가인의 후손들에게서는 경건성을 찾아볼 수 없었다. 사람들은 하나님께서 아벨 대신에 주신 셋의 아들 에노스 때가 되기 전까지 하나님의 이름을 부를 줄 몰랐다.

가인은 에덴 동편 놋 땅에 거하였다. 놋이라는 원어(נוֹד)는 '방랑, 떠돎'이라는 뜻이다. 그가 에덴 동편 놋 땅에 거하였다는 표현은 에덴 동산의 위치를 추측케 만든다. 만일 에덴 동산이 오늘날 터어키 지역이었다면, 에덴 동산에서 네 강이 발원하였다는 말씀(창 2:10-14)이나 그가 에덴 동편에 거했다는 말씀과 조화될 수 있을 것 같다. 그 지역이 이전에 높은 산악 지역이었다가 후에 지형의 큰 변화로 낮아졌고 지중해 동쪽도 바다가 되었다면 가능한 일일 것이다. 그렇다면, 비손강은 아마 오늘날의 홍해이었고 기혼강은 나일강이었을 것이다.

가인은 그 아내와 동침하였고 에녹이라는 아들을 얻었다. 인류의 초기에는 가족들 간의 결혼이 불가피하였다. 성경은 꼭 필요한 내용을 선택하여 쓴 역사이기 때문에 생략된 것들이 많다. 가인이 아벨을 죽인 것은 아담이 창조된 지 수십 년의 세월이 흘렀을 때의 일이었을 것이고, 그때에는 성경에 언급되지 않은 많은 딸들이 이미 출생되어 있었을 것이다. 가인은 에녹을 얻은 후에 한 성을 쌓았는데 그 성의 이름을 에녹이라고 불렀다. 그가 성을 쌓은 것은 불안과 두려움 때문이었을 것이다. 가인의 6대손으로 라멕이라는 인물이 태어났다.

〔19-22절〕라멕이 두 아내를 취하였으니 하나의 이름은 아다요 하나의 이름은 씰라며 아다는 야발을 낳았으니 그는 장막에 거하여 육축 치는 자의 조상이 되었고 그 아우의 이름은 유발이니 그는 수금과 퉁소를 잡는 모든 자의 조상이 되었으며 씰라는 두발가인을 낳았으니 그는 동철로 각양 날카로운 기계를 만드는 자요 두발가인의 누이는 나아마이었더라.

라멕은 두 아내를 취하였다. 한 남자가 한 여자와 결혼하여 부부가 되고 가정을 이루는 것 즉 일부일처(一夫一妻) 제도는 하나님의 뜻이다(딤전 3:2). 그러나 라멕은 특이하게 두 아내를 취한 것이다. 그것은 그의 절제되지 않은 육신적 욕망 때문이었을 것이다. 라멕의 아들들에게서 다양한 직업이 나타났다. 라멕의 첫째 부인인 아다의 첫 아들 야발은 장막에 거하며 육축 치는 자의 조상이 되었다. 장막에 거했다는 말은 그가 어느 한 곳에 정착하지 않고 유목하며 살았음을 보인다. 즉 그는 유목민의 조상이 되었다. 아다의 둘째 아들 유발은 수금과 퉁소를 잡는 모든 자의 조상이 되었다. 그는 음악가와 연주가의 조상이 되었다. 라멕의 둘째 부인 씰라의 아들 두발가인은 동철로 각양 날카로운 기계를 만드는 자, 즉 대장장이 혹은 철공업자가 되었다.

〔23-24절〕라멕이 아내들에게 이르되 아다와 씰라여, 내 소리를 들으라. 라멕의 아내들이여, 내 말을 들으라. 나의 창상을 인하여 내가 사람을 죽였고 나의 상함을 인하여 소년을 죽였도다. 가인을 위하여는 벌이 7배일진대 라멕을 위하여는 벌이 77배이리로다 하였더라.

라멕은 자기 아내들에게 그가 그의 상함을 인하여 소년을 죽였다고 말했고 가인을 위해 벌이 7배일 것이라는 하나님의 긍휼의 배려를 인용하며 자신을 위해서는 벌이 77배일 것이라고 말하였다. 가인의 6대손 라멕 속에는, 가인 속에 있었던 거칠고 과격한 감정이 있었을 뿐 아니라, 가인보다도 더 뻔뻔스러운 마음이 있었던 것이다.

〔25-26절〕아담이 다시 아내와 동침하매 그개[그 여자개] 아들을 낳아

그 이름을 셋이라 하였으니 이는 하나님이[하나님께서] 내게 가인의 죽인 아벨 대신에 다른 씨를 주셨다 함이며 셋도 아들을 낳고 그 이름을 에노스라 하였으며 그때에 사람들이 비로소 여호와의 이름을 불렀더라[여호와의 이름을 부르는 것이 시작되었더라].

아벨이 죽고 아마 여러 해가 지난 후, 아담은 아내와 동침하였고 하와는 임신하여 아들을 낳았고 그 이름을 셋이라고 불렀다. 셋이라는 원어(שֵׁת)는 '두다, 놓다'는 말(쉬스 שִׁית)에서 나왔다고 보인다. 그것은 하나님께서 아벨 대신에 다른 씨를 주셨다는 뜻으로 지어졌을 것이다. 이것은 아벨이 죽은 지 어느 정도 세월이 흐른 후의 일일 것이다. 창세기 5:3은 아담이 셋을 얻은 것이 그의 나이 130세 때라고 말한다. 아담과 하와의 타락 전 에덴 동산에서의 생활이 얼마 동안이었는지 모르지만 1년 정도 잡고 가인과 아벨의 출생과 성장에 약 40년을 잡는다면 아벨이 죽은 후 약 90년의 세월이 흐른 셈이 될 것이다. 그 동안, 아담과 하와는 다른 자녀들을 많이 낳았을 것이다.

셋은 105세 때에 아들 에노스를 낳았는데(창 5:6), 그때에 사람들은 비로소 여호와의 이름을 불렀다. '여호와의 이름을 불렀다'는 표현은 하나님께 기도하고 찬송하고 예배드렸다는 것을 의미한다고 본다. 아담이 셋을 낳은 것은 130세 때이며 셋이 에노스를 낳은 때가 105세 때이니, 아담과 하와가 몇 세에 범죄했는지는 모르나, 그들이 범죄한 지 200년 이상의 세월이 흐른 후에, 또 아벨이 살해된 지 상당히 세월이 흐른 후에, 사람들이 비로소 하나님의 이름을 불렀다는 말이 된다. 범죄한 아담과 그 자손들은 영적으로 매우 무디어져서 오랜 시간이 흐르도록 창조자, 섭리자 하나님을 알지 못하였고 섬기지도 않았고 찾지도 않았다고 보인다. 죄인들은 영적으로 어둡고 무지하였다.

본문의 교훈을 정리해보자. 첫째로, 가인의 자손들의 직업은 다양해졌다. 가인은 농사를 지었고 성을 쌓았다. 그는 농업에 종사했고 건축술도 있었다. 가인의 7대손 야발은 장막에 거하며 목축하는 자, 즉 유목민의 조상이 되었고, 유발은 수금과 퉁소 잡은 모든 자들, 즉 악기 연주자의 조상이 되었다. 그는 예술적 재능을 가지고 있었다. 두발가인은 동철로 각양 날카로운 기계를 만드는 자, 즉 대장장이 혹은 철공업자가 되었다. 그에게는 공업적 재능이 있었다. 이와 같이, 가인과 그 자손들은 농업, 건축술, 목축업, 음악, 철공업 등 다양한 일들에 관여하였다. 수천 년이 지난 오늘날 인류 사회는 어느 시대보다 고도로 복잡해져 있다.

둘째로, 가인 자손의 문제점은 불경건과 부도덕이었다. 그들은 오랜 세월 동안 하나님의 이름을 부르지 않았다. 라멕은 두 아내를 취했고 살인까지 했다. 하나님을 두려워함이 없는 자들은 여러 가지 죄를 짓는다. 가인의 자손들은 세상일에는 힘썼을지 모르나 하나님을 알지 못했고 섬길 줄 몰랐다. 그들은 사람의 본분을 모르고 하나님의 뜻과 상관없이 살고 있었고 하나님을 노엽게 하는 방향으로 가고 있었다.

셋째로, 셋의 아들 에노스 때에 사람들은 비로소 하나님의 이름을 부르기 시작하였다. 여기에 성경의 강조하려는 하나님의 뜻이 있다. 성경 전체에 분명한, 인간의 삶에 대한 매우 중요한 진리는 영생에 대한 것이다. 사람에게는 영원한 삶이 있다. 그것은 이미 에덴 동산에 있었던 생명나무를 통해 암시되었다. 그러나 이 영생은 모든 사람의 것이 아니다. 주 예수 그리스도 안에만 영생이 있다. 주께서는 "하나님께서 세상을 이처럼 사랑하사 독생자를 주셨으니 이는 저를 믿는 자마다 멸망치 않고 영생을 얻게 하려 하심이니라"고 말씀하셨다(요 3:16). 그가 세상에 오신 목적은 우리에게 영생을 주시기 위함이었다. 그러므로 우리는 하나님께서 각 사람에게 주신 다양한 재능과 직업을 따라 일상 생활에 충실해야 하지만, 첫째로 사람의 본분을 따라 하나님을 알고 그를 경외하고 하나님께서 보내주신 구주 예수 그리스도를 믿고 죄사함과 의롭다 하심과 영생을 얻고 하나님의 자녀의 특권을 회복하고 성경에 계시된 하나님의 교훈과 명령을 따라 경건하게 살고 의와 선을 행해야 한다.

5장: 아담의 자손들

〔1-2절〕아담 자손의 계보[12]가 이러하니라. 하나님이[하나님께서] 사람을 창조하실 때에 하나님의 형상대로 지으시되 남자와 여자를 창조하셨고 그들이 창조되던 날에 하나님이[하나님께서] 그들에게 복을 주시고 그들의 이름을 사람이라 일컬으셨더라.[13]

〔3-5절〕아담이 130세에 자기 모양 곧 자기 형상과 같은 아들을 낳아[14] 이름을 셋이라 하였고 아담이 셋을 낳은 후 800년을 지내며 자녀[15]를 낳았으며 그가 930세를 향수하고 죽었더라.

〔6-20절〕셋은 105세에 에노스를 낳았고 에노스를 낳은 후 807년을 지내며 자녀를 낳았으며 그가 912세를 향수하고 죽었더라. 에노스는 90세에 게난을 낳았고 게난을 낳은 후 815년을 지내며 자녀를 낳았으며 그가 905세를 향수하고 죽었더라. 게난은 70세에 마할랄렐을 낳았고 마할랄렐을 낳은 후 840년을 지내며 자녀를 낳았으며 그가 910세를 향수하고 죽었더라. 마할랄렐은 65세에 야렛을 낳았고 야렛을 낳은 후 830년을 지내며 자녀를 낳았으며 그가 895세를 향수하고 죽었더라. 야렛은 162세에 에녹을 낳았고 에녹을 낳은 후 800년을 지내며 자녀를 낳았으며 그가 962세를 향수하고 죽었더라.

---

12) '자손의 계보'라는 원어(톨레도스 תּוֹלְדֹת)는 창세기에 10번 나오는데, '대략'(2:4; 36:1, 9), '계보'(5:1), '사적'(6:9), '후예'(10:1; 11:10, 27; 25:12), '약전'(37:1) 등으로 번역되었다.

13) 본장과 창세기 11장과 28장, 출애굽기 12:40, 열왕기상 6:1 등을 참고하면, 하나님께서 천지만물과 사람을 창조하신 연대는 대략 주전 약 4115년이 된다. J. B. 페인(Payne)은 창세기 11:32의 해석의 차이로 창조 연대를 주전 약 4175년으로 본다.

14) '낳다'는 원어(얄라드 יָלַד의 히필형)는 '낳게 한다'는 뜻으로 '아버지가 된다'는 의미이다. 칼형은 주로 여자가 아이를 낳는다는 뜻으로 사용되지만, 남자에게도 22회나 사용되었고 히필형은 170회 이상 사용되었다.

15) 원문은 '아들들과 딸들'이라는 뜻이며, 이후의 절들에서도 그러함.

〔21-24절〕에녹은 65세에 므두셀라를 낳았고 므두셀라를 낳은 후 300년을 하나님과 동행하며 자녀를 낳았으며 그가 365세를 향수하였더라. 에녹이 하나님과 동행하더니 하나님이[하나님께서] 그를 데려 가시므로 세상에 있지 아니하였더라.

〔25-31절〕므두셀라는 187세에 라멕을 낳았고 라멕을 낳은 후 782년을 지내며 자녀를 낳았으며 그는 969세를 향수하고 죽었더라. 라멕은 182세에 아들을 낳고 이름을 노아(רֹם)('안식'이라는 뜻)라 하여 가로되 여호와께서 땅을 저주하시므로 수고로이 일하는 우리를 이 아들이 안위하리라 하였더라. 라멕이 노아를 낳은 후 595년을 지내며 자녀를 낳았으며 그는 777세를 향수하고 죽었더라.

〔32절〕노아가 500세된 후에 셈과 함과 야벳을 낳았더라.

창세기 5장은 아담의 자손들에 대해 증거하는데 세 가지로 정리해 볼 수 있다. **첫째로,** 아담의 자손들은 오랫동안 살았고 많은 자녀들을 출산하였다. 아담 후 10대 중에서 여섯 명은 노아 시대의 홍수 심판 전까지 900세 이상 장수했다. 아담은 930세를 살았다. 아담의 8대손 므두셀라는 969세로 가장 오래 살았다. 아담의 10대손 노아까지도 950세를 살았다(창 9:29). 하나님께서 창조하신 사람의 본래의 몸은 건강하였고 환경도 좋았던 것 같다.

그러나 노아 시대의 홍수 심판 후 사람의 수명은 600세로 또 점차 200세 이하까지로 급격히 줄어들었다(창 11:10-26). 노아의 아들 셈의 수명은 600세이었고 아브라함의 아버지 데라는 205세를 살았다. 홍수 심판 때 지구 대기권에 큰 변화가 일어났던 것 같고 그 변화로 인해 사람의 몸이 빨리 노쇠해지기 시작하였음이 분명하다.

홍수 심판 전에, 사람들은 오래 살면서 아들들과 딸들을 출산하였다. 아담은 자기 모양 곧 자기 형상과 같은 아들을 낳았다. 자녀들은 부모의 외모와 기질을 이어받아 출생하였다. 아담의 자손들의 오랜 수명과 다산(多産)으로 인해 땅에는 사람들이 많아지고 널리 퍼지게 되었다.

그러나 노아와 같이 500세가 되기까지 자녀를 얻지 못한 자도 있었다. 노아는 500세가 되기까지 자녀가 없었고 500세가 된 후에야 세 아들을 낳았다. 그들이 세쌍둥이였는지 아니면 몇 년 간격으로 얻었는지는 분명치 않다. 성경은 자녀가 하나님의 기업과 상급임을 말한다(시 127:3). 하나님께서 허락하지 않으시면 사람이 원해도 자녀를 가질 수 없다(출 23:26; 호 9:11). 그러나 하나님께서 노아에게 자녀를 허락하지 않으신 일은 그에게 영적으로 큰 유익이 되었던 것 같다.

하나님께서는 때때로 경건하게 훈련시키고 크게 쓰시려는 사람들에게 자녀 없는 고통을 주셨다. 아브라함 당시에는 보통 30세 전후에 결혼하였는데(창 11:11-24), 아브라함은 결혼한 지 약 70년 동안 자녀가 없었다. 이삭도 결혼한 지 20년이 되도록 자녀를 얻지 못했다(창 25:21, 26). 후에, 한나도 여러 해 동안 자녀가 없었다. 그러나 아브라함은 믿음의 조상이 되었고 한나는 장차 하나님의 사람이 될 사무엘을 낳았다. 하나님께서는 모든 일을 유익하게 섭리하신다(롬 8:28).

둘째로, 아담의 자손들은 땅 위에서 오랫동안 살았지만 마침내 다 죽었다. 창세기 5장의 중요한 한 특징은 '죽었더라'는 말의 반복이다(5, 8, 11, 14, 17, 20, 27, 31절; 총 8번 나옴). 아담부터 노아의 아버지 라멕까지 에녹 한 사람을 제외하고는 그들에게 다 '죽었더라'는 말이 사용되었다. 에녹 한 사람을 제외하고는 아담의 자손들이 다 죽었다. 노아의 아버지 라멕은 홍수 심판이 시작되기 5년 전에 죽었고 노아의 조부 므두셀라는 아마 홍수 심판이 있기 직전에(아담 후 1656년경) 죽었다고 보인다. 노아의 많은 형제들과 친척들도 홍수 심판 때에 다 죽었다. 홍수 때 살아남은 자는 노아의 가족 여덟 식구뿐이었다.

사람들이 죽은 것은 에덴 동산에서 하나님께서 아담에게 경고하신 말씀대로 된 것이었다. 하나님께서는 그에게 "동산 각종 나무의 실과는 네가 임의로 먹되 선악을 알게 하는 나무의 실과는 먹지 말라. 네가 먹는 날에는 정녕 죽으리라"고 경고하셨었다(창 2:16-17). 또 아담이 범죄한 후 하나님께서는 그에게 "네가 얼굴에 땀이 흘러야 식물을 먹고 필경은 흙으로 돌아가리니 그 속에서 네가 취함을 입었음이라. 너는 흙이니 흙으로 돌아갈 것이니라"고 선언하셨었다(창 3:19). 하와에게 "너희가 결코 죽지 아니하리라"(창 3:4)고 말한 뱀의 말 곧 마귀의 말은 거짓말이었다는 것이 확실히 증명되었다.

사람의 죽음은 죄 때문에 왔다. 죄의 형벌이 죽음이라는 것은 성경의 진리이다. 사도 바울은 죄의 삯은 사망이라고 말했고(롬 6:23), 또 한 사람을 통해 죄가 세상에 들어오고 죄를 통해 사망이 왔다고 했고(롬 5:12), 또 말하기를, 사망이 사람으로 말미암았다고 하였다(고전 15:21). 죄 때문에 모든 사람이 죽었고 죽고 있고 또 죽을 것이다.

셋째로, 그러나 에녹은 예외적으로 죽지 않고 하나님께로 올라갔다. 에녹은 65세에 므두셀라를 낳았고 므두셀라를 낳은 후 300년을 하나님과 동행하며 자녀들을 낳았고 그는 세상에서 365세를 살았다. 에녹은 하나님과 동행하였고, 하나님께서 그를 데려가시므로 세상에 있지 아니하였다(21-24절).

아담의 자손들 가운데 오직 에녹에게만 '죽었더라'는 말이 **빠져** 있다. 그는 죽지 않고 하나님께로 올리워 갔다. 히브리서는, "믿음으로 에녹은 죽음을 보지 않고 옮기웠으니 하나님이 저를 옮기심으로 다시 보이지 아니하니라. 저는 옮기우기 전에 하나님을 기쁘시게 하는 자라 하는 증거를 받았느니라"고 말했다(히 11:5). 에녹이 죽지 않고 하나님께로 갔다는 말은 그의 승천을 가리킨다. 그는 후에 엘리야가 승천하였듯이(왕하 2:11) 또 우리 주 예수께서 승천하셨듯이(행 1:9-11) 하나님께서 계신 곳, 천국으로 올라갔다. 에녹의 승천은 하늘에 하나님께서 계신 영광의 천국이 있음을 증거한다.

에녹은 세상에서 다른 사람들과 달랐다. 그는 300년 동안 하나님과 동행하였다. 본문은 그가 하나님과 동행하였다고 두 번이나 말한다. 한마디로, 에녹은 경건한 사람이었다. 대략적으로 말해, 에녹은 아담 후 622년에 출생하여 987년까지 365년간 살았다. 에녹은 아담과 308년 동안 같이 살았고 셋이나 에노스와는 평생 같이 살았다. 경건했던 그는 그들을 통해 하나님에 대해 많은 것을 배우고 확신했을 것이다.

경건함이란 하나님의 말씀을 묵상하고 하나님께 기도하는 생활, 즉 하나님과 교제하는 생활로 나타난다. 또 사람은 하나님과의 교제를 통해 하나님과 동행할 수 있다. 물론 그는 하나님의 뜻과 계명을 어긴 모든 죄를 버리고 그의 뜻과 계명에 즐거이 순종해야 한다.

성경은 경건한 삶을 가르친다. 시편 1:1-3은 "복 있는 사람은 악인의 꾀를 좇지 아니하며 죄인의 길에 서지 아니하며 오만한 자의 자리에 앉지 아니하고 오직 여호와의 율법을 즐거워하여 그 율법을 주야로 묵상하는 자로다. 저는 시냇가에 심은 나무가 시절을 좇아 과실을 맺으며 그 잎사귀가 마르지 아니함 같으니 그 행사가 다 형통하리로다"고 말한다. 경건한 삶은 성경이 우리에게 가르치는 복된 삶이다.

사도 바울은 말하기를, "망령되고 허탄한 신화를 버리고 오직 경건에 이르기를 연습[훈련]하라. 육체의 연습은 약간의 유익이 있으나 경건은 범사에 유익하니 금생과 내생에 약속이 있느니라. 미쁘다 이 말이여, 모든 사람들이 받을 만하도다. 이를 위하여 우리가 수고하고 진력하는[모욕을 당하는] 것은 우리 소망을 살아계신 하나님께 둠이니 곧 모든 사람 특히 믿는 자들의 구주시라"고 했다(딤전 4:7-10).

다른 이들의 900년 가까이의 일생에 비하면, 에녹은 365년의 짧은 생을 살았지만, 본장에 나오는 아담의 자손들 중에서 가장 복된 삶을 살았다. 말씀과 기도의 삶, 그것이 바로 우리 주 예수께서 세상에서 사셨던 삶이요 그가 친히 우리에게 가르치셨던 복된 삶이다.

본장의 교훈을 정리해보자. 첫째로, 우리는 결혼과 자녀 출산이 하나님의 기쁘신 뜻임을 알아야 한다. 하나님께서는 사람들에게 "생육하고 번성하여 땅에 충만하라"고 말씀하셨다(창 1:28). 시편 127편은, "자식은 여호와의 주신 기업이요 태의 열매는 그의 상급이로다. 젊은 자의 자식은 장사의 수중의 화살 같으니 이것이 그 전통[화살통]에 가득한 자는 복되도다. 저희가 성문에서 그 원수와 말할 때에 수치를 당치 아니하리로다"고 말했다(시 127:3-5). 부모가 자녀들을 많이 낳아 잘 기른다면 참으로 복되다. 디모데전서 5:10은 나이든 여성들의 선한 행실의 한 증거로 자녀를 양육한 것을 꼽았다. 우리는 자녀 출산이 하나님의 기쁘신 뜻임을 알고 결혼과 자녀 출산의 일을 귀히 여기고 사모해야 한다.

둘째로, 에녹은 죽음을 보지 않고 하나님께로 올리웠다. 사람에게는 죽음 너머의 세계가 있다. 에녹이 올라간 세계가 있다. 하나님께서 계신 세계가 있다. 선지자 엘리야가 올리운 곳이 있다. 주 예수께서 올리우신 곳이 있다. 온전케 된 의인들의 영들이 있는 곳이 있다(히 12:23). 하나님께서 계신 영광의 천국이 있다. 주 예수 그리스도께서는 제자들에게 "내가 너희를 위하여 처소를 예비하러 가노니 가서 너희를 위하여 처소를 예비하면 내가 다시 와서 너희를 내게로 영접하여 나 있는 곳에 너희도 있게 하리라"고 말씀하셨다(요 14:1-3). 그는 제자들에게 천국의 존재를 증거하셨고 그 천국을 기다리게 하셨다. 사도 요한은 새 하늘과 새 땅과 새 예루살렘에 대해 증거했다(계 21:1-2). 우리는 영광스러운 천국 곧 영원하고 복된 영생의 세계를 믿고 확신하고 소망해야 한다.

셋째로, 에녹은 하나님과 동행하다가 하늘로 올리웠다. 경건한 삶, 곧 말씀과 기도의 삶은 하나님과 동행하는 삶이다. 사도 바울은, "경건에 이르기를 훈련하라," "경건은 범사에 유익하니 금생과 내생에 약속이 있느니라"고 교훈했다(딤전 4:8). 경건한 삶은 훈련이 필요하고 훈련할 가치가 있다. 에녹의 경건은 본받을 만한 일이다. 우리는 날마다 말씀과 기도로 하나님과 교통하며 동행하다가 천국에 들어가기를 원한다.

6장: 노아가 방주를 만듦

〔1-2절〕 사람이 땅 위에 번성하기 시작할 때에 그들에게서 딸들이 나니 하나님의 아들들이 사람의 딸들의 아름다움을 보고 자기들의 좋아하는 모든 자로 아내를 삼는지라.

본문의 '하나님의 아들들'은 천사를 가리킬 수 없다. 왜냐하면 천사는 육체가 아니므로 본질상 사람과 결혼할 수 없으며(눅 20:35-36) 또 하나님께서 이 일에 대해 천사들에게 징벌하지 않고 사람들에게 징벌하셨기 때문이다. 본문의 '하나님의 아들들'은 경건한 셋의 자손들을 가리켰고, '사람의 딸들'은 불경건한 가인의 자손들을 가리켰다고 보인다. 그렇다면, '하나님의'라는 말은 '하나님께 속한, 하나님의 사랑을 입은, 경건한, 거룩한'이라는 뜻을 가지고, '사람의'라는 말은 '사람에게 속한, 사람의 본성 그대로의'라는 뜻을 가질 것이다. 본문은 가인의 자손에게서는 이미 일부다처(一夫多妻)의 악이 나타났으나(창 4:19), 이제 셋의 자손들 가운데서도 그런 일이 많아졌음을 말하는 것일 것이다. 일부일처(一夫一妻)는 하나님의 뜻이다. 일부다처의 풍조는 일부일처의 하나님의 뜻을 저버리고 사람의 육체적 감정과 욕구대로 행하는 악한 일이었다. 그것은 하나님을 진노케 했다.

〔3-4절〕 여호와께서 가라사대 나의 신[영]이 영원히[항상] 사람과 함께하지[다투지] 아니하리니 이는 그들이 육체가 됨이라. 그러나 그들의 날은 120년이 되리라 하시니라. 당시에 땅에 네피림이 있었고 그 후에도 하나님의 아들들이 사람의 딸들을 취하여 자식을 낳았으니 그들이 용사라. 고대에 유명한 사람이었더라.

"나의 영이 영원히 사람과 함께하지 아니하리라"는 본문(LXX, Syr, Vg, Targ)[16]을 영어성경들은 히브리어 본문대로 "나의 영이 항상(혹

---

16) 고대역본들은 야돈(יָדוֹן)이라는 원문을 야두르(יָדוּר)라고 읽었다.

은 '영원히') 사람과 다투지 아니하리라"고 번역하였다(KJV, NASB, NIV). 사람의 죄악성은 하나님의 은혜로 어느 정도 통제되며 이로 인해 사람이 극도로 죄악된 상태에 떨어지지 않지만, 하나님께서 버려 두시면 그가 심히 부도덕한 상태에 떨어질 수밖에 없음을 보이는 것 같다. 그러나 하나님께서는 사람들을 위해 120년의 기간을 남겨두셨다. 하나님의 심판은 성급하지 않으셨다. 그는 오래 참으셨고 사람들에게 회개할 시간을 충분히 주셨다. 당시에 땅에 '네피림'(נְפִלִים) 즉 '거인들'이 있었고 또 셋의 자손들도 가인의 자손들을 취하여 고대에 유명한 용사들을 낳았던 것 같다. 그러나 세상은 더욱 부패해져갔다.

〔5-7절〕 **여호와께서 사람의 죄악이 세상에 관영함[큼]과 그 마음의 생각의 모든 계획이 항상 악할 뿐임을 보시고 땅 위에 사람 지으셨음을 한탄하사[후회하사] 마음에 근심하시고 가라사대 나의 창조한 사람을 내가 지면에서 쓸어버리되 사람으로부터 육축과 기는 것과 공중의 새까지 그리하리니 이는 내가 그것을 지었음을 한탄함[후회함]이니라 하시니라.**

노아 시대에 사람들의 죄악은 점점 커 갔고 그들의 마음의 생각의 모든 계획은 항상 악하였다. 마침내 하나님께서는 사람 지으셨음을 후회하셨다. '후회하다'는 말은 하나님의 슬픔을 인간적으로 표현한 것이다. 하나님께서는 사람의 타락과 부패를 원치 않으셨으나 사람들은 스스로 그 길을 택하였다. 그래서 하나님께서는 땅 위에 사는 모든 사람과 동물과 새를 다 멸하기로 결심하셨다. 이것은 하나님의 공의이었다. 공의로우신 하나님께서는 죄를 용납할 수 없으셨다.

〔8-10절〕 **그러나 노아는 여호와께 은혜를 입었더라. 노아의 사적(事蹟)은 이러하니라. 노아는 의인이요 당세에 완전한 자라. 그가 하나님과 동행하였으며 그가 세 아들을 낳았으니 셈과 함과 야벳이라.**

아담의 자손들은 누구나 죄인으로 태어나며 노아도 예외는 아니며 만일 그도 하나님의 은혜를 입지 않았다면 죄 중에 살다가 다른 사람들처럼 멸망을 받았을 것이지만, 노아는 하나님의 은혜를 입었다.

창세기 6장: 노아가 방주를 만듦

노아에게 주신 하나님의 은혜는 그의 의로운 삶으로 증거되었다. 노아는 의롭고 완전한 자이었다. 의롭다는 말은 하나님의 뜻과 계명에 일치하는 것을 말한다. 하나님의 계명의 내용은 하나님을 경외하고 이웃을 사랑하는 것이다. 그것은 인간 관계에 있어서 이기적이지 않고 남을 배려하는 것이다. 그것은 예절 있는 삶으로 나타난다. 또 완전하다는 말은 흠이 없고 책망할 것이 없는 상태를 가리킨다. 물론 이런 말들은 절대적인 의미는 아니다. 절대적인 의미에서 이 세상에 의인이나 완전한 자는 아무도 없다. 그러나 노아는 하나님의 은혜로 다른 사람들과 여실하게 다른 선한 인격자이었다고 보인다. 또 그는 하나님과 동행했다. 그것은 하나님을 경외하는 삶, 경건한 삶을 가리킨다. 그는 하나님의 계명을 묵상하며 그에게 기도하기를 힘썼음에 틀림없다. 그의 중심은 하나님을 경외하고 믿고 의지하며 그의 계명을 따르고자 힘썼다. 그것이 그의 의롭고 온전한 삶으로 나타났다.

[11-12절] 때에 온 땅이 하나님 앞에 패괴(솨카스 שָׁחַת)[부패]하여 강포가 땅에 충만한지라. 하나님이[하나님께서] 보신즉 땅이 패괴[부패]하였으니 이는 땅에서 모든 혈육 있는 자의 행위가 패괴[부패]함이었더라.

노아 시대의 사람들은 하나님 앞에서 부패했다. 본문에는 '부패함'이라는 말이 세 번이나 나온다. 사람들의 부패함의 한 특징은 '강포함'이었다. 노아 시대에는 강포함이 온 땅에 충만했다. 당시의 세상은 양심과 도덕과 법과 질서가 없고, 힘과 폭력만 있는 공포 사회이었다. 이런 시대적 풍조에 역행하여 노아는 혼자라도 바르게 살았던 것이다. 그는 좁은 길, 외로운 길을 걸었다. 여기에 우리를 향하신 하나님의 뜻과 교훈이 있다. 노아는 우리 모든 성도에게 본이 된다. 우리는 이 시대가 심히 악할지라도 나 혼자만이라도 바르게 살겠다는 신념으로 경건하고 의롭고 선한 삶의 길을 걸어야만 하는 것이다.

[13-16절] 하나님이[하나님께서] 노아에게 이르시되 모든 혈육 있는 자의 강포가 땅에 가득하므로 그 끝날이 내 앞에 이르렀으니 내가 그들을 땅

과 함께 멸하리라. 너는 잣나무(고페르 גֹפֶר)[소나무나 전나무의 일종]로 너를 위하여 방주를 짓되 그 안에 갠[칸]들을 막고 역청[피치]으로 그 안팎에 칠하라. 그 방주의 제도는 이러하니 장이 300규빗, 광이 50규빗, 고가 30규빗이며 거기 창을 내되 위에서부터 한 규빗에 내고 그 문은 옆으로 내고 상중하 삼층으로 할지니라.

사람들의 부패함과 강포함 때문에 하나님께서 세상을 심판하실 날, 곧 세상의 끝날이 가까워오고 있었다. 하나님께서는 120년이나 참고 기다리시며 사람들에게 회개할 기회를 충분히 주셨으나, 세상의 도덕적 상태는 나아지지 않았다. 그래서 마침내 그 끝날이 오는 것이다.

하나님께서는 세상을 심판하시는 중에서도 구원의 계획을 가지셨다. 그는 멸망할 세상으로부터 노아와 그 가족들을 구원하기를 뜻하셨고 이 일을 위해 그로 하여금 방주를 만들게 하셨다.

방주는 나무로 만든 네모난 큰 배이었다. 방주의 크기는, 한 규빗을 약 45센티미터로 보면, 길이가 약 135미터, 너비가 약 22.5미터, 높이가 약 13.5미터이었다. 방주는 3층으로 되었고 그 안에는 많은 칸들이 있었다. 위에서부터 약 45센티미터 아래로 창문 한 개가 있었고 문은 옆으로 있었다. 방주의 안팎은 역청[피치]으로 칠했다. 역청[피치]은 원유를 증유시키고 남은 찌끼를 가리킨다. 아스팔트나 콜타르 같은 것이 그것이다. 그것은 좋은 방수제이다.

어떤 구약 학자에 의하면, 방주의 용량은 오늘날 소 20마리나 양 100마리를 실은 짐승운반차 2,000대 분량이라고 하며, 오늘날 양보다 큰 짐승은 290종, 양부터 토끼까지의 크기는 757종, 토끼보다 작은 것은 1,358종이 있다고 하는데, 방주는 이런 동물들 한 쌍씩과 그것들을 위한 충분한 사료를 싣기에 넉넉한 공간이었을 것이라고 한다.17)

[17-21절] [보라] 내가 홍수(맘불 מַבּוּל)를 땅에 일으켜 무릇 생명의 기

17) Gleason L. Archer, *A Survey of Old Testament Introduction*, p. 210.

식(氣息) 있는 육체를 천하에서 멸절하리니 땅에 있는 자가 다 죽으리라. 그러나 너와는 내가 내 언약을 세우리니 너는 네 아들들과 네 아내와 네 자부들과 함께 그 방주로 들어가고 혈육 있는 모든 생물을 너는 각기 암수 한 쌍씩 방주로 이끌어 들여 너와 함께 생명을 보존케 하되 새가 그 종류대로, 육축이 그 종류대로, 땅에 기는 모든 것이 그 종류대로, 각기 둘씩 네게로 나아오리니 그 생명을 보존케 하라. 너는 먹을 모든 식물(食物)을 네게로 가져다가 저축하라. 이것이 너와 그들의 식물(食物)이 되리라.

하나님께서는 홍수를 통해 땅을 멸하실 것을 선언하셨다. 원문에서는 '내가'라는 말(<u>아니 힌니 הִנְנִי אֲנִי</u>)[보라, 내가]이 강조되어 있다. 홍수를 일으켜 모든 생명체를 죽이실 자는 바로 하나님 자신이시다. 세상을 창조하신 그가 바로 세상을 심판하실 것이다. 그러나 하나님께서는 노아와 언약을 세우겠다고 말씀하신다. 노아는 하나님의 은혜로 구원의 약속을 받은 것이다. 노아는 하나님의 은혜로 방주를 예비하였고 그것을 통해 홍수 심판을 피하였다. 노아가 구원 얻은 것은 하나님의 은혜이다. 모든 생물들이 암수 한 쌍씩 노아에게 나아올 것이며 노아는 그것들을 방주 속으로 들여 그 생명들을 보존하여야 했다. 또 그는 그것들이 방주 안에 있는 동안 먹을 식물도 준비하고 저장해야 했다. 이 일들이 노아에게 주어진 임무였다.

〔22절〕노아가 그와 같이 하되 하나님이[하나님께서] 자기에게 명하신 대로 다 준행하였더라.

노아는 하나님의 명하신 그 일들을 다 준행하였다. 특히 방주 짓는 일은 심히 어렵고 힘든 일이었을 것이다. 그는 그 큰 방주를 짓는 데 아마 수십 년 혹은 100년이 걸렸을지도 모른다. 그러나 그는 그 일을 위해 자기와 자기 아들들의 시간과 물질과 노력을 다 쏟았음에 틀림없다. 방주 짓는 일은 그에게 부업이 아니고 본업이 되었을 것이다. 물론 그는 친척들이나 이웃 사람들에게 많은 조롱과 비난을 받았을 것이며, 아마 '미쳤다'는 소리도 들었을 것이다. 그러나 그는 낙심치 않고 하나님의 명하신 대로 방주를 지었다. 그는 하나님의 일을 위해 자신을 온전히 드렸고 하나님의 명령에 온전히 순종하였다.

본장의 교훈을 정리해보자. 첫째로, 노아의 시대에는 사람들이 일부일처의 하나님의 뜻을 저버리고 자신의 욕망을 따라 일부다처의 길로 갔다. 그 시대는 쾌락의 시대이었다. 그 시대는 도덕적으로 매우 부패했고 사람들은 심히 강포했다. 그것은 하나님의 뜻과 정반대이었다. 오늘날도 불경건과 세속주의와 쾌락과 음란과 죄악이 세상에 가득하다. 우리는 죄를 멀리해야 하고 특히 쾌락과 강포를 멀리해야 한다.

둘째로, 창조자 하나님께서는 살아계시며 도덕적 하나님이시며 세상을 공의로 심판하신다. 그의 심판은 참으로 두렵다. 그의 마지막 심판은 지옥 불못이다. 예수께서는 "몸은 죽여도 영혼은 능히 죽이지 못하는 자들을 두려워하지 말고 오직 몸과 영혼을 능히 지옥에 멸하시는 자를 두려워하라"고 말씀하셨다(마 10:28). 우리는 하나님의 심판을 두려워해야 한다. 하나님의 심판은 사람들이 회개해야 할 이유이다.

셋째로, 노아의 방주는 예수 그리스도와 그의 교회를 예표한다. 노아가 하나님의 명령을 다 순종함으로 멸망할 세상으로부터 여덟 식구를 구원했듯이, 예수께서는 아버지의 뜻을 따라 십자가에 죽기까지 순종하심으로 택자들의 구속(救贖)을 이루셨고 그를 믿는 모든 자들의 구주가 되셨다. 교회는 장차 임할 불 심판으로부터 세상을 구원할 방주이다. 사람이 구주 예수 그리스도를 거절하고 교회 밖에 있으면 구원 얻을 수 없으나, 자신의 죄를 회개하고 예수 그리스도를 구주와 주님으로 믿으면 구원 얻을 것이다. 우리는 방주 안에 거해야 한다. 예수 그리스도의 십자가 의 안에 거하는 것이 방주 안에 거하는 것이다. 또 주 예수 그리스도를 믿는 모든 성도는 노아처럼 하나님께 온전히 순종해야 한다. 우리는 하나님의 은혜를 받아 경건하고 의롭고 온전한 삶을 살아야 한다. 이 세상과 세상 사람들이 다 악할지라도 우리는 노아처럼 나 혼자라도 하나님 앞에서 경건하고 의롭고 선하고 온전하게 살아야 한다.

7장: 홍수 심판

〔1절〕 여호와께서 노아에게 이르시되 너와 네 온 집[가족]은 방주로 들어가라. 네가 이 세대에 내 앞에서 의로움을 내가 보았음이니라.

하나님께서는 노아에게 "너와 네 온 가족은 방주로 들어가라"고 말씀하셨다. 그가 구원 얻은 것은 하나님 앞에 의로웠기 때문이었다. 또한 그의 구원은 가정적이었다. 하나님께서는 노아뿐 아니라 그의 가족들도 구원해주셨다. 사도 바울은 "주 예수를 믿으라, 그리하면 너와 네 집이 구원을 얻으리라"고 말했다(행 16:31). 구원은 개인적이지만, 아버지가 구원 얻으면 대체로 가족들도 구원 얻을 것이다.

〔2-3절〕 너는 모든 정결한 짐승은 암수 일곱씩[일곱 쌍씩], 부정한 것은 암수 둘(씩)[한 쌍씩]을 네게로 취하며 공중의 새도 암수 일곱씩을 취하여 그 씨를 온 지면에 유전케 하라.

하나님께서는 노아에게 짐승들과 새들을 방주에 들여놓게 하심으로 그것들을 땅에 보존시키셨다. 홍수 심판은 대변혁이었지만, 창조의 질서를 깨뜨리는 변혁은 아니었다. 하나님께서는 짐승들과 새들을 다시 창조하지 않으시고 그것들을 방주에 보존하기를 원하셨다.

노아 시대에 벌써 정결한 짐승과 부정한 짐승의 구별이 있었다. 그 구별은 후에 모세의 율법에서 성문화되었다(레 11장, 신 14장). 암수 '일곱씩'이라는 원어(쉬브아 쉬브아 שִׁבְעָה שִׁבְעָה)는 '일곱 일곱'이라는 뜻으로 암수 '일곱 쌍'을 가리키며 암수 '둘씩'이라는 말은 한 쌍을 가리킨다고 본다. 정결한 짐승들과 새들을 암수 일곱 쌍씩 보존케 하신 것은 그것들을 하나님께 제물로 사용하며 또한 홍수 후에 번식하여 사람들의 식물이 되게 하시기 위함이었을 것이다(창 8:20; 9:3).

〔4-6절〕 지금부터 7일이면 내가 40주야를 땅에 비를 내려 나의 지은 모든 생물을 지면에서 쓸어버리리라. 노아가 여호와께서 자기에게 명하신 대

로 다 준행하였더라. 홍수가 땅에 있을 때에 노아가 600세라.

하나님께서는 이제 홍수로 세상을 심판하실 것이다. 7일 후면 40일 동안 밤낮 비가 내릴 것이다. 땅에는 큰 홍수가 있을 것이며 그 홍수로 땅 위의 모든 생물은 멸망할 것이다. 그때 노아의 나이는 600세이었는데, 그것은 성경의 문자적 연대 계산에 의하면 아담이 창조된 후 약 1,656년이며, 주전 약 2,456년이었다.

노아는 하나님께서 명하신 대로 다 행했다. 그는 방주를 만들라는 명령도, 모든 생물을 방주 안으로 들여놓으라는 명령도, 모든 식물을 저장하라는 명령도, 또 그와 그의 온 가족이 방주로 들어가라는 명령도 다 행하였다. 의인 노아의 삶은 하나님께 순종하는 삶이었다.

〔7-10절〕 노아가 아들들과 아내와 자부들과 함께 홍수를 피하여 방주에 들어갔고 정결한 짐승과 부정한 짐승과 새와 땅에 기는 모든 것이 하나님이 [하나님께서] **노아에게 명하신 대로 암수 둘씩 노아에게 나아와 방주로 들어 갔더니 7일 후에 홍수가 땅에 덮이니.**

노아와 그 가족들은 하나님의 명령대로 방주에 들어갔다. 그들은 필요한 생활 도구들과 식량을 방주로 옮겼을 것이다. 방주로 들어가라는 하나님의 명령은 홍수가 시작되기 7일 전에 있었다. 아직 비가 오지 않는 때이었다. 이웃 사람들은 "무슨 홍수가 나서 세상이 망한다는 말인가" 하며 비웃었을지도 모른다. 그를 미쳤다고 놀리기도 했을지 모른다. 그러나 노아는 하나님의 말씀을 믿었고 순종하였다.

하나님의 명령대로 모든 생물들은 암수 둘씩 질서 있게 노아에게 나아왔다. 그것들은 다가올 홍수 심판을 예감이라도 하듯이 방주로 나아왔다. 그 많은 생물들이 순순히 방주 속으로 들어온 것은 하나님께서 행하신 기적이었지만, 이런 일이 매우 자연스럽게 일어났다.

그들은 다 방주에 들어갔다. 아무리 방주가 준비되어 있었을지라도 그 배에 들어가지 않았다면 홍수로부터 구원을 얻을 수 없을 것이다. 그러나 그들은 그 배 안으로 다 들어갔고 땅에는 홍수가 있었다.

[11-12절] 노아 600세 되던 해 2월 곧 그 달 17일이라. 그 날에 큰 깊음의 샘들이 터지며 하늘의 창들이 열려 40주야를 비가 땅에 쏟아졌더라.

그때는 노아가 600세 되던 해 2월 17일이었다. 연월일 단위는 인류의 초기부터 있었던 것 같다. 노아 시대 홍수의 정확한 날짜는, 입에서 입으로나, 토판(土版) 같은 기록물을 통해 전해 내려왔든지, 아니면 하나님의 특별계시에 의해, 모세에게 알려졌을 것이다. 성경은 이만큼 정확하게 역사적 성격을 띤다. 성경은 일차적으로 역사책이다.

그 날에 큰 깊음의 샘들이 터지고 하늘의 창들이 열려 비가 밤낮 40일 땅에 쏟아졌다. 땅의 물 근원들은 터졌고 하늘의 수증기들은 창들이 열리듯이 땅에 부어져 내렸다. 이런 일들이 하나님의 뜻 가운데 일어났다. 땅 위의 이상 기후 현상은 하나님의 손 안에서 일어난다.

[13-16절] 곧 그 날에 노아와 그의 아들 셈, 함, 야벳과 노아의 처와 세 자부가 다 방주로 들어갔고 그들과 모든 들짐승이 그 종류대로, 모든 육축이 그 종류대로, 땅에 기는 모든 것이 그 종류대로, 모든 새 곧 각양의 새가 그 종류대로 무릇 기식이 있는 육체가 둘씩 노아에게 나아와 방주로 들어갔으니 들어간 것들은 모든 것의 암수라. 하나님이[하나님께서] 그에게 명하신 대로 들어가매 여호와께서 그를 닫아 넣으시니라.

홍수가 시작된 그 날 노아와 그의 가족들은 다 방주로 들어갔다. 또 암수 한 쌍씩 그들에게 나아온 모든 생물들도 다 들어왔다. 방주 밖에는 심상치 않은 소낙비로 인해 혹시나 하는 두려움이 사람들의 마음 속에 일어나기 시작했을 때, 노아의 식구들과 그 모든 생물들은 다 방주 안에 들어와 있었다.

그것은 다 하나님의 명령대로이었다. 그러므로 16절은 "하나님께서 그에게 명하신 대로 들어가매 여호와께서 그를 닫아 넣으시니라"고 기록하였다. 방주를 만들라고 명령하신 이도 하나님이셨고 방주로 들어가라고 하신 이도 하나님이셨다. 그 방주는 하나님께서 노아를 통해 친히 예비하셨고 하나님께서 친히 주관하시는 큰 배이었다.

여호와께서는 노아와 그와 함께한 자들을 방주 안에 닫아 넣으셨다. 방주 안의 사람들과 방주 밖의 사람들은 구별되었고, 방주 안의 생물들과 방주 밖의 생물들도 구별되었다. 방주 안에 있는 자들은 밖으로 나가서는 안 되었고, 방주 밖에 있는 자들은 안으로 들어올 수 없었다. 정한 시간이 지났고 문은 닫혔다. 그 문은 사람이 닫은 것이 아니고 하나님께서 닫으신 것이었다. 하나님께서 닫으셨고 하나님께서 허락하지 않으셨기 때문에 아무도 그 문을 열 수 없었다.

[17-20절] 홍수가 땅에 40일을 있었는지라. 물이 많아져 방주가 땅에서 떠올랐고 물이 더 많아져 땅에 창일하매 방주가 물 위에 떠 다녔으며 물이 땅에 더욱 창일하매 천하에 높은 산이 다 덮였더니 물이 불어서 15규빗이 오르매 산들이 덮인지라.

40일 동안의 비로 온 땅은 물바다가 되었다. 물이 많아져 방주가 땅에서 떠올랐고, 물이 더 많아지자 방주가 물 위에 떠 다녔다. 물이 더 많아져 천하의 높은 산들이 다 덮였다. 본문은 물이 15규빗, 약 6.8미터 더 불어오르자 온 산들이 덮였다고 말한다. 노아는 아마 그 사실을 하나님의 계시로 알았을 것이다.

이 홍수는 한 지역에 국한된 홍수가 아니고, 온 세계에 미친 홍수이었다. 어떤 이들은 홍수가 유브라데 강 유역에 국한되었다고 주장하면서 그 근거로, (1) 히말라야 상봉을 덮으려면 현재 지구상의 물의 8배가 있어야 하며 (2) 그 물이 없어지는 것도 큰 문제이며 (3) 모든 식물이 1년간 소금물에 잠겼다면 살 가능성이 아주 적으며 (4) 어떤 지역은 침수의 흔적이 전혀 없다는 것 등을 들었다.

그러나 성경 본문은 이 홍수가 지역적 홍수가 아니고 세계적 홍수임을 분명하게 증거한다. 본문은 천하의 높은 산이 다 덮였고 땅 위의 모든 사람과 모든 생물이 다 죽었다고 분명히 증거한다(19, 21-23절). 지역적 홍수를 주장하는 것은 이 말씀을 부정하는 것이다.

뿐만 아니라, 지구 곳곳에는 땅이 깊이 갈라진 곳이 있고 그 속에 동물들의 골격이 남아 있다고 하며, 또 세계의 여러 민족들에는 홍수 이야기가 있다고 한다. 인도의 마누는 다른 일곱 명과 함께 세계적인 홍수에서 배 타고 구원을 얻었다고 하며, 중국의 파혜는 그의 아내와 세 아들과 세 딸만 함께 구원을 얻었다고 한다. 하와이의 누우, 멕시코 인디안들의 테즈피, 북아메리카의 한 원주민인 알곤킨인들의 마나보조 등도 인류가 범죄함으로 하나님의 홍수 심판을 받았고 오직 한 사람이 가족들과 함께 배를 타고 구원을 얻었다고 전한다.

〔21-24절〕땅 위에 움직이는 생물이 다 죽었으니 곧 새와 육축과 들짐승과 땅에 기는 모든 것과 모든 사람이라. 육지에 있어 코로 생물의 기식을 호흡하는 것은 다 죽었더라. 지면의 모든 생물을 쓸어버리시니 곧 사람과 짐승과 기는 것과 공중의 새까지라. 이들은 땅에서 쓸어버림을 당하였으되 홀로 노아와 그와 함께 방주에 있던 자만 남았더라. 물이 150일을 땅에 창일하였더라.

홍수는 죄악된 세상에 대한 하나님의 심판이었다. 사람들이 얼마나 죄악되었던가. 일부일처의 가정 윤리는 깨어지고 남자들은 자기들이 좋아하는 여자들을 마음대로 취하였다. 남녀의 순결성과 정절이 무의미하게 여겨졌고 부부 관계의 사랑과 육신적 욕구의 절제가 무가치하게 여겨졌다. 온 세상이 하나님 앞에 부패되었다. 또 강포가 땅에 충만하였다. 힘과 폭력이 지배하는 무서운 사회가 되어 있었다.

그러므로 하나님께서는 홍수로 세상을 심판하셨다. 본문은 홍수로 땅 위의 모든 사람과 생물이 죽었음을 반복하여 증거한다. '다,' '모든'이라는 말이 우리 성경에는 다섯 번, 영어 성경에는 여섯 번 나온다. 그것은 하나님의 심판이 얼마나 무섭고 철저한지를 잘 증거한다. 아, 하나님의 심판은 두렵고 엄위하다! 하나님께서 일어나 심판하시면, 그는 악인들의 부르짖음을 무시하시고 그들을 땅에서 다 쓸어버리신다. 그래서 땅 위의 모든 사람들과 모든 동물들과 새들까지도 죽었다.

홍수 심판으로 땅 위의 모든 사람들과 모든 새들과 모든 짐승들과

창세기 7장: 홍수 심판

땅에 기는 모든 것들이 죽었고, 오직 노아와 그와 함께 방주에 있었던 가족들과 생물들만 남았다. 방주가 아니었다면 그들도 다 죽었을 것이다. 방주는 그들에게 홍수로부터의 구원의 유일한 수단이었다. 하나님께서는 새 세상을 위해 오직 그들만 남겨두셨다.

본장의 교훈을 정리해보자. 첫째로, 하나님께서는 온 세상의 섭리자이시다. 온 세상을 창조하신 그가 또한 온 세상을 섭리하신다. 섭리하신다는 말은 보존하고 통치하신다는 뜻이다. 그는 노아에게 방주를 지으라고 지시하셨다. 그는 역사상 전무했던 큰 홍수를 일으키셨다. 그는 큰 깊음의 샘들은 터지게 하셨고 하늘의 창들을 열어 밤낮 40일 동안 비가 땅에 쏟아지게 하셨다. 그러나 그는 하늘의 새들과 땅의 생물들을 다 암수 둘씩 방주 안으로 들어오게 하셨다. 그가 이 모든 일을 하셨다.

둘째로, 하나님께서는 온 세상의 심판자이시다. 앞장에서 읽은 바와 같이, 하나님께서는 일부다처의 풍조를 기뻐하지 않으셨다. 사람들의 죄악이 세상에 가득하고 사람들의 마음의 생각의 모든 계획이 항상 악하였다. 온 땅이 하나님 앞에 부패하였고 강포가 땅에 충만하였다. 그 결과, 하나님께서 온 세상을 홍수로 멸하기로 작정하셨다. 하나님께서는 심판자이시다. 그는 이 세상을 불로 심판하시겠다고 경고하셨다(벧후 3:6-7). 성경은 악인들을 위한 지옥 불못을 밝히 증거한다(계 21:8).

셋째로, 하나님께서는 노아와 방주에 있는 모든 가족들과 생물들을 구원하셨다. 노아가 구원을 얻은 까닭은 하나님 앞에 의인이었기 때문이다(창 6:9; 7:1). 죄의 값은 죽음이다. 그것은 몸의 죽음뿐 아니라 지옥 형벌을 포함한다. 죄인은 하나님의 심판을 피할 수 없다. 죄인들이 구원을 얻는 길은 죄사함과 의롭다 하심을 얻는 길뿐이며, 죄사함과 의롭다 하심을 얻는 길은 죄를 회개하고 구주 예수 그리스도를 믿는 길뿐이다. 방주는 구주 예수 그리스도와 그의 교회를 예표했다. 우리는 모든 죄를 버리고 구주 예수님을 믿어야 하고 오직 의롭고 선하게 살아야 한다.

8장: 노아가 방주에서 나옴

〔1-5절〕 하나님께서 노아와 그와 함께 방주에 있는 모든 들짐승과 육축을 권념(眷念)하사(자카르 זָכַר)[생각하셔서] 바람으로 땅 위에 불게 하시매 물이 감하였고 깊음의 샘과 하늘의 창이 막히고 하늘에서 비가 그치매 물이 땅에서 물러가고 점점 물러가서 150일 후에 감하고 7월 곧 그 달 17일에 방주가 아라랏산에 머물렀으며 물이 점점 감하여 10월 곧 그 달 1일에 산들의 봉우리가 보였더라.

하나님께서는 노아와 그 가족들과 그들과 함께 방주에 있는 모든 들짐승과 가축들과 새들을 생각하셔서 바람으로 땅 위에 불어 물을 감하게 하셨다. 성경에 증거된 대로, 하나님께서는 자기의 자녀들을 눈동자같이 보호하시고(신 32:10) 잊어버리지 않도록 그의 손바닥에 새기시고(사 49:16) 지금부터 영원까지 지키신다(시 121:8).

땅의 깊음의 샘들과 하늘의 창들이 막히고 하늘에서 비가 그쳤다. 깊음의 샘들과 하늘의 창들을 여신 이는 하나님이시요 닫으신 이도 하나님이시다. 하나님께서는 자연만물과 그 현상들을 홀로 주관하신다. 비가 오는 것도 가뭄이 드는 것도 하나님의 손 안에 있다. 물론 하나님께서는 일반적으로 자연법칙을 사용하시고 특별한 경우에만 기적을 일으키신다. 노아 시대의 홍수도 자연적 방법으로 이루어졌고 그 홍수의 제거도 자연적 방법으로 이루어질 것이다. 하나님께서는 150일 동안 세상에 가득했던 물이 서서히 줄어들게 하셨다. 건전한 믿음은 기적주의가 아니고 자연법칙이나 이성적 사고를 존중한다.

7월 17일 방주가 아라랏산에 머물렀다. 2월 17일에 비가 오기 시작했으니 약 5개월이 지난 때이었다. 아라랏산은 오늘날 터어키의 동쪽 국경 부근, 아르메니아와 이란과 접한 곳에 있는 높이 5,165미터 되는 산이다. 그 방주가 아라랏산에 머문 것은 하나님의 뜻이었다. 주위에 아라랏산보다 높은 산도 있고 또 멀리 동쪽 네팔 부근에는 히말라야 산맥의 높은 산들이 있었을 것이나, 하나님께서는 아라랏산을 택하셨다. 그 지역은 홍수 후의 세계를 위해 선택된 곳이었다. 노아의 자손들은 거기에서부터 퍼져나갈 것이다. 물은 점점 줄어, 방주가 아라랏산에 머문 지 70여일이 지난 10월 1일에 산들의 봉우리들이 보였다.

〔6-12절〕 40일을 지나서 노아가 그 방주에 지은 창을 열고 까마귀를 내어놓으매 까마귀가 물이 땅에서 마르기까지 날아 왕래하였더라. 그가 또 비둘기를 내어놓아 지면에 물이 감한 여부를 알고자 하매 온 지면에 물이 있으므로 비둘기가 접족(接足)할[발 디딜] 곳을 찾지 못하고 방주로 돌아와 그에게로 오는지라. 그가 손을 내밀어 방주 속 자기에게로 받아들이고 또 7일을 기다려 다시 비둘기를 방주에서 내어놓으매 저녁때에 비둘기가 그에게로 돌아왔는데 [보라] 그 입에 감람 새 잎사귀가 있는지라. 이에 노아가 땅에 물이 감한 줄 알았으며, 또 7일을 기다려 비둘기를 내어놓으매 다시는 그에게로 돌아오지 아니하였더라.

그 후 40일이 지난 11월 10일경, 노아는 방주의 창을 열고 까마귀를 내어놓았고 까마귀는 물이 땅에서 마르기까지 날아 왕래하였다. 노아는 또 비둘기를 내어놓았는데, 비둘기는 발 디딜 곳을 찾지 못하고 방주로 돌아왔다. 7일 후 다시 비둘기를 내어놓았을 때 그 비둘기는 감람 새 잎사귀를 입에 물고 왔다. 노아는 그것을 보고 땅에 물이 많이 줄었다는 것을 알았다. 또 7일 후 비둘기를 다시 내어놓았는데 비둘기는 다시 방주로 돌아오지 않았다. 그것은 땅이 말랐고 비둘기가 거할 곳을 찾았다는 증거이었다.

〔13-19절〕 601년 정월 곧 그 달 1일에 지면에 물이 걷힌지라. 노아가 방주 뚜껑을 제치고 본즉 지면에 물이 걷혔더니 2월 27일에 땅이 말랐더라. 하나님이 노아에게 말씀하여 가라사대 너는 네 아내와 네 아들들과 네 자부들로 더불어 방주에서 나오고 너와 함께한 모든 혈육 있는 생물 곧 새와 육축과 땅에 기는 모든 것을 다 이끌어내라. 이것들이 땅에서 [편만하고] (웨쇠레추 יְשָׁרְצוּ)(KJV, NASB, NIV) 생육하고 땅에서 번성하리라 하시매, 노아가 그 아들들과 그 아내와 그 자부들과 함께 나왔고 땅 위의 동물 곧 모든 짐승과 모든 기는 것과 모든 새도 그 종류대로 방주에서 나왔더라.

창세기 8장: 노아가 방주에서 나옴

노아의 나이 601년 1월 1일, 땅 위에 물이 걷혔다. 노아는 방주의 뚜껑을 제거하고 내려다보았고 땅에 물이 걷혔음을 확인했으나 땅이 완전히 마르지는 않았다. 또 두 달이 흘러 2월 27일에야 땅이 완전히 말랐다. 홍수가 시작된 지 1년 10일이 지난 때이었다. 그 기간은 온 세상에 대변혁이 일어난 시간이었다. 그 기간은 노아의 식구들에게 갑갑하고 지루한 시간이었으나 두려움 중에 하나님께 넘치는 감사와 찬송을 올린 시간이기도 하였을 것이다.

하나님께서는 노아에게 그 가족들과 함께 방주에서 나오라고 말씀하셨고 또 그와 함께한 모든 생물들도 다 이끌어내라고 하셨다. 이제 홍수가 끝나고 땅에 물이 말랐으니, 그들은 지루했던 1년 10일 간의 방주에서의 생활을 끝내고 방주에서 나와야 하였다. 하나님께서는 홍수가 있기 전에 노아에게 '방주로 들어가라'고 말씀하셨고 이제는 그에게 '방주에서 나오라'고 말씀하신다. 방주만큼은 들어가는 것도 나오는 것도 노아가 마음대로 행할 일이 아니고 하나님의 명령대로 할 일이었다. 노아와 그 가족들은 하나님의 말씀하신 대로 방주에서 나왔고 땅 위의 모든 생물들도 다 방주에서 나왔다.

하나님의 백성은 하나님의 인도하심을 따라 행해야 한다. 하나님께서 가라 하시면 가고, 서라 하시면 서야 한다. 우리는 범사에 하나님을 의지하고 그의 인도하심을 따라 가야 한다. 그러한 생활 원리를 잘 보여준 것이 애굽에서 나온 이스라엘 백성이 광야에서 불기둥과 구름기둥의 인도를 따라 가야 했던 일이다. 이스라엘 백성은 구름이 성막에서 떠오를 때 진행하였고 구름이 머무는 곳에 진을 쳤다. 혹시 구름이 장막 위에 하루만 머물 때에도 그들은 순종해야 했고, 한 달이나 일년을 머물 때에도 순종해야 했다. 구름기둥과 불기둥은 하나님의 명령과 신호이었다. 그들은 하나님의 명령대로 진을 치기도 하였고 하나님의 명령대로 진행하기도 하였다(민 9:15-23). 이와 같이 주의 자녀된 우리는 이 세상에서 하나님의 명령과 인도하심을 따라가기도 하고 그의 명령과 인도하심을 따라 서기도 해야 한다.

〔20-22절〕노아가 여호와를 위하여 단을 쌓고 모든 정결한 짐승 중에서와 모든 정결한 새 중에서 취하여 번제로 단에 드렸더니 여호와께서 그 향기(레아크 한니코아크 רֵיחַ הַנִּיחֹחַ)[(하나님의 진노를 누그러뜨리는) 유화(宥和)의 향기](BDB, KB, NASB)**를 흠향하시고 그 중심에 이르시되 내가 다시는 사람으로 인하여 땅을 저주하지 아니하리니 이는 사람의 마음의 계획[생각]하는 바가 어려서부터 악함이라. 내가 전에 행한 것같이 모든 생물을 멸하지 아니하리니 땅이 있을 동안에는 심음과 거둠과 추위와 더위와 여름과 겨울과 낮과 밤이 쉬지 아니하리라.**

방주에서 나온 후, 노아는 첫째로 하나님께 단을 쌓았고 모든 정결한 짐승과 모든 정결한 새 중에서 제물들을 취하여 하나님께 번제로 드렸다. 이것은 그의 자발적인 행위이었다. 그것은 하나님께 양의 첫새끼로 제사를 드렸던 의인 아벨의 발자취를 따른 일이었다.

번제는 제물을 죽여 온전히 불태워 드리는 제사이다. 번제는 죽어야 마땅한 죄인들을 대속(代贖)하실 중보자의 죽음을 상징하는 뜻이 있다. 노아와 그 식구들은 홍수로 멸망한 자들과 다를 바 없는 죄인이지만 하나님의 긍휼과, 짐승 제물로 예표된 구주 예수 그리스도의 대속(代贖)으로 구원을 얻었다. 죄인의 구원은 오직 하나님의 긍휼과 구주 예수 그리스도의 대속(代贖)으로 말미암는다.

번제는 또한 하나님께 대한 노아의 온전한 헌신을 상징한다. 하나님의 은혜로 큰 구원을 얻은 노아는 하나님을 위해 단을 쌓고 번제를 드림으로 하나님께 대한 헌신의 각오를 표현했다. 홍수가 있기 전에도 하나님과 동행하며 의롭게 살았던 노아이지만, 홍수 심판으로부터 구원 얻은 이후 그의 심정은 하나님을 향해 더욱 간절했을 것이다.

이것이 지옥 형벌로부터 구원 얻은 모든 그리스도인들의 마음가짐이어야 한다. 하나님의 아들 우리 주 예수 그리스도로 말미암아 구원 얻은 우리는 하나님 앞에서 번제의 단을 쌓는 심정으로 살아야 한다. 우리는 예수 그리스도의 대속 공로를 의지하고 감사하며 우리 자신을 하나님께 드리고 그의 말씀에 순종하며 살기를 결심해야 한다.

그러므로 사도 바울은 "형제들아, 내가 하나님의 모든 자비하심으로 너희를 권하노니 너희 몸을 하나님께 기뻐하시는 거룩한 산 제사로 드리라"고 말했고(롬 12:1), 또 "너희는 너희의 것이 아니라 값으로 산 것이 되었으니 그런즉 너희 몸으로 하나님께 영광을 돌리라"고 교훈하였다(고전 6:19-20). 또 사도 바울은, "예수 그리스도께서 모든 사람을 대신하여 죽으심은 산 자들로 하여금 다시는 저희 자신을 위하여 살지 않고 오직 저희를 대신하여 죽었다가 다시 사신 자를 위하여 살게 하려 함이니라"고 말하였다(고후 5:15).

하나님께서는 노아가 드린 제물들의 향기를 받으셨다. '그 향기'라는 원어는 유화(宥和)의 향기'라는 뜻이다(레 1:9 등). 하나님께서는 그 마음에 말씀하시기를, 사람들의 마음의 계획하는 바가 어려서부터 악하기 때문에 내가 땅을 저주했지만 다시는 사람 때문에 땅을 저주하지 않겠고 땅이 있을 동안에는 심음과 거둠, 추위와 더위, 여름과 겨울, 낮과 밤이 쉬지 않을 것이라고 하셨다. 성경은 세상의 마지막 날에 불의 심판이 있을 것이라고 경고하며 그 경고대로 마지막 심판의 날과 그 심판이 올 것이지만, 다시 홍수로 세상이 멸망하는 일은 없을 것이다.

본장의 교훈을 정리해보자. 첫째로, 창조주 하나님께서는 온 세상과 자연만물을 주관하신다. 비가 오게 하시는 이도 하나님이시며 홍수가 나게 하시는 이도 하나님이시요 비를 그치게 하시는 이도 하나님이시며 바람이 불게 하시는 이도 하나님이시다. 그러므로 우리가 오늘날 자연 은택 속에 산다면 우리는 하나님께 항상 감사해야 하고, 또 어려운 일이 있을 때에도 낙심치 말고 모든 것을 주관하시는 하나님께 기도하며 그를 의지해야 한다. 우리가 그의 계명에 합당하게 산다면, 하나님께서는 우리에게 모든 좋은 것을 주시고 더 풍성하게 주실 것이다.

둘째로, 노아는 하나님의 명령대로 방주에 들어가기도 했고 1년 10일간 방주 속에 머물기도 했고 또 방주에서 나오기도 했다. 이와 같이, 우리는 하나님의 명령과 인도하심대로, 즉 성경에 교훈된 대로 행해야 한다. 거기에는 믿음과 인내가 필요하다. 이스라엘 백성이 광야에서 구름기둥과 불기둥의 인도를 받았듯이, 우리는 하나님의 명령대로 가기도 하고 서기도 해야 한다. 우리는 범사에 하나님을 인정하고 그를 믿고 그에게 우리의 삶을 의탁하며 그의 교훈과 인도하심을 따라 한 걸음씩 행해야 한다. 우리는 오직 하나님의 말씀을 믿고 행해야 한다.

셋째로, 우리는 사람이 어려서부터 악한 존재임을 알아야 한다. 이것은 본문 21절에 기록된 대로 하나님께서 친히 증거하신 바이며 우리가 경험하는 바이다. 원죄의 부패성은 어릴 때부터 있다. 만물보다 거짓되고 부패한 것은 사람의 심령이다(렘 17:9). 사람은 심히 악한 존재이다. 우리는 죄악 중에 출생하였고 우리의 모친이 죄 중에 우리를 잉태하였다(시 51:5). 그러므로 사람은 거듭나야 하며 어릴 때부터 성경의 바른 교훈 속에서 양육되어야 하고 성령의 인도하심을 따라 살아야 한다.

넷째로, 노아는 방주에서 나온 후 홍수로부터 구원 얻은 사실에 감사하여 하나님께 번제를 드렸다. 온 세상이 홍수로 멸망할 때 노아 가족만 구원을 얻었다. 우리는 우리를 죄와 지옥 형벌에서 구원해주신 하나님의 은혜에 감사하며 하나님을 섬기며 따라야 한다. 그는 지옥에 갈 죄인이었던 우리를 그의 긍휼과 하나님의 아들 우리 주 예수 그리스도의 십자가의 죽음으로 구원하셨다. 이제 우리가 하나님의 자녀가 되고 영생을 얻은 것은 전적으로 하나님의 은혜이다. 그러므로 우리는 항상 하나님께 감사하며 그의 영광을 위하고 그의 명령을 따라 우리의 몸과 마음을 드려야 한다(롬 12:1-2). 우리는 하나님의 크신 구원의 은혜에 보답하여 하나님을 위해 살고 하나님의 말씀을 믿고 행해야 한다.

9장: 홍수 직후의 일들

1-17절, 하나님의 복 주심과 언약

〔1절〕 **하나님이**[하나님께서] **노아와 그 아들들에게 복을 주시며 그들에게 이르시되 생육하고 번성하여 땅에 충만하라.**

하나님께서는 방주에서 나온 노아와 그 아들들에게 복을 주시며 "생육하고 번성하여 땅에 충만하라"고 말씀하셨다. 하나님께서는 첫 사람 아담과 하와에게도 복 주시며 동일한 말씀을 하셨었다(창 1:28). 복(福)은 좋은 것을 가리킨다. 본문은 자녀 출산을 복이라고 말한다. 하나님께서는 노아와 그 아들들이 많은 자녀를 출산하여 수적으로 많아지고 온 땅에 충만하기를 원하셨다. 다산(多産)은 큰 복이다.

〔2-3절〕 **땅의 모든 짐승과 공중의 모든 새와 땅에 기는 모든 것과 바다의 모든 고기가 너희를 두려워하며 너희를 무서워하리니 이들은 너희 손에 붙이웠음이라. 무릇 산 동물**[살아 움직이는 것]**은 너희의 식물이 될지라.** [푸른] **채소같이 내가 이것을 다 너희에게 주노라.**

사람은 모든 생물을 다스리도록 창조되었다(창 1:26, 28). 사람이 그 동안 이 임무를 잘 수행했는지 모르나, 이제 다시 그 임무가 강조된다. 사람은 다른 생물과 본질이 다르다. 피조물들 중 사람만 하나님의 형상대로 지음을 받았다. 그러므로 사람이 다른 생물들을 섬겨서는 안 되며 그것들을 다스려야 한다. 그러나 역사상 사람들은 무지하게 피조물을 조물주처럼 숭배했고 썩지 않을 하나님의 영광을 썩어질 피조물들의 형상들로 바꾸었다(롬 1:23).

하나님께서 사람에게 주신 본래의 음식은 채소와 나무 열매이었다(창 1:29). 그러나 홍수 심판 이후 하나님께서는 사람에게 물고기와 새와 땅의 짐승 등 살아 움직이는 것들을 먹을 수 있게 하셨다. 이제 육식(肉食)은 사람에게 정당한 음식이 되었다. 물론 이것은 명령이라기보다 허용이었다. 아마 홍수 후 사람들의 기력은 급격히 약해진 것 같다. 사람의 수명은 1,000살에서 100살로 급격히 감소되었다. 하나님 께서 육식을 허용하신 것은 아마 이런 이유, 즉 사람의 기력의 쇠약 해짐과 더 많은 영양분의 필요 때문이었을 것이다.

〔4절〕 그러나 고기를 그 생명 되는 피채[피째] 먹지 말 것이니라.

하나님께서 사람에게 육식을 허용하셨지만, 한가지 단서가 있었다. 그것은 고기를 살아 있는 채로, 즉 피가 있는 채로 먹지 말라는 것이 었다. 이런 단서를 두신 까닭은, 아마 산 생명체를 그대로 먹는 것이 잔인한 행동이며 피가 생명이라는 것을 교훈하시기 위함인 것 같다.

특히 피와 생명은 신비하게 연관되어 있다. 피는 곧 생명이다(레 17:11). 짐승의 생명도 피에 있고 사람의 생명도 피에 있다. 몸무게가 60킬로그램인 사람의 몸에는 약 5리터의 피가 있고 그것은 약 46초 내지 1분마다 심장에서 뿜어져 나와 온 몸을 한바퀴 돈 후 심장으로 돌아간다고 한다. 피가 없으면 사람은 죽는다. 피는 곧 생명이다.

고기를 먹는 것이 허용되지만 피는 먹지 말라는 것은 후에 모세의 율법에 명문화되었다(레 17:10-11). 그러므로 고기를 먹는 자는 그것 의 피를 다 뺀 후에 먹어야 했다. 그러나 피를 먹지 말라는 이 법은 구약의 의식법에 속하며 다른 의식법들과 함께 신약 아래서 폐지되 었다고 본다. 골로새서 2:16-17, "먹고 마시는 것과 절기나 월삭이나 안식일을 인하여 누구든지 너희를 폄론하지 못하게 하라. 이것들은 장래 일의 그림자이나 몸은 그리스도의 것이니라."

〔5절〕 내가 반드시 너희 피 곧 너희 생명의 피를 찾으리니 짐승이면 그 짐승에게서, 사람이나 사람의 형제면 그에게서 그의 생명을 찾으리라.

하나님께서는 반드시 사람의 생명의 피를 찾으실 것이라고 말씀하 셨다. 짐승이 잘못하여 사람을 죽였을 경우 그 짐승은 죽임을 당해야 한다. 출애굽기 21:28, "소가 남자나 여자를 받아서 죽이면 그 소는 반드시 돌에 맞아 죽을 것이요 그 고기는 먹지 말 것이며." 또 형제가 그 형제를 죽였을 경우 그는 사형으로 그 죗값을 받아야 한다.

〔6절〕무릇 사람의 피를 흘리면 사람이 그 피를 흘릴 것이니 이는 하나님이[하나님께서] 자기 형상대로 사람을 지었음이니라.

하나님께서는 사람이 남의 생명을 존중히 여겨야 할 것을 강조하셨다. 그는 사람의 피를 흘리는 자는 마땅히 자신이 피를 흘려야 한다고 말씀하신다. 즉 살인죄는 사형으로 다스려야 한다는 뜻이다. 이것은 사람의 생명을 다른 사람이나 심지어 짐승으로부터 보호하시려는 의도에서 주신 법이다. 이것은 개인적 보복을 뜻하는 것이 아니고 정당한 재판에 의한 사형 집행을 뜻한다. 살인자를 사형으로 응징해야 할 이유는 하나님께서 사람을 하나님의 형상대로 지으셨기 때문이다. 사람은 짐승과 본질적으로 다르다. 그러므로 살인은 사람에게 죄를 짓는 악일 뿐 아니라, 그를 자기 형상대로 만드신 하나님께 죄를 짓는 큰 악이며, 따라서 그 악은 사형으로 응징되어야 한다.

물론, 율법에는 고의적이지 않고 부지중에, 실수로 저지른 살인의 경우 그 살인자가 죽음을 모면할 수 있게 했다. 그런 자는 이스라엘 땅에 도피성들 중 하나로 피신하여 들어가 살 수 있었다(민 35:15).

사형 제도는 오늘날에도 필요하고 정당한 법이라고 본다. 사형은 극악한 죄에 대한 공의의 징벌과 그와 유사한 범죄의 예방을 위해 또 사회의 정의와 질서 유지를 위해 필요하다. "네 오른편 뺨을 치거든 왼편도 돌려 대라"는 주의 말씀(마 5:39)은 개인적 보복을 금하신 것이며 재판 제도와 사형을 부정하신 것은 아니라고 보아야 할 것이다.

〔7절〕너희는 생육하고 번성하며 땅에 편만하여 그 중에서 번성하라 하셨더라.

하나님께서는 노아의 가족에게 1절의 내용을 반복하시며 생육하고 번성하라고 강조하셨다. 이 말씀은 오늘날에도 유효하다. 하나님께서는 이 말씀을 취소하신 적이 없다. 과거에 인구 증가와 자원 문제를 고려하여 산아 제한을 주장한 것이나 오늘날 여러 가지 경제적 여건을 구실 삼아 결혼과 임신과 출산을 기피하는 것은 인간적 생각일 뿐이며 하나님의 뜻과 반대된다. 결혼하여 자녀를 많이 출산하는 것(다산 多産)은 오늘날도 하나님의 뜻이며 복이며, 사람의 의무이며 선한 일이다. 사람은 자신의 건강이나 경제 여건이 아주 어렵지 않다면 또 특별한 사명의 걸음이 아니라면 자녀를 많이 낳는 것을 복으로 생각해야 할 것이다. 시편 127:3-5, "자식은 여호와의 주신 기업이요 태의 열매는 그의 상급이로다. 젊은 자의 자식은 장사의 수중의 화살 같으니 이것이 그 전통(箭筒)[화살 통]에 가득한 자는 복되도다. 저희가 성문에서 그 원수와 말할 때에 수치를 당치 아니하리로다."

물론, 낳은 자녀를 경건하고 도덕적이게 바르게 키우고 양육하는 것은 부모의 중요한 의무이며 책임이다. 세상 공부도 필요하지만, 그것이 하나님의 뜻은 아니며 또 필수적인 일도 아니다. 그보다 훨씬 중요한 것은 경건하고 도덕적이게 키우는 일이다. 바른 인격이 되지 못하고 세상 지식만 갖춘 것은 하나님께서 기뻐하시지 않는 일이며 세상의 구원과 평안을 위해 아무런 유익이 되지 못한다.

[8-10절] 하나님이[하나님께서] **노아와 그와 함께한 아들들에게 일러 가라사대 내가 내 언약을 너희와 너희 후손과 너희와 함께한 모든 생물 곧 너희와 함께한 새와 육축과 땅의 모든 생물에게 세우리니 방주에서 나온 모든 것 곧 땅의 모든 짐승에게니라.**

하나님께서는 노아와 그와 함께한 아들들에게 언약을 세우셨다. 8-17절의 본문에 '내가 ... 세우리니' 혹은 '내가 ... 세운'이라는 말이 세 번 나온다(11, 12, 17절). 또 하나님께서는 그 언약을 '내 언약'이라고 표현하신다(9, 15절). 언약의 대상은 노아와 그 아들들과 그들의 후손과 또 그들과 함께한 모든 생물들, 즉 새들과 가축들과 땅의 짐승들, 즉 세상에 사는 모든 사람과 자연계 전체이었다.

언약(베리스 בְּרִית)은 하나님의 섭리 방식이었다. 그는 에덴 동산

에서 순종을 조건으로 아담과 언약을 맺으셨었다(창 2:16-17). 또 그
는 노아와 언약을 맺으시며 방주를 만들게 하셨다(창 6:18). 또 그는
후에 아브라함과 언약을 맺으시며 그 표로 할례를 명하셨다(창 17:7).
또 그는 시내산에서 모세를 통해 이스라엘 백성과 언약을 맺으셨고
(출 24:7; 34:27-28) 그 표로 안식일을 주셨다(겔 20:12). 이것이 구약
시대를 대표하는 옛 언약 곧 구약이다. 또 그는 주 예수 그리스도를
통해 믿는 사람들과 새 언약 곧 신약을 세우셨다(눅 22:20). 새 언약
의 조건은 예수 그리스도의 복음을 믿는 것이며 세례가 그 표이다.

하나님께서는 언약을 통해 자신을 낮추시며 스스로를 제한하셨다.
이것은 하나님의 겸손의 한 표현이다. 그러나 하나님의 언약은 인간
사회의 계약과 달랐다. 인간 사회의 계약은 서로간의 동의 아래 이루
어지는 쌍방적 약속이지만, 하나님의 언약은 일방적 약속이다. 그것
은 일종의 명령, 즉 약속 있는 명령이었다.

**〔11절〕내가 너희와 언약을 세우리니 다시는 모든 생물[육체](원어)을 홍
수로 멸하지 아니할 것이라. 땅을 침몰할 홍수가 다시 있지 아니하리라.**

하나님께서 노아와 그와 함께한 자들에게 세우신 언약의 내용은
다시는 홍수로 모든 생물을 멸하지 않겠다는 것, 즉 땅을 멸할 홍수
가 다시 있지 않을 것이라는 것이었다. 15절에서도 그는 "다시는 물
이 모든 혈기 있는 자를 멸하는 홍수가 되지 아니할지라"고 말씀하셨
다. 이것은 하나님의 긍휼과 자비의 약속이었다. 자동차 사고를 경험
한 자가 자동차 운전을 두려워하고 꺼려하듯이, 홍수 심판 후에 사람
들과 새들과 짐승들은 비가 많이 오면 혹시 다시 홍수로 인한 멸망이
있지 않을까 하는 두려움을 가지게 되었을 것이다. 그러나 하나님께
서는 이 언약을 통해 그들에게 이러한 두려움을 제거하시고 평안과
위로를 주기를 원하셨다. 그러므로 이 언약은 모든 사람들과 생물들
에게 주시는 하나님의 보편적 호의와 은혜이었다.

물론, 세계적 홍수 심판은 다시 없을 것이나, 부분적, 지역적 홍수

는 있을 것이며, 소돔과 고모라 성의 유황불비 심판이나 가나안 땅의
완전한 진멸 같은 지역적 심판도 있을 것이다. 또 마지막 날 세상에
는 불 심판도 있을 것이다(벧후 3:6-7). 그러나 오랫동안 평안이 지속
될 것이다. 본문 12, 16절에서, 이 언약은 "영세(永世)까지"(레도로스
올람 לְדֹרֹת עוֹלָם) 세우는 언약이며 "영원한" 언약이라고 표현된다.
이것은 이미 창세기 8:21-22에서 암시되었었다: ". . . 내가 전에 행한
것같이 모든 생물을 멸하지 아니하리니 땅이 있을 동안에는 심음과
거둠과 추위와 더위와 여름과 겨울과 낮과 밤이 쉬지 아니하리라."

**〔12-17절〕하나님께서는 가라사대 내가 나와 너희와 및 너희와 함께하
는 모든 생물 사이에 영세까지 세우는 언약의 증거[표]는 이것이라. 내가 내
무지개를 구름 속에 두었나니 이것이 나의 세상과의 언약의 증거니라. 내가
구름으로 땅을 덮을 때에 무지개가 구름 속에 나타나면 내가 나와 너희와
및 혈기 있는 모든 생물 사이의 내 언약을 기억하리니 다시는 물이 모든 혈
기 있는 자를 멸하는 홍수가 되지 아니할지라. 무지개가 구름 사이에 있으
리니 내가 보고 나 하나님과 땅의 무릇 혈기 있는 모든 생물 사이에 된 영원
한 언약을 기억하리라. 하나님께서는 노아에게 또 이르시되 내가 나와 땅에
있는 모든 생물 사이에 세운 언약의 증거가 이것이라 하셨더라.**

하나님께서는 언약의 증거 혹은 증표로 무지개를 주셨다. '무지개'
라는 원어(케쉐스 קֶשֶׁת)는 '활(bow)'이라는 뜻이다. 무지개(rainbow)
는 물방울로 만들어진 활 모양이다. 무지개는 언약의 표로 주어졌다.
'증거'라는 원어(오스 אוֹת)는 '표(sign), 증표(pledge)'라는 뜻이다. 17
절도 무지개가 하나님께서 세우신 언약의 증표임을 말한다. 증표는
하나님의 언약의 확실함과 견고함을 나타낸다.

무지개는 비가 온 후 아직 공중에 물방울이 많이 있을 때 햇빛이
물방울에 굴절되어 일곱 가지 색깔을 내는 신비로운 모양이다. 비가
개었어도 사람들이나 새들과 짐승들이 홍수에 대한 두려움을 가질
만한 때에 하나님께서는 공중에 구름 사이에 무지개를 주실 것이다.
줄과 화살이 없는 활 모양의 그 무지개는 사람에게 공포를 주는 활이

아니고 위로를 주는 활이 될 것이다. 하나님께서는 무지개를 보실 때 그가 세우신 언약을 기억하실 것이며(15, 16절) 다시는 홍수로 세상을 멸망시키지 않겠다는 약속을 잊지 않고 지키실 것이다. 무지개는 사람들에게 두려움을 제거하고 마음의 평안과 위로를 줄 것이다.

본문의 교훈을 정리해보자. 첫째로, 자녀를 많이 낳는 것은 하나님의 뜻이며 하나님의 복이다. 1절, "생육하고 번성하여 땅에 충만하라." 7절, "너희는 생육하고 번성하며 땅에 편만하여 그 중에서 번성하라." 결혼과 자녀 출산은 하나님의 뜻이며 복이며 또한 사람의 의무요 선한 일이다. 그러나 많은 사람이 그 하나님의 뜻을 알지 못하고 고의로 그 뜻을 저버리고 거스르고 있다. 우리는 결혼과 자녀 출산이 짐스러운 일이 아니고 귀하고 복된 일임을 깨닫고 사모하며 감사히 받아야 할 것이다.

둘째로, 하나님께서는 육식을 허락하셨다. 창조주 하나님께서 사람에게 주신 본래의 음식은 채소와 과일이었다. 그러나 홍수 심판 후, 아마도 사람의 기력이 쇠하여졌기 때문에 하나님께서는 육식을 허락하셨다. 살아 움직이는 것을 먹는 것은 정당한 일이다. 살생은 죄가 아니다. 채소만 먹어야 한다는 생각은 성경적이지 않다. 우리는 하나님께서 지으신 만물을 감사함으로 받아야 한다. 디모데전서 4:4, "하나님의 지으신 모든 것이 선하매 감사함으로 받으면 버릴 것이 없나니."

셋째로, 하나님께서는 무지개 언약을 주셨다. 그는 노아의 자손들에게 다시는 모든 생물들을 홍수로 멸하지 않으실 것이라고 약속하셨고 그 표로 무지개를 주셨다. 이것은 홍수를 두려워하는 사람들에게 주신 하나님의 자비와 긍휼과 위로이었다. 그러나 비록 홍수 심판은 없지만, 하나님의 마지막 불 심판이 남아 있다(벧후 3:7). 불의한 자들은 천국을 유업으로 받지 못하며 회개치 않는 모든 죄인들은 마침내 지옥 불못에 던지울 것이다. 그러므로 우리는 모든 죄를 다 버리고 오직 하나님과 주 예수 그리스도를 믿고 그의 명령대로 정직하고 선하게 살아야 한다.

18-29절, 노아의 실수와 저주와 축복

〔18-19절〕 **방주에서 나온 노아의 아들들은 셈과 함과 야벳이며 함은 가나안의 아비라. 노아의 이 세 아들로 좇아** 백성이 **온 땅에 퍼지니라.**

인류는 노아의 세 아들인 셈과 함과 야벳으로부터 나왔다. 이것은 인류의 기원에 대한 중요한 지식이다. 인류는 아담의 자손이며 또한 노아의 자손이다. 인류는 한 아버지에게서 나왔다. 그러므로 우리는 세상의 모든 사람을 한 가족같이 여기는 마음가짐을 가져야 한다.

성경은 노아의 세 아들을 말할 때 "셈과 함과 야벳"의 순서로 말한다(창 5:32; 6:10; 7:13; 9:18; 10:1; 대상 1:4). 그러나 출생 순서는 야벳, 셈, 함의 순서인 것 같다(Poole). 왜냐하면 (1) 창세기 9:24는 함을 '그 작은 아들'이라고 부르는데, 원어에서 형용사에 관사를 붙이면 '가장 작은 아들'이라는 뜻이 되고(NASB, NIV), (2) 창세기 10:21은 원문에서 "[셈은] 형 야벳의 동생"이라고 읽는 것이 자연스럽고(KJV)(MT 액센트에 맞음), (3) 창세기 11:10("셈은 1백세 곧 홍수 후 2년에")은 노아가 500세 때 셈이 아직 출생하지 않았음을 보이는 것 같기 때문이다. 그러면 "셈과 함과 야벳"은 중요성의 순서일 것이다

함은 '가나안의 아비'라고 표현된다. 22절에도 함을 '가나안의 아비 함'이라고 말한다. 또, 25절은 가나안이 저주를 받아 그 형제들의 종들의 종이 되리라는 노아의 말과, 26절과 27절은 가나안이 셈의 종이 되리라는 말씀을 기록한다. 창세기 10:15-20은 함이 구스, 미스라임, 붓, 가나안 등 네 아들들을 낳았고 또 가나안은 북쪽 시돈에서부터 남쪽 가사까지 흩어져 살았던 가나안 자손들의 아버지라고 자세하게 증거한다. 창세기를 기록한 모세가 함을 '가나안의 아비'라고 반복해 표현하고 또 가나안에 대한 예언을 반복해 기록한 것은 장차 그들이 들어가 얻을 가나안 땅의 원주민이 누구의 자손이며 그들이 왜 저주를 받아 진멸(殄滅)되어야 하며 이스라엘 백성은 왜 그 가나안 땅을

기업으로 차지해야 하는지에 대해 암시하는 것이라고 보인다. 물론, 후에 그 땅의 거주민들이 매우 우상숭배적이었고 음란했으므로 하나님의 심판은 공의로웠다(레 18:3, 25; 신 7:1-5).

창세기에는 가나안 땅에 대한 언급이 32번이나 나온다.[18] 예를 들어, 아브라함의 아버지 데라는 갈대아 우르를 떠나 가나안 땅으로 가려다가 하란에 이르러 거기 거하였고(창 11:31), 아브라함은 하나님의 명령을 따라 하란을 떠나 가나안 땅에 들어갔으나(창 12:5), 그때 가나안 사람이 그 땅에 거했고(창 12:6) 하나님께서는 단지 그에게 그 땅을 그의 자손에게 주리라고 약속하셨을 뿐이었다(창 12:7). 아브라함은 가나안 땅에 거하였다(창 13:12; 16:3). 후에 야곱은 밧단 아람에서 가나안 땅으로 돌아왔고(창 31:18; 33:18; 35:6; 37:1) 마침내 가나안 땅에 묻혔다(창 50:5, 13). 가나안 땅은 하나님의 약속의 땅이었다.

〔20-21절〕 노아가 농업을 시작하여 포도나무를 심었더니[포도원을 만들었더니] 포도주를 마시고 취하여 그 장막 안에서 벌거벗은지라.

노아는 농사일을 시작했다. 그는 포도원을 만들었다. '포도나무를 심었다'는 원어는 '포도원을 만들었다'는 뜻이다. 노아는 포도 수확을 했고 포도주를 만들었고 포도주를 마시고 술 취하여 그 장막 안에서 벌거벗은 채로 있었다. 그것은 노아의 부끄러운 실수이었다.

성경은 술에 대해 많이 교훈한다. 성경에서 술은 주로 포도주이다. 포도주는 사람의 마음을 기쁘게 하는 음료수로 여겨지기도 하지만(신 14:26; 시 104:15), 술취함은 천국에 들어가지 못할 큰 죄로 분명하게 정죄되어 있다(고전 6:10; 갈 5:21). 술취함은 사람으로 올바른 정신과 판단력을 잃고 실수하게 하고 범죄하게 한다. 그러므로 성경은 "술 취하지 말라. 이는 방탕한 것이라"고 말했고(엡 5:18), "포도주

---

18) 히브리어 사전(BDB)에 의하면, 구약성경에 사람 이름이나 땅을 가리키는 '가나안'이라는 말(כְּנַעַן)이 90회 나온다.

는 붉고 잔에서 번쩍이며 순하게 내려가나니 너는 그것을 보지도 말지어다"라고 말했다(잠 23:31). 또 교회의 장로가 되려는 자들은 절제하며 근신해야 하는데, 이것은 술 취하지 말아야 함을 내포하며 또 집사들도 "단정하고 일구이언을 하지 아니하고 술에 인박이지 아니하고 더러운 이를 탐하지 아니"해야 했다(딤전 3:2, 8).

노아의 실수는 사람의 본성의 부패성과 연약을 잘 드러낸다. 노아는 하나님 앞에서 의롭고 완전했지만(창 6:9) 엄격한 의미에서 그런 것은 아니었다. 노아에게도 사람의 연약성이 있었다. 노아도 실수하였다. 하나님 앞에서 완전한 의인은 없다. 사람은 오직 하나님의 은혜로 의롭다 하심을 얻고 또 어느 정도 의로운 삶을 살 수 있을 뿐이다.

경건한 노아의 술취함과 실수는 우리 모두에게 금주(禁酒)의 교훈을 준다. 술은 실수와 범죄의 원인이 되기 때문에, 또 오늘날의 술은 적은 양으로도 사람을 취하게 만들기 때문에, 또 술은 건강을 해치고 경제적 낭비도 적지 않기 때문에, 우리는 기독교인의 완전 금주(禁酒)와 완전 금연(禁煙)의 좋은 전통을 지키는 것이 좋다.

[22-23절] 가나안의 아비 함이 그 아비의 하체를 보고 밖으로 나가서 두 형제에게 고하매 셈과 야벳이 옷을 취하여 자기들의 어깨에 메고 뒷걸음쳐 들어가서 아비의 하체에 덮었으며 그들이 얼굴을 돌이키고 그 아비의 하체를 보지 아니하였더라.

'하체'라는 원어(에르와 עֶרְוָה)는 '벌거벗음 혹은 음부(陰部)'라는 뜻이다(BDB). 함의 잘못은 이중적이었다. 첫째는 다른 사람의 실수와 부족을 또다른 사람에게 알린 것이었고, 둘째는 아버지에 대한 공경심이 없는 것이었다. 사람은 누구에게나 부족과 실수가 있다. 그러나 이웃을 사랑하는 자는 그의 부족을 자기만 알고 다른 사람에게 전하지 않는다. 레위기 19:16, "너는 네 백성 중으로 돌아다니며 사람을 논단하지 말며 네 이웃을 대적하여 죽을 지경에 이르게 하지 말라." 잠언 10:12, "미움은 다툼을 일으켜도 사랑은 모든 허물을 가리우느니라." 잠언 11:13, "두루 다니며 한담하는 자는 남의 비밀을 누설하나 마음이 신실한 자는 그런 것을 숨기느니라." 잠언 20:19, "두루 다니며 한담하는 자는 남의 비밀을 누설하나니 입술을 벌린 자를 사귀지 말지니라." 특히, 부모의 실수와 부족을 다른 사람에게 말하는 것은 조심해야 한다. 하나님께서는 "네 부모를 공경하라"고 명하셨다. 부모를 공경하는 자녀라면 부모의 실수와 부족을 덮으려 할 것이다. 그러나 함은 아버지의 실수를 보고 그것을 덮지 않고 다른 형제들에게 말했다. 그것은 아버지에 대한 사랑과 공경심이 없는 행동이었다.

그러나 셈과 야벳은 달랐다. 그들은 옷을 취하여 자기들의 어깨에 메고 뒷걸음쳐 들어가서 아버지의 벌거벗음을 가렸고 얼굴을 돌이켜 그것을 보지 않았다. 그들에게는 아버지에 대한 사랑과 공경심이 있었다. 그것은 사람으로서 그리고 자식으로서 올바른 태도이었다.

〔24-27절〕노아가 술이 깨어 그 작은(학카탄 הַקָּטָן)[막내](NASB, NIV) 아들이 자기에게 행한 일을 알고 이에 가로되 가나안은 저주를 받아 그 형제의 종들의 종이 되기를 원하노라. 또 가로되 셈의 하나님 여호와를 찬송하리로다. 가나안은 셈의 종이 되고 하나님께서 야벳을 창대케 하사 셈의 장막에 거하게 하시고 가나안은 그의 종이 되게 하시기를 원하노라 하였더라.

노아는 "가나안은 저주를 받아 그 형제의 종들의 종이 되기를 원하노라"(25절)고 말했고 또 "가나안은 셈의 종이 되고"(26절) "가나안은 그의[아마 '셈의'] 종이 되게 하시기를 원하노라"(27절)고 말했다. '종들의 종'이라는 표현은 가장 낮은 종이라는 표현이다. 모세는 노아가 가나안이 셈의 종이 되리라고 저주하였음을 강조한다. 그것은 셈의 자손인 이스라엘 백성이 가나안 땅을 정복할 것을 암시한다.

함의 아들에 대한 노아의 저주는 함에 대한 저주보다 더 큰 저주이었다. 부모와 자녀는 연관되어 있다. 하나님께서는 십계명에서 "나를 미워하는 자의 죄를 갚되 아비로부터 아들에게로 3, 4대까지 이르게 하리라"고 말씀하셨다(출 20:5). 복된 부모의 자녀는 복되지만, 저주

받는 부모의 자녀는 저주를 받을 것이다. 부모가 범죄하면 그 자녀들에게 화가 미친다. 부모는 자식을 위해서라도 조심해야 한다. 노아의 저주는 가나안 족속들의 멸망의 이유를 설명해준다. 물론 실제적으로도 가나안 족속들은 심히 음란하고 우상숭배적이었다(레 18:24-25; 신 7:1-2). 저주는 의인들에게 임하지 않고 악인들에게 임한다. 노아의 저주는 예언적이었으나, 또한 공의롭게 성취되었다.

한편, 노아는 셈을 축복하였다. '셈의 하나님 여호와'라는 표현은 복된 말이다. 하나님께서는 만복의 근원이시며 하나님께서만 사람에게 복을 주실 수 있다. 하나님께서 셈과 함께하시니 셈은 복을 받은 자이다. 과연 셈족은 참 종교의 전파자가 될 것이다. 참 종교는 셈족에서 발견될 것이다. 참 경건은 셈족을 통해 전달된 유산이다. 하나님의 복은 셈족을 통해 이어져 왔다. 이스라엘 민족은 셈족이었고 그 족속을 통해 세상의 구주 예수 그리스도께서 오신 것이다(롬 9:5).

노아는 야벳도 축복하였다. 그에게는 창대케 되는 복이 선언되었다. 이것은 특히 문화적, 경제적 번창을 의미하는 것 같다. 야벳 족속은 서구 문명을 건립한 자들이다. 그들은 과연 번창하는 복을 받았다. "셈의 장막에 거하게 하시고"라는 말은 야벳 족속이 셈의 종교적 복에 참여할 것을 암시하는 것 같다. 그렇다면 이것은 이방인 구원에 대한 예언이다. 야벳의 자손들인 유럽인들은 셈의 자손인 유대인들이 전한 예수 그리스도를 믿고 구원을 얻었다. 그들은 셈의 장막, 곧 셈의 자손인 유대인들에 의해 시작된 교회에 들어왔다.

〔28-29절〕홍수 후에 노아가 350년을 지내었고 향년이 950세에 죽었더라.

노아는 아담 후 천년경에 출생하여 이천년경에 죽었다. 그는 인류 역사에 있어서 중요한 획을 그었다. 아브라함의 부친 데라는 노아와 128년간 교제할 수 있는 시간이 있었다. 세상의 초기 역사가 아브라함에게까지 생생하게 전달되는 것은 결코 어려운 일이 아니었다.

창세기 9장: 홍수 직후의 일들

본문의 교훈을 정리해보자. 첫째로, 인류는 아담의 자손이며 노아의 자손이다. 그들은 홍수 심판 후 남은 자들의 자손이다. 그러므로 우리는 거슬러 올라가면 다 한 조상의 자손이며 피조물이다. 그러므로 우리는 넓은 마음을 가지고 서로 사랑하며 서로 불쌍히 여기며 살아야 한다.

둘째로, 우리는 술 취하지 말아야 한다. 노아는 술취함으로 실수했고 그것은 그의 생에 부끄러운 기록으로 남았다. 술취함은 방탕한 일이며 실수와 범죄의 원인이며 또 천국 길을 가로막는 큰 죄악이다. 술 취한 자들은 천국을 기업으로 얻지 못한다. 우리는 완전 금주와 완전 금연의 경건한 기독교 전통을 귀히 여기며 술과 담배를 멀리해야 한다.

셋째로, 우리는 이웃을 사랑하고 부모님을 공경해야 한다. 함은 아버지 노아의 실수를 덮고 감추려 하지 않고 형제들에게 알렸다. 그것이 함의 부족이고 그가 저주를 받은 이유이었다. 우리는 이웃의 부족과 실수를 볼 때 그것을 또다른 사람에게 알리려 하지 말고 그것을 가급적 덮어두어야 하고 특히 부모님의 부족과 실수에 대해 그러해야 한다. "미움은 다툼을 일으켜도 사랑은 모든 허물을 가리우느니라"(잠 10:12). "두루 다니며 한담하는 자는 남의 비밀을 누설하나 마음이 신실한 자는 그런 것을 숨기느니라"(잠 11:13). "네 부모를 공경하라. 그리하면 너의 하나님 나 여호와가 네게 준 땅에서 네 생명이 길리라"(출 20:12).

넷째로, 노아의 저주와 축복은 그대로 이루어질 것이다. 함의 자손들, 특히 가나안 족속들은 저주를 받을 것이다. 그들은 종교적으로, 도덕적으로 부패되어 완전히 멸망을 당하게 되었다. 반면에, 셈은 종교적으로 복을 받았다. 셈족에서 인류의 구주 예수 그리스도께서 오셨다. 야벳은 문화적으로, 경제적으로 번창하였고 셈의 종교적 복을 나누어 가지게 되었다. 부모가 하나님 앞에서 한 축복과 저주는 그대로 이루어질 것이다. 우리는 하나님의 은혜로 셈의 복을 얻었다. 우리는 이 구원의 복을 감사하며 예수 그리스도 안에서 우리의 자녀들도 이 복을 누리도록 그들을 축복하고 그들을 위해 기도하고 권면하며 본을 보여야 한다.

10장: 노아의 자손들

〔1-4절〕 노아의 아들 셈과 함과 야벳의 후예는 이러하니라. 홍수 후에 그들이 아들들을 낳았으니 야벳의 아들은 고멜과 마곡과 마대와 야완과 두발과 메섹과 디라스요, 고멜의 아들은 아스그나스와 리밧과 도갈마요 야완의 아들은 엘리사와 달시스[다시스]와 깃딤과 도다님이라.

본장은 세계 민족들의 기원에 대한 개요이다. 노아의 세 아들들 중 **야벳**의 아들들은 고멜, 마곡, 마대, 야완, 두발, 메섹, 디라스이었다. **고멜**은 킴메리아인의 조상이며 지금의 터어키 북부에 거주했고 후에는 불가리아 쪽으로 옮겨갔다. **마곡**은 스구디아인의 조상이며 흑해 동쪽에 거주했고, **마대**는 메데인의 조상이며 카스피해 남부, 지금의 이란에 거주했다. **야완**은 이오니아인의 조상이며 발칸 반도 남부, 지금의 그리스에 거주했고, **두발**은 이베르인의 조상이며 지금의 터어키 동부에 거주했다. **메섹**은 갑바도기아인의 조상이며 흑해 남부에 거주했고 러시아인이 여기서 나왔고, **디라스**는 아마 에게해 연안의 펠라스기아인들이나 이탈리아의 에투르스카인들의 조상인 것 같다.

고멜의 아들들은 아스그나스, 리밧, 도갈마이었는데, **아스그나스**는 소아시아 북부, 본도와 비두니아 지역에 거주했으며 그 곳의 호수와 항구는 아스카니어스라고 불리었고, **리밧**도 같은 지역에 거주했고, **도갈마**는 소아시아 중앙의 브루기아과 갈라디아 지역이나 아르메니아 지역에 거주하였던 것 같다.

야완의 아들들은 엘리사, 다시스, 깃딤, 도다님이었는데, **엘리사**는 구브로 섬(키프로스 섬)에 거주했던 것 같고, **다시스**는 아마 지금의 터어키 동남부나 이태리 서쪽에 거주했던 것 같고, **깃딤**은 구브로 섬에 거주했던 것 같고, **도다님**은 그리스 동북부에 거주했던 것 같다.

〔5절〕 이들로부터 여러 나라 백성으로 나뉘어서 각기 방언(라숀 לָשׁוֹן)

[언어]19)**과 종족과 나라대로 바닷가의 땅에 머물렀더라.**

5절까지를 요약하면, 야벳 자손들은 지금의 터어키와 시리아 지역에 거주했고, 후에 북쪽과 서쪽 즉 유럽으로 퍼져 나갔다고 보인다. '바닷가의 땅'이라는 말은 지중해 연안과 그 섬들을 가리킬 것이다.

〔6-7절〕함의 아들은 구스와 미스라임과 붓과 가나안이요, 구스의 아들은 스바와 하윌라와 삽다와 라아마와 삽드가요, 라아마의 아들은 스바와 드단이며.

함의 아들들은 구스, 미스라임, 붓, 가나안이었는데, **구스**는 이디오피아와, 아라비아 서부에 거주하였고, **미스라임**은 지금의 이집트에 거주했고, **붓**은 아프리카 북쪽 즉 지금의 리비아에 거주했던 것 같다. 거기에는 붓이라는 강이 있었다. **가나안**은 팔레스틴 곧 가나안 땅에 거주하였다.

구스의 아들들은 스바, 하윌라, 삽다, 라아마, 삽드가이었는데, **스바**(סְבָא)[세바]는 이디오피아의 홍해 가까이에 거주하였고, **하윌라**는 이디오피아 동북부에 거주했던 것 같고, **삽다**는 아라비아 남부에, **라아마**는 아라비아 남부와 서부에, **삽드가**는 아라비아 남부에 거주하였던 것 같고, 라아마의 아들 **스바**(שְׁבָא)[쉐바]는 아라비아 남부에, **드단**은 아라비아 서부에 거주하였던 것 같다.

〔8-9절〕구스가 또 니므롯을 낳았으니 그는 세상에 처음 영걸[용사]이라. 그가 여호와 앞에서 특이한 사냥꾼[사냥하는 용사]이 되었으므로 속담에 이르기를 아무는 여호와 앞에 니므롯 같은 특이한 사냥꾼이로다 하더라.

구스는 또 **니므롯**을 나았는데 그는 세상의 처음 영걸이었다. '영걸'이라는 원어(깁보르 גִּבֹּר)는 '용사'라는 뜻이다. 또 '특이한 사냥꾼'이라는 원어(깁보르 차이드 גִּבּוֹר צַיִד)는 '사냥하는 용사'라는 뜻이다. '여호와 앞에'라는 표현은 그의 탁월함을 강조하는 동시에 하나님과

---

19) 이 말은 헬라어 70인역(LXX)에서는 글로싸 γλῶσσα로 번역되었고, 이것은 신약성경에 '방언'(글로싸 γλῶσσα)이 '언어'임을 잘 증거한다.

겨루듯이 자기를 높이는 그의 교만을 나타내는 것 같다. '니므롯'이라는 원어(נִמְרֹד)는 '우리는 반역하리라'는 뜻이다. 니므롯은 단지 짐승 사냥꾼이 아니고 그 이름처럼 사람들과 나라들을 사냥하는 정복자이었고 고대에 나타난 강력한 권력자이었던 것 같다.

〔10-12절〕 그의 나라는 시날 땅의 바벨과 에렉과 악갓과 갈레에서 시작되었으며 그가 그 땅에서 앗수르로 나아가 니느웨와 르호보딜과 갈라와 및 니느웨와 갈라 사이의 레센(이는 큰 성이라)을 건축하였으며.

니므롯은 바벨, 에렉, 악갓, 갈레, 니느웨, 르호보딜, 갈라, 레센 등의 성을 건축했다. 바벨은 오늘날 이라크의 알 힐라 지역이며, 에렉은 바벨에서 동남쪽 200킬로미터 지역이며, 악갓은 오늘날 이라크의 바그다드 지역이다. 또 레센은 큰 성이라고 증거되었다. 앗수르와 바벨론의 뿌리가 되는 시날 땅의 여러 성들은 본래 셈족에 의해서가 아니고 함족에 의해 건립되었다. '그의 나라[왕국]'(마믈라크토 מַמְלַכְתּוֹ)라는 표현은 니므롯의 나라가 옛 바벨론 제국이라고 불릴 만했음을 보인다. 그 제국의 특징은 본문과 다음 장 창세기 11장이 암시하는 바와 같이 힘과 교만이었던 것 같다. 또 힘과 교만의 사회는 폭력과 악과 압제의 사회가 된다. 그것은 사랑과 겸손, 선과 배려와 희생과 구제 같은 덕을 가진 사회와는 다르다. 교만과 힘의 사회는 부패하여 결국 멸망하고 만다. 그들은 높은 탑을 쌓으며 단합을 추구하였지만, 언어의 혼잡으로 결국 그 꿈은 실패하고 뿔뿔이 흩어지고 말았다.

〔13-14절〕 미스라임은 루딤과 아나밈과 르하빔과 납두힘과 바드루심과 가슬루힘과 갑도림을 낳았더라. (블레셋이 가슬루힘에게서 나왔더라.)

미스라임의 아들들은 루딤, 아나밈, 르하빔, 납두힘, 바드루심, 가슬루힘, 갑도림이었는데, 그들은 주로 아프리카 북부에 거주하였고 아프리카인들의 조상이 되었다. 그 중에 **가슬루힘**의 자손들은 팔레스틴의 서남부에 거주하여 블레셋 사람들이 되었다.

〔15-20절〕 가나안은 장자 시돈과 헷을 낳고 또 여부스 족속과 아모리

족속과 기르가스 족속과 히위 족속과 알가 족속과 신 족속과 이르왓 족속과 스말 족속과 하맛 족속의 조상을 낳았더니 이후로 가나안 자손의 족속이 흩어져 처하였더라. 가나안의 지경은 시돈에서부터 그랄을 지나 가사까지와 소돔과 고모라와 아드마와 스보임을 지나 라사(לָשַׁע)까지였더라. 이들은 함의 자손이라. 각기 족속과 방언과 지방과 나라대로이었더라.

가나안의 아들들은 열한 개의 종족들을 이루었다. 앞장의 노아의 예언에서와 본장의 고대 민족들의 이름들에서, 가나안에 대한 관심이 많은 것은, 창세기가 모세의 글임을 증거한다. 본문은 가나안 지경이 시돈에서부터 그랄을 지나 가사까지와 소돔과 고모라와 아드마와 스보임을 지나 라사까지이었음을 증거한다. 가나안에 있는 종족들은 하나님의 심판을 받아야 할 자들이었다. 또 19절에 소돔과 고모라와, 아드마와 스보임을 언급한 것은 본 기록이 소돔과 고모라가 멸망하기 전의 상황을 나타낸다. 모세는 이런 성들을 입으로 전해오는 말로나 기록물들을 통해 또는 하나님의 직접 계시로 알았을 것이다. 또 그는 가나안 족속들과 소돔과 고모라 성 사람들이 우상숭배나 음행으로 심히 부패하여 마침내 멸망하게 될 것을 예견하였을 것이다.

요약해보면, 함의 자손들은 오늘날 아프리카의 북부와 북동부, 즉 리비아, 이집트, 이디오피아 등에 거주했고 또 일부는 메소포타미아 지역과 가나안 땅에도 거주했다. 그들은 주로 아프리카 대륙에 퍼져 살았고 아프리카인들이 되었다고 보인다.

〔21-30절〕 셈은 에벨 온 자손의 조상이요 야벳의 형이라. 그에게도 자녀가 출생하였으니 셈의 아들은 엘람과 앗수르와 아르박삿과 룻과 아람이요 아람의 아들은 우스와 훌과 게델과 마스며 아르박삿은 셀라를 낳고 셀라는 에벨을 낳았으며 에벨은 두 아들을 낳고 하나의 이름을 벨렉이라 하였으니 그때에 세상이 나뉘었음이요 벨렉의 아우의 이름은 욕단이며 욕단은 알모닷과 셀렙과 하살마웻과 예라와 하도람과 우살과 디글라와 오발과 아비마엘과 스바와 오빌과 하윌라와 요밥을 낳았으니 이들은 다 욕단의 아들이며 그들의 거하는 곳은 메사에서부터 스발로 가는 길의 동편 산이었더라.

야벳의 동생(원문 액센트, KJV, NIV) **셈**은 '에벨 온 자손의 조상'이
었다. 에벨 자손은 히브리인을 가리킨다고 본다. 창세기 14:13은 최초
로 아브라함을 '히브리(이브리 עִבְרִי) 사람'이라고 불렀다. '히브리
사람'이라는 원어는 '에벨(에베르 עֵבֶר)의 자손'이라는 뜻일 것이다.
또 히브리어 에베르는 '건너편의 땅'이라는 뜻도 있으므로 그 말은 유
프라테스 강 건너편에서 온 아브라함에게 적합했다(창 11:31; 12:5).

셈의 아들은 엘람, 앗수르, 아르박삿, 룻, 아람이었다. **엘람**은 엘람
인 즉 파사인의 조상이며 페르샤만 북서쪽, 지금의 이란 지역에 거주
했다. **앗수르**는 앗수르인의 조상이며 지금의 이라크 지역에 거주했
고, **아르박삿**은 아마 갈대아인의 조상이며 유프라테스 강과 티그리스
강 하류에 거주했던 것 같다. **룻**은 리디아인의 조상이며 소아시아 서
남부에 거주했고, **아람**은 아람인의 조상이며 지금의 시리아 지역에
거주했다. 아람의 아들들은 우스와 훌과 게델과 마스이었다. **우스**는
에돔 북쪽에 거주했고, **훌**은 아르메니아 지역에 거주했다.

아르박삿은 셀라를 낳고 셀라는 **에벨**(עֵבֶר)을 낳았으며 에벨은 두
아들을 낳고 하나의 이름을 **벨렉**이라 하였고 그때 세상이 나뉘었다.
'세상이 나뉘었다'는 말은 다음 장에 기록된 바벨탑 사건으로 사람들
의 언어들이 혼잡되어 그들이 각 종족과 각 언어대로 온 땅에 흩어진
것을 가리키는 것 같다. 그것은 고대에 한 중요한 사건이었다. 벨렉의
아우 **욕단**은 아라비아 남부 원주민들의 조상이 되었고 그의 열세 명
의 아들은 아라비아 중남부의 종족들의 조상이 되었다고 보인다. 그
들의 거주지는 오늘날 사우디 아라비아의 남부와 예멘 지역이다.

**〔31-32절〕 이들은 셈의 자손이라. 그 족속과 방언과 지방과 나라대로였
더라. 이들은 노아 자손의 족속들이요 그 세계(世系)[족보]와 나라대로라.
홍수 후에 이들에게서 땅의 열국 백성이 나뉘었더라.**

요약해보면, 셈의 자손들은 팔레스틴 북쪽과 메소포타미아 동쪽,
그리고 팔레스틴 남쪽과 아라비아 지역에 거주하였다. 그들은 동쪽

아시아로 퍼져 나갔을 것이다. 동양 민족들은 셈족에 속할 것이다.

본장은 세계 민족들의 기원에 대한 개요이다. 노아의 세 아들들은 인류의 삼대 인종을 형성하였다. 즉 야벳의 자손은 유럽에 거주하는 백인종을, 함의 자손은 아프리카에 거주하는 흑인종을, 셈의 자손은 아시아에 거주하는 황인종을 형성했다고 보인다. 노아의 예언대로, 야벳의 자손들은 경제적, 문화적으로 번창했고, 함의 자손들은 많은 고난을 당했고, 셈의 자손들은 종교적 복을 얻었다. 영원하신 하나님의 아들, 인류의 구주 예수 그리스도께서는 셈의 자손으로 오셨다.

본장의 교훈을 정리해보자. <u>첫째로, 성경은 인류 초기의 중요한 역사를 담은 책이다.</u> 성경의 내용이 역사가 아니고 신화라면, 본장과 같은 부분들은 전혀 무의미할 것이다. 우리는 성경의 역사적 성격을 깨닫고 본장뿐 아니라, 모든 성경의 모든 내용들을 진지하게 믿어야 한다.

<u>둘째로, 인류는 모두 아담의 자손이며 또한 노아의 자손이다.</u> 그러므로 다른 사람을 한 가족같이 생각하고 귀히 여기며 사랑해야 한다. 그러나 인류는 복을 받을 자들과 멸망할 자들로 나뉠 것이다. 이 세상에 살면서도 창조자와 섭리자 하나님을 모르고 구주 예수님을 모르고 죄 가운데 살다가 지옥에 던지울 자들이 있고, 이 세상을 창조하시고 섭리하시는 하나님을 알고 그를 경외하고 구주 예수 그리스도를 믿고 하나님의 계명대로 의와 선을 실천하다가 영생의 천국에 들어갈 자들이 있다(요 3:36; 벧후 3:8-13; 계 21:1-8). 모든 사람은 그 둘 중에 하나이다.

<u>셋째로, 우리는 함의 자손의 번창과 몰락을 알아야 한다.</u> 함의 자손 니므롯은 고대에 강력한 통치자이었고 그의 왕국은 매우 광대했으나 그 왕국은 완전히 멸망했다. 그 이유는 교만과 폭력과 부도덕 때문이었다. 마지막 때에도 적그리스도적 독재자와 독재 국가의 출현이 예상되지만, 적그리스도와 그 나라는 예수 그리스도의 재림으로 멸망할 것이다(살후 2:3-8). 우리는 멸망할 세상 나라에 소망을 두지 말아야 한다.

11장: 연합과 분리

〔1절〕 온 땅의 구음(口音)[언어]이 하나이요 언어[말]가 하나이었더라.

오늘날 세계에 3,000개 정도의 언어가 있고 그 중에 5천만명 이상이 사용하고 있는 언어는 19개라고 한다.[20] 그러나 본래 아담의 자손들과 노아의 자손들은 한 언어를 사용하였다.

〔2절〕 이에 그들이 동방으로 옮기다가 시날 평지를 만나 거기 거하고.

방주에서 나온 노아의 아들들과 그들에게서 난 자손들은 '동방으로' 이동했고 시날 평지를 만나 거기에 정착하게 되었다. 시날은 유프라테스 강과 티그리스 강의 중하류의 평지로 비옥한 메소포타미아 평원, 즉 오늘날 이라크의 동부이다. 바벨은 이라크의 알 힐라이다.

〔3-4절〕 서로 말하되 자, 벽돌을 만들어 견고히 굽자 하고 이에 벽돌로 돌을 대신하며 역청으로 진흙을 대신하고 또 말하되 자, 성(城)(이르 עִיר) 과 대(臺)(믹달 מִגְדָּל)[탑]를 쌓아 대 꼭대기를 하늘에 닿게 하여 우리 이름을 내고 온 지면에 흩어짐을 면하자 하였더니.

그들은 시날 평지에 거하며 벽돌을 잘 굽고 역청을 접착제로 사용하여 큰 성과 높은 탑을 만들려 했다. 사람의 지혜는 뛰어났다. 바벨탑 건립은 아마 니므롯이 주도하여 행하였을 것이다. 바벨 남쪽 유브라데스 강 서편 언덕에 흔적이 남아 있는 빌스 니무룻이라는 명칭의 일곱 층계로 된 탑이 이 탑의 유적일 것이라고 학자들은 생각한다.

노아의 자손들이 성과 탑을 건립하고자 했던 동기는 두 가지이었다. 첫째로, 그들은 하나님을 향해 자신들의 이름을 드러내려고 하였다. "자, 성과 대를 쌓아 대 꼭대기를 하늘에 닿게 하여 우리 이름을 내자." 그러나 사람이 땅을 정복하라는 명령은 받았지만 하늘은 하나님의 영역이다(시 115:16). 탑의 꼭대기를 하늘에 닿게 하려는 생각은

---

20) *The World Book Encyclopedia*, x, 64.

실상 하나님께 도전하는 것이었다. 그들은 겸손히 자신들과 하나님 간의 무한한 차이를 인정하기보다 하나님과 견주려 하였다. 그것은 사람의 교만을 나타낸다. 교만은 하나님 앞에 가장 근본적인 큰 죄악이다. 사람은, 창조자와 구원자이신 하나님만 높이며 자랑해야 한다.

둘째로, 그들은 온 지면에 흩어지지 않으려 하였다. 연합을 추구한 것이다. 그것도 니므롯이 주도하였을 것이다. 불경건과 교만에 근거해 이루어지는 연합은 폭군이 지배하는 사회를 만들 것이다. 그들의 시도는 전체주의적 사회를 지향하였을 것이다. 전체주의란 개인의 모든 활동이 국가 전체를 위한 것이어야 하며 이를 위해 개인의 자유를 억압할 수 있다는 생각이다. 이것이 역사상 독재 국가들에서 볼 수 있었던 생각이다. 그런 연합은 하나님께서 미워하신다.

일반적으로, 연합은 선하고 좋으며, 분열은 악하고 나쁘지만, 강제적 연합은 개인의 자유와 인권을 무시하기 때문에 좋지 않다. 그런 연합 아래서는 개인의 사유재산권과 신앙의 자유가 부정된다. 무신론적 전체주의 사회는 무서운 괴물과 같다. 우리는 주의 재림 직전에 적그리스도적 세계 통합과 교회 통합으로 전체주의적 독재적 국가와 중앙집권적 교회가 나타나리라고 예상한다(계 13:7, 12, 16-17).

참된 연합은 하나님을 경외함과 그의 진리 안에서 이루어져야 한다. 연합이란 무조건 좋은 것이 아니고 진리와 의 안에서 이루어질 때만 좋은 것이다. 진리와 거짓, 의와 불의, 선과 악은 섞이기보다는 분리되어야 한다. 불경건과 교만으로 연합하기보다는 차라리 분리된 상태로 있는 것이 더 유익하다. 거기에는 최소한 사람들이 양심적으로 자유로이 하나님을 섬기는 일이 가능하기 때문이다. 참된 연합은 경건과 의와 진실, 겸손과 사랑으로만 이루어질 수 있다.

〔5-9절〕여호와께서 인생들의 쌓는 성과 대를 보시려고 강림하셨더라. 여호와께서 가라사대 이 무리가 한 족속이요, 언어도 하나이므로 이같이 시작하였으니 이후로는 그 경영하는 일을 금지할 수 없으리로다. 자, 우리가

내려가서 거기서 그들의 언어를 혼잡케 하여 그들로 서로 알아듣지 못하게 하자 하시고 여호와께서 거기서 그들을 온 지면에 흩으신 고로 그들이 성 쌓기를 그쳤더라. 그러므로 그 이름을 바벨이라 하니 이는 여호와께서 거기서 온 땅의 언어를 혼잡케 하셨음이라. 여호와께서 거기서 그들을 온 지면에 흩으셨더라.

하나님께서는 그들의 인본주의적 연합 추구를 기뻐하지 않으셨다. 그는 그들의 일을 악하다고 판단하셨다. 그는 오늘날도 참된 진리와 상관없이 이루어지는 연합운동을 미워하신다. 그는 내려오셔서 그들의 하는 일을 보셨다. 그것은 비유적 표현이다. 또 그는 그들이 언어가 하나이었기 때문에 그런 일을 할 수 있었음을 아셨다. 그러므로 그는 그들의 언어를 혼잡케 하여 그들로 서로 알아듣지 못하게 하심으로 그 일을 중단케 하셨고 그들을 온 지면에 흩으셨다. 사람이 아무리 큰 일을 계획해도 하나님께서 미워하시면 헛되게 될 것이다.

〔10-26절〕셈의 후예는 이러하니라. 셈은 100세 곧 홍수 후 2년에 아르박삿을 낳았고 아르박삿을 낳은 후에 500년을 지내며 자녀를 낳았으며 아르박삿은 35세에 셀라를 낳았고 셀라를 낳은 후에 403년을 지내며 자녀를 낳았으며 셀라는 30세에 에벨을 낳았고 에벨을 낳은 후에 403년을 지내며 자녀를 낳았으며 에벨은 34세에 벨렉을 낳았고 벨렉을 낳은 후에 430년을 지내며 자녀를 낳았으며 벨렉은 30세에 르우를 낳았고 르우를 낳은 후에 209년을 지내며 자녀를 낳았으며 르우는 32세에 스룩을 낳았고 스룩을 낳은 후에 207년을 지내며 자녀를 낳았으며 스룩은 30세에 나홀을 낳았고 나홀을 낳은 후에 200년을 지내며 자녀를 낳았으며 나홀은 29세에 데라를 낳았고 데라를 낳은 후에 119년을 지내며 자녀를 낳았으며.

창세기 7:11에 홍수가 노아 600세 2월에 시작되었다고 말하므로 셈은 노아가 502세 때에 낳은 아들이라고 보인다. 본문은 셈의 자손에 대해 말한다. 성경 역사는 하나님께서 셈의 자손 중에 아브라함을 택하신 것으로 흘러 내려간다. 세상에 흩어져 있는 하나님의 택한 백성들은 아브라함의 자손 예수 그리스도를 통해 구원을 얻을 것이다.

홍수 후 셈의 자손에게는 두 가지 특징이 있다. 첫째로, 초산 연령이 낮아졌다. 창세기 5장의 아담의 자손의 기록과 달리, 본문에서는 초산 연령이 전부 35세 이하이며 대부분 30세 전후이다. 둘째로, 수명(壽命)이 급격히 줄었다. 홍수 전에는 사람이 보통 900세 이상 살았으나, 홍수 후에는 급격히 줄어 데라의 아버지 나홀의 수명은 148세이었다. 노아 시대의 대홍수 때 하늘의 대기층에 변화가 일어났고 태양 광선의 많은 유입으로 노화(老化)가 촉진된 것이라고 추측된다.

〔26절〕데라는 70세에 아브람과 나홀과 하란을 낳았더라.

원문은 창세기 5:32와 같이 "데라가 70세가 된 후에 아브람과 나홀과 하란을 낳았다"는 뜻이다. 27절과 29절에 보면, 하란은 결혼하여 롯과 밀가와 이스가를 낳았고 그 중에 밀가는 삼촌인 나홀의 아내가 되었다. 그러면, 데라의 세 아들은 아브람, 하란, 나홀 순서일 것이며, 또한 하란과 나홀의 나이 차이도 컸을 것이다. 데라의 연대는 아담 후 1878-2083년경이며, 아브라함의 연대는 만일 데라가 그를 70세에 낳았다면 아담 후 1948-2123년경이다.

〔27-30절〕데라의 후예는 이러하니라. 데라는 아브람과 나홀과 하란을 낳았고 하란은 롯을 낳았으며 하란은 그 아비 데라보다 먼저 본토 갈대아 우르에서 죽었더라. 아브람과 나홀이 장가 들었으니 아브람의 아내 이름은 사래며 나홀의 아내 이름은 밀가니 하란의 딸이요 하란은 밀가의 아비며 또 이스가의 아비더라. 사래는 잉태하지 못하므로 자식이 없었더라.

데라와 그 아들들이 살았던 갈대아 우르는 오늘날 이라크의 안 나시리야에서 서쪽으로 10여 킬로미터 떨어진 텔 엘-무카야르로 추정된다. 갈대아 우르는 옛 시대에 문명이 매우 발달되어 있었다. 고고학적 발굴에 의하면, 당시에 중산층의 집은 열 개 내지 스무 개의 방이 있는 이층집이었고, 학교에서 학생들은 읽기와 쓰기와 산수를 공부하였고 곱셈과 나눗셈, 심지어 제곱근과 세 제곱근도 공부하였다.[21]

데라의 아들 하란은 그 아버지보다 먼저 갈대아 우르에서 죽었다.

데라는 아들의 죽음이라는 불행한 일을 경험해야 했다. 또 그의 아들 아브람(후에 아브라함이라고 이름을 바꿈)은 아내가 자녀를 잉태치 못하였다. 그것도 아버지 데라에게 큰 근심거리이었을 것이다.

〔31-32절〕데라가 그 아들 아브람과 하란의 아들 그 손자 롯과 그 자부 아브람의 아내 사래를 데리고 갈대아 우르에서 떠나 가나안 땅으로 가고자 하더니 하란에 이르러 거기 거하였으며 데라는 205세를 향수하고 하란에서 죽었더라.[22]

데라와 그 일행이 갈대아 우르를 떠난 것은 분명히 하나님의 뜻이었다. 창세기 15:7에 보면, 하나님께서는 아브라함에게 "나는 이 땅을 네게 주어 업을 삼게 하려고 너를 갈대아 우르에서 이끌어 낸 여호와로라"고 말씀하셨다. 느헤미야 9:7도 "주는 하나님 여호와시라. 옛적에 아브람을 택하시고 갈대아 우르에서 인도하여 내셨다"고 말한다.

하나님께서 아마 아브람에게 어떤 계시를 주셨고(행 7:2) 아브람이 아버지 데라를 설득하였을지도 모른다. 그런데 데라는 가나안 땅으로 가다가 어떤 이유인지 하란에 이르러 거기 정착했다. 그가 중도에 주저앉고 만 것은 그의 연약 때문이었을 것이다. 갈대아 우르나 하란은 우상숭배적 환경이었다(수 24:2; 창 31:19; 35:2-4).

본장의 교훈을 정리해보자. 첫째로, 노아의 자손들이 시날 평지에서 바벨탑을 쌓은 것은 잘못된 연합 활동, 인본주의적 연합 활동이었다. 그것은 사람의 교만에서 나온 활동이었다. 하나님께서는, 하나님을 높이며 감사와 영광을 돌리지 않고 자신을 높이는 사람의 교만을 미워하신다. 그러므로 그는 교만에서 나온 바벨탑 쌓는 일을 기뻐하지 않으셨고 내려오셔서 그들의 언어를 혼잡케 하심으로 그 일을 중단시키셨다.

---

21) J. P. Free, *Archaeology and Bible History*, pp. 49-50.
22) 데라가 70세에 아브람을 낳았다면(창 11:26), 75세에 하란을 떠난(창 12:4) 아브람은 데라가 145세에 즉 그가 죽기 전에 하란을 떠난 것이다.

창세기 11장: 연합과 분리

오늘날 인본주의적인 연합 활동들은 바벨탑 쌓는 일이다. 인류는 또다시 인간 만세를 부르고 있다. 사람들은 과학이 모든 문제를 해결할 수 있을 것같이 생각한다. 사람의 삶 속에 더 이상 하나님께서 계실 곳이 없어 보인다. 그러나 인본주의 속에는 사람의 목적도, 죄의 문제나 죽음의 문제의 해결도 없다. 교만한 세상에는 허무함만이 가득하다.

성경의 예언대로, 말세를 당해 많은 교회들도 잘못된 연합을 추구하고 있다. 교회들은 이단적 자유주의 신학을 포용하고 변질된 천주교회를 용납하고 심지어 이방종교들도 포용하려 한다. 보수적 교회들조차도 이런 넓어진 교회들을 분별하고 배격하지 않고 교제하고 있다. 그러나 이런 연합 활동은 성경에 밝히 계시된 교제의 교훈을 어기는 잘못된 연합 활동이다. 우리는 그런 잘못된 연합과 연합 활동을 반대하고 그런 일에 참여치 말아야 한다. 우리는 잘못된 연합 활동을 반대해야 한다.

<u>둘째로, 하나님께서는 노아의 자손들 중에서 셈의 자손을 구별하셨고 셈의 자손들 중에서 데라를 구별하셨고 또 데라의 아들 아브람(후에 '아브라함'이라고 개명함)을 구별하셨다.</u> 하나님께서는 데라와 그 아들 아브람 부부를 갈대아 우르에서 불러내어 가나안 땅으로 인도하고자 하셨다. 그것은 우상숭배의 환경으로부터의 분리이었다. 우리는 갈대아 우르 같은 세상에서 구원을 얻어야 한다. 구원 운동은 분리 운동이다. 구원은 죄로부터와 죄악된 세상으로부터 분리되는 것이다. 신약성경은 우리에게 불신자들과의 분리를 밝히 가르치고(고후 6:14-17), 이단들과의 분리를 밝히 가르치고(딛 3:10; 요이 7-11), 또 바른 교훈을 버리고 불순종하는 형제들과의 분리도 밝히 가르친다(롬 16:17; 살후 3:6, 14). 신약성경은 주 예수 그리스도를 믿는 자들 간에 서로 사랑하라고 가르치지만, 동시에 불신자들, 이단자들, 바른 교훈을 버리거나 불순종하는 자들과 교제를 끊으라고도 가르치는 것이다. 우리는 서로를 사랑하되 하나님 안에서, 하나님의 진리와 교훈 안에서 실천해야 하는 것이다. 우리는 형제 사랑을 실천해야 하고 거룩한 분리도 실천해야 한다.

12장: 아브람을 부르심

창세기 1-11장은 인류의 초기 역사에 대해 간략히 서술하고, 12-50장은 이스라엘 민족의 기원에 대해 서술한다.

1-9절, 아브람을 부르심

〔1절〕 여호와께서 아브람에게 이르시되 너는 너의 본토 친척 아비 집을 떠나 내가 네게 지시할 땅으로 가라.

하나님께서는 아브람에게 나타나셔서 말씀하셨다. 이것을 하나님의 특별계시라고 한다. 하나님께서는 자연만물을 통해서도 자신의 존재와 지혜와 능력을 나타내시고 역사를 통해서도 자신의 공의의 통치를 나타내시지만, 특별한 경우에 특별한 방식으로 자신을 나타내셨다. 그것을 기록한 것이 성경이다. 그러므로 그 내용들은 하나님의 권위를 가지고 우리의 신앙과 행위의 기준과 규범이 된다.

아브람과 그의 아버지 데라의 고향인 갈대아 우르나 제2의 고향인 하란은 우상숭배의 땅이었다(수 24:2). 그런데 하나님께서는 그에게 "너의 본토 친척 아비 집을 떠나 내가 네게 지시할 땅으로 가라"고 말씀하시며 그를 부르셨다. 그것은 그의 기쁘신 뜻에 따른 것이다. 그를 부르신 때는 그가 하란에 거하였을 때인 것 같다. 성경 다른 곳들은 하나님께서 아브람을 갈대아 우르에서 이끌어내셨다고 말한다(창 15:7; 느 9:7). 하나님께서는 갈대아 우르에서 아브람에게 어떤 암시를 주셨던 것 같다. 그러나 이제 그를 본격적으로 부르셨다.

하나님께서는 한 경건한 민족을 만들기를 원하셨다. 하나님의 뜻은 우리가 모든 죄를 버리고 경건하고 의롭고 선하게 사는 것이다. 하나님께서 그를 갈대아 우르에서 불러내신 것은 분리의 시작이었다. 데라는 분리를 위한 과도기적 역할을 했다. 이제, 아브람에게 분리된 삶, 성별된 삶이 필요했다. 나이 든 친척들과의 관계 속에서는, 아브람이 죄악된 전통과 풍습을 완전히 떠나기 어려웠을 것이다. 이제, 그에게 새 가문의 시작이 필요하였다. 하나님께서는 그를 통해 한 큰 민족을 만들기를 원하셨고 그들에게 한 땅을 주기를 원하셨다.

〔2-3절〕내가 너로 큰 민족을 이루고 네게 복을 주어 네 이름을 창대케 하리니 너는 복의 근원(베라카 הָרָכְבּ)[복](KJV, NASB, NIV)이 될지라. 너를 축복하는 자에게는 내가 복을 내리고 너를 저주하는 자에게는 내가 저주하리니 땅의 모든 족속이 너를 인하여 복을 얻을 것이니라 하신지라.

하나님께서는 아브람에게 복을 약속하셨다. 그는 아브람으로 큰 민족을 이루고 그에게 복을 주어 그의 이름이 크게 되게 하고 그가 복의 근원이 되게 하겠다고 약속하셨다. 그는 아브람을 축복하는 자에게 복을 내리시고 그를 저주하는 자를 저주하실 것이며 땅의 모든 족속이 그를 인해 복을 얻게 하실 것이라고 약속하셨다.

"땅의 모든 족속이 너를 인해 복을 얻을 것이라"는 약속은 창세기 22:18에서와 이삭(창 26:4)과 야곱(창 28:14)에게서도 반복된다. 그것은 메시아 약속이었다. 그것은 구약시대에 아브라함과 다윗을 이어서 내려왔다. 메시아께서는 아브라함과 이삭과 야곱의 자손이실 뿐 아니라, 또한 다윗의 자손으로 예언되었다(렘 23:5; 겔 34:23; 호 3:5). 신약성경 마태복음 1:1은 구약에 예언된 메시아께서 아브라함과 다윗의 자손으로 오셨음을 증거한다. 성경은 예수 그리스도께 집중되어 있다. 성경은 예수 그리스도를 증거하는 책이다. 예수께서는 친히 "너희가 성경에서 영생을 얻는 줄 생각하고 성경을 상고하거니와 이 성경이 곧 내게 대하여 증거하는 것이로다"라고 말씀하셨다(요 5:39). 예수 그리스도를 믿는 자들은 그를 통해 구원의 복을 얻었다. 그것은 하나님의 은혜로 믿음으로 값없이 죄사함과 의롭다 하심을 얻었고 영생을 얻었고 성령의 내주(內住)하심을 얻은 것이다.

〔4절〕이에 아브람이 여호와의 말씀을 좇아갔고 롯도 그와 함께 갔으며

아브람이 하란을 떠날 때에 그 나이 75세였더라.

아브람은 하나님의 명령에 순종하였다. 그는 하나님의 말씀대로 행하였다. 하나님께 순종하는 것은 하나님의 말씀대로 행하는 것이다. 하나님께서 가라 하시면 가고 가지 말라 하시면 가지 않는 것이 순종이다. 그는 하나님께서 그에게 고향을 떠나라 명하실 때 떠났다. 그는 우상숭배의 삶을 청산하였다. 그는 세상과 구별된 삶을 시작하였다. 그것은 하나님을 경외하는 자의 마땅한 삶이었다.

롯도 아브람과 함께 갔다. 롯이 아브람과 동행한 것을 보면, 그는 아브람의 영향으로 비교적 경건하였던 것 같다. 베드로후서 2:7-8은 롯을 의로운 자라고 증거한다. "무법한 자의 음란한 행실을 인하여 고통하는 의로운 롯을 건지셨으니 (이 의인이 저희 중에 거하여 날마다 저 불법한 행실을 보고 들음으로 그 의로운 심령을 상하니라)."

아브람이 하란을 떠날 때 75세이었고 아마 그의 부친 데라가 죽기 전이었을 것이다. 창세기 11:26은 데라가 70세에 아브람을 낳았다고 말하므로, 아브람이 하란을 떠날 때 부친 데라는 145세이었을 것이다. 창세기 11:32에 데라가 205세까지 살고 하란에서 죽었다고 기록한 것은 창세기의 저자 모세가 역사를 기술할 때 데라에 대해 먼저 쓰고 그 다음에 아브람에 대해 쓰는 기술 방식 혹은 습관이었다.[23]

〔5-6절〕아브람이 그 아내 사래와 조카 롯과 하란에서 모은 모든 소유와 얻은 사람들을 이끌고 가나안 땅으로 가려고 떠나서 마침내 가나안 땅에 들어갔더라. 아브람이 그 땅을 통과하여 세겜 땅 모레 상수리 나무[테레빈스 나무]에 이르니 그때에 가나안 사람이 그 땅에 거하였더라.

아브람은 하나님의 명령대로 행하여 마침내 가나안 땅에 도착했다. "하란에서 모은 모든 소유와 얻은 사람들을 이끌고"라는 표현은 그가 하란에서 여러 해 동안 살았던 것을 증거한다. 그러나 그는 정들었던

---

23) 모세는 후에 이스마엘의 죽음을 언급한 후 이삭에 대해(창 25:17, 20), 또 이삭의 죽음을 언급한 후 야곱에 대해 서술하였다(창 35:28; 37:2).

그의 모든 환경을 정리하고 하나님의 명령에 순종하였다. 그는 가나안 땅을 향해 떠나서 마침내 가나안 땅에 들어갔다. 하란을 떠날 때 그의 목표는 분명하였고 그는 그 목표대로 그 땅에 들어갔다.

가나안 땅은 하나님께서 아브람을 위해 예정하시고 그에게 지시하신 땅이었다. 그 땅은 창세기를 쓴 모세가 강조하고자 하는 땅이었다. 모세는 그 가나안 땅이 하나님께서 그들의 조상 아브람에게 약속하신 땅이며 이제 애굽에서 나온 이스라엘 백성이 들어갈 땅임을 강조하고자 하는 것이다. 그러므로 본장은 가나안 땅을 여러 번 언급한다. 5절, "가나안 땅으로 가려고 떠나서 마침내 가나안 땅에 들어갔더라." 6절, "그때에 가나안 사람이 그 땅에 거하였더라." 7절, "여호와께서 아브람에게 나타나 가라사대 내가 이 땅을 네 자손에게 주리라 하신지라." 창세기 11:31, "[데라가] 가나안 땅으로 가고자 하더니."

아브람은 가나안 땅 중부, 세겜 땅 모레 상수리 나무에 이르렀다. '상수리 나무'라는 원어(엘론 אֵלוֹן)는 테레빈스(terebinth) 나무라고 한다. 그때 그 땅에는 가나안 사람이 살고 있었다. 그들은 함의 아들 가나안(창 9:22)의 자손이다. 그들은 후에 그들의 죄 때문에 완전히 멸망할 것이고 이스라엘 백성은 그 땅을 차지할 것이다(창 15:16).

〔7절〕 여호와께서 아브람에게 나타나 가라사대 내가 이 땅을 네 자손에게 주리라 하신지라. 그가 자기에게 나타나신 여호와를 위하여 그 곳에 단을 쌓고.

하나님께서는 가나안 땅에 들어온 아브람에게 또다시 나타나셨다. 영이신 하나님께서는 구약시대에 특별한 방식으로 종종 나타나셨다. 하나님께서는 사람의 모습으로 직접 나타나기도 하셨고, 구름이나 불 가운데서 자신의 영광을 나타내기도 하셨고, 또 자신의 음성으로나 기적들을 통해서 자신을 나타내기도 하셨다. 이때는 아마 그가 직접 나타나신 것 같다. 하나님의 이런 직접 나타나심의 절정은 예수 그리스도이시다. 그는 사람이 되신 하나님이시다(요 1:14; 14:9).

하나님께서는 아브람에게 나타나셔서 "이 땅을 네 자손에게 주리라"고 약속하셨다. 그는 지구의 한 지역을 누구에게 주실 권한이 있으시다. 그는 온 세상의 창조자요 통치자요 주인이시므로(시 24:1) 그럴 권한이 있으시다. 출애굽기 19:5, "세계가 다 내게 속하였느니라." 신명기 10:14, "하늘과 모든 하늘의 하늘과 땅과 그 위의 만물은 본래 네 하나님 여호와께 속한 것이라."

아브람은 자기에게 나타나신 하나님을 위해 단을 쌓았다. '단'이라는 원어(미즈베아크 מִזְבֵּחַ)는 '[짐승을] 잡아죽인다'(자바크 זָבַח)는 말에서 나왔다. 그것은 '짐승을 죽여 제사를 드리는 곳'이라는 뜻이다. 그것은 구약시대에 하나님을 섬기는 방식이었다.

[8-9절] 거기서 벧엘 동편 산으로 옮겨 장막을 치니 서는 벧엘이요 동은 아이라. 그가 그 곳에서 여호와를 위하여 단을 쌓고 여호와의 이름을 부르더니 점점 남방[네게브](NASB, NIV)으로 옮겨 갔더라.

아브람은 그 곳에서 벧엘 동편 산으로 옮겨 거처를 정하고 장막을 쳤고 그 곳에서도 하나님을 위해 단을 쌓고 하나님의 이름을 불렀다. 그것은 노아가 홍수가 그친 후에 방주에서 나와 하나님께 단을 쌓고 번제를 드린 것과 같았다. 짐승 제사에는 하나님의 긍휼로 예비하실 속죄제물을 믿는 뜻이 있고 참된 헌신과 순종을 다짐하는 뜻도 있었다. 또 하나님의 이름을 부르는 것은 경건한 삶, 곧 예배와 찬송과 기도의 삶을 가리킨다. 그것은 셋의 아들 에노스의 삶이었고(창 4:26), 에녹의 삶이었고(창 5:22, 24), 또 노아의 삶이었다(창 6:9, 22).

본문의 교훈을 정리해보자. 첫째로, 우리는 오늘날 성경을 통해 말씀하시는 하나님의 음성을 들어야 한다. 성경은 하나님의 충족한 말씀의 저장소이다. 그러므로 성경은 우리의 신앙과 행위의 기준이며 규범이다. 성경 외의 다른 계시를 구하거나 주장하는 것은 위험할 뿐 아니라 잘못이다. 성경 외의 하나님의 계시를 믿는 사람은 성경보다 하나님의 현재 직접 계시에 무게를 두게 되고 그것은 마귀의 미혹에 떨어지는 길이다. 누가복음 16:29, 31, "아브라함이 가로되 저희에게 모세와 선지자들이 있으니 그들에게 들을지니라," "가로되 모세와 선지자들에게 듣지 아니하면 비록 죽은 자 가운데서 살아나는 자가 있을지라도 권함을 받지 아니하리라 하였다 하시니라." 요한계시록 22:18, "내가 이 책의 예언의 말씀을 듣는 각인에게 증거하노니 만일 누구든지 이것들 외에 더하면 하나님께서 이 책에 기록된 재앙들을 그에게 더하실 터이요." 우리는 날마다 성경 읽기를 힘쓰고 성경을 듣고 배우기를 힘써야 한다.

둘째로, 우리는 우상숭배의 세상을 떠나서 약속의 땅으로 가야 한다. 우리는 불경건하고 음란한 세상으로부터 구원을 얻어야 하고 부도덕한 세상과 구별된 삶을 살아야 한다. 그렇지 않으면 우리는 세상과 함께 멸망을 받고 지옥불에 던지울 것이다. 오늘날 약속의 땅은 세상에서는 교회이며, 또 죽은 후에 혹은 주의 재림 때에 들어갈 영광의 천국이다. 죄인들은 회개하고 예수 그리스도를 믿음으로 죄사함과 의롭다 하심을 얻어야 하며 영생을 얻어야 한다. 그러면 성령께서 그들 속에 오셔서 그들에게 참된 위로와 평안을 주시며 그들을 도우셔서 하나님의 계명을 지키게 하실 것이다. 구원 얻은 성도들의 세상에서의 삶은 날마다 성령의 도우심을 받아 육신의 죄성과 싸워 이기는 것이다. 이것이 성화(聖化)의 과정이다. 이것이 구원 얻은 성도들의 정상적인 삶이다.

셋째로, 아브람은 하나님의 명령에 순종하여 가나안 땅에 들어온 후 하나님께 단을 쌓는 일을 힘썼다. 그것은 경건한 삶이며 예배하는 삶이다. 우리가 구주 예수님을 믿고 구원을 얻어 교회에 들어오고 천국을 소망하게 된 후, 우리는 이제 하나님께 단을 쌓는 생활을 힘써야 한다. 우리는 하나님께 예배 드리기를 힘쓰고 기도하며 찬송 부르고 성경을 읽고 듣고 배우기를 힘써야 한다. 그것은 우리가 세상에서 할 수 있는 일들 중에 첫 번째로 가치 있고 중요한 일이다. 하나님을 우리의 삶의 첫 자리에 모시고 하나님께 예배 드리는 일을 가장 귀히 여겨야 한다.

10-20절, 아브람이 애굽으로 내려감

[10절] 그 땅에 기근이 있으므로 아브람이 애굽에 우거하려 하여 그리로 내려갔으니 이는 그 땅에 기근이 심하였음이라.

아브람은 하나님께서 명령하시고 인도하셔서 거하던 가나안 땅에 기근이 심하였기 때문에 애굽으로 내려가 우거하려 하였다. 기근은 보통 하나님의 징벌로 온다. 아마 그 땅 거주민의 죄 때문에 기근이 왔을 것이다. 그러나 거기에 살던 아브람의 가족들에게도 타격이 왔다. 아브람은 사람의 일반적 생각을 따라 애굽으로 내려갔다. 애굽은 나일강 하류에 비옥한 땅이 많은 곳이다. 그러나 가나안 땅은 하나님의 약속의 땅이므로 아브람은 애굽으로 내려가지 말고 하나님께서 거하라고 명하신 땅에 머물렀어야 했다. 그러나 그는 인간적 염려와 지혜와 판단으로 애굽으로 내려갔다. 그러나 그것은 시련의 길이었다. 사사시대에 엘리멜렉과 나오미도 비슷한 생각으로 흉년을 피해 유다 땅을 떠나 모압 지방에 가서 우거했다가 큰 시련을 당했었다.

[11-12절] 그가 애굽에 가까이 이를 때에 그 아내 사래더러 말하되 나 알기에 그대는 아리따운 여인이라. 애굽 사람이 그대를 볼 때에 이르기를 이는 그의 아내라 하고 나는 죽이고 그대는 살리리니.

아브람은 애굽에 가까이 왔을 때 한가지 걱정을 하게 되었다. 사람이 믿음으로 행하면 담대함과 평안이 있지만, 인간적인 생각과 판단으로 행할 때는 염려와 걱정이 생긴다. 아브람의 걱정은 죽음에 대한 걱정이었다. 그의 보기에 그 아내 사래는 아름다운 여인이었기 때문에, 아브람은 애굽 사람이 자기의 아름다운 아내를 보고 자기를 죽이고 자기 아내를 빼앗을 것이라고 생각했다. 그것은 예상할 수 있는 일이었다. 낯선 땅에 우거할 때 죽음에 대한 두려움을 가지는 것은 사람으로서 당연한 생각과 감정일 것이다. 그러나 그것은 하나님께서 그와 함께하시고 그를 도우시고 지키실 것을 모르는 생각이었다.

〔13절〕원컨대 그대는 나의 누이라 하라. 그리하면 내가 그대로 인하여 안전하고 내 목숨이 그대로 인하여 보존하겠노라 하니라.

아브람은 그런 상황에서 한가지 인간적 대책을 생각하여 아내에게 요청하였다. '원컨대'라는 표현은 아브람이 그 옛 시대에 평소에 아내에게 위협적이거나 폭력적이지 않고 인격적이고 사랑을 가지고 대했음을 보이는 것 같다. 그는 아내에게 사람들에게 "나는 그의 누이라"고 말해 달라고 요청했고 "그리하면 내가 그대로 인하여 안전하고 내 목숨이 그대로 인하여 보존하겠노라"고 말했다. 그는 아내를 지켜줄 힘이 없었다. 그래서 쓸데없이 만용(蠻勇)을 부리지 않고 자기 목숨을 보존하기 위해 인간적 지혜를 발휘했던 것이다. 그러나 사래가 그의 누이라는 말은 거짓말이다. 사래는 그의 누이이었으나 지금은 그의 아내이다. 아브람은 죽음에 대한 두려움 때문에 거짓말을 한 것이다. 거짓말은 악이다. 그러나 아브람은 그 두려운 상황에서 거짓말을 했다. 그것은 경건한 아브람의 연약한 모습이었다.

〔14절〕아브람이 애굽에 이르렀을 때에 애굽 사람들이 그 여인의 심히 아리따움을 보았고.

아브람의 예상대로 애굽 사람들은 그의 아내 사래의 심히 아름다움을 보았다. 아브람이 하란을 떠났을 때 75세이었고(창 12:4) 아브람과 사래의 나이 차이가 10살이므로(창 17:17), 아브람이 애굽에 내려갔을 때 사래의 나이는 65세 이상이었는데도 그 여자는 아름다웠다. 아름다움은 하나님의 속성이며 그의 창조 세계의 본래의 모습이다. 아름다움의 주된 한 요소는 조화로움이다. 사람의 이목구비가 반듯하고 조화를 이룰 때 우리는 그의 얼굴을 아름답다고 말한다. 오늘날의 아름다움은 흔히 음란함으로 더럽혀져 있다. 그러나 사람의 참된 아름다움은 인격성과 도덕성과 단정함을 포함해야 한다.

〔15절〕바로의 대신들도 그를 보고 바로 앞에 칭찬하므로 그 여인을 바로의 궁으로 취하여 들인지라.

애굽 왕 바로는 대신들의 칭찬을 듣고 사래를 궁으로 취하여 들였다. 아브람은 하루아침에 아내를 빼앗기고 말았다. 그는 가나안 땅의 기근을 피하고 평안한 삶을 누리려고 애굽으로 내려갔지만, 그 곳에서 아내를 빼앗기는 슬픔과 시련을 당한 것이다. 그는 믿음으로 행하는 대신에 인간적 지혜와 판단으로 행했을 때 큰 것을 잃어버렸다.

아브람의 슬픔과 시련은 하나님의 징책이었다고 보인다. 그것은 마치 훗날에 엘리멜렉과 나오미 가족의 경우와 같았다. 룻기 1:3-5에 보면, 기근을 피해 약속의 땅을 떠나 모압으로 간 나오미는 그 곳에서 남편을 잃었고 자신의 두 아들을 위해 며느리를 얻었으나 그 곳에 거한 지 10년 즈음에 두 아들도 다 죽었고 두 며느리와 함께 남겨졌다. 나오미는 두 며느리에게, "여호와의 손이 나를 치셨으므로 나는 너희로 인하여 더욱 마음이 아프도다"라고 말했다(룻 1:13). 또 그는 고향 베들레헴으로 돌아온 후 이웃 사람들에게 "내가 풍족하게 나갔더니 여호와께서 나로 비어 돌아오게 하셨느니라. 여호와께서 나를 징벌하셨고 전능자가 나를 괴롭게 하셨다"고 말했다(룻 1:21).

아브람은 처음부터 애굽으로 내려가지 말았어야 했다. 그가 만일 하나님의 뜻대로 행했더라면, 그는 하나님을 의지하며 진실했을 것이며 어려울 때 하나님의 도우심을 구하며 응답을 얻었을 것이다. 후에 에스라는 아닥사스다 왕의 허락을 받아 1,754명의 유대인들을 인도하여 파사 나라로부터 유대 땅으로 돌아오고자 했을 때 길에 대적들의 위험이 있었음에도 불구하고 왕에게 군대의 지원을 요청치 않고 오직 하나님만 의지하였고(스 8:21-23) 무사히 잘 도착하였다.

[16절] 이에 바로가 그를 인하여 아브람을 후대하므로 아브람이 양과 소와 노비와 암수 나귀와 약대를 얻었더라.

애굽 왕 바로는 사래를 인해 아브람에게 후한 선물을 주었다. 비록 아내 대신 양과 소와 남녀 종들과 암수 나귀와 약대를 많이 얻었지만, 그것이 아브람에게 무슨 기쁨과 복이 되었겠는가? 사랑하는 아내를 잃은 아브람은 비로소 애굽으로 내려오려 했던 자신의 생각과 판단이 잘못이었음을 깨달았을 것이다. 그는 기근이 있었더라도 약속의 땅 가나안에 머무는 것이 하나님의 뜻이었음을 깨달았을 것이다.

[17절] 여호와께서 아브람의 아내 사래의 연고로 바로와 그 집에 큰 재앙을 내리신지라.

감사하게도 하나님께서는 사래 때문에 바로와 그 집에 큰 재앙을 내리셨다. 그것은 아마 무서운 질병이었을 것이다. 왜 하나님께서는 그런 큰 재앙을 내리셨는가? 그것은 바로의 행위가 간음죄에 해당했기 때문이다. 결혼은 하나님께서 정하신 신성하고 중요한 제도이며 그것을 어기는 것은 간음죄가 된다. 사람은 하나님의 법을 따라 자신의 욕망을 통제하며 결혼 관계를 잘 지켜야 한다. 하나님께서는 이혼을 미워하시며 음행하는 자들과 간음하는 자들을 심판하실 것이다 (말 2:16). 더욱이, 사래는 큰 민족을 이루겠다는 하나님의 약속을 받은 자의 아내이며 남의 아내가 되어서는 안 될 자이었다.

[18-20절] 바로가 아브람을 불러서 이르되 네가 어찌하여 나를 이렇게 대접하였느냐? 네가 어찌하여 그를 네 아내라고 내게 고하지 아니하였느냐? 네가 어찌 그를 누이라 하여 나로 그를 취하여 아내를 삼게 하였느냐? 네 아내가 여기 있으니 이제 데려가라 하고 바로가 사람들에게 그의 일을 명하매 그들이 [그와](원문) 그 아내와 그 모든 소유를 보내었더라.

바로는 그 재앙이 사래 때문에 온 것을 깨달았다. 사람은 양심이 있어서 옳지 않은 일에 가책을 느낀다. 살인, 간음, 도적질이 죄악임을 사람들이 인정하는 것은 양심 때문이다. 요나의 탄 배가 큰 풍랑을 만났을 때 선원들은 그 재앙이 누구 때문에 왔는지 알기를 원했다 (욘 1:7). 헤롯 왕은 세례 요한을 의롭고 거룩한 사람으로 알고 두려워하여 보호하려 하였고 또 그의 말을 들을 때 크게 번민을 느끼면서도 달게 들었다(막 6:20). 그들은 다 양심의 음성을 들은 것이었다. 바로가 양심적으로 두려워하고 사래를 돌려보낸 것은 하나님께서 아브람에게 베푸신 크신 은혜이었고 긍휼하신 간섭과 도우심이었다. 하나님께서는 아내를 빼앗겨 슬퍼하며 낙심했을 아브람을 위해 비상하게 개입하셨고 그를 도우셨다. 하나님께서는 이 세상의 모든 일을 주권적으로 섭리하시며 선한 뜻을 이루신다. 그러므로 사도 바울은 "우리가 알거니와 하나님을 사랑하는 자 곧 그 뜻대로 부르심을 입은 자들에게는 모든 것이 합력하여 선을 이루느니라"고 말했다(롬 8:28).

본문의 교훈을 정리해보자. 첫째로, 아브람은 기근을 피해 애굽으로 내려갔다. 우리는 질병과 궁핍과 각가지 고난과 어려움이 있다고 세상으로 내려가지 말아야 한다. 우리는 어떠한 어려움 속에서도 하나님과 그의 말씀 안에 거하고 참된 교회 안에 거해야 한다. 그 곳이 약속의 땅 가나안이다. 거기에 하나님의 평안과 기도 응답과 그의 보호하심이 있다. 우리는 고난 중에 낙망하여 세상으로 내려가지 말아야 한다.

둘째로, 아브람은 목숨 때문에 거짓말을 하였다. 신실하신 하나님께서는 예수 그리스도를 믿는 자들에게 부활과 영생을 약속하셨다. 그러므로 우리는 하나님을 믿고 범죄치 말고 죽음을 두려워하지 말아야 한다. 마태복음 10:28, "몸은 죽여도 영혼은 능히 죽이지 못하는 자들을 두려워하지 말고 오직 몸과 영혼을 능히 지옥에 멸하시는 자를 두려워하라." 우리는 죽음을 두려워하여 비굴하게 거짓말하지 말아야 한다.

셋째로, 하나님께서는 아브람의 실수를 용서하시고 그를 도우시고 구원하셨다. 그는 애굽 왕 바로와 그 집에 큰 재앙을 내리셨고 바로는 자신의 잘못 행하였음을 깨닫고 사래를 아브람에게 돌려주었다. 사사 시대에 기근을 피해 모압 땅으로 갔던 나오미는 남편과 두 아들을 잃는 큰 시련을 겪었지만, 믿음 있는 며느리 룻과 함께 유다 땅으로 돌아왔고 룻을 통해 가정의 회복을 얻었다(룻기). 하나님께서는 실수하고 범죄한 성도들의 삶에서도 모든 일이 합력하여 선을 이루게 섭리하신다(롬 8:28). 우리는 구주 하나님만 의지하며 믿음과 순종으로 살아야 한다.

13장: 롯과 헤어짐

〔1-2절〕 아브람이 애굽에서 나올새 그와 그 아내와 모든 소유며 롯도 함께하여 남방으로 올라가니 아브람에게 육축과 은금(銀金)이 풍부하였더라.

아내를 빼앗겼다가 하나님의 긍휼과 도우심으로 다시 찾은 아브람은 그 아내와 모든 소유와 롯과 함께 애굽에서 나와 남방으로 올라갔다. '남방'(네겝 בֶגֶנ)은 유대 땅 남쪽 지역에 있는 애굽 시내와 가데스바네아로부터 헤브론까지의 땅을 가리킨다. 아브람은 애굽의 왕에게 양과 소와 암수 나귀와 약대를 얻었으므로(창 12:16) 육축이 더 풍부하였고 또 은금도 많았다. 아브람은 물질적으로 부요하였다.

〔3-4절〕 그가 남방에서부터 발행하여 벧엘에 이르며 벧엘과 아이 사이전에 장막 쳤던 곳에 이르니 그가 처음으로 단을 쌓은 곳이라. 그가 거기서 여호와의 이름을 불렀더라.

아브람은 벧엘에 이르렀고 벧엘과 아이 사이, 즉 전에 하란에서 이곳 가나안 땅에 와 장막을 치고 처음 하나님께 단을 쌓았던 곳에서 하나님의 이름을 불렀다. '하나님의 이름을 불렀다'는 말은 하나님께 경배하며 찬송하고 기도했다는 뜻이다. 아브람은 하나님께 단 쌓기를 힘썼고 하나님께 경배하며 찬송하고 기도하기를 힘썼다.

〔5-7절〕 아브람의 일행 롯도 양과 소와 장막이 있으므로 그 땅이 그들의 동거함을 용납지 못하였으니 곧 그들의 소유가 많아서 동거할 수 없었음이라. 그러므로 아브람의 가축의 목자와 롯의 가축의 목자가 서로 다투고 또 가나안 사람과 브리스 사람도 그 땅에 거하였는지라.

아브람과 롯은 각각 소유물이 많아 그 곳에 함께 거하기 어려웠고 게다가 아브람의 가축의 목자들과 롯의 가축의 목자들이 서로 다투기도 했다. 사람은 더불어 살고 서로 화목하고 사랑하며 살아야 하지만, 때때로 제한된 땅과 음식물로 인해 다툼이 생긴다. 가난과 불편함을 참고 이기는 것이 사랑이며 성숙한 인격이지만, 사람들은 이기적이고 자기중심적인 생각을 버리지 못하고 서로 다툰다.

〔8-9절〕아브람이 롯에게 이르되 우리는 한 골육이라. 나나 너나, 내 목자나 네 목자나 서로 다투게 말자. 네 앞에 온 땅이 있지 아니하냐? 나를 떠나라. 네가 좌하면 나는 우하고, 네가 우하면 나는 좌하리라.

아브람은 조카 롯에게 우리가 한 골육이니 서로 다투지 말고 헤어지자고 제안하였다. 함께 있으면서 서로 다투지 않고 서로 이해하며 서로 위하고 사랑한다면 가장 이상적이겠지만, 사람의 연약성 때문에 때때로 그것이 불가능하다. 그래서 좋은 사람들 간에도 부득이 서로 헤어지는 것이 필요한 때가 있다. 그러나 함께 있으면서 서로 다투는 것보다 헤어져서 서로 다투지 않는다면 그것이 더 나을 것이다.

아브람은 롯에게 "네가 좌하면 나는 우하고, 네가 우하면 나는 좌하리라"고 말했다. 아브람은 롯에게 선택권을 주었다. 그는 양보심을 발휘했다. 사람의 다툼은 대체로 욕심 때문에 온다. 야고보는, "너희 중에 싸움이 어디로, 다툼이 어디로 좇아 나느뇨? 너희 지체 중에서 싸우는 정욕으로 좇아 난 것이 아니냐? 너희가 욕심을 내어도 얻지 못하고 살인하며 시기하여도 능히 취하지 못하나니 너희가 다투고 싸우는도다"라고 말했다(약 4:1-2). 그러나 하나님을 바라며 그 나라에 소망을 둔 자는 잠시 있다가 없어질 세상 것에 욕심부리지 않고 세상 사람들처럼 다투지 않는다. 사람은 세상적인 욕심들을 버리고 하나님과 천국만 가장 큰 가치로 알 때 세상 것들을 양보할 수 있다.

〔10절〕이에 롯이 눈을 들어 요단 들을 바라본즉 소알까지 온 땅에 물이 넉넉하니 여호와께서 소돔과 고모라를 멸하시기 전이었는 고로 여호와의 동산 같고 애굽 땅과 같았더라.

롯은 눈을 들어 요단 들을 바라보았다. 요단 들은 사해로 이어지는 요단강 주위의 들판을 가리킨다. 요단 들은 소알까지 비옥했다. 소알은 소돔과 고모라의 이웃 도시이었고 사해 남단에 위치했던 것 같다. 그 곳은 소돔과 고모라의 멸망 후에는 황폐하여졌으나 그 당시에는 비옥하여 여호와의 동산 곧 에덴 동산 같고(창 2:8; 사 51:3; 겔 28:13) 애굽 땅과 같았다. 에덴 동산에는 강들의 근원들이 있어서(창 2:10) 비옥하였고 애굽 땅도 거대한 나일 강을 인해 매우 비옥하였다.

〔11-13절〕그러므로 롯이 요단 온 들을 택하고 동으로 옮기니 그들이 서로 떠난지라. 아브람은 가나안 땅에 거하였고 롯은 평지 성읍들에 머무르며 그 장막을 옮겨 소돔까지 이르렀더라. 소돔 사람은 악하여 여호와 앞에 큰 죄인이었더라.

롯은 요단 들을 택했고 아브람을 떠나 동쪽으로 옮겨갔다. 그는 그 장막을 옮겨 소돔까지 이르렀다. 소돔 사람은 하나님 앞에 큰 죄인이었다. 죄도 하나님 앞에서 큰 죄가 있고 작은 죄가 있다. 사람이 약해서 실수로 혹은 알지 못하고 짓는 죄는 작은 죄이지만, 고의적으로 혹은 도전적으로 짓는 죄는 큰 죄이다. 사람의 양심은 고의적인 죄를 어느 정도 통제하지만, 죄가 반복되고 양심이 무디어지면 그는 고의적인 죄를 담대하게 짓게 된다. 소돔 사람들은 큰 죄인들이었다.

롯이 요단 들을 택하고 소돔 성 가까이에 장막을 친 것은 신앙적이지 못했다. 그는 물이 넉넉한 땅이라는 현실적 유익만 생각하여 그곳을 택했고 그가 살 곳이 그의 경건생활에 얼마나 유익할지에 대해 생각지 않았다. 만일 그가 바른 생각을 했다면, 그는 죄악된 환경을 멀리했을 것이다. 죄악된 곳에는 하나님의 재앙이 있기 때문이다.

그러나 아브람은 롯과 달리 가나안 땅에 그대로 거하였다. 그 땅은 하나님의 약속의 땅이다(창 12:7). 그는 얼마 전 기근 때문에 그 땅을 떠나 애굽으로 내려갔다가 큰 시련을 경험했다. 그것은 그의 잘못된 판단 때문이었다. 그러나 이제 그는 그 가나안 땅에 그대로 거하였다.

〔14-17절〕롯이 아브람을 떠난 후에 여호와께서 아브람에게 이르시되 너는 눈을 들어 너 있는 곳에서 동서남북을 바라보라. 보이는 땅을 내가 너와 네 자손에게 주리니 영원히 이르리라. 내가 네 자손으로 땅의 티끌 같게 하리니 사람이 땅의 티끌을 능히 셀 수 있을진대 네 자손도 세리라. 너는

일어나 그 땅을 종과 횡으로 행하여 보라. 내가 그것을 네게 주리라.

하나님께서는 아브람에게 직접 혹은 환상 중에나 밤에 꿈에 나타나서서 말씀하셨을 것이다. 그는 아브람에게 두 가지를 말씀하셨다. 첫째는 가나안 땅을 그와 그 자손에게 주시겠다는 것이다. 하나님께서는 가나안 땅이 그와 그 자손들에게 약속하신 땅임을 다시 확인시켜 주셨다. 둘째는 그의 자손을 땅의 티끌같이 많게 하시겠다는 것이다. 아브람의 자손들은 수적으로 번창하게 될 것이다.

[18절] 이에 아브람이 장막을 옮겨 헤브론에 있는 마므레 상수리 수풀에 이르러 거하며 거기서 여호와를 위하여 단을 쌓았더라.

'상수리 수풀'이라는 원어(엘로네 אֵלֹנֵי)는 '테레빈스 나무'라는 뜻이라고 한다. 아브람은 하나님께 단을 쌓았다. 그것은 그가 짐승 제사를 드렸음을 암시한다. 그것은 하나님의 긍휼로 받은 죄사함의 은혜와 하나님께 대한 헌신의 각오를 상징한다. 아브람은 하나님을 섬기는 경건한 삶을 살았다. 그것은 사람의 합당한 삶이요 복된 삶이다.

본장의 교훈을 정리해보자. 첫째로, 아브람은 하나님께 단을 쌓기를 힘썼다. 4절, "그가 거기서 여호와의 이름을 불렀더라." 18절, "거기서 여호와를 위하여 단을 쌓았더라." 아브람은 하나님을 경외하고 찬송하며 기도했고 속죄 신앙을 가졌다고 보인다. 아브람의 경건한 삶은 모든 성도들에게 본이 된다. 하나님께 예배드리고 기도하고 찬송하며 성경 말씀을 묵상하는 것은 하나님께서 요구하시는 복된 삶이다. 시편 1:1-3은 "복 있는 사람은 악인의 꾀를 좇지 아니하며 죄인의 길에 서지 아니하며 오만한 자의 자리에 앉지 아니하고 오직 여호와의 율법을 즐거워하여 그 율법을 주야로 묵상하는 자로다. 저는 시냇가에 심은 나무가 시절을 좇아 과실을 맺으며 그 잎사귀가 마르지 아니함 같으니 그 행사가 다 형통하리로다"고 말했다. 주 예수께서는 "아버지께 참으로 예배하는 자들은 신령과 진정으로 예배할 때가 오나니 곧 이때라. 아버지께

서는 이렇게 자기에게 예배하는 자들을 찾으시느니라"고 말씀하셨다
(요 4:23). 또 그는 세상의 종말과 그의 재림에 대해 말씀하신 후 "이러
므로 너희는 장차 올 이 모든 일을 능히 피하고 인자(人子) 앞에 서도록
항상 기도하며 깨어 있으라"고 말씀하셨다(눅 21:36). 또 히브리서 13:15
는 "우리가 예수로[예수님으로] 말미암아 항상 찬미의 제사를 하나님께
드리자. 이는 그 이름을 증거하는 입술의 열매니라"고 교훈하였다.

둘째로, 아브람은 그의 가축의 목자들과 롯의 가축의 목자들이 서로
다투는 것을 해결하려 했을 때, 양보심을 발휘하였다. 그는 롯에게 "네
가 좌하면 나는 우하고, 네가 우하면 나는 좌하리라"고 말했다. 우리는
아브람에게서 양보심을 배워야 한다. 세상의 모든 것은 헛되다(전 1:2).
사람이 세상 것에 욕심을 내면 다투지만, 하나님과 천국에 가치를 두면
모든 것을 양보할 수 있다. 주 예수께서는 마음이 온유하고 남을 긍휼
히 여기고 화평케 하는 자가 복이 있다고 말씀하셨고(마 5:5, 7, 9), 또
악한 자들이나 원수들에게도 선을 베풀라고 하셨다(마 5:39~44). 사도
바울도 형제를 사랑하여 서로 우애하고 아무에게도 악으로 악을 갚지
말고 모든 사람 앞에서 선한 일을 도모하고 할 수 있는 대로 모든 사람
으로 더불어 평화하라고 교훈했다(롬 12:10, 17~18). 또 그는 "너희 관용
[혹은 온유함]을 모든 사람에게 알게 하라"고 말하였다(빌 4:5).

셋째로, 롯은 요단 들에 물이 넉넉함 즉 물질적 유여함이라는 조건만
보고 거주지를 선택하였다. 그는 평지 성읍들에 머무르며 그 장막을 옮
겨 소돔까지 이르렀다. 그러나 소돔 사람들은 악하여 여호와 앞에 큰
죄인이었다. 우리는 우리의 거주지나 친구 선택을 조심하고 할 수 있는
대로 죄악된 환경을 피해야 한다. 고린도전서 15:33, "속지 말라. 악한
동무들은 선한 행실을 더럽히나니." 고린도후서 6:14, "너희는 믿지 않
는 자와 멍에를 같이하지 말라." 잠언 13:20, "지혜로운 자와 동행하면
지혜를 얻고 미련한 자와 사귀면 해를 받느니라." 우리는 참된 교회를
세우고 바른 교훈 안에서 믿음과 소망과 사랑으로 살아야 한다.

14장: 롯을 구출함

1-16절, 롯을 구출함

〔1-2절〕 당시에 시날 왕 아므라벨과 엘라살 왕 아리옥과 엘람 왕 그돌라 오멜과 고임 왕 디달이 소돔 왕 베라와 고모라 왕 비르사와 아드마 왕 시납과 스보임 왕 세메벨과 벨라 곧 소알 왕과 싸우니라.

북방의 네 나라의 왕들은 남방의 소돔 성 주위의 다섯 나라 왕들과 전쟁을 했다. 시날은 바벨론의 수도 바벨과 아브람의 원고향이었던 갈대아 우르 지역을 가리키며 오늘날 이라크 동부 지역이다. 엘람은 페르샤만부터 카스피해까지 페르샤 지역을 가리키며 오늘날 이란 서부 지역이다. 엘라살과 고임은 그 주위에 있었을 것이나 정확히 알 수 없다고 한다. 남방의 다섯 나라들은 염해 남부 지역에 있었던 것 같다. 소돔과 고모라와 아드마와 스보임의 정확한 위치는 알 수 없다고 한다. 단지 "벨라 곧 소알"이라는 표현은 벨라가 옛날 이름이고, 소알이 모세가 창세기를 쓸 당시 사용되었던 이름임을 보인다.

〔3-4절〕 이들이 다 싯딤 골짜기 곧 지금 염해에 모였더라. 이들이 12년 동안 그돌라오멜을 섬기다가 제13년에 배반한지라.

북방의 연합군들이 남방의 왕들과 전쟁한 곳은 싯딤 골짜기이었다. '싯딤'이라는 원어(싯딤 שׂדים)는 '들판'이라는 뜻이다. "싯딤 골짜기 곧 지금 염해"라는 표현은 본래 들판이었던 싯딤 골짜기가 후에 염해로 변했음을 보인다. '염해'(鹽海)는 '소금 바다'라는 뜻인데, 그 곳의 물은 보통 바닷물(평균 염도 약 3.5퍼센트)보다 10배나 더 짠 30-33퍼센트의 소금물이라고 한다.24) 그 전쟁의 동기는 남쪽 나라들이 엘

---

24) 염해는 크기가 남북이 78킬로미터, 동서 18킬로미터로 제주도의 절반 넓이 정도이며 지중해 해면보다 400미터 낮은 곳으로 지구에서 가장 낮은 계곡이라고 한다. 이찬영, 성경지리총람 (서울: 소망사, 1993), 198쪽.

람 왕 그돌라오멜을 12년간 섬기다가 제13년에 배반했기 때문이었다.

〔5-7절〕제14년에 그돌라오멜과 그와 동맹한 왕들이 나와서 아스드롯 가르나임에서 르바 족속을, 함에서 수스 족속을, 사웨 기랴다임에서 엠 족속을 치고 호리 족속을 그 산 세일에서 쳐서 광야 근방 엘바란까지 이르렀으며 그들이 돌이켜 엔미스밧 곧 가데스에 이르러 아말렉 족속의 온 땅과 하사손다말에 사는 아모리 족속을 친지라.

르바(거인), 수스, 엠, 호리는, 신명기 2장이 증거하는 대로, 옛날에 요단강 건너 동북쪽부터 요단강 남단 염해 동쪽과 남쪽, 즉 모압과 암몬과 에돔 지역에 살았던 족속들이다. 아스드롯 가르나임은 요단강 동북쪽 바산 땅에 있었고, 함은 갈릴리 호수 동쪽 게술 땅이며, 사웨 기랴다임은 요단강 동남쪽 르우벤 지파 땅에 있었고, 세일산은 에돔 지역이다. 엘바란은 에돔의 남단, 즉 홍해 북단 항구이며, 엔미스밧은 가데스 바네아일 것이다. 하사손다말은, 역대하 20:2에 의하면, 염해 중서부의 엔게디이다. 다시 말하면, 북방 연합군은 요단강 동북쪽 땅으로부터 요단강 남쪽 염해 동부와 남부와 서부를 쳤던 것이다.

본장은 그 내용의 역사적 성격을 잘 나타낸다. 옛날의 나라들이나 성들의 이름과 왕들과 족속들의 이름이 자세히 언급되어 있다. R. D. 윌슨은 본장의 왕들의 이름이 고고학적 발굴 내용과 일치함을 증거하였다.25) 또 본장에는 창세기를 쓴 모세의 보충적 설명이 여러 번 나온다. 2절에는 "벨라 곧 소알," 3절에는 "싯딤 골짜기 곧 염해," 7절에는 "엔미스밧 곧 가데스," 8절에도 "벨라 곧 소알," 17절에는 "사웨 골짜기 곧 왕곡(왕의 골짜기)" 등이 그것이다.

〔8-12절〕소돔 왕과 고모라 왕과 아드마 왕과 스보임 왕과 벨라 곧 소알 왕이 나와서 싯딤 골짜기에서 그들과 접전하였으니 곧 그 다섯 왕이 엘람 왕 그돌라오멜과 고임 왕 디달과 시날 왕 아므라벨과 엘라살 왕 아리옥 네 왕과 교전하였더라. 싯딤 골짜기에는 역청 구덩이가 많은지라. 소돔 왕과

---

25) R. D. Wilson, *Is the Higher Criticism Scholarly?*, p. 20.

고모라 왕이 달아날 때에 군사가 거기 빠지고 그 나머지는 산으로 도망하매 네 왕이 **소돔과 고모라의 모든 재물과 양식을 빼앗아 가고 소돔에 거하는 아브람의 조카 롯도 사로잡고 그 재물까지 노략하여 갔더라.**

북방의 네 왕들의 연합군이 남방의 소돔 성과 그 주위의 성들의 다섯 왕들의 연합군과 접전한 싯딤 골짜기에는 역청 구덩이가 많았다. '역청'(케마르 חֵמָר)은 석탄이나 석유에서 나오는 '아스팔트, 콜타르, 피치 등'을 가리킨다. 그 전쟁에서 소돔 왕과 그 동맹국들은 패전하였고 모든 재물과 양식을 빼앗겼다. 소돔에 거했던 롯도 포로로 잡혀갔고 그의 재물들도 다 빼앗겼다. 롯은 큰 낭패를 당하였다.

그것은 하나님께서 죄악된 도시 소돔에 내리신 경고의 징벌이며 또 인간적 생각과 욕심을 따라 요단 들을 선택했고 심히 죄악된 소돔 성에까지 내려가 거주하며 그들과 교제했던 롯에게 내리신 하나님의 징벌이기도 하였을 것이다. 사람은 물질적 유여함을 가진다고 행복한 것이 아니다. 하나님께서 평안을 주셔야 평안을 누리며, 하나님께서 침략자를 보내시면 하루아침에 모든 좋은 것들을 빼앗길 수 있다. 사람의 생사화복(生死禍福)은 오직 섭리자 하나님께 달려 있다.

[13절] 도망한 자가 와서 히브리 사람 아브람에게 고하니 때에 아브람이 아모리 족속 마므레의 상수리 수풀 근처에 거하였더라. 마므레는 에스골의 형제요 또 아넬의 형제라. 이들은 아브람과 동맹한 자더라.

도망쳐 온 한 사람이 히브리 사람 아브람에게 그 사실을 알려주었다. 성경에서 여기에 처음으로 '히브리 사람'이라는 말(이브리 עִבְרִי)이 나온다. 이 말은 '에벨의 자손'이라는 뜻과 더불어 '강 건너편에서 온 사람'이라는 뜻을 가진다. 이 명칭은 아마 가나안 땅에 나그네처럼 거주했던 아브람에게 주위 사람들이 붙여준 것일 것이다. 그때 아브람은 아모리 족속 마므레의 상수리 수풀 근처에 거하였다. 마므레는 에스골과 아넬의 형제이며 이들은 아브람과 동맹한 자들이었다.

[14-16절] 아브람이 그 조카의 사로잡혔음을 듣고 집에서 길리고 연습

한 자 318인을 거느리고 단까지 쫓아가서 그 가신(家臣)을 나누어 밤을 타서 그들을 쳐서 파하고 다메섹 좌편[북편] 호바까지 쫓아가서 모든 빼앗겼던 재물과 자기 조카 롯과 그 재물과 또 부녀와 인민을 다 찾아왔더라.

아브람은 평소 집에서 기르고 훈련시켰던 가신(家臣)들 318명과 함께 롯을 구출하기 위해 북방 나라의 왕들을 뒤쫓아갔다. 그와 동맹했던 아넬과 에스골과 마므레도 거기에 참여하였다(24절). 아브람은 평소에 자기 방어를 위해 가신들을 훈련시켰다. 사람은 개인적으로 운동도 하고 체력도 단련시키는 것이 좋고, 세상에서는 군대도 필요하고 경찰력도 필요하다. 아브람은 단까지 쫓아갔다. 여기의 '단'은 사사 시대에 세워진(삿 18:28-29) 도시를 가리킬 수 없을 것이다. 왜냐하면 그 단은 사사 시대에 세워졌을 뿐 아니라, 북방 왕들은 요단 동쪽의 바산 길(다메섹--랍바)과 왕의 대로(랍바--보스라--엘랏)로 내려오고 올라갔을 것이며 그 길은 그 성을 지나지 않기 때문이다. 그러므로 여기의 단은 길르앗에 속한 한 성읍을 가리킬 것이다.26)

아브람은 가신들을 나누어 밤을 타서 그들을 쳐서 파했고 다메섹 북편에 있는(원문의 뜻) 호바까지 쫓아가서 모든 빼앗긴 재물과 조카 롯과 그 재물과 부녀들과 사람들을 찾아왔다. 이것은 그의 조카 롯을 위해 자기 목숨의 위험을 무릅썼던 아브람의 사랑과 용기를 잘 나타낸다. 아브람의 믿음은 헌신적 사랑과 용기로 잘 표현되었다.

모든 것이 하나님의 은혜이지만, 하나님의 섭리는 사람의 소극적 태도로가 아니고 적극적 참여와 순종으로 이루어진다. 하나님께서는 홀로 무엇이든지 할 수 있으시지만(사 37:36), 일반적으로 사람이나 자연적 수단을 사용하신다. 그러므로 우리는 무슨 일에나 충실해야

---

26) 카일과 델리취는 여기의 단이 신명기 34:1에 나오는 길르앗의 단이거나 사무엘하 24:6의 다냐안(야안의 단)을 가리킬 것이라고 본다. C. F. Keil and F. Delitzsch, *Commentary on the Old Testament*. Vol. I. *Pentateuch* (1864), I, 206.

하고 자연적 수단도 감사함으로 사용해야 할 것이다(행 27:30-31).

　본문의 교훈을 정리해보자. <u>첫째로, 창세기는 역사적 성격을 가진다.</u> 예를 들어, 창세기 2장은 에덴 동산에 대해 자세히 묘사하고(10-14절), 7-8장은 홍수가 시작된 연월일과 물이 땅 위에서 마른 연월일에 대해 언급한다(7:11; 8:13-14). 10장은 노아의 자손들의 이름들과 그들로 인해 퍼져 나간 열국들의 이름들에 대하여 자세히 증거한다. 11장은 바벨탑 사건에 대해, 12장 이하는 아브라함과 이삭과 야곱과 요셉에게 일어난 일들에 대해 기록한다. 창세기는 첫장부터 끝장까지 역사적 성격을 가진다. 사실 성경 전체가 그러하다. 성경은 절반 이상이 역사이다. 신약도 마찬가지이다. 우리는 성경의 모든 역사적 내용을 다 믿어야 한다.

　<u>둘째로, 롯은 고난의 징벌과 기적적 구출을 통해 하나님의 뜻을 깨달아야 했다.</u> 하나님께서는 죄악되었던 소돔 성과 거기 살며 그들과 교제했던 롯에게 고난의 징벌을 내리셨다. 그러나 죄와 부족에 대한 징벌 중에서도 하나님께서는 롯을 긍휼히 여기셨고 기이한 구원을 주셨다. 우리는 고난을 통해 하나님의 뜻을 배워야 한다(시 119:71). 하나님의 뜻은 우리가 세상의 헛된 것을 구하지 말고 하나님 중심으로 사는 것이다. 사람의 삶과 죽음, 행복과 불행은 오직 섭리자 하나님께 달렸다.

　<u>셋째로, 하나님께서는 아브람을 사용하셔서 롯을 구출하셨다.</u> 아브람은 평소에 집에서 훈련시켰던 318명의 가신들과 함께 가서 롯을 구출하였다. 그것은 그의 사랑과 용기를 보인다. 우리는 어려움 당한 형제들과 이웃들을 사랑하고 도울 힘이 있을 때 그들을 도와야 한다. 우리는 이 험한 세상을 사는 동안 믿음 안에서 자신을 훈련시키고 사랑과 용기를 가지고 선한 일을 행해야 한다. 우리는 성경 읽고 기도하는 경건의 훈련과 더불어 체력 단련도 하는 것이 좋고, 또 우리가 세상에서 할 수 있는 일들이 무엇이든지 다 준비하고 대비하여 처리하는 지혜와 사랑과 용기를 가져야 한다. 우리는 주 안에서 사랑과 용기를 가져야 한다.

17-24절, 아브람이 이기고 돌아옴

〔17절〕 아브람이 그돌라오멜과 그와 함께 한 왕들을 파하고 돌아올 때에 소돔 왕이 사웨 골짜기 곧 왕곡(王谷)[왕의 골짜기]에 나와 그를 영접하였고.

'파하다'는 원어는 '치다, 패배시키다, 죽이다'는 뜻을 가진다. 옛날 영어성경(KJV)은 '죽이다'(slaughter)는 말로 번역하였다. 소돔 왕의 입장에서 아브람은 그들의 성읍 곧 그 나라 사람들과 그 빼앗긴 재물들을 찾아준 은인이었다. 그러므로 아브람이 돌아올 때에 소돔 왕은 사웨 골짜기 곧 왕의 골짜기에 나와 아브람을 영접하였다.

〔18절〕 살렘 왕 멜기세덱이 떡과 포도주를 가지고 나왔으니 그는 지극히 높으신 하나님의 제사장이었더라.

살렘 왕 멜기세덱은 신비한 인물이다. '살렘 왕'은 '평화의 왕'이라는 뜻이고, '멜기세덱'은 '의(義)의 왕'이라는 뜻이다. 또 그는 '지극히 높으신 하나님의 제사장'이라고 증거되었다. 그가 떡과 포도주를 가져온 것은 아브람과 그의 동료들의 원기회복을 위해서이었을 것이다. 본문은 그가 실제로 역사적 인물이라고 증거하는 것 같다.

많은 유대인들과 어떤 성경 연구자들은 멜기세덱을 셈이라고 생각한다. 아브람이 롯을 구한 것은 그가 가나안 땅에 들어온 지 10년이 되기 전의 일이었고(창 16:3) 그러면 아담 후 2033년 이전이었다. 셈은 아담 후 1558년경에 출생하여 2158년경까지 살았으므로 또 그는 경건했을 것이므로, 멜기세덱과 비슷한 인물일 수도 있을 것이다. 그러나 셈이 가나안 땅에 있었을까 하는 점, 그가 셈이라면 셈이라고 부르지 다른 이름으로 불렀을 것 같지 않다는 점, 또 히브리서 7:3에 멜기세덱이 "아비도 없고 어미도 없고 족보도 없고 시작한 날도 없고 생명의 끝도 없다"고 묘사된 점 등은 셈에게는 어울리지 않는다.

멜기세덱이 실제 인물이라면 가나안 족속의 한 왕이라고 보는 것이 좋을 것이다. 히브리서 7:3의 말씀은 그에 대해 족보도, 출생일도,

사망일도 언급이 없다는 뜻일 것이다. 하나님께서는 한 경건한 인물을 가나안 땅에 숨겨두셨다. 칼빈은 말하기를, "하나님의 흠모할 만한 은혜가 무명의 사람 속에서 더 분명히 빛난다. 왜냐하면 부패된 세상 속에서 멜기세덱은 그 땅에서 종교의 바르고 신실한 소유자요 수호자이었기 때문이다"라고 하였고, 매튜 풀은 "그 당시에 하나님께서는 심지어 최악의 장소들과 나라들 가운데서도 그의 남은 자들을 여기 저기 흩어두셨다"라고 말했다(성경주석, I, 35).

〔19절〕 그가 아브람에게 축복하여 가로되 천지의 주재(코네 הָנֵק)[창조자, 소유자](BDB, KB)시요 지극히 높으신 하나님이여, 아브람에게 복을 주옵소서.

멜기세덱은 아브람에게 천지의 주재시요 지극히 높으신 하나님의 복을 기원하고 그의 대적들을 그 손에 붙이신 지극히 높으신 하나님을 찬송하였다. 멜기세덱의 말에서, 우리는 그의 경건을 엿본다.

첫째로, 멜기세덱은 하나님을 '천지의 주재[창조자, 소유자]'로 알았다. 하나님께서는 천지만물을 창조하신 분이시며 소유자이시다.

둘째로, 멜기세덱은 하나님을 '지극히 높으신 하나님'으로 알았다. '지극히 높으신 하나님' 혹은 '지존자'라는 표현은 성경에 자주 나오는 표현이다. 그것은 시편에 적어도 21번 나오고 다니엘서에 14번이나 나온다.[27] 하나님께서는 저 높고 광대한 하늘보다 더 높으신 자이시다. 그는 초월자이시다. 그의 지혜와 능력은 지극히 뛰어나시다.

셋째로, 멜기세덱은 하나님을 '복을 주시는 하나님'으로 알았다. 복은 하나님께서만 주실 수 있다. 왜냐면 그는 만복의 근원이시며 전능하신 왕이시기 때문이다. 신명기 32:39, "이제는 나 곧 내가 그인 줄 알라. 나와 함께 하는 신이 없도다. 내가 죽이기도 하며 살리기도 하

---

27) 시 7:17; 9:2; 18:13; 21:7; 46:4; 47:2; 50:14; 57:2; 73:11; 77:10; 78:17, 35, 56; 82:6; 83:18; 87:5; 91:1, 9; 92:1; 97:9; 107:11; 단 3:26; 4:2, 17, 24, 25, 32, 34; 5:18, 21; 7:18, 22, 25, 25, 27.

며 상하게도 하며 낫게도 하나니 내 손에서 능히 건질 자 없도다.”
한나도 말하기를, “여호와는 죽이기도 하시고 살리기도 하시며 음부
에 내리게도 하시고 올리기도 하시는도다. 여호와는 가난하게도 하
시고 부하게도 하시며 낮추기도 하시고 높이기도 하시는도다”라고
했다(삼상 2:6-7). 시편 115:3, “오직 우리 하나님께서는 하늘에 계셔
서 원하시는 모든 것을 행하셨나이다.” 시편 135:6, “여호와께서 무릇
기뻐하시는 일을 천지와 바다와 모든 깊은 데서 다 행하셨도다.”

그러므로 제사장들은 백성들에게, “여호와께서는 네게 복을 주시
고 너를 지키시기를 원하며 여호와께서는 그 얼굴로 네게 비취사 은
혜 베푸시기를 원하며 여호와께서는 그 얼굴을 네게로 향하여 드사
평강 주시기를 원하노라”고 축복해야 했다(민 6:24-26). 또 시편 1편
은 악을 떠나고 하나님의 말씀을 주야로 묵상하며 사는 자가 복되다
고 말했고, 사도 바울은 그의 서신들에서 성도들에게 항상 하나님과
주 예수 그리스도께로부터 오는 은혜와 평안을 기원했다(롬 1:7).

**[20절] 너의 대적을 네 손에 붙이신 지극히 높으신 하나님을 찬송할지로
다 하매 아브람이 그 얻은 [모든] 것에서 10분 1을 멜기세덱에게 주었더라.**

넷째로, 멜기세덱은 아브람의 대적을 아브람의 손에 붙이신 자가
바로 하나님이시라고 증거하였다. 이것은 성경적 진리이다. 하나님께
서는 성도들의 힘이시며 방패시고 구원이시며 대적들을 그 발 아래
굴복케 하시는 주권적 섭리자이시다.

다섯째로, 멜기세덱은 하나님을 ‘찬송을 받으실 하나님’으로 알았
다. 우리 하나님께서는 사람들을 통해 찬송과 영광을 받기에 합당하
신 자이시다. 사실, 그것이 하나님께서 사람을 창조하신 목적이었다.
이사야 43:7, 21, “무릇 내 이름으로 일컫는 자 곧 내가 내 영광을 위
하여 창조한 자를 오게 하라. 그들을 내가 지었고 만들었느니라,” “이
백성은 내가 나를 위하여 지었나니 나의 찬송을 부르게 하려 함이니
라.” 여기에 사람의 첫 번째 존재 목적이 있다.

아브람은 멜기세덱에게 그 얻은 것에서 10분 1을 주었다. '그 얻은 것에서'라는 말은 원문에 '모든 것의'라고 되어 있다. 여기에 성경에서 최초로 십일조에 대한 언급이 있다. 십일조는 10분의 1이라는 뜻이다. 아브람이 드린 최초의 십일조는 하나님을 인정하는 표이었다. 그것은 하나님의 복 주심을 인정한 표, 즉 전쟁에서 이긴 것과 빼앗겼던 물건들을 다시 찾은 것이 다 하나님의 은혜임을 인정한 표이었다. 십일조는 하나님과 그의 복 주심을 인정하고 우리의 소득이 그의 복이며 우리의 모든 것이 하나님의 것임을 인정하는 믿음의 표이다.

멜기세덱은 신비한 인물이었다. 그는 족보도 없고, 출생이나 사망에 대한 언급도 없다. 그는 아브람을 축복하였고 그에게서 십일조를 받았으므로 그의 자손인 레위보다 높은 자이었다. 히브리서 7:1-3은 그가 예수 그리스도의 모형이었다고 말한다. 그의 이름이 그러했다. 예수 그리스도께서는 의(義)의 왕이시며 평화의 왕이시다. 또 예수 그리스도께서는 실상 영원하신 하나님의 아들이시며 하나님이시다.

〔21절〕소돔 왕이 아브람에게 이르되 사람은 내게 보내고 물품은 네가 취하라.

소돔 왕은 모든 것을 다 잃어버렸었기 때문에 사람들이 다 죽었거나 종이 되었다 할지라도 할 말이 없었을 것이다. 그러나 그는 자기 가족들, 친지들, 이웃들을 찾게 되었다. 그는 감히 물품들까지 되돌려 달라고 말할 염치가 없었을 것이다. 그래서 그는 아브람에게 사람은 내게 보내고 물품은 네가 취하라고 말했다.

〔22-23절〕아브람이 소돔 왕에게 이르되 천지의 주재[소유자, 창조재]**시요 지극히 높으신 하나님 여호와께 내가 손을 들어 맹세하노니 네 말이 내가 아브람으로 치부(致富)케**[부자가 되게]**하였다 할까 하여**[하지 않도록]**네게 속한 것은 무론 한 실이나 신들메**[신발끈]**라도 내가 취하지 아니하리라.**

아브람은 하나님의 이름으로 맹세하며 소돔 왕의 제안을 거절하였다. 아브람의 믿음은 멜기세덱의 믿음과 같았다. 그는 "천지의 주재시요 지극히 높으신 하나님" 여호와를 믿었다. 맹세는 하나님 앞에서 엄숙히 진실을 말하는 행위이다. 맹세는 자신의 말이 장난삼아 하는 것이거나 경솔히, 가볍게, 혹은 거짓되이 하는 말이 아니고, 진지하게, 진심으로, 진실하게 하는 것임을 증거한다.

아브람은 그가 전쟁에서 도로 찾은 물건들 중 실 한 개나 신발끈 하나도 취하지 않겠다고 말했다. 그것은 그에게 재물에 대한 욕심이 없었음을 증거한다. 재물 욕심을 버린 자가 참으로 하나님을 믿는 자이다. 하나님을 바로 알고 하나님을 보화로 삼은 자는 그렇게 할 수 있다. 하나님을 모르고 돈이 인생의 전부인 줄 알고 사는 자는 결코 그렇게 할 수 없겠지만, 하나님과 천국을 아는 자, 내세를 믿는 자는 그렇게 할 수 있다. 실상, 하나님께서는 우리의 모든 것이 되신다.

가치관의 차이는 생활방식의 차이를 만든다. 주의 말씀대로, 우리는 두 주인을 섬기며 살 수 없다(마 6:24). 우리가 참으로 주 하나님을 믿고 섬기며 천국을 믿는다면, 네 보물을 땅에 쌓지 말고 하늘에 쌓아 두라는 주의 말씀(마 6:19-20)에 동의할 것이다. 주께서는 재물이 있는 곳에 우리의 마음도 있다고 말씀하셨다(마 6:21). 또 그는 의식주의 문제 때문에 염려하거나 걱정하지 말라고 하셨다(마 6:25 이하). 그러므로 사도 바울은 "네가 이 세대에 부한 자들을 명하여 마음을 높이지 말고 정함이 없는 재물에 소망을 두지 말고 오직 우리에게 모든 것을 후히 주사 누리게 하시는 하나님께 두며 선한 일을 행하고 선한 사업에 부하고 나눠주기를 좋아하며 동정하는 자가 되게 하라"고 교훈하였다(딤전 6:17-18).

아브람이 소돔 왕의 제안을 거절한 까닭은, 자신이 하나님 때문에가 아니고 소돔 왕 때문에 부자가 되었다는 말을 듣지 않기 위해서이었다. 그는 그런 일로 인해 하나님의 영광이 가리워지기를 원치 않았다. 경건한 아브람은 세상 재물을 작게 여겼고, 하나님의 이름과 영광을 크게 여겼다. 사람에게 물질적 부요를 주실 이는 오직 하나님이시다. 그의 이름은 영광을 받으셔야 하며 그 영광이 사람에게 돌아가서는 안 된다. 하나님의 거룩하신 이름은 우리의 인격과 삶을 통해 욕을 당하지 않고(롬 2:24) 영광을 받으셔야 한다.

〔24절〕오직 소년들의 먹은 것과 나와 동행한 아넬과 에스골과 마므레의 분깃을 제할지니 그들이 그 분깃을 취할 것이니라.

단지, 아브람은 그와 함께 전쟁에 참여했던 소년들이 먹은 것과 그와 동행했던 아넬과 에스골과 마므레의 수고의 댓가는 제하여야 한다고 말했다. 그것은 정당한 요구이었다.

본문의 교훈을 정리해보자. 첫째로, 멜기세덱과 아브람은 천지만물의 창조자와 소유자 하나님, 지극히 높으신 하나님, 복을 주시는 하나님, 승전(勝戰)케 하신 하나님, 찬송을 받으실 하나님을 믿었다. 그들은 살아계시고 참되신 하나님께 대한 바른 지식과 믿음을 가지고 있었다. 우리도 하나님에 대한 바른 지식과 믿음을 가지고 하나님을 인정하고 높이고 사랑하며 의지하고 그 의 복을 사모하며 그에게 순종해야 한다.

둘째로, 아브람은 그 전쟁에서 승리하고 돌아오다가 그를 맞아 축복한 신기한 인물인 멜기세덱에게 소득의 십일조를 드렸다. 그것은 그의 승리와 전쟁노획물이 다 하나님의 은혜임을 인정한 것이었다. 후에 다윗은 천지만물이 다 하나님의 것이며 헌금은 하나님의 것을 하나님께 드린 것이라고 고백했다(대상 29:11-17). 주께서는 "너희를 위해 보물을 하늘에 쌓아두라"고 말씀하셨다(마 6:20). 십일조는 그런 믿음의 표시이다. 성도는 하나님께 소득의 십일조 이상을 드려야 마땅하다.

셋째로, 아브람은 물질적 욕심을 품지 않고 하나님의 이름과 영광을 더 중히 여겼다. 우리는 세상적, 물질적 이익보다 하나님의 이름과 영광을 더 중히 여겨야 하고 우리의 행위로 하나님의 이름과 영광이 손상되지 않고 오히려 하나님께 영광이 되도록 처신하며 살아야 한다.

15장: 믿음의 의

〔1절〕 이 후에 여호와의 말씀이 이상(異像) 중에 아브람에게 임하여 가라사대 아브람아, 두려워 말라. 나는 너의 방패요, 너의 지극히 큰 상급이니라[너의 상은 매우 크도다].[28]

아브람이 조카 롯을 구출하고 돌아온 후 하나님의 말씀이 이상 중에 아브람에게 임하였다. 이상(異像)은 하나님께서 자신을 특별하게 계시하시던 옛날의 방식들 중 하나이다. 하나님께서는 성경이 완성되기 전에는 꿈이나 이상(異像) 등으로 자신을 계시하셨다(민 12:6).

하나님께서는 아브람에게 "아브람아, 두려워 말라"고 말씀하셨다. 아브람은 이상 중에 하나님을 뵙게 되니 두려웠을 것이며 또 북방 연합군이 다시 쳐들어올지 모른다고 두려워하였던 것 같다. 그러나 하나님께서는 그의 두려움을 제거해 주기를 원하셨다.

하나님께서는 그에게 "나는 너의 방패니라"고 말씀하셨다. 방패는 전쟁에서 적군의 칼과 창을 막는 무기이다. 하나님께서 그의 방패라는 말씀은 하나님께서 침략자들의 공격을 막아 주시고 그를 지켜 주신다는 뜻이다. 과연 하나님께서는 우리의 방패가 되신다(시 18:2).

하나님께서는 또 아브람에게 "너의 상은 매우 크도다"라고 말씀하셨다. 그는 아브람이 조카 롯를 위해 행한 헌신적 수고와 전쟁노획물에 욕심을 부리지 않은 선한 행위에 대해 큰 상을 주시기를 원하셨다. 하나님께서는 사람의 작은 선행에 대해서도 상 주시기를 기뻐하신다.

〔2-5절〕 아브람이 가로되 주 여호와여, 무엇을 내게 주시려나이까? 나는 무자(無子)하오니 나의[내 집의] 상속자는 이 다메섹 엘리에셀이니이다. 아브람이 또 가로되 주께서 내게 씨를 아니주셨으니 내 집에서 길리운[난]

---

28) 히브리어 원어성경의 마소라 액센트가 그러하다. NASB 영어성경은 이렇게 번역했다.

자가 나의 후사가 될 것이니이다. 여호와의 말씀이 그에게 임하여 가라사대 그 사람은 너의 후사가 아니라. 네 몸에서 날 자가 네 후사가 되리라 하시고 그를 이끌고 밖으로 나가 가라사대 하늘을 우러러 뭇 별을 셀 수 있나 보라. 또 그에게 이르시되 네 자손이 이와 같으리라.

사람의 생사화복을 주관하시는 하나님께서 그에게 자식을 주지 않으셨기 때문에, 아브람은 자기 집에서 난 다메섹 사람 엘리에셀을 그의 상속자로 생각하고 있었다. 3절에 '내 집에서 길리운 자'라는 원어(벤 베시 בֶּן־בֵּיתִי)는 '내 집의 아들'이라는 말이며 영어성경들은 '내 집에서 난 자'라고 번역하였다(KJV, NASB). 그는 아브람의 집에서 종으로 나서 길리운 자이었을 것이다. 그때 하나님의 말씀이 아브람에게 임했다. 하나님께서는 다메섹 엘리에셀이 그의 상속자가 아니며, 그의 몸에서 날 자가 그의 상속자가 될 것이며, 그의 자손들이 하늘의 별같이 셀 수 없이 많게 될 것이라고 말씀하셨다.

〔6절〕 아브람이 여호와를 믿으니 여호와께서 이를 그의 의로 여기시고.

아브람은 하나님을 믿었고 그의 말씀과 능력과 신실하심을 믿었다. 하나님께서는 아브람의 믿음을 그의 의(義)로 간주하셨다. 그는 아브람의 선하고 의로운 행위를 의로 간주하지 않으셨고 그의 믿음을 의로 간주하셨다. 사람의 선행은 하나님 앞에서 의로 간주될 만큼 완전치 못하며 부족투성이이다. 사람은 하나님 앞에서 행위로 의롭다 하심을 얻을 수 없고 하나님을 믿음으로 의롭다 하심을 얻는다. 아브람은 우리가 의롭다 하심을 얻는 일의 본이 되었다(롬 4:1-3).

아브람의 믿음은 컸다. 그는 그와 그의 아내가 늙었고 자녀 출산이 불가능해 보였지만 끝까지 하나님을 믿었다. 로마서 4:19-21, "그가 백세나 되어 자기 몸의 죽은 것 같음과 사라의 태의 죽은 것 같음을 알고도 믿음이 약하여지지 아니하고 믿음이 없어 하나님의 약속을 의심치 않고 믿음에 견고하여져서 하나님께 영광을 돌리며 약속하신 그것을 또한 능히 이루실 줄을 확신하였으니." 믿음은 하나님과 그의 말씀과 그의 약속과 그의 능력과 그의 신실하심을 믿는 것이다.

〔7절〕또 그에게 이르시되 나는 이 땅을 네게 주어 업을 삼게 하려고 너를 갈대아 우르에서 이끌어 낸 여호와로라.

하나님께서는 아브람에게 주셨던 약속을 다시 확인시켜 주셨다. 그는 가나안 땅을 그에게 기업으로 주기 위해 그를 갈대아 우르에서 이끌어 내셨다고 말씀하셨다. 창세기 12:1에 기록된 "너는 너의 본토 친척 아비 집을 떠나 내가 네게 지시할 땅으로 가라"고 하셨던 하나님의 명령은 단지 하란에서가 아니고, 이미 갈대아 우르에서 아브람이나 그의 부친 데라를 향하신 하나님의 뜻이었다(창 11:31). 이 사실은 느헤미야서에 기록된 레위인들의 기도에서도 고백되었다. 느헤미야 9:7, "주는 하나님 여호와시라. 옛적에 아브람을 택하시고 갈대아 우르에서 인도하여 내시고 아브라함이라는 이름을 주시고."

〔8-11절〕그가 가로되 주 여호와여, 내가 이 땅으로 업을 삼을 줄을 무엇으로 알리이까? 여호와께서 그에게 이르시되 나를 위하여 3년된 암소와 3년된 암염소와 3년된 숫양과 산비둘기와 집비둘기 새끼를 취할지니라. 아브람이 그 모든 것을 취하여 그 중간을 쪼개고 그 쪼갠 것을 마주 대하여 놓고 그 새는 쪼개지 아니하였으며 솔개가 그 사체(死體) 위에 내릴 때에는 아브람이 쫓았더라.

아브람은 가나안 땅을 기업으로 주시겠다는 하나님의 약속에 대해 확증의 표를 요청했다. '무엇으로'(밤마 בַּמָּה)라는 말은 그의 불신앙을 나타내기보다 믿음을 위한 확증의 표를 구한 것이다. 훗날에 기드온이나 히스기야도 확증의 표를 구하였었다(삿 6:37; 왕하 20:8).

하나님께서는 아브람에게 3년된 암소, 3년된 암염소, 3년된 숫양과 산비둘기와 집비둘기 새끼를 제물로 준비하라고 말씀하셨다. 아브람은 그것들을 준비하고 그 중간을 쪼개었다. 제물의 중간을 쪼갠 것은 언약을 맺는 당사자 어느 한 쪽이 그 언약을 어기면 죽임을 당한다는 것을 상징하는 행위이었던 것 같다(렘 34:18-20). 솔개가 제물의 사체

위에 내릴 때에는 아브람이 그것을 쫓았다.

〔12-14절〕해질 때에 아브람이 깊이 잠든 중에 캄캄함이 임하므로 심히 두려워하더니 여호와께서 아브람에게 이르시되 너는 정녕히 알라. 네 자손이 이방에서 객이 되어 그들을 섬기겠고 그들은 400년 동안 네 자손을 괴롭게 하리니 그 섬기는 나라를 내가 징치(懲治)[심판, 징벌]할지며 그 후에 네 자손이 큰 재물을 이끌고 나오리라.

하나님께서는 아브람의 자손이 이방에서 나그네가 되어 이방인들을 섬기며 그들에게 400년 동안 괴롭힘을 당하며 그 후에 하나님께서 그들을 징벌하심으로 큰 재물을 이끌고 나올 것이라고 말씀하셨다. 이 말씀은 이스라엘 백성이 애굽에서 나올 때 다 이루어졌다. 당시에 그들은 애굽에서 심한 학대와 고통을 당하였고(출 2:23-24), 그들은 애굽에 거주한 지 430년 만에 그 고통과 속박으로부터 해방되어 나왔고(출 12:40), 나올 때 큰 재물을 가지고 나왔다(출 12:35-36).

〔15절〕너는 장수하다가 평안히 조상에게로 돌아가 장사될 것이요[또 너는 평안히 네 조상들에게로 돌아갈 것이라. 너는 장수하다가 장사되리라](원문, KJV).

'조상에게로 돌아간다'는 표현은 사람의 영혼이 몸의 죽음 후에도 계속 존재하며 어떤 장소에 모임을 암시한다. 이것은 영혼불멸에 대한 한 증거이다. 사람은 몸을 가진 자일 뿐 아니라, 불멸적인 영혼을 가진 자이다. 영혼은 몸이 죽는다고 없어지는 것이 아니고 어떤 곳에 집결된다. 성경은 그 장소가 천국과 지옥이며, 의인의 영혼은 천국에 올라가 몸의 부활 때까지 쉬지만, 악인의 영혼은 지옥에 던지워 마지막 심판 때까지 고통을 당한다고 증거한다(눅 16:19-31).

〔16절〕네 자손은 4대 만에 이 땅으로 돌아오리니 이는 아모리 족속의 죄악이 아직 관영치 아니함이니라 하시더니.

'4대 만에'라는 말씀도 그대로 성취되었다. 야곱이 애굽에 내려간 때로부터 레위, 고핫, 아므람, 모세에 이르는 4대째에 그들은 애굽에

서 나왔다. '아모리 족속'은 가나안 땅의 여러 족속들을 대표하였다
(창 48:22; 왕상 21:26; 암 2:9-10). 아브람은 당시에 아모리 족속 곁에
살고 있었다. 창세기 14:13은 "때에 아브람이 아모리 족속 마므레의
상수리 수풀 근처에 거하였더라"고 말한다.

"이는 아모리 족속의 죄악이 아직 관영치 아니함이니라"는 말씀은
오랜 후에 있을 가나안 땅의 정복이 그 곳 거주민들의 죄악의 많음에
대한 하나님의 심판일 것을 암시한다. 과연, 레위기 18:24-25에 보면,
하나님께서는 "너희는 이 모든 일[심히 음란한 일들]로 스스로 더럽
히지 말라. 내가 너희의 앞에서 쫓아내는 족속들이 이 모든 일로 인
하여 더러워졌고, 그 땅도 더러워졌으므로 내가 그 악을 인하여 벌하
고 그 땅도 스스로 그 거민을 토하여 내느니라"고 말씀하셨다.

가나안 땅을 주시겠다는 하나님의 약속은 오랜 세월이 흘러야 이
루어질 것이었지만 그대로 성취되었다. 신약교회에 주신 하나님의
약속, 즉 주 예수님의 재림과 죽은 자들의 부활과 천국의 약속도 꼭
이루어질 것이다. 요한계시록 22:20, "이것들을 증거하신 이가 가라사
대 내가 진실로 속히 오리라 하시거늘 아멘, 주 예수여, 오시옵소서."

〔17-21절〕 **해가 져서 어둘 때에 연기 나는 풀무가 보이며 타는 횃불이
쪼갠 고기 사이로 지나더라. 그 날에 여호와께서 아브람으로 더불어 언약을
세워 가라사대 내가 이 땅을 애굽 강에서부터 그 큰 강 유브라데까지 네 자
손에게 주노니 곧 겐 족속과 그니스 족속과 갓몬 족속과 헷 족속과 브리스
족속과 르바 족속과 아모리 족속과 가나안 족속과 기르가스 족속과 여부스
족속의 땅이니라 하셨더라.**

쪼갠 제물들 사이로 지나는 연기 나는 풀무와 타는 횃불은 하나님
을 상징한 것 같다(출 3:2). 그것은 아브람이 하나님께 요청한 하나님
의 표증이었다. 그 날 하나님께서는 다시 가나안 땅을 약속하시고 그
땅의 경계와 당시에 거기 살고 있었던 열 족속들을 말씀하셨다. 이스
라엘 백성은 후에 다윗과 솔로몬 왕 시대에 하나님께서 약속하신 땅

의 그 경계까지 거의 영토를 확장했었다(삼하 8:6, 14; 왕상 4:21, 24).

본장의 교훈을 정리해보자. <u>첫째로, 하나님께서는 자신이 아브람의 방패이며 아브람의 상이 매우 크다고 말씀하셨다.</u> 세상에는 환난과 시험이 많고 우리를 넘어뜨리려는 대적들도 많지만, 하나님께서는 우리의 방패가 되시며 하나님께서 우리를 위해 예비하신 상은 크다. 예수께서는 "내가 속히 오리니 내가 줄 상이 내게 있어 각 사람에게 그의 일한 대로 갚아 주리라"고 말씀하셨다(계 22:12). 우리는 환난 많은 세상에서도 우리의 방패이신 하나님을 의지하며 담대히 살고 또 그의 약속하신 상을 기대하며 열심히 믿음으로 살고 의와 선을 행하며 살아야 한다.

<u>둘째로, 아브람은 하나님의 말씀을 믿었고 하나님께서는 그의 믿음을 그의 의로 간주하셨다.</u> 우리가 의롭다 하심을 얻는 이치도 비슷하다. 하나님께서는 예수 그리스도를 믿는 자에게 의롭다 하심의 복을 주셨다. 우리의 행위는 늘 부족하지만, 우리는 예수 그리스도를 믿음으로 의롭다 하심을 얻었다. 갈라디아서 2:16, "사람이 의롭다 하심을 얻는 것은 율법의 행위에서 난 것이 아니요 오직 예수 그리스도를 믿음으로 말미암는 줄 아는 고로 우리도 그리스도 예수를 믿나니 이는 우리가 율법의 행위에서가 아니고 그리스도를 믿음으로써 의롭다 하심을 얻으려 함이라. 율법의 행위로써는 의롭다 하심을 얻을 육체가 없느니라."

<u>셋째로, 하나님께서는 아브람에게 가나안 땅을 기업으로 주실 것을 약속하셨고 그 경계가 애굽 강에서부터 큰 강 유브라데까지라고 말씀하셨고 그 땅에 거하는 열 족속들을 언급하셨다.</u> 그는 자기의 백성된 우리에게 복된 기업을 약속하셨다. 그는 구주 예수님을 믿고 구원 얻은 우리에게 "썩지 않고 더럽지 않고 쇠하지 아니하는 기업," 지금 하늘에 간직된 기업(벧전 1:4)을 약속하셨다. 그것이 요한계시록 21장에 기록된 새 하늘과 새 땅이며 새 예루살렘 성이다. 구약시대에 이스라엘 백성에게 약속된 가나안 땅은 이 복된 천국의 예표이었다. 우리는 하나님께서 약속하신 이 영광스런 천국을 사모하며 바르고 충성되게 살아야 한다.

16장: 하갈과 이스마엘

〔1-2절〕 아브람의 아내 사래는 생산치 못하였고 그에게 한 여종이 있으니 애굽 사람이요 이름은 하갈이라. 사래가 아브람에게 이르되 여호와께서 나의 생산을 허락지 아니하셨으니 원컨대 나의 여종과 동침하라. 내가 혹 그로 말미암아 자녀를 얻을까 하노라 하매 아브람이 사래의 말을 들으니라.

네 자손이 하늘의 별과 같이 많게 되리라는 하나님의 약속의 말씀을 아브람이 믿었고(창 15:4-6) 그의 아내 사래도 믿었겠지만, 사래는 결혼한 후 처음부터 아이를 낳지 못했고(창 11:30) 그때까지도 아이가 없었기 때문에 좀더 참고 기다리지 못하고 하나님의 뜻을 인간적 방법으로 이루려 하였다. 그것은 사람의 연약한 생각이었다.

사래에게는 하갈이라는 애굽 사람 여종이 있었는데, 사래는 그를 자기 남편에게 주어 그를 통해 아들을 얻으려고 했다. 그는 그 일을 남편에게 권유했고 남편은 아내의 말을 따랐다. 마치 첫 사람 아담이 그 아내의 잘못된 권유를 받아들인 것처럼, 아브람은 아내의 잘못된 권유를 받아들였다. 그러나 아무리 사랑하는 아내의 권유라 하더라도 그는 거절할 것은 거절했어야 했다. 아브람은 우리와 같이 연약함을 가진 사람이었다. 사람은 누구나 연약함이 있다.

〔3절〕 아브람의 아내 사래가 그 여종 애굽 사람 하갈을 가져 그 남편 아브람에게 첩으로 준 때는 아브람이 가나안 땅에 거한 지 10년 후이었더라.

'첩'이라는 원어(잇솨 אִשָּׁה)는 '아내'라는 말이다. 아브람은 아내가 둘이 되었다. 그것은 하나님의 뜻에 어긋났다. 일부일처(一夫一妻)는 하나님의 뜻이다. 하나님께서는 첫 사람 아담의 갈빗대로 한 여자를 만드시고 부부가 되게 하셨다. 한 남자와 한 여자가 부부가 되게 하신 것이다. 결혼은 한 남자와 한 여자 간에 이루어져야 한다. 동성간의 결혼이나 일부다처(一夫多妻)는 하나님의 뜻에 어긋난다.

〔4-5절〕 아브람이 하갈과 동침하였더니 하갈이 잉태하매 그가 자기의 잉태함을 깨닫고 그 여주인을 멸시한지라. 사래가 아브람에게 이르되 나의 받는 욕은 당신이 받아야 옳도다. 내가 나의 여종을 당신의 품에 두었거늘 그가 자기의 잉태함을 깨닫고 나를 멸시하니 당신과 나 사이에 여호와께서 판단하시기를 원하노라.

아브람으로 인하여 임신한 하갈은 자신의 임신함을 깨닫고 여주인 사래를 멸시하였다. 그러나 그것은 하갈의 잘못이었다. 하갈은 종의 신분으로서 주인의 첩이 된 것이 여주인 사래의 덕분인 것을 감사히 생각하고 여주인을 끝까지 존중하고 섬겨야 했다. 그러나 그는 어리석었고 마음이 높아졌던 것이다. 사래도 그런 일을 예상치 못했던 것 같다. 그는 아브람과 자신의 가정을 위하고 하나님의 뜻을 이룬다고 생각했던 일이 도리어 자기에게 고통으로 돌아와 당황했을 것이다.

〔6절〕 아브람이 사래에게 이르되 그대의 여종은 그대의 수중에 있으니 그대의 눈에 좋은 대로 그에게 행하라 하매 사래가 하갈을 학대하였더니 하갈이 사래의 앞에서 도망하였더라.

아브람은 사래에게 그의 눈에 좋은 대로 그 여종 하갈에게 행하라고 말했고 사래는 하갈을 학대하였다. 하갈이 여주인을 멸시했으니 학대를 받는 것은 당연한 일이었다. 여주인이 여종에게 멸시를 받고 그냥 지낼 수 없다는 것은 사람의 일반적인 감정일 것이다.

그러나 사래가 하갈을 좀더 참고 끝까지 잘 대해 주었으면 더 좋았을 것이다. 자기 남편의 아기를 임신한 여종을 학대하는 것은 선한 일이 아니었다. 하갈의 인격이 부족해서 여주인께 감사하지 못하고 자기 위치를 벗어났으나 그가 여주인을 멸시한다고 여주인이 낮아지는 것은 아니었다. 아브람의 마음은 아내 사래에게 있었기 때문이다.

학대를 받던 하갈은 사래의 얼굴을 피해 집을 나와 도망쳤다. 학대 받는 자가 도망치고 싶은 것은 사람의 당연한 감정일 것이다. 그러나 그 학대는 자신이 스스로 가져온 결과이었다. 그가 여주인을 멸시하지 않았더라면 그런 학대를 받지 않았을 것이다. 그러므로 실상 도망칠 일이 아니었고 자신의 잘못을 반성하고 겸손히 여주인 사래에게 복종했어야 할 일이었지만, 그는 도망쳤다.

〔7-8절〕여호와의 사자가[사자께서] 광야의 샘 곁 곧 술(Shur)[슈르] 길 샘물 곁에서 그를 만나 가로되 사래의 여종 하갈아, 네가 어디서 왔으며 어디로 가느냐? 그가 가로되 나는 나의 여주인 사래를 피하여 도망하나이다.

여호와의 사자께서는 하갈을 만나셨다. 그것은 하나님의 배려이었다. 본문의 여호와의 사자는 단순한 천사가 아니었다. 10절에 보면, 그는 "내가 네 자손으로 크게 번성케 하리라"고 말씀하셨고, 또 13절에 "하갈이 자기에게 이르신 여호와의 이름을"이라는 말씀을 보면, 그는 구약시대에 종종 나타나신 하나님이셨다(창 22:12, 14; 출 3:4).

여호와의 사자께서는 광야의 샘 곁 곧 슈르 길 샘물 곁에서 하갈을 만나셨다. '슈르 길' 곧 슈르로 가는 길은 당시의 주요한 도로 중의 하나이었고 그 길에 한 샘이 있었다. 여호와의 사자께서 하갈을 만나신 것은 그 샘 곁, 즉 구체적인 한 장소에서이었다.

여호와의 사자께서는 하갈에게 "사래의 여종 하갈아, 네가 어디서 왔으며 어디로 가느냐?"고 물으시며 하갈의 신분을 언급하셨다. 그의 신분에 대한 언급은 하갈로 하여금 즉시 자신의 신분을 다시 깨닫게 했을 것이다. 하갈은 "나는 나의 여주인 사래를 피하여 도망하나이다"라고 대답했다. 그는 자기가 멸시했고 그에게 학대받았던 사래를 '나의 여주인'이라 불렀다. 그렇다, 그는 사래의 여종이었다.

〔9절〕여호와의 사자가[사자께서] 그에게 이르되 네 여주인에게로 돌아가서 그 수하에 복종하라.

여주인에게 복종하는 것은 여종의 마땅한 본분이다. 종은 주인을 멸시하지 말고 그에게 겸손히 복종해야 한다. 하나님께서는 질서를 중히 여기신다. 또 임신한 몸으로 도망친 것은 자신과 태아 모두에게 해로웠다. 그 태아는 아브람의 아이이다. 그는 자신과 그 아이의 유익을 위해 하나님의 정한 때까지 힘들어도 집에 머물러 있으며 여주인 사래에게 복종해야 했다. 그것이 그들을 향하신 하나님의 뜻이었다.

우리는 때때로 힘들어도 질서를 존중하며 자기 위치를 지켜야 한다. 하나님께서는 무질서와 혼란을 원치 않으신다. 아내는 남편에게 순종하고 자녀는 부모에게 순종하며 학생은 선생님께 순종하고 아랫사람은 윗사람에게 순종해야 한다. 우리는 때때로 힘들어도 하나님께서 적절한 다른 길을 보여주시기 전까지 현재 처한 환경에 적응하고 겸손히 자기를 부정하고 순종하는 법을 배워야 한다.

〔10-12절〕여호와의 사자가 또 그에게 이르되 내가 네 자손으로 크게 번성하여 그 수가 많아 셀 수 없게 하리라. 여호와의 사자가 또 그에게 이르되 네가 잉태하였은즉 아들을 낳으리니 그 이름을 이스마엘이라 하라. 이는 여호와께서 네 고통을 들으셨음이니라. 그가 사람 중에 들나귀같이 되리니 그 손이 모든 사람을 치겠고 모든 사람의 손이 그를 칠지며 그가 모든 형제의 동방에서 살리라 하니라.

여호와의 사자께서는 또 하갈의 자손이 크게 번성하여 그 수가 셀 수 없이 많게 될 것이라고 말씀하셨다. 자녀의 다산(多産)은 창세로부터 하나님의 복이다(창 1:28). 하나님께서는 아브람과 사래가 실수로 잉태케 한 하갈의 아들도 복 주셔서 자손이 많게 하실 것이다.

또 그는 하갈이 낳을 그 아들의 이름을 이스마엘이라고 지으라고 말씀하셨다. '이스마엘'은 '하나님께서 들으셨다'는 뜻이다. 하나님께서는 하갈의 고통을 들으셨고 그가 낳을 아들의 이름까지 지어주신 것이다. 그는 사람이 고통 중에 부르짖는 기도를 들으시는 하나님, 또 "고아의 아버지시며 과부의 재판장"이신 하나님이시다(시 68:5).

또 그는 하갈이 낳을 아들이 사람들 중에 들나귀같이 되겠고 그 손이 모든 사람을 치겠고 모든 사람의 손이 그를 칠 것이며 그가 모든 형제의 동방에서 살 것이라고 말씀하셨다. 이것은 이스마엘이 어떻게 활달하고 호전적 인물이 될지를 보인다. 이 말씀대로, 이스마엘의 자손인 아랍인들은 호전적 유목민의 특징을 가졌다.

〔13-16절〕하갈이 자기에게 이르신 여호와의 이름을 감찰하시는 하나님(엘 로이 אֵל רֳאִי)이라 하였으니 이는 내가 어떻게 여기서 나를 감찰하시는 하나님을 뵈었는고 함이라. 이러므로 그 샘을 브엘라해로이라 불렀으며 그것이 가데스와 베렛 사이에 있더라. 하갈이 아브람의 아들을 낳으매 아브람이 하갈의 낳은 그 아들을 이름하여 이스마엘이라 하였더라. 하갈이 아브람에게 이스마엘을 낳을 때에 아브람이 86세이었더라.

하갈은 자기에게 나타나신 하나님의 이름을 '감찰하시는 하나님'이라고 불렀다. 그는 주인집에서 도망쳐 나올 때는 앞으로 어떻게 살아야 할지 막막하고 외로웠겠지만 여호와의 사자를 만났을 때에 너무 감격하였을 것이다. '브엘라해로이'(בְּאֵר לַחַי רֹאִי)는 '나를 보시는 살아계신 자의 샘물'이라는 뜻이다. 그 샘물이 가데스와 베렛 사이에 있다는 언급은 모세의 보충적 설명이라고 보인다. 성경의 사건들은 사람이 지어낸 허구적 내용이 아니고 진실한 역사적 내용이다.

때가 되어 하갈은 '아브람의 아들'을 낳았고 아브람은 그의 이름을 이스마엘이라 지었다. 그때 아브람은 86세, 즉 하란을 떠나서 가나안 땅에 들어온 지 11년쯤 되는 때이었다. 비록 아브람의 적자(嫡子)가 아니고 서자(庶子)이긴 하지만, 이스마엘은 아브람의 첫 아들이었다.

본장의 교훈을 정리해보자. 첫째로, 사래와 아브람은 하나님의 약속을 인내하지 못하고 인간적 방법으로 그것을 이루려 했다. 여종을 남편에게 첩으로 준 것은 잘못이었다. 일부일처는 하나님의 뜻이다. 하나님의 약속은 때때로 서서히 이루어지지만 반드시 이루어질 것이다. 우리는 하나님의 신실한 약속을 믿고 오래 참고 기다려야 한다. 주 예수 그리스도를 믿음으로 구원 얻은 우리는 주 예수 그리스도의 재림과 죽은 자들의 부활과 천국과 영생의 약속을 받았다. 우리가 하나님과 주 예수 그리스도를 참으로 알고 믿고 사랑한다면 하나님의 약속을 믿고 오래 참고 기다려야 한다. 하나님의 약속들은 반드시 이루어질 것이다.

둘째로, 하갈이 여주인 사래를 멸시한 것은 자기 위치를 망각한 어리석은 일이었고, 사래가 하갈을 학대한 것도 인격적 결함을 가진 여종을 사랑으로 품지 못한 부족과 연약함이었다. 우리는 질서를 중요히 여겨야 한다. 아랫사람은 윗사람을 무시하지 말고 존중하고 두려움과 진실한 마음으로 순종해야 하고 그가 까다로운 자일지라도 그렇게 해야 한다(엡 6:5). 또 우리는 모든 사람에게 항상 선을 베풀고 서로 존중하고 피차 복종해야 한다. 우리는 우리에게 악을 행하는 사람에게도 사람의 감정을 따라 보복하거나 그를 학대하지 말아야 한다. 주께서는 우리에게 원수를 사랑하고 그에게 선을 베풀라고 교훈하셨다(마 5:39-48). 우리는 우리에게 악을 행하는 자에게도 악으로 갚지 말고 모든 사람 앞에서 선한 일을 도모해야 하고 선으로 악을 이겨야 한다(롬 12:17, 21).

셋째로, 하나님께서는 아브람과 사래만 돌아보시지 않고 그의 여종 하갈도 돌아보셨다. 그는 하갈을 감찰하셨고 그의 고통의 부르짖음을 들어주셨다. '이스마엘'은 하나님께서 들으셨다는 뜻이다. 하나님께서는 이스마엘의 자손도 번창케 하실 것이다. 그는 고난 중에 있는 사람을 감찰하시고 그의 부르짖음에 응답하신다. 그는 오늘날에도 부족하고 연약한 우리를 돌아보시며 고통 중에 부르짖는 우리의 소리도 들어주시는 하나님이시다. 시편 107:10-16, "사람이 흑암과 사망의 그늘에 앉으며 곤고와 쇠사슬에 매임은 하나님의 말씀을 거역하며 지존자의 뜻을 멸시함이라. 그러므로 수고로 저희 마음을 낮추셨으니 저희가 엎드러져도 돕는 자가 없었도다. 이에 저희가 그 근심 중에 여호와께 부르짖으매 그 고통에서 구원하시되 흑암과 사망의 그늘에서 인도하여 내시고 그 얽은 줄을 끊으셨도다. 여호와의 인자하심과 인생에게 행하신 기이한 일을 인하여 그를 찬송할지로다. 저가 놋문을 깨뜨리시며 쇠빗장을 꺾으셨음이로다." 사람의 고난이 비록 그의 부족 때문에 왔을지라도, 그가 하나님께 회개하며 구원과 회복을 간구하면 하나님께서는 그의 부르짖음을 들어주시며 그를 그 고통에서 건져주실 것이다.

17장: 할례(割禮)

〔1절〕아브람의 99세 때에 여호와께서 아브람에게 나타나서 그에게 이르시되 나는 전능한 하나님이라. 너는 내 앞에서 행하여 완전하라.

하나님께서는 아브람이 99세 때에 나타나셨다. 그것은 창세기 16장에 기록된 하갈의 사건이 있은 지 13년 후의 일이다. 성경은 소수의 매우 중요한 사건들이나 내용들만 기록했다. 하나님께서는 자주 나타나지 않으시고 특별한 때에 나타나셨다. 그것을 하나님의 특별계시 사건이라고 말한다. 성경은 하나님의 특별계시들의 기록이다.

아브람에게 나타나신 하나님께서는 그에게 몇 가지를 말씀하셨다. 첫째, 그는 자신이 전능한 하나님(엘 솻다이 אֵל שַׁדַּי)임을 증거하셨다. 그는 천지를 창조하신 능력의 하나님이시며 능치 못한 일이 없으신 하나님이시다(창 18:14; 눅 1:37). 둘째, 그는 아브람에게 "너는 내 앞에 행하라"고 말씀하셨다. 하나님 앞에 행하는 것은 경건한 삶이다. 사람들 앞에 사는 사람은 하나님 없이, 무신론적으로 살 수 있고 또 위선적으로나 가식적으로도 살 수 있다. 그렇지만 하나님 앞에 사는 사람은 하나님을 속일 수 없다. 그는 사람의 중심을 아시기 때문이다. 셋째, 그는 아브람에게 "완전하라"고 말씀하셨다. '완전하다'는 원어(타밈 תָּמִים)는 흠 없고 책망할 것이 없는 상태, 양심에 거리낄 만한 것이 없는 상태를 가리킨다. 하나님께서는 아브람이 하나님을 경외하고 의지하며 의롭고 선하고 흠 없게 살기를 원하신 것이다.

〔2-4절〕내가 내 언약을 나와 너 사이에 세워 너로 심히 번성케 하리라 하시니 아브람이 엎드린대 하나님이 또 그에게 일러 가라사대 내가 너와 내 언약을 세우니 너는 열국의 아비가 될지라.

창세기 15:18은 하나님께서 아브람으로 더불어 언약을 세우셨다고 말했었는데, 이제 본장은 본격적으로 그 언약에 대해 말한다. 본장에는 '내 언약'이라는 말이 9번(2, 4, 7, 9, 10, 13, 14, 19, 21절), '영원한 언약'이라는 말이 3번(7, 11, 19절), 그냥 '언약'이라는 말이 1번(13절), 도합 13번 나온다. 하나님의 언약은 언약 당사자와 의논하는 쌍방적 언약이 아니고 일방적 언약이다. 그것은 일종의 명령이다. 그러나 그 것이 어떤 조건을 가진 약속의 형태이기 때문에 언약이라고 부른다. 하나님께서는 그 언약에서 아브람에게 "내가 너를 심히 번성케 하리라"고 약속하셨다. 하나님의 언약을 들은 아브람은 그 앞에 엎드렸다. 이것은 그가 하나님을 경외하며 경배하는 태도를 나타낸다. 하나님 께서는 또 "너는 열국의 아비가 되리라"고 말씀하셨다.

〔5-6절〕 이제 후로는 네 이름을 아브람이라 하지 아니하고 아브라함이라 하리니 이는 내가 너로 열국의 아비가 되게 함이니라. 내가 너로 심히 번성케 하리니 나라들이 네게로 좇아 일어나며 열왕이 네게로 좇아 나리라.

하나님께서는 또한 아브람의 이름을 아브라함이라고 고쳐주셨다. 아브람(אַבְרָם)은 '존귀한 아비'라는 뜻이지만, 아브라함(אַבְרָהָם)은 '열국의 아비'라는 뜻이다.29) 하나님께서는 그를 심히 번성케 하셔서 그에게서 나라들과 열왕들이 나오게 하실 것이라고 약속하셨다.

〔7-8절〕 내가 내 언약을 나와 너와 네 대대 후손의 사이에 세워서 영원한 언약을 삼고 너와 네 후손의 하나님이 되리라. 내가 너와 네 후손에게 너의 우거하는 이 땅 곧 가나안 일경(一境)으로 주어 영원한 기업이 되게 하고 나는 그들의 하나님이 되리라.

하나님께서 아브라함과 맺으신 언약은 민족적 성격을 가진다. 그 것은 하나님과 아브라함과 그 대대의 자손들 사이에 세워지는 영원한 언약이다. 그 언약에 근거하여 하나님께서는 아브라함의 자손들의 하나님이 되실 것이다. 또 그는 아브라함이 지금 우거하는 가나안 땅을 그들의 영원한 기업이 되게 하시겠다고 약속하셨다. 이 약속은

---

29) 히브리어 학자들은 아브라함이라는 말이 '우두머리'(아비르 אָבִיר)라는 말과 '많은 무리'(함 הָם)라는 말의 복합어라고 추측한다(BDB).

이미 여러 번 반복된 내용이었다(창 12:7; 13:15; 15:18).

〔9-10절〕하나님이[하나님께서] 또 아브라함에게 이르시되 그런즉 너는 내 언약을 지키고 네 후손도 대대로 지키라. 너희 중 남자는 다 할례를 받으라. 이것이 나와 너희와 너희 후손 사이에 지킬 내 언약이니라.

하나님께서는 또 아브라함에게 "너는 내 언약을 지키라"고 말씀하셨는데, 그가 지켜야 할 내용은 "너희 중 남자는 다 할례를 받으라"는 명령에 나타나 있다. 하나님의 언약은 할례의 명령으로 표현되었다. 하나님의 명령은 아브라함의 자손 중 남자에게 해당되었다. 남자는 자손들을 대표하였다. 또한, 10절에 "이것이 나와 너희와 너희 후손 사이에 지킬 내 언약이니라"는 말씀은 하나님께서 아브라함과 맺으신 언약이 민족적 성격을 넘어섬을 보여준다. 여기에 '너희'라는 말 속에는 아브라함에게서 태어날 아들 이삭뿐 아니라, 이스마엘과 지금 아브라함과 함께 있는 다른 종들까지도 포함된다. 이것은 아브라함의 언약의 초민족적 성격을 보인다. 이런 점에서 아브라함의 언약은 신약시대에 있을 이방인들의 구원을 암시하였다고 보인다.

〔11-12절〕너희는 양피를 베어라. 이것이 나와 너희 사이의 언약의 표징이니라. 대대로 남자는 집에서 난 자나 혹 너희 자손이 아니요 이방 사람에게서 돈으로 산 자를 무론하고 난 지 8일 만에 할례를 받을 것이라.

하나님께서는 "너희는 양피(陽皮)를 베어라"고 명령하셨다. 할례는 남자의 음경의 귀두를 싼 가죽을 자르는 것이다. 그것은 오늘날의 포경수술이다. 할례는 하나님의 언약의 표증이었으며 모든 남자는, 집에서 난 자든지 이방인에게서 돈으로 산 자든지, 난 지 8일 만에 할례를 받아야 했다. 남자의 양피의 제거는 죄와 불결을 제거하는 뜻이 있었다고 본다. 남자의 성기는 사람의 죄와 정욕이 표출되는 부분으로 간주되었다고 보인다. 할례는 성결과 절제를 교훈한다고 본다.

〔13-14절〕너희 집에서 난 자든지 너희 돈으로 산 자든지 할례를 받아야 하리니 이에 내 언약이 너희 살에 있어 영원한 언약이 되려니와 할례를

받지 아니한 남자 곧 그 양피를 베지 아니한 자는 백성 중에서 끊어지리니
그가 내 언약을 배반하였음이니라.

하나님께서는 아브라함의 자손들이 할례를 통해 언약의 표를 그들
의 살에 두라고 말씀하셨고 또 할례를 받지 않는 남자는 그 백성 중
에서 끊어질 것이라고 경고하셨다. 할례를 받지 않는 자는 하나님의
언약을 배반한 자로 간주되었다. '그 백성 중에서 끊어진다'는 말씀은
그들의 사회로부터의 출교, 혹은 사형, 혹은 하나님의 직접적 징벌로
인한 죽음을 의미하였다고 본다.

〔15-16절〕 하나님이[하나님께서는] 또 아브라함에게 이르시되 네 아내
사래는 이름을 사래라 하지 말고 그 이름을 사라라 하라. 내가 그에게 복을
주어 그로 네게 아들을 낳아주게 하며 내가 그에게 복을 주어 그로 열국의
어미가 되게 하리니 민족의 열왕이 그에게서 나리라.

하나님께서는 아브라함의 아내 사래의 이름도 사라로 고쳐주셨고
그에게 복을 주셔서 아들을 낳게 하시고 그로 하여금 열국의 어미가
되고 민족의 열왕이 그에게서 나게 하겠다고 말씀하셨다. '사라'라는
말(שָׂרָה)은 '공주 혹은 귀부인'이라는 뜻이다(BDB).

〔17-19절〕 아브라함이 엎드리어 웃으며 심중에 이르되 100세된 사람
이 어찌 자식을 낳을까. 사라는 90세니 어찌 생산하리요 하고 아브라함이
이에 하나님께 고하되 이스마엘이나 하나님 앞에 살기를 원하나이다. 하나
님이[하나님께서] 가라사대 아니라, 네 아내 사라가 정녕 네게 아들을 낳으
리니 너는 그 이름을 이삭이라 하라. 내가 그와 내 언약을 세우리니 그의
후손에게 영원한 언약이 되리라.

아브라함은 엎드려 웃으며 100세된 자신과 90세된 아내 사라에게
서 어떻게 자식이 날까 하고 마음으로 생각했다. 그는 하나님께 이스
마엘이 하나님 앞에 살기를 원한다고 대답했다. 그는 자신에게 많은
자손을 주시겠다는 하나님의 약속을 믿었지만, 그 약속이 여종 하갈
을 통해 이루어질 것이라고 참으로 생각했던 것 같다. 그러나 하나님
의 말씀은 분명했다. "아니라. 네 아내 사라가 정녕 네게 아들을 낳으

리니 그 이름을 이삭이라 하라. 내가 그와 내 언약을 세우리니 그의 후손에게 영원한 언약이 되리라." 이삭(יִצְחָק)은 '그가 웃는다'는 뜻 인데, 그것은 아브라함의 웃음을 기억나게 하는 이름이었다.

〔20-21절〕 이스마엘에게 이르러는[이스마엘에 대해서는] 내가 네 말을 들었나니 내가 그에게 복을 주어 생육이 중다(衆多)하여 그로 크게 번성케 할지라. 그가 열두 방백을 낳으리니 내가 그로 큰 나라가 되게 하려니와 내 언약은 내가 명년[내년] 이 기한에 사라가 네게 낳을 이삭과 세우리라.

하나님께서는 이스마엘에 대해서도 말씀하셨다. 그는 아브라함의 말을 들으셨고 이스마엘에게 복을 주셔서 그 자손도 번창케 하실 것이며 그가 열두 방백을 낳아 큰 나라가 되게 하실 것이다. 그러나 그는 그가 내년 이맘때에 아브라함에게 주실 아들 이삭과 언약을 세우실 것이다. 하나님께서는 이삭의 출생을 분명하게 약속해주셨다.

〔22절〕 하나님께서 아브라함과 말씀을 마치시고 그를 떠나 올라가셨더라.

하나님께서는 땅으로 내려오셨다가 다시 하늘로 올라가셨다. 그는 '하늘에 계신 우리 아버지'이시다(마 6:9). 주 예수께서 올라가신 곳은 바로 그 하늘이다. 사도행전 1:9-11, "이 말씀을 마치시고 저희 보는 데서 올리워 가시니 구름이 저를 가리워 보이지 않게 하더라. 올라가 실 때에 제자들이 자세히 하늘을 쳐다보고 있는데 흰옷 입은 두 사람이 저희 곁에 서서 가로되 갈릴리 사람들아, 어찌하여 서서 하늘을 쳐다보느냐? 너희 가운데서 하늘로 올리우신 이 예수는 하늘로 가심을 본 그대로 오시리라 하였느니라." 우리는 그 곳을 사모해야 한다.

〔23-27절〕 이에 아브라함이 하나님이[하나님께서] 자기에게 말씀하신 대로 이 날에 그 아들 이스마엘과 집에서 생장(生長)한 모든 자와 돈으로 산 모든 자 곧 아브라함의 집 사람 중 모든 남자를 데려다가 그 양피(陽皮)를 베었으니 아브라함이 그 양피를 벤 때는 99세이었고 그 아들 이스마엘이 그 양피를 벤 때는 13세이었더라. 당일에 아브라함과 그 아들 이스마엘이 할례를 받았고 그 집의 모든 남자 곧 집에서 생장(生長)한 자와 돈으로 이방 사람에게서 사온 자가 다 그와 함께 할례를 받았더라.

23절의 '이 날에'나 26절의 '당일에'라는 원어는 동일한데, '바로 그 날에'라는 뜻이다. 아브라함은 하나님께서 나타나셔서 말씀하신 바로 그 날에 하나님의 명령대로 온 집안의 모든 남자들에게 할례를 행하였다. 그때 그의 나이는 99세이었고 이스마엘의 나이는 13세이었다.

본장의 교훈을 정리해보자. 첫째로, 하나님께서는 아브라함과 언약을 맺으셨고 그 표로 할례의 규례를 주셨다. 할례는 죄와 불결을 끊어버림을 상징하며 중생(重生)의 씻음과 성화를 의미했다고 본다. 하나님께서는 "내가 거룩하니 너희도 거룩하라"고 말씀하셨다(레 11:44; 19:2). 하나님 앞에서는 죄인들의 죄사함과 거룩한 삶이 필요하고 중요하다. 성경은 마음의 할례에 대해 말하며(신 10:16; 렘 4:4; 9:26), 그것을 강조한다(롬 2:28-29). 하나님의 뜻은 우리의 거룩함이다(살전 4:3). 죄사함과 거룩한 삶은 성경 전체에 나타난 하나님의 교훈의 주요한 내용이다.

둘째로, 하나님께서 아브라함과 맺으신 언약은 민족적이며 초민족적인 성격을 가졌다. 아브라함과 이삭의 자손인 이스라엘 민족은 언약의 백성이다. 그러나 아브라함에게 주신 언약은 아브라함의 종들과 그의 여종의 아들 이스마엘에게도 해당되는 점이 있었다. 이스마엘도 할례를 받았다. 그것은 이방인의 구원을 암시한다. 우리는 아브라함의 언약의 복을 받은 자들이다(갈 3:29). 우리는 예수 그리스도 안에서 새 언약에 참여한 자가 되었고(엡 2:19; 3:6) 그 표는 세례이다. 우리는 하나님의 은혜로 죄사함과 의롭다 하심과 영생과 천국을 얻은 자가 되었다.

셋째는, 하나님께서는 아브라함에게 완전하라고 말씀하셨다. 그것은 경건과 도덕성의 삶을 가리킨다. 그것은 하나님 앞에 사는 삶 즉 경건한 삶과 책망할 것이 없는 의롭고 선한 삶을 가리킨다. 그것이 성도의 성화된 삶이다. 하나님의 뜻은 우리의 거룩함과 온전함이다. 경건함과 거룩함, 의로움과 선함은, 예수 그리스도를 믿고 하나님의 은혜로 죄씻음과 의롭다 하심을 얻은 우리가 이 세상에서 힘써야 할 삶이다.

18장: 하나님의 나타나심

1-19절, 하나님의 나타나심

〔1절〕여호와께서 마므레 상수리 수풀(엘로네 אֵלֹנֵי)[테레빈스 나무들] 근처에서 아브라함에게 나타나시니라. 오정 즈음에(케콤 하이욤 כְּחֹם הַיּוֹם)[뜨거운 낮에, 한낮 즈음에] 그가 장막 문에 앉았다가.

여호와께서 나타나셨다. 역사상 하나님의 나타나심은 자주 있는 일이 아니고 매우 드문 일이다. 창세기 17장은 아브람의 99세 때에 그가 나타나셨음을 증거했었다. 하나님께서는 살아계신 인격적 존재이시기 때문에 사람에게 나타나실 수 있고 나타나셨다. 그는 마침내 사람으로 이 세상에 오셨다. 그가 예수 그리스도이시다(요 1:14).

하나님께서는 구체적인 시간과 공간 속에 나타나셨다. 자유주의 신학자들은 하나님께서 초월자이시므로 시간과 공간 속에 나타나실 수 없고 사람이 육신적으로 경험하거나 또 그 경험을 말로 표현할 수 없다고 말한다. 그러나 그것은 성경 진리와 다른 그들의 잘못된 사상에 불과하다. 성경은 하나님께서 구체적 시간과 공간 속에 나타나셨다고 증거한다. 그것은 신화적 묘사가 아니고 사실적 증거이다.

하나님께서 나타나신 장소는 마므레의 테레빈스 나무들 근처 장막 문에서이었고 시간은 오정 즈음에, 한낮 즈음에이었다. 하나님께서는 구체적 시간과 공간에서 나타나셨다.

〔2-5절〕눈을 들어 본즉 사람 셋이 맞은편에 섰는지라. 그가 그들을 보자 곧 장막 문에서 달려나가 영접하며 몸을 땅에 굽혀 가로되 내 주여, 내가 주께 은혜를 입었사오면 원컨대 종을 떠나 지나가지 마옵시고 물을 조금 가져오게 하사 당신들의 발을 씻으시고 나무 아래서 쉬소서. 내가 떡을 조금 가져오리니 당신들의 마음을 쾌활케[유쾌하게] 하신 후에 지나가소서. 당신들이 종에게 오셨음이니이다. 그들이 가로되 네 말대로 그리하라.

하나님께서는 사람의 모양으로 나타나셨다. 아브라함은 장막문에 앉았다가 맞은편에 사람 셋이 서 있는 것을 보았다. 그 세 사람은 둘은 천사요 하나는 하나님이셨다. 다음에 나오는 10절과 13절은 그 중 한 사람이 바로 여호와 하나님이심을 증거한다. 또 여호와 하나님께서는 계속 아브라함과 말씀하고 계셨고 두 사람만 소돔 성으로 갔고 19:1은 두 천사가 소돔 성에서 롯의 영접을 받았다고 증거한다.

아브라함은 그 세 사람이 특별한 자들이라고 느꼈던 것 같다. 그러므로 정통 유대교 서기관들인 마소라 학자들은 3절의 '내 주여'라는 말을 하나님께 대한 호칭인 아도나─이(אֲדֹנָי)로 읽었다.30) 히브리서 13:1-2는 "형제 사랑하기를 계속하고 손님 대접하기를 잊지 말라. 이로써 부지중에 천사들을 대접한 이들이 있었느니라"고 말했다.

아브라함은 자기 집에 찾아온 손님을 정성껏 대접하였다. 이것은 성도의 아름다운 모습이다. 주께서는 그의 제자들 중 지극히 작은 자 하나가 주릴 때 먹을 것을 주고 목마를 때 마시게 하고 나그네 되었을 때 영접하고 벗었을 때 옷 입히고 병들었을 때 돌아보고 옥에 갇혔을 때 와서 본 것이 곧 주님 자신에게 한 것이라고 말씀하셨다(마 25:35-36, 40). 또 사도 바울은 "성도들의 쓸 것을 공급하며 손 대접하기를 힘쓰라"고 교훈하였고(롬 12:13), 또 감독의 자격요건 중 하나로 나그네를 대접하는 것을 말하였다(딤전 3:2).

아브라함은 어떻게 손님을 대접하였는가? 우선, 그는 달려가서 그들을 영접하였다. 그것은 그가 즐거운 마음으로 영접했음을 보인다. 또 그는 몸을 땅에 굽혔다. 그것은 그가 겸손한 마음으로 영접했음을 보인다. 또한 그는 그들에게 '내 주여'라고 말했고 자신을 '종'이라고

---

30) 마소라 학자들은 본절의 '내 주여'를 아도나─이(אֲדֹנָי)라고 읽었고 창세기 19:2의 '내 주여'라는 말은 사람을 향한 존칭어인 아도나이(אֲדֹנָי)라고 읽었다. KJV는 본절의 '내 주여'를 "my Lord"라고 번역하였다.

말했다(3, 5절). 이것은 손님을 높이고 자신을 낮춤을 나타낸다. 예수께서는 너희 중에 섬기는 자가 큰 자라고 말씀하셨고(마 20:26-27), 사도 바울은 서로 우애하고 존경하기를 먼저 하며 피차 복종하고 자기보다 남을 낮게 여기라고 교훈하였다(롬 12:10; 엡 5:21; 빌 2:3).

또 아브라함은 그들에게 자신을 떠나 지나가지 말 것을 간청하며 그들에게 발 씻을 물을 드리고 떡을 제공하겠다고 말했다. 그의 대접은 자원적이었다. 성경은 우리의 선행이 억지같이 되지 않고 자발적으로 되어야 할 것을 말했다(몬 14). 사도 바울은 우리의 헌금도 인색함이나 억지로가 아니고 즐거움으로 내는 것이어야 한다고 교훈했고(고후 9:7), 또 사도 베드로는 장로들에게 양 무리를 돌보는 목회도 하나님의 뜻을 좇아 자원함으로 해야 한다고 말했다(벧전 5:2).

〔6-8절〕 아브라함이 급히 장막에 들어가 사라에게 이르러 이르되 속히 고운 가루 세 스아를 가져다가 반죽하여 떡을 만들라 하고 아브라함이 또 짐승 떼에 달려가서 기름지고[부드럽고] 좋은 송아지를 취하여 하인에게 주니 그가 급히 요리한지라. 아브라함이 뻐터와 우유와 하인이 요리한 송아지를 가져다가 그들의 앞에 진설하고 나무 아래 모셔 서매 그들이 먹으니라.

아브라함은 급히 그의 아내 사라에게 가서 속히 고운 가루 세 스아로 떡을 만들라고 부탁했다. 세 스아는 약 22리터로 세 사람 먹기에는 넉넉한 양이다. 또 그는 짐승 떼에 달려가서 '기름지고 좋은 송아지'를 취해 하인에게 급히 요리하게 하였다. '기름지다'는 원어(라크 ךר)는 '부드럽다, 연하다'는 뜻이다. 그는 맛있는 고기로 대접한 것이다. 그는 뻐터와 우유와 송아지 요리를 그들 앞에 차려 놓고 모셔 섰고 그들은 먹었다. 이와 같이, 아브라함은 손님을 대접하되, 즐거이, 겸손히, 간절히, 자원적으로, 정성스럽게 대접하였다.

〔9절〕 그들이 아브라함에게 이르되 네 아내 사라가 어디 있느냐? 대답하되 장막에 있나이다.

좋은 아내는 좋은 주부이다. 시편 128:3은 "네 집 내실에 있는 네 아내"라고 표현했다. 디도서 2:4-5는 젊은 여자들이 그 남편과 자녀를 사랑하며 집안일을 하며 선하며 자기 남편에게 복종해야 할 것을 교훈한다. 반면에, 잠언 7:11은 '그 발이 집에 머물지 아니하는 음녀'에 대해 묘사하였다. 좋은 아내는 집안일을 잘하는 아내이다.

〔10절〕 그가 가라사대 기한이 이를 때에(카에스 카이야 כָּעֵת חַיָּה)[오는 봄에(BDB), 내년 이맘 때(NASB, NIV] 내가 정녕 네게로 돌아오리니 네 아내 사라에게 아들이 있으리라 하시니 사라가 그 뒤 장막 문에서 들었더라.

9절에는 '그들이 . . . 이르되'라고 말했으나, 10절은 '그가 가라사대'라고 말한다. 주어가 '그들'에서 '그'로 바뀌었다. 여기에 '그'가 누구인지는 13-14절을 보면 알 수 있다. 그는 바로 하나님 자신이시다. 그는 "내년 이맘 때 내가 정녕 네게로 돌아오리니 네 아내 사라에게 아들이 있으리라"고 말씀하셨고 14절에서도 똑같은 말씀을 반복하셨다.

〔11-15절〕 아브라함과 사라가 나이 많아 늙었고 사라의 경수[생리]는 끊어졌는지라. 사라가 속으로 웃고 이르되 내가 노쇠하였고 내 주인도 늙었으니 내게 어찌 낙이 있으리요. 여호와께서 아브라함에게 이르시되 사라가 왜 웃으며 이르기를 내가 늙었거늘 어떻게 아들을 낳으리요 하느냐? 여호와께 능치 못한 일이 있겠느냐? 기한이 이를 때에[내년 이 맘 때에] 내가 네게로 돌아오리니 사라에게 아들이 있으리라. 사라가 두려워서 승인치 아니하여 가로되 내가 웃지 아니하였나이다. 가라사대 아니라. 네가 웃었느니라.

아브라함과 사라는 나이가 많아 늙었고 사라는 생리가 끊어졌다. 사라는 하나님의 말씀을 듣고 웃으며 그와 그의 남편이 늙었으니 무슨 낙이 있겠는가라고 속으로 말했다. 하나님께서는 아브라함에게 사라가 웃으며 부정적인 말을 함을 지적하셨다.

또 하나님께서는 "여호와께 능치 못한 일이 있겠느냐?"라고 말씀하셨다. 천지만물을 창조하신 하나님께서는 능치 못한 일이 없으신 하나님이시다(민 11:23; 욥 42:2; 눅 1:37). 그는 '전능하신 하나님'(엘 솨다이 אֵל שַׁדַּי)이시다(창 17:1). 그는 없는 것을 있게 하시고 죽은 자를 다시 살리시는 하나님이시다(신 32:39; 롬 4:17).

〔16-19절〕 그 사람들이 거기서 일어나서 소돔으로 향하고 아브라함은 그들을 전송하러 함께 나가니라. 여호와께서 가라사대 나의 하려는 것을 아브라함에게 숨기겠느냐? 아브라함은 강대한 나라가 되고 천하 만민은 그를 인하여 복을 받게 될 것이 아니냐? [이는] 내가 그로 그 자식과 권속에게 명하여 여호와의 도를 지켜 의와 공도를 행하게 하려고 그를 택하였나니[택하였음이니] 이는 나 여호와가 아브라함에게 대하여 말한 일을 이루려 함이니라.

그 사람들이 거기서 일어나 소돔 성으로 향하였고 아브라함이 그들을 전송하러 함께 나갔을 때 하나님께서는 몇 가지를 말씀하셨다. 첫째로, 그는 "내가 그를 택하였다"고 말씀하셨다(19절). '내가 그를 택하였다'는 원어(예다티우 יְדַעְתִּיו)는 '내가 그를 알았다'는 단어이다. '안다'는 말은 '호의적으로 안다'는 뜻으로 하나님께서 사랑으로 선택하심을 의미한다. 로마서 8:29, "하나님께서 미리 아신 자들로 또한 그 아들의 형상을 본받게 하기 위하여 미리 정하셨으니."

둘째로, 그는 아브라함의 자손들이 의를 행하기를 원한다고 말씀하셨다. 하나님의 주된 관심은 사람이 죄를 버리고 의를 행하는 자가 되는 것이다. 이것이 아브라함이 그 자손들에게 명령하고 가르쳐야 할 내용이다. 부모는 자기 자녀들을 의의 말씀인 성경말씀으로 교육해야 한다. 잠언 22:6, "마땅히 행할 길을 아이에게 가르치라. 그리하면 늙어도 그것을 떠나지 아니하리라." 에베소서 6:4, "또 아비들아, 너희 자녀를 노엽게 하지 말고 오직 주의 교양과 훈계로 양육하라."

셋째로, 하나님께서는 아브라함과 그 자손들이 복을 얻을 것이라고 말씀하셨다(18-19절). 아브라함은 강대한 나라가 되고 천하 만민은 그로 말미암아 복을 받을 것이다. 이것은 이미 창세기 12:3에 나와 있는 말씀이다: "땅의 모든 족속이 너를 인하여 복을 얻을 것이니라." 이 복의 약속은 창세기 22:18에서도 반복될 것이다. 이 복은 우리가 아브라함의 자손 예수 그리스도로 말미암아 누리는 구원이다.

본문의 교훈을 정리해보자. 첫째로, 아브라함은 즐거이, 겸손히, 간절히, 자원적으로, 정성스럽게 손님을 대접했다. 선행은 경건과 의의 열매이다. 하나님의 계명의 요점은 사랑이다. 하나님을 경외하는 자는 사람을 사랑하며 손님도 잘 대접한다. 나그네를 대접하는 것은 장로의 자격 요건 중 하나이기도 하다. 아브라함은 손님을 대접함으로써 하나님을 대접하였다. 잠언 19:17은 가난한 자에게 구제한 것이 하나님께 꾸어드린 것이라고 말했다. 주께서는 양과 염소의 비유에서 그의 제자들 중에 지극히 작은 자 하나에게 한 것이 자신에게 한 것이라고 교훈하셨다(마 25:31-46). 우리는 주의 이름으로 선을 행하고 구제하는 자가 되어야 하고 또 그렇게 함으로써 하나님을 대접하는 자가 되어야 한다.

둘째로, 하나님께서는 99세된 아브라함과 89세된 사라에게 아들을 주셨다. 그것은 하나님의 기적이었다. 우리는 예수님 당시 사두개인들처럼 회의주의자나 불신앙자가 되지 말아야 한다. 사두개인들은 성경도, 하나님의 능력도 알지 못한 자들이었다(마 22:29). 우리는 하나님의 전능하심을 믿어야 한다. 그에게는 능치 못한 일들이 없다. 이것은 오늘날 우리가 기적이 일어남을 믿어야 한다는 뜻이 아니다. 단지 성경에 기록되어 있는 기적들을 다 믿어야 한다는 말이다. 하나님의 특별계시들은 역사상 기적들을 통해 충분히 확증되었고 성경에 충족히 기록되었다. 오늘날 우리는 성경에 계시된 하나님의 모든 진리들을 다 믿고 그가 약속하신 대로 죽은 자들의 부활과 영광스럽고 복된 천국과 영생을 믿고 소망하며 그 생활 교훈대로 경건하고 의롭고 선하게 살면 된다.

셋째로, 하나님께서는 아브라함을 통해 천하 만민이 복을 받게 하기를 원하셨다. 그것은 아브라함의 자손 예수 그리스도를 믿음으로 얻는 구원, 곧 영생, 천국, 몸의 부활의 복이다. 하나님의 뜻은 하나님의 택한 백성이 하나도 빠짐 없이 다 예수님 믿고 죄사함 얻고 실제로 의롭게 살다가 마침내 영생의 복을 받는 것이다. 우리는 구원의 복을 받았다. 우리는 이제 이 복을 모든 사람들에게 전하는 자들이 되어야 한다.

20-33절, 의인 열 명이 없어서

〔20절〕여호와께서 또 가라사대 소돔과 고모라에 대한 부르짖음이 크고 그 죄악이 심히 중하니.

한 도시가 악화되는 것은 매우 서서히 이루어지는 것 같다. 처음에는 악한 자들의 악한 행위로 인해 의인들의 고통과 부르짖음이 있고 여론의 지적과 비난도 있을 것이다. 그러나 서서히 악의 세력이 커지고 악에 대한 반대는 약해진다. 도시는 점점 더 악에 물들어간다.

사회의 도덕적인 갱신과 회복은 오직 경건의 회복에서만 가능하다. 잠언 8:13, "여호와를 경외하는 것은 악을 미워하는 것이라." 잠언 16:6, "인자와 진리로 인하여 죄악이 속하게 되고 여호와를 경외함으로 인하여 악에서 떠나게 되느니라." 경건의 회복이 일어나지 않는다면 그 사회는 도덕적인 갱신과 회복의 가망성이 없을 것이다.

소돔과 고모라에 대한 부르짖음이 컸다. 그것은, 죽었거나 죽어가고 있는 의인들과, 그 사회에서 밀려나고 사라져 가는 순진하고 양심적인 사람들의 부르짖음이었을 것이다. 사도 요한은 환상 중에 어린 양이 다섯째 인을 떼실 때에 하나님의 말씀과 그들이 가진 증거를 인하여 죽임을 당한 영혼들이 제단 아래서 "거룩하고 참되신 대주재여, 땅에 거하는 자들을 심판하여 우리 피를 신원(伸寃)하여 주지 아니하시기를 어느 때까지 하시려나이까?"라고 외치는 큰 소리를 들었다(계 6:9-10). 그런 부르짖음이 소돔 성을 위해서도 있었을 것이다

또 선한 천사들의 부르짖음도 있었을 것이다. 예수께서는 의인들을 섬기는 천사들이 하늘에서 하늘에 계신 하나님 아버지의 얼굴을 항상 뵈옵는다고 말씀하셨다(마 18:10). 또 소돔 성에 살았던 의로운 롯의 부르짖음도 있었을 것이다. 베드로후서 2:7-8에 보면, 소돔 성에 살았던 의로운 롯은 날마다 저 무법하고 불법한 자들의 음란한 행실들을 보고 들음으로 심령이 상하고 고통을 느꼈고 아마 그는 하나님

께 부르짖었을 것이다. 그의 부르짖음은 하나님께 들려졌다.

소돔의 죄악은 심히 무거웠다. 죄들은 다 악한 것이지만, 그래도 그것들 가운데 그 죄의 성격상 작은 죄가 있고 크고 중대한 죄가 있다. '부지중에 지은 죄, 실수로 지은 죄, 연약하여 지은 죄'는 작은 죄이고, '알면서, 고의적으로, 반항적으로 지은 죄'는 큰 죄라고 말할 수 있다. 우리는 고의적인 큰 죄를 짓지 말고 작은 죄도 조심해야 한다.

〔21절〕내가 이제 내려가서 그 모든 행한 것이 과연 내게 들린 부르짖음과 같은지 그렇지 않은지 내가 보고 알려 하노라

하나님께서는 하늘에서 내려오셔서 소돔 성의 죄악된 형편을 확인하기를 원하셨다. 그가 유한(有限)한 사람처럼 무엇을 직접 확인하셔야 비로소 그것을 아시는 것은 아니다. 하나님께서는 전지(全知)하시다. 시편 139:1-4, "여호와여, 주께서 나를 감찰하시고 아셨나이다. 주께서 나의 앉고 일어섬을 아시며 멀리서도 나의 생각을 통촉하시오며 나의 길과 눕는 것을 감찰하시며 나의 모든 행위를 익히 아시오니 여호와여, 내 혀의 말을 알지 못하시는 것이 하나도 없으시니이다."

하나님의 확인하심은 실상 우리로 확인케 하시는 뜻이 있다. 소돔과 고모라 성의 죄악으로 인해 부르짖는 소리가 하나님 앞에 상달하였다. 그것은 우리로 소돔 성의 멸망이 하나님의 공의로운 처분이심을 알게 한다. 말세의 적그리스도 왕국과 배교한 교회도 그러할 것이다. 성경은 그 죄가 하늘에 사무쳤고 하나님께서 그의 불의한 일을 기억하셨다고 말한다(계 18:5). 그때에 세상의 종말이 올 것이다.

〔22절〕그 사람들이 거기서 떠나 소돔으로 향하여 가고 아브라함은 여호와 앞에 그대로 섰더니[여호와께서는 아브라함 앞에 그대로 서셨더니].

'그 사람들'은 아브라함에게 나타났던 세 명의 사람들 중 하나님을 뺀 나머지 천사들을 가리킨다. 그러므로 창세기 19:1은 소돔 성에 두 천사가 나타났다고 기록한다.

"아브라함은 여호와 앞에 그대로 섰더니"라는 구절의 원래 히브리어 원문은 "여호와께서는 아브라함 앞에 계속 서 계셨더니"이었으나, 유대교 서기관들이 오래 전에 이 구절을 한글개역 본문과 같이 수정하였다.31) 그러나 원문에서 다음 절의 주어가 '아브라함'이므로(한글 성경에는 생략되어 있지만), 본절의 주어는 '아브라함'보다 '여호와'가 더 자연스럽다. 하나님께서는 아브라함을 떠나지 않으시고 계속 그 앞에 서 계셨다. 그는 아브라함을 친근히 하셨고 교제하기를 원하셨다. 이사야 41:8에 보면, 그는 아브라함을 '나의 벗'이라고 부르셨다.

[23-25절] [아브라함은] 가까이 나아가 가로되 주께서 의인을 악인과 함께 멸하시려나이까? 그 성중에 의인 50이 있을지라도 주께서 그 곳을 멸하시고 그 50 의인을 위하여 용서치 아니하시리이까? 주께서 이같이 하사 의인을 악인과 함께 죽이심은 불가하오며 의인과 악인을 균등히 하심도 불가하니이다. 세상을 심판하시는 이가 공의를 행하실 것이 아니니이까?

아브라함도 하나님께 가까이 나갔다. 사람이 하나님 앞에 양심의 거리낌을 가지면 가까이 나갈 수 없다. 아담은 범죄한 후에 하나님의 낯을 피하여 동산 나무 사이에 숨었다(창 3:8). 주께서는 "악을 행하는 자마다 빛을 미워하여 빛으로 오지 아니하나니 이는 그 행위가 드러날까 함이요 진리를 좇는 자는 빛으로 오나니 이는 그 행위가 하나님 안에서 행한 것임을 나타내려 함이라"고 말씀하셨다(요 3:20-21).

우리는 하나님을 가까이 해야 한다. 신명기 10:20, "네 하나님 여호와를 경외하여 그를 섬기며 그에게 친근히 하라." '친근히 한다'는 원어(다바크 דָּבַק)는 '꼭 붙잡는다'는 뜻으로 '부종(附從)한다'고 번역되기도 하였다(신 11:22). 우리는 하나님을 가까이 하고 꼭 붙잡아야 한다. 야고보서 4:7-8, "마귀를 대적하라. 그리하면 너희를 피하리라. 하나님을 가까이하라. 그리하면 너희를 가까이하시리라."

---

31) 이것을 티쿠네 소페림이라고 부르는데 어떤 신인동형적(神人同形的) 구절이나 하나님께 대해 무례하다고 본 구절들 등 18개의 구절을 수정하였다고 한다(Gleason Archer, *A Survey of O. T. Introduction*, p. 61).

창세기 18장: 하나님의 나타나심

아브라함의 질문은 당돌해 보였다. 그는 하나님을 가르치고 책망하는 듯한 어투로 말하였다. 그러나 아브라함의 질문의 내용은 정당하였다. 하나님께서 의인과 악인을 균등히 다루셔서는 안 될 것이다. 하나님께서는 사람들을 공의로 심판하셔야 할 것이다. 그것은 옳은 말이다. 단지 아브라함은 세상을 너무 선하게 평가하고 있었다. 그는 죄악된 소돔 성이라 할지라도 적어도 의인이 50명 정도는 있을 것이라고 생각했다. 그러나 실상 그는 무지했다. 그는 세상이 얼마나 악한지 잘 모르고 있었다. 세상에 의인이 하나도 없다고 너무 절망적이게 보아서도 안 되겠지만, 세상을 너무 선하게 보아서도 안 된다.

〔26-31절〕 여호와께서 가라사대 내가 만일 소돔 성 중에서 의인 50을 찾으면 그들을 위하여 온 지경을 용서하리라. 아브라함이 말씀하여 가로되 티끌과 [재와] 같은 나라도 감히 주께 고하나이다. 50 의인 중에 5인이 부족할 것이면 그 5인 부족함을 인하여 온 성을 멸하시리이까? 가라사대 내가 거기서 45인을 찾으면 멸하지 아니하리라. 아브라함이 또 고하여 가로되 거기서 40인을 찾으시면 어찌 하시려나이까? 가라사대 40인을 인하여 멸하지 아니하리라. 아브라함이 가로되 내 주여, 노하지 마옵시고 말씀하게 하옵소서. 거기서 30인을 찾으시면 어찌 하시려나이까? 가라사대 내가 거기서 30인을 찾으면 멸하지 아니하리라. 아브라함이 또 가로되 내가 감히 내 주께 고하나이다. 거기서 20인을 찾으시면 어찌 하시려나이까? 가라사대 내가 20인을 인하여 멸하지 아니하리라.

아브라함은 자신의 비천함과 무례함을 인식하고 있었다. '티끌과 같은 나라도'라는 원어(아노키 아파르 와에페르 אָנֹכִי עָפָר וָאֵפֶר)는 '저는 티끌과 재입니다'라는 뜻이다. 사람은 티끌과 재이다. 그는 본래 흙으로 지음 받았다. 창세기 2:7, "여호와 하나님이 흙으로 사람을 지으시고 생기를 그 코에 불어넣으시니 사람이 생령이 된지라." 거기에 '흙으로'라는 원어(아파르 민-하아다마 עָפָר מִן־הָאֲדָמָה)는 '땅의 흙으로'라는 뜻이며, 거기에 '흙'이 바로 본문에 '티끌'과 같은 단어이다. 히브리어로 '아담'(אָדָם)은 첫사람의 이름인 동시에 '사람'

이라는 보통명사이기도 한데, 사람(아담)은 땅(아다마 אֲדָמָה)에서 나왔다. 사람은 티끌과 재 같은 존재이다.

아브라함의 계속되는 끈질긴 대화는 그의 확고한 도덕적 신념을 보인다. 그것은 하나님께서 선과 악, 의인과 악인을 구별하여 심판하셔야 한다는 신념이다. 그는 그의 무지한 관대함 때문에 하나님 앞에 무례한 대화를 계속했다. 그러나 하나님께서는 그의 무지한 생각을 오래 참으셨고 너그럽게 대하셨다. 하나님께서는 부족한 사람 아브라함을 상대해주셨고 그를 단번에 무시하지 않으셨다.

우리는 하나님의 이러한 너그러움과 인내심도 배워야 할 것이다. 우리는 다른 사람들을 무시하지 말아야 한다. 어떤 때는 다른 사람이 더 바르고 좋은 생각을 할 수도 있다. 그러나 그렇지 못한 경우에도 우리는 아브라함의 무지하고 무례한 질문을 오래 참으시고 관용하시며 너그러이 대하신 하나님의 마음을 본받아야 할 것이다

〔32-33절〕아브라함이 또 가로되 주는 노하지 마옵소서. 내가 이번만 더 말씀하리이다. 거기서 10인을 찾으시면 어찌 하시려나이까? **가라사대 내가 10인을 인하여도 멸하지 아니하리라. 여호와께서 아브라함과 말씀을 마치시고 즉시 가시니 아브라함도 자기 곳으로 돌아갔더라.**

소돔과 고모라 성은 의인 10명이 없어서 멸망을 당할 수밖에 없었다. 롯의 가족들이 겨우 구원을 받을 것이지만, 그것도 그의 아내는 실패하고 두 딸들은 근친상간적 죄를 지을 것이다. 그러면 실상 의인은 롯 한 사람뿐이라는 말이 아닌가! 그는 그토록 오랫동안 소돔 성에 살면서 마음 고생만 많이 했고 결국엔 빈손으로 그 곳을 떠나야 할 것이다. 베드로후서 2:7-8, "무법한 자의 음란한 행실을 인하여 고통하는 의로운 롯을 건지셨으니 (이 의인이 저희 중에 거하여 날마다 저 불법한 행실을 보고 들음으로 그 의로운 심령을 상하니라)."

본문의 교훈을 정리해보자. <u>첫째로, 소돔 성의 사람들은 큰 죄인들이</u>

었다. 죄들 중에는 그 성격상 큰 죄도 있고 작은 죄도 있다. 부지중에, 연약하여, 실수로 짓는 죄는 작은 죄이다. 물론 우리는 작은그런 죄도 짓지 않도록 조심해야 한다. 모든 죄는 다 하나님을 근심시키고 노엽게 만들기 때문이다. 그러나 우리는 특히 알면서 짓는 죄, 고의적인 죄, 반항적이게 짓는 죄를 극히 조심해야 한다. 그것은 큰 죄이다. 그것은 회개하기 쉽지 않은 죄이다. 그런 죄는 하나님의 특별한 은혜가 아니고서는 고칠 수 없는 심령의 심각한 병이다. 우리는 고의적인 큰 죄를 짓지 말아야 한다. 우리는 멸망하는 소돔 성 사람들처럼 되지 말아야 한다.

둘째로, 하나님께서는 죄인들을 공의로 심판하시고 공의로 징벌하신다. 하나님께서는 불의하거나 편벽된 심판자가 아니시다. 그는 의인과 악인을 함께 멸망시키는 자가 아니시다. 그는 무정한 자가 아니시다. 그는 긍휼이 많으신 하나님이시다. 그러나 그는 악에 대해서 엄하시다. 그는 사람들이 행한 대로 공의롭게 보응하신다. 그러므로 전도서 12:14, "하나님께서는 모든 행위와 모든 은밀한 일을 선악간에 심판하시리라." 로마서 2:6-8, "하나님께서 각 사람에게 그 행한 대로 보응하시되 참고 선을 행하여 영광과 존귀와 썩지 아니함을 구하는 자에게는 영생으로 하시고 오직 당을 지어 진리를 좇지 아니하고 불의를 좇는 자에게는 노와 분으로 하시리라." 죄인들은 모든 죄를 회개하고 구원 얻어야 한다.

셋째로, 소돔 성은 의인 10명이 없어서 멸망을 당할 것이다. 아브라함은 소돔 성에 의인들이 얼마 정도 있을 거라고 생각했으나 열 명도 없었고 마침내 멸망을 당할 것이다. 오늘날 우리의 도시와 나라는 소돔 성보다 나은가? 오늘날 세상은 점점 더 불경건해 가고 악하고 음란한 세상이 되고 있다. 현대 문명은 부도덕하고 음란한 문명이 되고 있다. 지구의 종말이 오고 있다. 이 세상이 멸망할 때, 거기에서 구출될 거룩한 교회의 교인들은 누구인가? 서울의 멸망을 막을 의인 10명은 어디 있는가? 이 세상은 악하고 음란할지라도, 우리는 남은 자가 되어야 하고 경건하고 거룩한 삶을 지키는 하나님의 참된 백성이 되어야 한다.

19장: 소돔과 고모라 성의 멸망

소돔 성이 위치한 요단 들은 비옥한 땅이었고 그들에게는 먹을 것의 풍족함과 태평함이 있었다(창 13:10; 겔 16:49). 그러나 소돔 성의 사람들은 큰 죄인이었고 그들의 죄는 심히 컸다(창 13:13; 18:20).

[1-3절] 날이 저물 때에 그 두 천사가 소돔에 이르니 마침 롯이 소돔 성문에 앉았다가 그들을 보고 일어나 영접하고 땅에 엎드리어 절하여[땅을 향해 몸을 굽혀 절하며]**(원문, KJV, NASB) 가로되 내 주여**(my lords)(KJV, NASB)**[선생들이여], 돌이켜 종의 집으로 들어와 발을 씻고 주무시고 일찍이 일어나 갈 길을 가소서. 그들이 가로되 아니라, 우리가 거리에서 경야(經夜)하리라. 롯이 간청하매 그제야 돌이켜서 그 집으로 들어오는지라. 롯이 그들을 위하여 식탁을 베풀고 무교병(無酵餠)을 구우니 그들이 먹으니라.**

아브라함에게 찾아 왔던 세 사람들(창 18:2) 중 하나님을 제외한 천사 두 명은 날이 저물 때에 소돔 성에 이르렀는데, 성문에 앉아 있던 롯은 그들을 보고 일어나 영접하고 땅을 향해 몸을 굽혀 절하며 자기 집에 들어와 쉬었다 가기를 간청하였다. 그는 그들을 위해 식탁을 베풀고 누룩을 넣지 않은 가루반죽으로 빵을 구워 대접하였다. 롯은 손님을 친절히, 겸손히, 간절히 영접하며 대접하였다.

[4-5절] 그들의 눕기 전에 그 성 사람 곧 소돔 백성들이 무론 노소하고 사방에서 다 모여 그 집을 에워싸고 롯을 부르고 그에게 이르되 이 저녁에 네게 온 사람[사람들]**이 어디 있느냐? 이끌어내라. 우리가 그들을 상관하리라**(네드아 נֵדְעָה)**[알리라].**

'안다'는 말은 '성적으로 관계한다, 성 관계를 가진다'는 뜻이다. 이것은 동성애(同性愛)를 가리켰다. 동성애는 하나님 앞에서 매우 큰 죄악인 비정상적 음란 행위이다(레 18:22). 소돔 성은 어른이나 젊은이나 할 것 없이 또 온 사방이 전체적으로 매우 타락하여 있었다.

[6-8절] 롯이 문밖의 무리에게로 나가서 뒤로 문을 닫고 이르되 청하노

니 내 형제들아, 이런 악을 행치 말라. 내게 남자를 가까이 아니한[알지 못한](원문) 두 딸이 있노라. 청컨대 내가 그들을 너희에게로 이끌어내리니 너희 눈에 좋은 대로 그들에게 행하고 이 사람들은 내 집에 들어왔은즉 이 사람들에게는 아무 짓도 하지 말라.

롯은 자기 집에 들어온 손님들을 동성애의 악으로부터 지키기를 원했다. 그는 순결하게 키웠다고 보이는 두 딸을 대신 내어주겠다는 제안까지 했다. 그의 제안이 옳아 보이지 않지만, 그는 동네 사람들이 손님들에게 행하려는 행위는 더 큰 악이라고 보았다.

〔9절〕 그들이 가로되 너는 물러나라. 또 가로되 이놈이 들어와서 우거하면서 우리의 법관이 되려 하는도다. 이제 우리가 그들보다 너를 더 해하리라 하고 롯을 밀치며 가까이 나아와서 그 문을 깨치려 하는지라.

소돔 사람들은 무법한 폭력자들이었다. 그들은 문을 부수고 들어오려 했다. 소돔 성은 무법하고 죄악된 도시이었다. 하나님을 두려워할 줄 모른 소돔 사람들은 남의 인격을 존중하지 않았다.

〔10-11절〕 그 사람들이 손을 내밀어 롯을 집으로 끌어들이고 문을 닫으며 문밖의 무리로 무론 대소하고 그 눈을 어둡게 하니 그들이 문을 찾느라고 곤비하였더라.

천사들은 손을 내밀어 롯을 집으로 끌어들이고 문밖의 무리들의 눈을 어둡게 하여 문을 찾지 못하게 했다. 천사들은 필요하면 하나님의 능력의 도우심으로 신기한 일을 행할 수 있는 것 같다. 하나님께서는 후에 엘리사 때에 그를 잡으려고 도단 성을 포위한 아람 군사들의 눈을 어둡게 하셨었다(왕하 6:18). 하나님께서는 비상한 때에 비상한 방법으로 자기의 종들을 보호하셨다.

〔12-13절〕 그 사람들이 롯에게 이르되 이 외에 네게 속한 자가 또 있느냐? 네 사위나 자녀나 성중에 네게 속한 자들을 다 성밖으로 이끌어내라. 그들에 대하여 부르짖음이 여호와 앞에 크므로 여호와께서 우리로 이 곳을 멸하러 보내셨나니 우리가 멸하리라.

'소돔 성 거민들에 대한 부르짖음'은 죽은 의인들이나 롯이나 천사들의 부르짖음일 것이다. 그 성은 곧 멸망할 것이기 때문에 롯에게 속한 모든 사람들은 성밖으로 도피하여야 했다.

[14절] 롯이 나가서 그 딸들과 정혼한 사위들에게 고하여 이르되 여호와께서 이 성을 멸하실 터이니 너희는 일어나 이 곳에서 떠나라 하되 그 사위들이 농담으로 여겼더라.

후에 선지자 요나 때에 니느웨 사람들은 "40일 후에 이 성이 망하리라"는 요나의 외침을 듣고 회개하였었다. 그러나 롯의 딸들과 약혼한 사위들은 하나님께서 주시는 경고의 말씀을 농담으로 여겼다.

[15-17절] 동틀 때에 천사[천사들]가 롯을 재촉하여 가로되 일어나 여기 있는 네 아내와 두 딸을 이끌라. 이 성의 죄악 중에 함께 멸망할까 하노라. 그러나 롯이 지체하매 그 사람들이 롯의 손과 그 아내의 손과 두 딸의 손을 잡아 인도하여 성밖에 두니 여호와께서 그에게 인자를 더하심이었더라. 그 사람들이 그들을 밖으로 이끌어 낸 후에 이르되 도망하여 생명을 보존하라. 돌아보거나 들에 머무르거나 하지 말고 산으로 도망하여 멸망함을 면하라.

그 성과 함께 멸망을 받지 않으려면, 롯은 모든 것을 포기하고 그 성을 멀리 떠나야 하였다. 이 세상이 장차 멸망할 곳임을 아는 자들은 이 세상에서 가지고 있던 모든 것을 버릴 수 있어야 한다.

[18-22절] 롯이 그들에게 이르되 내 주여(my lords)(NASB, NIV)[선생들이여], 그리 마옵소서. 종이 주께 은혜를 얻었고 주께서 큰 인자를 내게 베푸사 내 생명을 구원하시오나 내가 도망하여 산까지 갈 수 없나이다. 두렵건대 재앙을 만나 죽을까 하나이다. 보소서, 저 성은 도망하기 가깝고 작기도 하오니 나로 그 곳에 도망하게 하소서. 이는 작은 성이 아니니이까? 내 생명이 보존되리이다. 그가 그에게 이르되 내가 이 일에도 네 소원을 들었은즉 너의 말하는 성을 멸하지 아니하리니 그리로 속히 도망하라. 네가 거기 이르기까지는 내가 아무 일도 행할 수 없노라 하였더라. 그러므로 그 성 이름을 소알이라 불렀더라.

롯은 산까지 도망가기 어렵다고 생각하여 한 작은 성으로 피하게 해주기를 청하였다. 하나님께서는 롯을 아끼셨다. 그는 그의 연약함을 동정하시고 그와 그 가족이 소알이라는 작은 성에 도피하기까지 기다려주셨다. 소돔과 고모라 성이 멸망할 때 그것들뿐 아니라 아드마와 스보임 성(창 14:8)을 포함한 그 이웃 성들도 멸망했던 것 같고 (신 29:23; 렘 49:18; 50:40; 호 11:8), 소알 성은 제외되었다(21절).

〔23-25절〕 **롯이 소알에 들어갈 때에 해가 돋았더라. 여호와께서 하늘 곧 여호와에게로서 유황과 불을 비같이 소돔과 고모라에 내리사 그 성들과 온 들과 성에 거하는 모든 백성과 땅에 난 것을 다 엎어 멸하셨더라.**

하나님께서는 불경건하고 음란한 소돔 성에 무서운 불의 심판을 내리셨다. 노아 시대의 홍수 심판으로 증거되었던 하나님의 공의가 또다시 증거되었다. 그 비옥했던 요단 들은 사람들의 큰 죄로 인해 황폐하게 되었다. 그 후, 소돔과 고모라 성은 유대 땅 동남부에 위치한 염해(鹽海) 속에 잠겨 있는 것 같다. 그 바다는 매일 평균 500만톤의 물이 흘러 들어오지만, 섭씨 40도의 고온으로 계속 증발하여 일정한 수위(水位)를 유지한다고 하며 그 염도는 보통 바닷물의 10배나 된다고 한다. 그래서 염해[소금 바다]라 불리고 물고기들이 살지 못한다고 해서 사해(死海, the Dead Sea)[죽음의 바다]라고도 한다. 아랍 사람들은 그것을 '소돔 고모라의 바다,' '롯의 바다'라고 부른다고 한다. 그 바닷물은 염분(염화 나트륨) 외에 마그네슘, 칼슘 등의 무기물이 풍부하고 그 주위에는 역청 진흙과 유황도 많다고 한다.[32]

〔26절〕 **롯의 아내는 뒤를 돌아본 고로 소금 기둥이 되었더라.**

사해 남단에는 '소돔의 산'이라고 불리는 소금 산이 있다. 길이 약 10km, 너비 약 5km, 높이 약 300m인 이 산의 표면은 몇 자 정도 흙으로 덮여 있으나 그 속은 딱딱한 소금이다(Amplified Bible). 소금 기둥이 된 롯의 아내가 아마 그 속의 어디에 있을지 모르겠다. 주께서는 "롯의 처를 생각하라"고 말씀하셨다(눅 17:32). 그것은 세상과 물질에

---

32) 이찬영, 성경지리총람 (서울: 소망사, 1993), 198-199쪽.

대한 애착 때문에 영생의 구원을 잃어버리지 말라는 교훈이다.

〔27-29절〕 아브라함이 그 아침에 일찍이 일어나 여호와의 앞에 섰던 곳에 이르러 소돔과 고모라와 그 온 들을 향하여 눈을 들어 연기가 옹기점 연기같이 치밀음을 보았더라. 하나님이[하나님께서] 들의 성들을 멸하실 때 곧 롯의 거하는 성을 엎으실 때에 아브라함을 생각하사 롯을 그 엎으시는 중에서 내어 보내셨더라.

비록 완전하지는 않았어도 의롭게 살았던 롯은 하나님의 긍휼로 구원을 얻었다. 하나님께서는 아브라함을 생각하셔서 그를 구하셨다.

〔30-38절〕 롯이 소알에 거하기를 두려워하여 두 딸과 함께 소알에서 나와 산에 올라 거하되 그 두 딸과 함께 굴에 거하였더니 큰 딸이 작은 딸에게 이르되 우리 아버지는 늙으셨고 이 땅에는 세상의 도리를 좇아 우리의 배필 될 사람이 없으니. 우리가 우리 아버지에게 술을 마시우고 동침하여 우리 아버지로 말미암아 인종을 전하자 하고 그 밤에 그들이 아비에게 술을 마시우고 큰 딸이 들어가서 그 아비와 동침하니라. 그러나 그 아비는 그 딸의 눕고 일어나는 것을 깨닫지 못하였더라. 이튿날에 큰 딸이 작은 딸에게 이르되 어젯밤에는 내가 우리 아버지와 동침하였으니 오늘밤에도 우리가 아버지에게 술을 마시우고 네가 들어가 동침하고 우리가 아버지로 말미암아 인종을 전하자 하고 이 밤에도 그들이 아비에게 술을 마시우고 작은 딸이 일어나 아비와 동침하니라. 그러나 아비는 그 딸의 눕고 일어나는 것을 깨닫지 못하였더라. 롯의 두 딸이 아비로 말미암아 잉태하고 큰 딸은 아들을 낳아 이름을 모압이라 하였으니 오늘날 모압 족속의 조상이요 작은 딸도 아들을 낳아 이름을 벤암미라 하였으니 오늘날 암몬 족속의 조상이었더라.

롯의 딸들의 근친상간적 생각은 소돔 성에서 듣고 배운 것일 것이다. 그러나 그것은 하나님 앞에서 매우 가증한 죄악이었다(레 18장). 그들은 마땅히 하나님을 의지하고 그의 인도하심을 구하고 기다려야 했다. 그러나 그들은 잘못된 생각을 실천했고 임신하여 각각 아들을 낳았는데 그 아들들은 모압 자손들과 암몬 자손들의 조상이 되었다.

본장의 교훈을 정리해보자. 첫째로, 소돔 성은 매우 죄악되었다. 소돔 성은 비옥한 땅에 위치하여 물질적 유여함을 누렸지만, 심히 죄악되었다. 그 증거는 본문에 기록된 대로 그 성의 무법하고 난폭한 동성애의 풍조이었다. 그들에게는 하나님을 두려워함도, 성적 순결과 단정함과 염치도 없었다. 소돔 성의 멸망은 그들의 죄악 때문이었다. 우리는 죄악된 세상을 본받지 말아야 한다(롬 12:2). 우리는 악인의 꾀를 좇지 말며 죄인의 길에 서지 말며 오만한 자의 자리에 앉지 말고 성경말씀을 마음에 두고 실천하고 행위 온전한 자가 되어야 한다(시 1:1; 119:1, 11).

둘째로, 소돔 성은 하나님의 심판을 받았다. 하나님께서는 심히 음란한 소돔과 고모라 성과 그 주위의 모든 사람을 유황불비를 내려 완전히 멸망시키셨다. 죄악된 세상은 반드시 하나님의 심판을 받는다. 소돔과 고모라 성의 멸망은 역사적 사건이었다. 그것은 불경건하고 심히 음란한 도시에 내리신 하나님의 심판의 한 예이었다. 우리가 사는 세상은 심히 불경건하고 음란하며 하나님의 마지막 불의 심판을 기다리고 있다. 성경은 살인자, 행음자, 우상숭배자, 거짓말하는 자들은 하나님의 심판을 받을 것이며 최종적으로 불과 유황으로 타는 못에 들어갈 것이라고 경고한다(계 21:8). 우리는 하나님의 심판을 두려워해야 한다.

셋째로, 롯은 유황불비로 멸망할 소돔에서 구원을 얻었다. 그는 하나님의 긍휼로 겨우 구원을 얻었다. 그의 아내는 천사를 통해 주신 하나님의 명령을 거역하다가 소금 기둥이 되었다. 그의 딸들은 비록 구원을 얻었지만, 소돔의 죄악된 풍조에서 완전히 떠나지 못하였다. 하나님의 은혜로 예수 그리스도를 믿은 자들은 죄사함과 의롭다 하심을 얻었고 장차 하나님의 진노와 유황 불못인 지옥의 심판으로부터 구원을 얻었다. 아직 구원 얻지 못한 분은 자신이 죄인 됨을 인정하고 모든 죄를 회개하고 버리고 구주 예수 그리스도를 믿음으로 구원을 얻을 수 있다(요 3:16; 롬 6:23). 또 우리는 이 구원의 소식을 우리의 사랑하는 이들에게 전달해주어야 하고 이미 구주 예수 그리스도를 믿고 구원 얻은 자들은 하나님의 구원의 은혜를 항상 감사하며 계명 순종에 힘써야 한다.

20장: 그랄에서 아내를 빼앗김

〔1-2절〕아브라함이 거기서 남방으로 이사하여 가데스와 술 사이 그랄에 우거하며 그 아내 사라를 자기 누이라 하였으므로 그랄 왕 아비멜렉이 보내어 사라를 취하였더니.

아브라함은 헤브론 마므레 상수리 수풀[테레빈스 나무들] 근처에 거하다가(창 13:18; 18:1) 남방으로 옮겨 가데스와 술 사이에 살다가 그랄에 우거하였다. 원문의 뜻은 그러하고 대부분의 영어성경들도 그렇게 번역하였다. 남방('네게브'라고 부름)은 헤브론에서 애굽 시내와 가데스 바네아까지의 지역을 가리킨다. 창세기 15:18은 하나님께서 아브라함에게 주시기로 약속하신 땅의 경계를 증거했었다. 거기에 보면, 하나님께서 그에게 주신 땅의 경계는 남쪽으로는 애굽 시내에서부터 북쪽으로는 큰 강 유브라데까지이었다. 그랄은 남방(네게브)의 북쪽에, 후에 블레셋 땅이라 불린 곳에 있었다. 그러면 아브라함은 하나님의 약속하신 땅에서 벗어난 것은 아니었다.

아브라함은 그랄에 거하면서 자기 아내를 자기 누이라고 말하였다. 사라는 89세가 된 때에도 여전히 아름다웠고 아브라함은 사람들이 자기를 죽이고 자기의 아내를 빼앗을까봐 두려웠다. 그러나 오히려 그의 말 때문에 그는 아내를 그랄 왕 아비멜렉에게 빼앗겼다. 그가 이전에 가나안 땅에 들어온 지 얼마 되지 않아 애굽에 내려가 우거할 때도 그 아내를 잃어버린 일이 있었는데(창 12:15), 이번이 두 번째이었다. 아브라함은 하나님의 보호를 믿고 사람들을 두려워하지 말아야 했으나 거짓말함으로써 자기의 목숨은 보호했는지 모르나 결과적으로 자기의 아내를 잃었다. 그는 자기 목숨과 아내를 맞바꾼 셈이 되었다. 거짓말은 죄악이다. 사람이 범죄하면 어려운 일을 당한다.

〔3절〕그 밤에 하나님이[하나님께서] 아비멜렉에게 현몽하시고 그에게 이

르시되 네가 취한 이 여인을 인하여 네가 죽으리니 그가 남의 아내임이니라.

아브라함은 믿음이 약하여 곤경에 처하였지만, 하나님께서는 그를 도우셨다. 그는 그 날 밤 아비멜렉에게 꿈에 나타나 네가 남의 아내를 취하였으므로 죽을 것이라고 말씀하셨다. 꿈에 말씀하시는 것은 옛 시대에 하나님께서 자신을 나타내시는 한 방법이었다. 하나님께서는 아비멜렉에게 죽음으로 위협하셨다. 그것은 남의 아내를 취한 것이 죽을 만한 큰 죄라는 사실을 전제한다(레 20:10). 더욱이 사라는 하나님께서 아브라함에게 약속하신 아들을 출산할 자이었다. 죽음의 위협은 사람에게 가장 두려운 일들 중의 하나이다. 아브라함이 비록 연약하여 거짓말을 하였지만, 하나님께서는 이렇게 비상하게 개입하심으로 위기에서 그와 그의 아내 사라를 건지셨고 보호하셨다.

〔4-7절〕 아비멜렉이 그 여인을 가까이 아니한 고로 그가 대답하되 주여, 주께서 의로운 백성도 멸하시나이까? 그가 나더러 이는 내 누이라고 하지 아니하였나이까? 그 여인도 그는 내 오라비라 하였사오니 나는 온전한 마음과 깨끗한 손으로 이렇게 하였나이다. 하나님이[하나님께서] 꿈에 또 그에게 이르시되 네가 온전한 마음으로 이렇게 한 줄을 나도 알았으므로 너를 막아 내게 범죄하지 않게 하였나니 여인에게 가까이[여인을 만지지] 못하게 함이 이 까닭이니라. 이제 그 사람의 아내를 돌려보내라. 그는 선지자라. 그가 너를 위하여 기도하리니 네가 살려니와 네가 돌려보내지 않으면 너와 네게 속한 자가 다 정녕 죽을 줄 알지니라.

6절에 '여인에게 가까이 못하게 함'이라는 원어는 '여인을 만지지 못하게 함'이라는 뜻이다. 아비멜렉은 하나님께 자신이 아직 그 여인을 가까이 아니하였고 자신이 그를 아내로 삼은 것이 의로운 일이고 온전한 마음과 깨끗한 손으로 했다고 변호했다. 아비멜렉은 상당히 도덕적 인물이었던 것 같다. 세상에서도 도덕적 인물이 인정을 받고 지도자가 되는 경우가 많다. 하나님께서도 그가 비교적 양심적인 자임을 인정하셨다. 그래서 그를 막아 그로 '그에게 범죄치 않게' 하셨다고 말씀하셨다. 사람의 죄는 무슨 죄나 다 하나님께 대한 죄이다.

요셉은 주인 보디발의 아내에게 불륜이 큰 악이며 하나님께 범죄하는 것이라고 말했다(창 39:9). 다윗은 밧세바를 범한 죄를 회개하면서 "내가 주께만 범죄하여 주의 목전에 악을 행하였다"고 고백하였다(시 51:4). 본문은 간음이 큰 죄라는 사실을 증거한다. 하나님께서는 아비멜렉에게 아브라함을 '선지자'라고 소개하셨다. 또 그는 그가 그의 아내를 돌려보내지 않으면 그와 그에게 속한 자들이 다 정녕 죽을 것이라고 위협하시며 아브라함을 특별하게 위하셨다.

〔8-9절〕 **아비멜렉이 그 아침에 일찍이 일어나 모든 신복을 불러 그 일을 다 말하여 들리매 그 사람들이 심히 두려워하였더라. 아비멜렉이 아브라함을 불러서 그에게 이르되 네가 어찌하여 우리에게 이리 하느냐? 내가 무슨 죄를 네게 범하였관대 네가 나와 내 나라로 큰 죄에 빠질 뻔하게 하였느냐? 네가 합당치 않은 일을 내게 행하였도다 하고.**

아비멜렉의 모든 신하들은 심히 두려워하였다. 아비멜렉은 남의 아내를 취하는 것이 큰 죄라는 것을 알고 있었고 또 그가 왕으로서 그런 죄를 지으면 온 나라가 죄에 빠진다고 깨닫고 있었다. 이것은 양심에서 나온 판단이며 세속사회에 주신 하나님의 일반적 은혜였다.

〔10-13절〕 **아비멜렉이 또 아브라함에게 이르되 네가 무슨 의견으로 이렇게 하였느냐? 아브라함이 가로되 이 곳에서는 하나님을 두려워함이 없으니 내 아내를 인하여 사람이 나를 죽일까 생각하였음이요 또 그는 실로 나의 이복(異腹)누이로서 내 처가 되었음이니라. 하나님이[하나님께서] 나로 내 아비 집을 떠나 두루 다니게 하실 때에 내가 아내에게 말하기를 이후로 우리의 가는 곳마다 그대는 나를 그대의 오라비라 하라. 이것이 그대가 내게 베풀 은혜[자비]라 하였었노라.**

아브라함은 그랄 사람들이 자기를 죽일까봐 두려워서 아내를 자기 누이라고 말했다. 그것은 하나님을 두려워함이 없는 세속사회에서 사람들의 도덕적 행위를 기대하기가 어려웠기 때문이다(잠 16:6). 그는 사람들을 두려워하고 죽음을 두려워하여 거짓말하는 죄를 지었다. 사라가 그의 이복누이이기는 했다. '나의 이복누이'라는 구절은 원문에 '나의 아버지의 딸이지만 나의 어머니의 딸은 아닌 나의 누이'라고 되어 있다. 그러나 지금 사라는 그의 아내가 되었으므로 '나의 누이'라는 말은 사실상 거짓말이었다.

〔14-16절〕아비멜렉이 양과 소와 노비를 취하여 아브라함에게 주고 그 아내 사라도 그에게 돌려보내고 아브라함에게 이르되 내 땅이 네 앞에 있으니 너 보기에 좋은 대로 거하라 하고 사라에게 이르되 내가 은 천 개를 네 오라비에게 주어서 그것으로 너와 함께 한 여러 사람 앞에서 네 수치를 풀게[너를 위해 눈을 가리우게] 하였노니 네 일이 다 선히 해결되었느니라.

아비멜렉은 양들과 소들과 노비들과 함께 은 천 개를 아브라함에게 주었고 그 아내 사라도 그에게 돌려보냈다. 아브라함은 연약 때문에 당했던 그 위기에서 구원을 얻었다. 그것은 하나님의 비상한 개입으로, 그의 크신 긍휼과 돌보심으로 된 일이었다. 아브라함의 하나님께서는 오늘날 예수님 믿고 구원 얻은 우리 모두의 하나님이시다.

〔17-18절〕아브라함이 하나님께 기도하매 하나님께서 아비멜렉과 그 아내와 여종을 치료하사 생산케 하셨으니 여호와께서 이왕에 아브라함의 아내 사라의 연고로 아비멜렉의 집 모든 태를 닫히셨음[닫으셨음]이더라.

아브라함은 아비멜렉을 위해 기도하였고 하나님께서는 사라 때문에 아비멜렉과 그의 아내에게 내리셨던 징벌을 거두어주셨다.

본장의 교훈을 정리해보자. 첫째로, 아브라함은 그랄에 우거하면서 사람들을 두려워하고 죽음을 두려워하여 자기 아내를 자기 누이라고 또 거짓말을 하였다. 오늘날 우리도 사람을 두려워하고 죽음을 두려워하면 거짓말하게 될 것이나 그런 거짓말을 하지 말아야 한다. 또 우리가 거짓말하는 죄를 지으면 아내를 빼앗기는 것 같은 어려운 일도 당할 수 있다. 우리는 사람을 두려워하거나 죽음을 두려워하여 거짓말하지 말고 오직 하나님만 두려워하고 내세를 확신하고 진실을 말하고 진실하게 살아야 한다. 주 예수께서는 제자들을 전도하러 보내시면서 "몸은 죽여도 영혼은 능히 죽이지 못하는 자들을 두려워하지 말고 오직 몸과 영혼을 능히 지옥에 멸하시는 자를 두려워하라. 참새 두 마리가 한 앗 사리온에 팔리는 것이 아니냐? 그러나 너희 아버지께서 허락지 아니하 시면 그 하나라도 땅에 떨어지지 아니하리라. 너희에게는 머리털까지 다 세신 바 되었나니 두려워하지 말라. 너희는 많은 참새보다 귀하니 라"고 말씀하셨다(마 10:28-31). 우리는 거짓말하지 말아야 한다.

둘째로, 아브라함은 비록 자신의 부족과 연약 때문에 아내를 빼앗기 는 어려운 상황에 처했지만, 하나님께서는 그 상황을 아셨고 비상하게 그를 도우셨다. 하나님께서는 그 일에 개입하셨다. 그는 그랄 왕 아비멜 렉에게 꿈에 나타나셨다. 그는 죽음의 위협으로 아비멜렉이 아브라함 의 아내를 도로 돌려주게 하셨다. 우리는 하나님의 비상한 도움을 믿는 다. 아브라함의 하나님께서는 오늘도 우리 모두의 하나님이시다. 우리 가 비록 부족하고 연약하여 때때로 실수한다 할지라도 하나님께서는 우리를 돌보신다. 하나님의 도우심을 받는다는 것, 도우시는 하나님을 모시고 산다는 것은 구원 얻은 성도인 우리 모두의 큰복이며 특권이다.

셋째로, 아브라함은 하나님을 아는 자이었고 하나님의 택한 백성이 며 하나님 앞에서 경건하게 산 자이었다. 그는 하나님 앞에 단을 쌓는 생활을 했다(창 12:7, 8; 13:18). 그는 하나님께 늘 예배드리고 찬송하고 기도하는 자이었고 가족들과 함께 그렇게 하는 자이었다. 하나님께서 는 온 세상의 모든 일들을 주관하시는 자이시다. 하나님의 자녀가 되고 하나님의 백성이 되는 것은 가장 복된 일이다. 이것이 구원이다. 우리는 하나님의 구원의 은혜와 복을 늘 감사하며 경건하게 살아야 한다. 오늘 날 사람이 하나님의 자녀와 백성이 되는 길은 모든 죄를 버리고 구주 예수 그리스도를 영접하는 것이다. 주께서는 "회개하고 복음을 믿으라" 고 말씀하셨다(막 1:15). 사도 요한은 주 예수님의 이름을 믿는 자들이 하나님의 자녀가 되는 권세를 얻었다고 증거했다(요 1:12). 자신이 죄인 임을 인정하고 죄를 버리고 예수님을 믿는 자는 구원을 얻는다. 이렇게 구원 얻은 자들은 하나님을 아는 자들로 오직 경건하게 살아야 한다.

21장: 이삭과 이스마엘

1-21절, 이삭의 출생과 이스마엘의 쫓겨남

본문은 하나님께서 약속하신 대로 아브라함에게 아들 이삭을 주신 일과 여종 하갈과 아들 이스마엘을 내보내게 된 일을 기록한다.

〔1-2절〕여호와께서 그 말씀대로 사라를 권고(眷顧)하셨고[돌아보셨고] 여호와께서 그 말씀대로 사라에게 행하셨으므로 사라가 잉태하고 하나님의 말씀하신 기한에 미쳐 늙은 아브라함에게 아들을 낳으니.

25년 전 아브라함이 아버지 데라가 살던 하란을 떠날 때, 하나님께서는 그에게 그로 큰 민족을 이루게 하시고 땅의 모든 족속이 그를 인해 복을 얻게 하시겠다고 말씀하셨다(창 12:2-3). 또 아브라함이 99세 때 하나님께서는 내년 봄 정한 때에 사라에게 아들이 있을 것이라고 말씀하셨다(창 17:21; 18:10, 14). 하나님께서는 사랑하시고 택하신 자, 곧 그를 경외하는 아브라함에게 복된 약속을 주셨었다.

하나님께서는 그가 말씀하신 대로 사라를 돌아보셨고 그가 약속하신 대로 사라에게 행하셨다. 사라는 임신하였고 하나님의 말씀하신 기한에 미쳐 아브라함에게 아들을 낳아주었다. 하나님께서는 신실하셨고 그 약속의 말씀도 신실하셨다. 천지만물을 만드시고 인류에게 성경을 주신 하나님께서는 약속하신 것을 이행하시는 하나님이시다. 성경에 기록된 그의 모든 약속과 말씀은 신실한 말씀이시다.

〔3-5절〕아브라함이 그 낳은 아들 곧 사라가 자기에게 낳은 아들을 이름하여 이삭이라 하였고 그 아들 이삭이 난 지 8일 만에 그가 하나님의 명대로 할례를 행하였더라. 아브라함이 그 아들 이삭을 낳을 때에 100세라.

아브라함은 사라가 그에게 낳은 아들의 이름을 이삭이라고 지었다. 이것은 하나님께서 그렇게 지으라고 하신 이름이었다(창 17:19). 이삭(이츠카크 יִצְחָק)은 '그가 웃는다'는 뜻이다. 아브라함은 이삭이 난

지 8일째 되는 날 하나님의 명하신 대로 그에게 할례를 행했다. 하나님께서는 아브라함에게 "너희 중 남자는 다 할례를 받으라," "난 지 8일 만에 할례를 받을 것이라"고 명하셨었다(창 17:10, 12). 아브라함은 하나님의 언약의 명령을 그대로 순종하였다. 아브라함은 하나님을 알고 그를 경외하며 그의 뜻에 순종하는 자이었다.

이삭이 출생했을 때, 아브라함의 나이는 100세이었다. 2절은 아브라함을 '늙은 아브라함'으로 말하고, 7절은 이삭을 '아브라함 노경에' 얻은 아들로 말한다. 원문은 같다. 100세된 노인이 아들을 얻는 것은 불가능해보였다. 창세기 17:17은 사라의 나이가 90세라고 말하며 또 창세기 18:11은 사라의 경수(經水)[월경]가 끊어졌다고 말한다. 그러면 아브라함이 아들 이삭을 얻은 것은 하나님의 전적인 은혜와 능력이었다. 그래서 하나님께서는 아브라함에게 "여호와께 능치 못한 일이 있겠느냐?"고 말씀하셨었다(창 18:14). 하나님께서는 전능하시다.

[6-7절] 사라가 가로되 하나님께서 나로 웃게 하시니 듣는 자가 다 나와 함께 웃으리로다. 또 가로되 사라가 자식들을 젖 먹이겠다고 누가 아브라함에게 말하였으리요마는 아브라함 노경에 내가 아들을 낳았도다 하니라.

사라는 이삭을 출산한 후 '하나님께서 나로 웃게 하셨다'고 말했다. 그의 웃음은 기쁨과 행복의 웃음이었다. 늙은 자신들을 통해 아들이 출산된 것은 참으로 자신들 뿐만 아니라 그 소식을 듣는 모든 친지와 이웃도 함께 기뻐할 만한 일이었다. 사라가 자식들을 젖 먹이겠다고 아브라함에게 감히 말할 자가 없었겠으나 그는 아브라함의 노경에 아들을 낳았다. 그것은 하나님의 놀라운 선물이었다.

[8-9절] 아이가 자라매 젖을 떼고 이삭의 젖을 떼는 날에 아브라함이 대연(大宴)을 배설하였더라[큰 잔치를 베풀었더라]. 사라가 본즉 아브라함의 아들 애굽 여인 하갈의 소생이 이삭을 **희롱하는지라.**

아이는 잘 자랐고 젖을 떼는 때가 되었다. 그것은 보통 3살쯤이라고 추측된다.33) 어린아이가 병약하지 않고 건강하게 잘 자라는 것은 하나님의 은혜이다. 이삭이 젖을 떼는 날, 아브라함은 큰 잔치를 베풀었다. 그것은 아이가 건강하게 잘 자란 것을 하나님께 감사하며 기쁨을 다른 이들과 함께 나누려는 잔치이었을 것이다.

그런데 아브라함의 아들이며 애굽 여인 하갈의 아들인 이스마엘이 어린 이삭을 희롱하는 것을 사라가 보았다. 그때 이스마엘의 나이는 17살쯤이며 조심할 만한 나이이었다. 한 집에 배가 다른 두 형제가 사니 이런 일은 예상할 만한 일이었고, 하갈이 좀더 생각이 있었다면 그의 아들 이스마엘을 엄히 교훈하고 단속했을 것이다. 그러나 그렇지 못했던 것 같고, 사라는 그 일로 마음이 몹시 상하였다.

〔10-11절〕 그가 아브라함에게 이르되 이 여종과 그 아들을 내어쫓으라. 이 종의 아들은 내 아들 이삭과 함께 기업을 얻지 못하리라 하매 아브라함이 그 아들을 위하여[그 아들 때문에] 그 일이 깊이 근심이 되었더니.

사라는 아브라함에게 "이 여종과 그 아들을 내어쫓으라"고 말했다. 사라의 감정은 일반 여인들의 감정과 별로 다르지 않았다. 그의 요청을 들은 아브라함은 아들 이스마엘로 인해 심히 근심했다. 아들까지 선물로 주신 하나님의 사랑하는 아브라함의 가정에 큰 근심의 문제가 생겼다. 그러나 그것은 하갈을 첩으로 얻었을 때부터 예상된 문제이었다. 그것은 사람의 부족에서 왔고 한 집에 같이 살면서 해결하기는 쉽지 않은 문제이었다. 사라와 하갈은 서로 헤어지는 것이 지혜로워보였다. 이스마엘도, 하갈도, 사라도 완전한 인격은 못되었다.

〔12-13절〕 하나님이[하나님께서] 아브라함에게 이르시되 네 아이나 네 여종을 위하여 근심치 말고 사라가 네게 이른 말을 다 들으라. 이삭에게서 나는 자라야 네 씨라 칭할 것임이니라. 그러나 여종의 아들도 네 씨니 내가 그로 한 민족을 이루게 하리라 하신지라.

하나님께서는 이스마엘의 문제로 고민하는 아브라함에게 사라의

---

33) 마카비하 7:27에는 한 여인이 자기 아들을 3년 동안 젖을 먹였다는 말이 나온다.

말을 들으라고 말씀하셨다. 이스마엘도 아브라함의 아들이므로 하나
님의 돌보심을 입을 것이지만, 사라에게서 난 이삭만이 아브라함의
계보를 잇는 기업 상속자가 될 것이다. 하나님께서는 특별히 이삭을
위해, 이삭을 따라 섭리하실 것이다. 이삭은 약속의 자녀이며 예수 그
리스도의 예표이며 또 그를 믿는 자들의 예표이었다. 오늘날 예수 그
리스도를 믿는 자들은 하나님의 자녀가 되는 권세를 얻은 자들이다
(요 1:12). 또 로마서 8:28은 하나님의 뜻대로 부르심을 입은 자들에
게는 모든 것이 합력하여 선을 이룬다고 증거하였다.

**[14-16절] 아브라함이 아침에 일찍이 일어나 떡과 물 한 가죽부대를 취
하여 하갈의 어깨에 메워 주고 그 자식을 이끌고 가게 하매 하갈이 나가서
브엘세바 들에서 방황하더니 가죽부대의 물이 다한지라. 그 자식을 떨기나
무 아래 두며 가로되 자식의 죽는 것을 참아[차마] 보지 못하겠다 하고 살
한 바탕쯤 가서 마주 앉아 바라보며 방성대곡하니.**

아브라함은 하나님의 말씀에 즉시 순종하였다. 그는 아침에 일찍
이 일어나 떡과 물 한 가죽부대를 취해 하갈의 어깨에 메워주고 그와
그 아들 이스마엘을 내보냈다(후에 재물을 주었다고 보임, 창 25:5,
6). 그의 가정의 갈등을 해소하는 지혜로운 길은 그들을 내보내는 것
이었다. 여기에 사람의 연약함이 있다. 이것은 어느 한 사람의 부족
때문만이 아니었다. 하갈도, 이스마엘도, 사라도 다 부족하였다.

하갈은 아들과 함께 나가 브엘세바 들에서 방황하였다. 브엘세바
는 유다 땅의 맨 남쪽에 있고 남방(네게브) 지역에 속했다. 가죽부대
의 물이 다하자, 하갈은 그 아들을 한 떨기나무(관목; 줄기와 가지가
분명치 않은 나무) 아래 두고 살 한 바탕쯤 떨어져 아들 이스마엘을
마주 앉아 바라보며 크게 울었다. '살 한 바탕'의 거리는 몇 십 미터쯤
될 것이다. 하갈의 눈물은 자신과 아들의 불확실한 미래에 대한 불안
과 두려움에서 나온 것일 것이다. 그들은 이제 어떻게 살아가야 할지
막막했을 것이다. 어머니의 울음소리에 아들 이스마엘도 울었다.

〔17-21절〕 하나님이[하나님께서] 그 아이의 소리를 들으시므로 하나님의 사자가 하늘에서부터 하갈을 불러 가라사대 하갈아, 무슨 일이냐? 두려워 말라. 하나님이[께서] 거기 있는 아이의 소리를 들으셨나니 일어나 아이를 일으켜 네 손으로 붙들라. 그로 큰 민족을 이루게 하리라 하시니라. 하나님이[께서] 하갈의 눈을 밝히시매 샘물을 보고 가서 가죽부대에 물을 채워다가 그 아이에게 마시웠더라. 하나님이[께서] 그 아이와 함께 계시매 그가 장성하여 광야에 거하며 활 쏘는 자가 되었더니 그가 바란 광야에 거할 때에 그 어미가 그를 위하여 애굽 땅 여인을 취하여 아내를 삼게 하였더라.

하나님께서 그 아이의 울음소리를 들으셨다. '아이'라는 원어(나아르 נַעַר)는 '소년, 청년'이라는 뜻이다. 하나님의 사자는 하늘로부터 하갈을 불렀고 하나님께서 그 아이로 큰 민족을 이루게 하실 것이라고 말했다. 하나님께서 또 그의 눈을 밝히시므로, 하갈은 한 샘물을 보고 가서 가죽부대에 물을 채워다가 아들에게 마시웠다.

이스마엘은 비록 이삭과 함께 살 수 없는 처지이었지만 아브라함의 아들이었다. 하나님께서는 하갈과 이스마엘을 불안하고 두려운 광야에 그냥 내버려두지 않으셨다. 아브라함과 함께하시는 하나님께서는 또한 아브라함의 아들 이스마엘과도 함께하셨다. 이스마엘은 커서 광야에 거하며 활 쏘는 자가 되었다.

하갈과 이스마엘은 육신적으로 선택된 백성이 아닌 자들을 대표하는 것 같다. 하나님께서는 세상의 모든 사람에게 자비하시다. 하나님께서는 요나에게 "이 큰 성읍, 니느웨에는 좌우를 분변치 못하는 자가 12만여명이요 육축도 많이 있나니 내가 아끼는 것이 어찌 합당치 아니하냐?"고 말씀하셨다(욘 4:11). 주께서는 하나님께서 햇볕과 비를 모든 사람에게 주신다고 말씀하셨다(마 5:45). 사도 베드로는 하나님께서 "각 나라 중 하나님을 경외하며 의를 행하는 사람"을 받으신다고 말했다(행 10:35). 이스라엘 백성이 아닌 세상 민족들 중에서도 하나님께서 만세 전에 택하신 구원 얻을 자들이 많이 있다.

본문의 교훈을 정리해보자. 첫째로, 하나님께서는 아브라함과 사라에게 약속하신 대로 행하셨다. 1절, "여호와께서 그 말씀대로 사라를 권고하셨고[돌아보셨고] 여호와께서 그 말씀대로 사라에게 행하셨으므로." 그는 약속하신 대로 행하셨다. 그는 신실하신 하나님이시다. 그는 아브라함과 이삭과 야곱에게 가나안 땅을 주겠다고 약속하셨고 그대로 행하셨다. 이와 같이, 하나님께서는 구약성경에 메시아를 약속하셨고 예수 그리스도를 보내주셨고 그를 믿는 자들이 죄사함과 의롭다 하심과 영생을 얻게 하셨다. 구주 예수님을 믿은 자는 구원의 복을 얻었다. 하나님께서 이제 주 예수 그리스도를 믿고 구원 얻은 자들에게 약속하신 것이 있다. 그것은 주 예수님의 재림과 죽은 자들의 부활과 천국과 영생이다. 우리는 사도 요한과 함께 "아멘, 주 예수여, 오시옵소서"라고 고백하며 주의 재림을 기다리며 부활과 천국과 영생을 사모해야 한다.

둘째로, 아브라함의 깊은 근심은 자신과 사라의 부족 때문에 온 것이었다. 그들은 좀더 참고 기다렸어야 했으나 하나님의 뜻을 인간적 방법으로 이루어보려 했었다. 그 결과 그 가정에는 갈등이 생겼고 그것은 그의 깊은 근심이 되었다. 그 갈등과 근심의 최선의 해결책은 하갈과 이스마엘을 내보내는 것이었다. 우리는 그런 부족을 조심해야 한다.

셋째로, 하나님께서는 하갈과 이스마엘에게도 너그러우셨다. 그는 그들을 버리지 않으셨고 이스마엘을 통해 한 큰 민족을 이루기를 원하셨다. 하나님께서는 아브라함의 아들 이삭과 그의 손자 야곱의 자손들인 이스라엘뿐 아니라, 온 세상을 향해 너그러우시다. 그는 만세 전에 영생에 이르도록 구원하실 헤아릴 수 없이 많은 수의 영혼들을 택하셨다. 우리도 그들 중에 속했다. 시편 22:27-28, "땅의 모든 끝이 여호와를 기억하고 돌아오며 열방의 모든 족속이 주의 앞에 경배하리니 나라는 여호와의 것이요 여호와는 열방의 주재심이로다." 이사야 45:22, "땅끝의 모든 백성아, 나를 앙망하라. 그리하면 구원을 얻으리라." 세계복음화는 하나님의 뜻이다. 우리는 하나님의 이 뜻을 감사해야 한다.

22-34절, 아비멜렉과 언약을 맺음

본문은 그랄 왕 아비멜렉과 아브라함이 서로 언약을 맺은 이야기이다. 이것은 평범한 사건처럼 보인다. 이 평범하게 보이는 사건이 우리에게 주는 하나님의 진리와 교훈을 살펴보자.

〔22-24절〕때에 아비멜렉과 그 군대장관 비골이 아브라함에게 말하여 가로되 네가 무슨 일을 하든지 하나님이[하나님께서] 너와 함께 계시도다. 그런즉 너는 나와 내 아들과 내 손자에게 거짓되이 행치 않기를 이제 여기서 하나님을 가리켜 내게 맹세하라. 내가 네게 후대한 대로 너도 나와 너의 머무는 이 땅에 행할 것이니라. 아브라함이 가로되 내가 맹세하리라 하고.

아브라함이 하갈과 이스마엘을 내보낸 때 즈음에, 그랄 왕 아비멜렉은 아브라함에게 찾아와 "네가 무슨 일을 하든지 하나님께서 너와 함께 계시도다"라고 말하였다. 아비멜렉은 하나님께서 아브라함과 함께 계심을 느끼고 있었다. 이것은 경건한 아브라함에 대한 이방인의 놀라운 증거가 아닐 수 없다. 그랄 왕인 이방인 아비멜렉까지도 하나님께서 아브라함과 함께 계심을 느낄 수 있었던 것이다! 하나님께서 아브라함과 함께하심이 이방인들에게도 증거된 것이다!

또 아비멜렉은 아브라함에게 "그런즉 너는 나와 내 아들과 내 손자에게 거짓되이 행치 않기를 이제 여기서 하나님을 가리켜 내게 맹세하라. 내가 네게 후대한 대로 너도 나와 너의 머무는 이 땅에 행할 것이니라"고 말했다. 그는 아브라함에게 서로 해치지 않기를 맹세하는 언약을 맺자고 제안한 것이다. 환경적으로 불안하였을 아브라함에게 이런 언약은 안정에 도움이 되는 기회라고 보였을 것이다. 아브라함은 하나님의 인도하심 속에서 아비멜렉의 요청에 응하였다.

역사상 신앙의 열조들은 하나님과 동행하였고 하나님의 함께하심을 체험하였고 주위의 사람들에게도 그것을 증거하였다. 아브라함이 그러하였다. 그의 아들 이삭도 그러했다. 창세기 26:28에 보면, 그랄 왕 아비멜렉은 그에게 와서, "여호와께서 너와 함께 계심을 우리가 분명히 보았으므로 우리의 사이 곧 우리와 너의 사이에 맹세를 세워 너와 계약을 맺으리라"고 말했다. 요셉도 그러하였다. 창세기 39:3에 보면, 그가 애굽의 시위대장 보디발의 집에 종으로 팔려가 생활하고 있었을 때, 그 주인은 하나님께서 그와 함께하심을 보며 하나님께서 그의 범사에 형통케 하심을 보았다. 다니엘도 그러했다. 다니엘 4:8에 보면, 바벨론 포로 생활 중에서도 느부갓네살 왕은 그의 안에 거룩한 신의 영이 있다고 증거하였다. 하나님께서는 그들과 함께하셨다.

〔25-31절〕 아비멜렉의 종들이 아브라함의 우물을 늑탈한[빼앗은] 일에 대하여 아브라함이 아비멜렉을 책망하매 아비멜렉이 가로되 누가 그리하였는지 내가 알지 못하노라. 너도 내게 고하지 아니하였고 나도 듣지 못하였더니 오늘이야 들었노라. 아브라함이 양과 소를 취하여 아비멜렉에게 주고 두 사람이 서로 언약을 세우니라. [그리고] 아브라함이 일곱 암양 새끼를 따로 놓으니 아비멜렉이 아브라함에게 이르되 이 일곱 암양 새끼를 따로 놓음은 어찜이뇨? 아브라함이 가로되 너는 내 손에서 이 암양 새끼 일곱을 받아 내가 이 우물 판 증거를 삼으라 하고 두 사람이 거기서 서로 맹세하였으므로 그 곳을 브엘세바라 이름하였더라.

아브라함은 그때 아비멜렉의 종들이 자기가 판 우물을 빼앗은 일에 대해 말하며 그를 책망하였고 아비멜렉은 "누가 그리하였는지 내가 알지 못하노라. 너도 내게 고하지 아니하였고 나도 듣지 못하였더니 오늘이야 들었노라"고 해명했다. 아브라함은 양들과 소들을 취하여 그에게 주었고 서로 언약을 맺었다. 아브라함이 그에게 양들과 소들을 준 것은 자기가 판 우물을 돌려줄 그의 호의에 대한 보상이었다고 보인다. 또 아브라함은 암양 새끼 일곱을 따로 구별하여 그에게 주었다. 아브라함은 그것이 자신이 그 우물을 팠다는 것을 증거하는 표라고 그에게 말했다. 아브라함은 그 곳을 브엘세바(בְּאֵר שֶׁבַע) 곧 '맹세의 우물'이라고 불렀는데, 그것은 그 두 사람이 거기서 맹세하며 서로 언약을 맺었기 때문이다.

아브라함은 범사에 정당하고 너그럽게 처신하려고 애썼다. 그는 옳지 않다고 생각한 것에 대해 상대에게 지적하고 책망하기도 하였으나 양들과 소들, 그리고 일곱 암양 새끼들을 선물로 줌으로써 상대방이 베풀 호의와 우정에 대해 미리 감사를 표하기도 하였다. 의와 선과 진실은 하나님을 경외하는 사람들에게 있어서 필수적 덕목이다. 사도 바울은 말하기를, "너희가 전에는 어두움이더니 이제는 주 안에서 빛이라. 빛의 자녀들처럼 행하라. 빛의 열매는 모든 착함과 의로움과 진실함에 있느니라"고 하였다(엡 5:8-9).

우리는 세상을 살면서 정당한 방법으로 돈을 벌어야 하고 불의한 방법으로 벌려 해서는 안 된다. 잠언은 "적은 소득이 의를 겸하면 많은 소득이 불의를 겸한 것보다 나으니라"고 말한다(잠 16:8). 또 집사의 자격에는 더러운 이(利)를 탐하지 않는 것이 포함된다(딤전 3:8).

성경은 우리에게 심지어 원수까지도 사랑하고 그에게 선을 베풀라고 교훈한다. 주께서는 말씀하시기를, "너희 원수를 사랑하며 너희를 핍박하는 자를 위하여 기도하라. 이같이 한즉 하늘에 계신 너희 아버지의 아들이 되리니 이는 하나님께서 그 해를 악인과 선인에게 비춰게 하시며 비를 의로운 자와 불의한 자에게 내리우심이니라"고 하셨다(마 5:44-45). 사도 바울도 "아무에게도 악으로 악을 갚지 말고 모든 사람 앞에서 선한 일을 도모하라," "네 원수가 주리거든 먹이고 목마르거든 마시우라. 그리함으로 네가 숯불을 그 머리에 쌓아 놓으리라. 악에게 지지 말고 선으로 악을 이기라"고 말했다(롬 12:17, 20-21). 그러나 이런 말씀은 개인적으로 원수에게 자비를 베풀어야 함을 보이는 것이고 국가 간의 정당방위적 전쟁을 부정하는 것은 아니다.

〔32-34절〕 그들이 브엘세바에서 언약을 세우매 아비멜렉과 그 군대장관 비골은 떠나 블레셋 족속의 땅으로 돌아갔고 아브라함은 **브엘세바에 에셀 나무를 심고 거기서 영생하시는 하나님**(엘 올람 אֵל עוֹלָם)[영원하신 하나님] **여호와의 이름을 불렀으며 그가 블레셋 족속의 땅에서 여러 날을 지내**

었더라.

아브라함과 아비멜렉은 브엘세바에서 언약을 세웠고 아비멜렉과 그 군대장관 비골은 떠나 블레셋 족속의 땅으로 돌아갔고 아브라함은 브엘세바에서 에셀나무를 심고 거기서 영원하신 하나님 여호와의 이름을 불렀다. 그는 블레셋 족속의 땅에서 여러 날을 지냈다. '에셀나무'라는 원어(אֵשֶׁל)는 '타마리스크 나무'(또는 위성류)라고 하는데, 사막 지대에서 자라는, 분홍색 꽃이 피는 작은 나무라고 한다.

또 아브라함이 거기서 '영원하신 하나님 여호와'의 이름을 불렀다는 것은 그가 영원하신 하나님 여호와를 믿었음을 증거한다. 하나님께서는 영원히 스스로 계시는 하나님이시며, 천지만물은 그가 창조하신 것이다. 그는 천지만물을 창조하시기 전부터 계셨다(창 1:1). 그러므로 모세는 시편 90:1-2에서 "주여, 주는 대대에 우리의 거처가 되셨나이다. 산이 생기기 전, 땅과 세계도 주께서 조성하시기 전 곧 영원부터 영원까지 주는 하나님이시니이다"라고 고백하였다. 천지만물을 창조하시기 전부터 계신 영원하신 참 하나님을 아는 것이 참된 경건이며, 그 하나님 안에 영생의 길이 있다.

천지만물은 인류 역사 6,000년을 지나면서 낡고 쇠하여지고 있다. 시편 102:26-27, "천지는 없어지려니와 주는 영존하시겠고 그것들은 다 옷같이 낡으리니 의복같이 바꾸시면 바뀌려니와 주는 여상(如常)하시고[언제나 동일하시고] 주의 연대는 무궁하리이다." 전도서 1:2는 해 아래 있는 모든 것이 헛되다고 말했고, 베드로전서 1:24-25는 모든 육체는 풀과 같고 그 모든 영광은 풀의 꽃과 같으며 풀은 마르고 꽃은 떨어진다고 말했다. 그러므로 주께서는 제자들에게 썩어질 양식을 위해 일하지 말라고 말씀하셨다(요 6:27). 세상의 모든 것은 다 낡아지고 쇠해지고 썩지만, 오직 하나님께서는 영원하시고 불변하시며 그의 말씀도 영원하시고 불변하시다(사 40:8; 벧전 1:25).

창세기 21장: 이삭과 이스마엘

본장의 교훈을 정리해보자. 첫째로, 아브라함은 브엘세바에서 영원하신 하나님 여호와의 이름을 불렀다(33절). 태초에 천지를 창조하신 하나님께서는 영원 전부터 계신 자이시다. 그는 천지 창조 이전부터 존재하셨다. 천지 창조 이전은 영원 세계이다. 시편 90:2, "산이 생기기 전, 땅과 세계도 주께서 조성하시기 전 곧 영원부터 영원까지 주는 하나님이시니이다." 요한계시록 22:12, "나는 알파와 오메가요 처음과 나중이요 시작과 끝이라." 하나님께서는 홀로 세상의 처음과 끝을 아시는 자이시다. 모든 피조물들은 시작이 있지만, 그는 시작이 없으시다. 그는 영원하시다. 우리가 믿고 섬기는 하나님께서는 영원하신 하나님, 영원 자존하신 하나님이시다. 그를 아는 것이 구원이며 영생이다(요 17:3).

둘째로, 그랄 왕 아비멜렉은 아브라함에게 "네가 무슨 일을 하든지 하나님께서 너와 함께 계시도다"라고 증거하였다. 후에 요셉도 그러했고 다윗도 그러했고 다니엘과 세 친구들도 그러했다. 우리는 하나님께서 우리와 함께하심을 체험하며 살 뿐 아니라, 우리의 주위의 사람들이 그것을 보고 느끼며 심지어 하나님을 알지 못하는 자들에게도 증거가 되기를 원한다. 물론 그렇게 하려면 우리는 말씀과 기도로 경건하게 살고 그의 계명대로 바르고 선하고 진실하게 살아야 한다. 우리는 하나님께서 우리와 함께하심을 주위 사람들에게 증거하는 자가 되어야 한다.

셋째로, 아브라함은 그랄 사람들이 우물을 빼앗았으나 그들과 다투지 않았다. 그는 양들과 소들과 일곱 암양 새끼를 아비멜렉에게 주었다. 그것은 그들의 감정을 부드럽게 하는 행동이었다고 보인다. 하나님의 뜻은 우리가 선한 사람이 되는 것이다. 사람은 본래 선한 자로 창조되었으나 범죄한 후 악한 자가 되었다. 아모스 5:14, "너희는 살기 위하여 선을 구하고 악을 구하지 말지어다." 하나님께서 우리를 죄에서 구원하여 깨끗하게 하신 것은 선한 일에 열심하는 친 백성이 되게 하시기 위함이다(딛 2:14). 천국과 영생의 구원을 얻은 자는 세상에서도 선한 삶을 사는 자가 되어야 한다. 우리는 선하고 너그러운 삶을 살아야 한다.

22장: 이삭을 번제로 드리라

〔1-2절〕 그 일[이 일들] 후에 하나님이[하나님께서] 아브라함을 시험하시려고 그를 부르시되 아브라함아 하시니 그가 가로되 내가 여기 있나이다. 여호와께서 가라사대 네 아들 네 사랑하는 독자 이삭을 데리고 모리아 땅으로 가서 내가 네게 지시하는 한 산 거기서 그를 번제로 드리라.

이런 일들, 즉 이삭이 출생되어 자람, 이스마엘을 내보냄, 아비멜렉과 언약을 맺음 등의 일들이 있은 후, 아마 10여년의 세월이 흐른 후, 어느 날 하나님께서는 아브라함의 믿음을 시험하기 위하여 그에게 명령하셨다. "네 아들 네 사랑하는 독자 이삭을 데리고 모리아 땅으로 가서 내가 네게 지시하는 한 산 거기서 그를 번제로 드리라." 번제는 제물을 온전히 불태워 드리는 제사이다.

그 명령은 이성적으로 이해하기 매우 어려운, 지나쳐 보이는 명령이었다. 이삭은 하나님의 약속하신 아들이 아닌가? 이스마엘로 인해 근심하는 아브라함에게 "이삭에게서 나는 자라야 네 씨라 칭할 것임이니라"(창 21:12)고 그가 말씀하지 않으셨는가? 이삭은 아브라함에게 얼마나 귀하고 자기 목숨보다 더 사랑스런 아들이 아닌가?

그러나 하나님께서는 절대적 권위를 가진 자이시며 그의 명령은 절대적 권위를 가진다. 사람은 하나님의 명령에 오직 순종해야 한다. 사람은 그 명령을 가감하지 말고(신 4:2; 12:32), 좌로나 우로나 치우치지 말고(신 5:32) 지켜야 하고 행해야 한다. 하나님께서 아브라함에게 하신 명령은 사람이 이 세상에서 매우 사랑하고 가치 있게 여기는 것을 포기할 수 있어야 함을 교훈한다. 하나님께 대한 순종은 온전해야 한다. 그것은 모든 조건을 초월한 절대적 순종이어야 한다.

〔3-4절〕 아브라함이 아침에 일찌기[일찍이] 일어나 나귀에 안장을 지우고 두 사환과 그 아들 이삭을 데리고 번제에 쓸 나무를 쪼개어 가지고 떠나 하나님의 자기에게 지시하시는 곳으로 가더니 제3일에 아브라함이 눈을 들

어 그 곳을 멀리 바라본지라.

아브라함은 하나님의 명령에 순종하였다. 그는 그의 명령에 대해 하나님께 무엇을 질문하거나 대항하지 않았다. 그는 지체치 않고 그 명령에 순종했다. 그는 아침에 일찍이 일어나 나귀에 안장을 지우고 두 사환 즉 종들과 그 아들 이삭을 데리고 번제에 쓸 나무를 쪼개어 하나님의 지시하신 곳을 향해 떠났다. 제3일에 그는 눈을 들어 그 곳을 멀리 바라보았다.

하나님께서 지시하시는 곳까지는 3일 길이었다. 모리아 산은 바로 훗날의 예루살렘이다. 역대하 3:1은, "솔로몬이 예루살렘 모리아 산에 여호와의 전 건축하기를 시작하니"라고 기록한다. 아브라함이 거주한 브엘세바에서(창 22:19) 모리아 산 즉 예루살렘까지는 지도에 보면 약 65킬로미터가 넘는 거리이며 그 정도면 서울에서 평택까지쯤 된다. 그것은 긴 여행이었다. 또 그 기간은 아브라함에게 매우 고통스런 시간이었을 것이다. 그러나 그는 하나님 앞에서 묵묵히 순종하며 자신의 감정을 이겨내었다. 그의 순종은 일시적 감정에서 나온 것이 아니고 3일이 지나도 변함이 없는 진심에서 나온 것이었다.

〔5-8절〕 이에 아브라함이 사환[들]에게 이르되 너희는 나귀와 함께 여기서 기다리라. 내가 아이와 함께[나와 아이 우리가] 저기 가서 [우리가] 경배하고 [우리가] 너희에게로 돌아오리라 하고 아브라함이 이에 번제 나무를 취하여 그 아들 이삭에게 지우고 자기는 불과 칼을 손에 들고 두 사람이 동행하더니 이삭이 그 아비 아브라함에게 말하여 가로되 내 아버지여 하니 그가 가로되 내 아들아, 내가 여기 있노라. 이삭이 가로되 불과 나무는 있거니와 번제할 어린양은 어디 있나이까? 아브라함이 가로되 아들아, 번제할 어린양은 하나님께서 자기를 위하여 친히 준비하시리라 하고 두 사람이 함께 나아가서.

아브라함은 종들에게 거기 머물게 하고 이삭과 함께 가서 하나님께 경배하고 돌아오겠다고 말했다. 그는 이삭에 대한 하나님의 약속을 믿었고 그를 죽인 후에 하나님께서 그를 다시 살리실 수 있다고 믿었던 것 같다. 히브리서 11:19, "저가 하나님께서 능히 죽은 자 가운데서 다시 살리실 줄로 생각한지라." 아브라함은 번제에 쓸 나무를 아들 이삭에게 지우고 자기는 불과 칼을 손에 들고 함께 갔다. 번제할 나무를 진 것을 보면 이삭의 나이가 15살 이상은 되었을 것 같다. 그때 이삭은 말하였다. "내 아버지여, 불과 나무는 있거니와 번제할 어린양은 어디 있나이까?" 아들의 당황스런 질문을 듣게 된 아브라함은 "아들아, 번제할 어린양은 하나님께서 자기를 위해 친히 준비하시리라"고 대답하였다. 그것은 하나님께서 주신 대답이었다.

〔9-10절〕하나님께서 그에게 지시하신 곳에 이른지라. 이에 아브라함이 그 곳에 단을 쌓고 나무를 벌여놓고[가지런히 놓고] 그 아들 이삭을 결박하여 단 나무 위에 놓고 손을 내밀어 칼을 잡고 그 아들을 잡으려[죽이려] 하더니.

하나님께서 지시하신 곳에 이르러 아브라함은 거기서 단을 쌓고 나무를 가지런히 놓은 후 이삭에게 말했을 것이다. "아들아, 하나님께서 너를 번제물로 드리라고 명령하셨다." 아브라함은 아들을 결박하여 단 나무 위에 눕혀 놓았다. 이삭은 아버지께 반항한 것 같지 않다. 아버지 아브라함처럼 아들 이삭도 하나님을 경외하였던 것 같다. 아브라함은 칼을 잡고 그 아들을 죽이려 했다. 만일 하나님께서 그를 막지 않으셨다면, 아브라함은 아들 이삭을 진짜 죽였을 것이다.

〔11-12절〕여호와의 사자가 하늘에서부터 그를 불러 가라사대 아브라함아, 아브라함아 하시는지라. 아브라함이 가로되 내가 여기 있나이다 하매 사자가 가라사대 그 아이에게 네 손을 대지 말라. 아무 일도 그에게 하지 말라. 네가 네 아들 네 독자라도 내게 아끼지(withhold)(KJV, NASB, NIV) 아니하였으니 내가 이제야 네가 하나님을 경외하는 줄을 아노라.

그때 하나님의 사자가 하늘에서 그를 불렀다. "아브라함아, 아브라함아." 그것은 다급한 음성이었다. 하나님께서는 아브라함이 실제로 이삭을 죽이기를 원치 않으셨다. 하나님의 뜻은 이삭을 죽이는 것이 아니고 단지 아브라함의 마음을 시험하는 것이었다. 물론 하나님께서 시험하여 무엇을 확인하신다는 것은 인간적 표현이다. 전지하신 하나님께서는 아브라함의 중심을 아시지만, 이 일을 통해 하나님을 향한 아브라함의 마음이 어떠한지 확실히 드러내셨다.

하나님의 사자는 말씀하시기를, "그 아이에게 네 손을 대지 말라. 아무 일도 그에게 하지 말라. 네가 네 아들 네 독자라도 내게 아끼지 아니하였으니 내가 이제야 네가 하나님을 경외하는 줄을 아노라"고 하셨다. '내게 아끼지 아니하였으니'라는 표현은 그가 곧 하나님 자신 이심을 암시한다. 이와 같이 구약시대에 하나님께서는 종종 하나님 의 사자의 모습으로 나타나셨다. 이제 아브라함의 믿음은 충분하게 검증되었다. 비록 그가 외아들 이삭을 매우 사랑했지만, 그는 그 무엇 보다 하나님을 두려워했고 그를 사랑했고 그의 명령에 절대 순종하 였다. 이것이 참 경건이다. 하나님께서는 이 세상에서 가장 높으신 분 이시며 그의 명령은 사람이 순종해야 할 최고의, 절대적 명령이다.

〔13-14절〕 아브라함이 눈을 들어 살펴본즉 한 숫양이 뒤에 있는데 뿔이 수풀에 걸렸는지라. 아브라함이 가서 그 숫양을 가져다가 아들을 대신하여 번제로 드렸더라. 아브라함이 그 땅 이름을 여호와 이레라 하였으므로 오늘 까지 사람들이 이르기를 여호와의 산에서 준비되리라 하더라.

하나님께서는 아브라함을 위해 이삭 대신 한 숫양을 준비하셨다. 아브라함은 눈을 들어 뿔이 수풀에 걸린 한 숫양을 보았다. 그는 가 서 그 숫양을 가져다가 아들을 대신하여 번제를 드렸다. 아브라함은 그 땅을 여호와 이레(יְהוָה יִרְאֶה)라고 불렀다. 그것은 "여호와께서 보시리라 혹은 준비하시리라"는 뜻이다. 그 후에 모세 시대에 이르기 까지 사람들은 "여호와의 산에서 준비되리라"는 말을 사용하였다.

〔15-19절〕 여호와의 사자가 하늘에서부터 두 번째 아브라함을 불러 가 라사대 여호와께서 이르시기를 내가 나를 가리켜 맹세하노니 네가 이같이 행하여 네 아들 네 독자를 아끼지 아니하였은즉 내가 네게 큰 복을 주고 네 씨로 크게 성[번성]하여 하늘의 별과 같고 바닷가의 모래와 같게 하리니 네

씨가 그 대적의 문을 얻으리라. 또 네 씨로 말미암아 천하 만민이 복을 얻으리니 이는 네가 나의 말을 준행하였음이니라 하셨다 하니라. 이에 아브라함이 그 사환에게로 돌아와서 함께 떠나 브엘세바에 이르러 거기 거하였더라.

하나님의 사자의 두 번째 음성은 아브라함에 대한 복의 선언이었다. 하나님께서는 자신을 가리켜 맹세하면서 선언하셨다. 그의 모든 말씀은 믿을 만하지만, 특히 맹세하며 선언하신 말씀은 더욱 그렇다. 그가 아브라함에게 복을 선언하신 것은 그가 하나님의 말씀을 순종했기 때문이다. 순종에는 복이 따른다(신 28:2-13; 사 48:17-18).

하나님께서 선언하신 복은 아브라함의 자손을 번창케 하시고 복되게 하실 것이라는 것이었다. 하나님께서는 아브라함의 자손을 하늘의 별같이, 바닷가의 모래같이 많게 하시고 그들이 그 대적의 문을 얻게 하실 것이라고 말씀하셨다. 그것은 그 자손이 혈통적으로, 수적으로, 세력적으로, 또 영적으로 번창할 것을 뜻한다. 또 대적의 문을 얻는다는 말은 대적들을 정복한다는 뜻이다.

하나님께서는 또한 아브라함에게 "네 씨로 말미암아 천하 만민이 복을 얻으리라"고 말씀하셨다. 이것은 확실히 메시아 약속이다. 아브라함의 자손으로 오실 메시아를 통해 온 세상은 복을 받을 것이다. 과연 아브라함과 다윗의 자손(마 1:1) 예수 그리스도를 통해 세상은 죄와 마귀의 권세와 죽음에서 구원을 얻는 복을 누리게 되었다. 그 복이 온 세계에 흩어져 있는 신약교회가 받은 하나님의 은혜이다.

〔20-24절〕 이 일[일들] 후에 혹이 아브라함에게 고하여 이르기를 밀가가 그대의 동생(아키카 אָחִיךָ)[형제] 나홀에게 자녀를[자녀들을] 낳았다 하였더라. 그 맏아들은 우스요 우스의 동생은 부스와 아람의 아비 그므엘과 게셋과 하소와 빌다스와 이들랍과 브두엘이라. 이 여덟 사람은 아브라함의 동생 나홀의 처 밀가의 소생이며 브두엘은 리브가를 낳았고 나홀의 첩 르우마라 하는 자도 데바와 가함과 다하스와 마아가를 낳았더라.

이 일들 후에 아브라함은 형제 나홀에 대한 소식을 들었다. 그의 아내 밀가는 여덟 아들을 낳았다. 우스는 욥이 산 땅의 선조일지 모르며(욥 1:1) 브두엘은 이삭의 아내 리브가를 낳았다. 또, 아마 밀가가 죽은 후, 나홀은 르우마를 후처로 얻어 네 아들을 더 얻었다.

본장의 교훈을 정리해보자. 첫째로, 아브라함은 그의 사랑하는 아들 이삭을 버릴 정도로 하나님의 명령에 절대 순종했다. 그것은 하나님을 참으로 경외하는 증거이었다. 우리도 하나님을 참으로 경외하고 믿는 다면 아브라함의 순종을 본받아 하나님의 모든 명령에 절대 순종해야 한다. 하나님께서는 우리를 위해 독생자를 주셨고 십자가에 희생 제물로 내어주셨다. 하나님께서는 자신의 사랑하는 외아들을 우리를 위해 버리셨다. 이제 우리는 하나님을 위하여 우리의 사랑하는 것을 버리고 하나님의 명령에 복종하고 하나님을 위해 살 수 있어야 한다.

둘째로, 하나님께서는 아브라함에게 큰 복과 상을 주셨다. 그는 그의 자손들의 번창과 그의 자손을 통해 세계 만민이 복을 받게 하시는 복을 약속하셨다. 그것이 바로 오늘날 우리가 누리는 아브라함의 자손 구주 예수 그리스도를 통해 얻은 구원의 복이다. 하나님께서는 순종하는 자에게 복과 상을 주신다. 예수께서도 아버지께 죽기까지 복종하심으로 높임과 영광을 받으셨다(빌 2:8-11). 순종에는 항상 상이 따른다(계 22:12). 우리도 하나님께 순종할 때 세상에서 큰복을 기대할 수 있다.

셋째로, 아브라함의 아들 이삭은 하나님의 독생자 예수님을 예표하였다. 하나님께서는 그를 번제물로 드리라고 아브라함을 시험하셨다. 그는 예수 그리스도의 예표이었다. 모리아 산의 숫양도 예수 그리스도를 예표한다. 그 숫양은 이삭 대신 번제물이 되었다. 죄인들의 구원은 하나님의 독생자 예수 그리스도의 죽음으로 말미암았다. 오직 죄사함과 의롭다 하심과 영생은 죄인이 주 예수 그리스도를 믿음으로 얻는다. 이것은 하나님의 은혜의 약속이다. 우리는 하나님의 약속하신 아브라함의 자손 구주 예수 그리스도를 감사히 받았고 믿었고 구원을 얻었다. 우리는 주 예수 그리스도의 구원의 은혜 안에 항상 거해야 한다.

23장: 사라의 죽음

〔1-4절〕 사라가 127세를 살았으니 이것이 곧 사라의 향년[생애의 연수]이라. 사라가 가나안 땅 헤브론 곧 기럇 아르바에서[기럇 아르바 곧 헤브론에서](KJV, NASB, NIV) 죽으매 아브라함이 들어가서 사라를 위하여 슬퍼하며 애통하다가 그 시체 앞에서 일어나 나가서 헷 족속에게 말하여 가로되 나는 당신들 중에 나그네요 우거한 자니 청컨대 당신들 중에서 내게 매장지를 주어 소유를 삼아 나로 내 죽은 자를 내어 장사하게 하시오.

본장은 사라의 향년 곧 생애의 연수를 127세라고 기록한다. 성경의 내용은 매우 선택적이다. 아브라함의 생애를 기록할 때 단지 몇 가지의 내용만 기록했다. 지난 장에서 외아들 이삭을 번제물로 드리려 했던 사건을 기록한 후 이제 사라의 죽음을 기록했다. 이삭을 번제물로 드리려 했던 때가 이삭이 15살쯤이라고 본다면, 그때에 아브라함의 나이는 115세이며 사라의 나이는 105세이었으니, 그로부터 22년의 세월이 흐른 때이었다. 이처럼 성경의 내용은 매우 선택적이며 바로 이런 이유 때문에 우리는 성경의 모든 내용에서 교훈을 찾아야 한다.

아름답고 사랑스런 사라, 아브라함과 결혼하여 아마 90년 이상을 같이 살았을 그는 이제 늙어 기럇 아르바에서 세상을 떠났다. 기럇 아르바는 헤브론의 옛 이름이었다(수 14:15; 삿 1:10). 사람은 누구나 다 죽는다. 사랑하는 사람도 죽는다. 사람은 누구나 죽지만, 그것은 하나님의 작정과 섭리 안에 있고 아무도 그 시간을 알지 못한다.

아브라함은 장막에 들어가 아내의 시체 앞에서 슬퍼하며 애통하였다. 사랑하는 아내의 죽음으로 인한 슬픔은 사람으로서 당연한 감정이다. 아브라함은 슬픔 중에 일어나 나가서 헷 족속(the Hittites)에게 "나는 당신들 중에 나그네요 우거한 자니 청컨대 당신들 중에서 내게 매장지를 주어 소유를 삼아 나로 내 죽은 자를 내어 장사(葬事)하게 하시오"라고 말하였다.

창세기 23장: 사라의 죽음

아브라함은 가나안 땅에 나그네와 우거한 자로 살고 있었다. 사실, 세상은 사람의 영원한 거주지가 아니다. 세상에서의 삶은 영원하지 않다. 인생은 나그넷길이다. 다윗은 말하기를, "주 앞에서는 우리가 우리 열조와 다름이 없이 나그네와 우거한 자라. 세상에 있는 날이 그림자 같아서 머무름이 없나이다"라고 했다(대상 29:15). 우리의 참 고향은 더 이상 죽음과 이별이 없는 새 하늘과 새 땅 곧 천국이다.

옛날부터 하나님을 경외하는 자들은 죽은 자의 시체를 매장(埋葬)하였다. 불교의 풍습인 화장(火葬)도 허용된다. 사무엘상 31:12-13에 보면, 사울 왕과 그 아들들의 시체는 화장하여 그 뼈를 야베스 에셀나무 아래 장사하였다. 오늘날 말로 수목장을 한 셈이다. 화장이 허용되기는 하지만, 매장은 성도의 부활 소망에 적합하다. 사람의 죽음은 몸과 영혼의 분리 현상이다. 사람이 죽으면 영혼은 몸을 떠나 천국 혹은 지옥에 들어가고 몸은 무덤에 묻힌다. 주 예수께서 다시 오시는 날에 죽은 성도들은 영광스럽게 부활하여 영생할 것이다.

우리는 죽은 자들의 부활을 믿는다. 사도 바울은 "내가 너희에게 비밀을 말하노니 우리가 다 잠잘 것이 아니요 마지막 나팔에 순식간에 홀연히 다 변화하리니 나팔 소리가 나매 죽은 자들이 썩지 아니할 것으로 다시 살고 우리도 변화하리라"고 말했고(고전 15:51-52), 또 "주께서 호령과 천사장의 소리와 하나님의 나팔로 친히 하늘로 좇아 강림하시리니 그리스도 안에서 죽은 자들이 먼저 일어나고 그 후에 우리 살아 남은 자도 저희와 함께 구름 속으로 끌어 올려 공중에서 주를 영접하게 하시리라"고 말하였다(살전 4:16-17).

우리는 또한 영생을 믿는다. 사도 요한은 "내가 하나님의 아들의 이름을 믿는 너희에게 이것을 쓴 것은 너희로 하여금 너희에게 영생이 있음을 알게 하려 함이라"고 말했다(요일 5:13). 또 사도 바울은 "믿음의 선한 싸움을 싸우라. 영생을 취하라"고 말했다(딤전 6:12).

그러므로 우리는 죽음을 대비하는 자가 되어야 하고, 또 죽은 자의 부활과 영생을 믿는 자답게 경건하고 의롭고 선하게 살아야 한다.

[5-6절] 헷 족속이 아브라함에게 대답하여 가로되 내 주여, 들으소서. 당신은 우리 중 하나님의 방백[존귀한 재]이시니 우리 묘실 중에서 좋은 것을 택하여 당신의 죽은 자를 장사하소서. 우리 중에서 자기 묘실에 당신의 죽은 자 장사(葬事)함을 금할 자가 없으리이다.

'내 주여'라는 표현(6, 11, 15절)은 일반적인 존칭어이었다고 본다. '하나님의 방백'이라는 원어(네시 엘로힘 נְשִׂיא אֱלֹהִים)는 '하나님의 존귀한 자'라는 뜻으로 헷 족속이 아브라함에게서 하나님께서 주신 권위와 위엄을 느끼고 있었음을 보인다. 아브라함은 하나님을 모르는 이웃 사람들에게서도 선한 증거를 얻은 자이었다(딤전 3:7). 헷 족속은 아브라함에게 "우리 묘실 중에서 좋은 것을 택하여 당신의 죽은 자를 장사(葬事)하소서"라고 말하며 호의를 베풀었다.

[7-11절] 아브라함이 일어나 그 땅 거민 헷 족속을 향하여 몸을 굽히고 그들에게 말하여 가로되 나로 나의 죽은 자를 내어 장사(葬事)하게 하는 일이 당신들의 뜻일진대 내 말을 듣고 나를 위하여 소할의 아들 에브론에게 구하여 그로 그 밭머리[밭의 끝]에 있는 막벨라 굴을 내게 주게 하되 준가(準價)[값]를 받고 그 굴을 내게 주어서 당신들 중에 내 소유 매장지가 되게 하기를 원하노라. 때에 에브론이 헷 족속 중에 앉았더니 그가 헷 족속 곧 성문에 들어온 모든 자의 듣는데 아브라함에게 대답하여 가로되 내 주여, 그리 마시고 내 말을 들으소서. 내가 그 밭을 당신께 드리고 그 속의 굴도 내가 당신께 드리되 내가 내 동족 앞에서 당신께 드리오니 당신의 죽은 자를 장사하소서.

아브라함은 헷 족속의 호의적인 말에 대해 일어나 그들을 향해 몸을 굽혀 답례하며 에브론의 밭의 끝에 있는 막벨라 굴을 값을 받고 주기를 요청했다. 그때에 에브론이 거기 앉았다가 모든 자들의 듣는데 아브라함에게 자기의 밭과 그 속의 굴을 주겠다고 말하였다. 아브라함은 에브론의 호의적인 말에 대해 감사하는 표시로 다시 헷 족속을 향해 몸을 굽혔다. 그가 몸을 굽힌 것은 그의 겸손함을 보인다. 우리는 전에 그가 집에 온 손님들을 접대하는 모습에서도 그의 겸손함을 보았었다. 그는 장막 문에서 달려나가 그들 앞에서 몸을 땅에 굽히며 영접하였었다(창 18:2). 경건한 아브라함은 겸손한 자이었다.

하나님께서는 우리에게 겸손을 교훈하신다. 잠언 18:12, "사람의 마음의 교만은 멸망의 선봉이요 겸손은 존귀의 앞잡이니라." 주께서는 "나는 마음이 온유하고 겸손하니 나의 멍에를 메고 내게 배우라"고 말씀하셨다(마 11:29). 겸손은 우리 주 예수 그리스도의 마음이다(빌 2:5). 또 주께서는 교훈하시기를, "너희 중에 큰 자는 너희를 섬기는 자가 되어야 하리라. 누구든지 자기를 높이는 자는 낮아지고 누구든지 자기를 낮추는 자는 높아지리라"고 하셨다(마 23:11-12).

〔12-15절〕 아브라함이 이에 그 땅 백성을 대하여 몸을 굽히고 그 땅 백성의 듣는데 에브론에게 말하여 가로되 당신이 합당히 여기면 청컨대 내 말을 들으시오. 내가 그 밭값을 당신에게 주리니 당신은 내게서 받으시오. 내가 나의 죽은 자를 거기 장사하겠노라. 에브론이 아브라함에게 대답하여 가로되 내 주여, 내게 들으소서. 땅값은 은 400세겔이나 나와 당신 사이에 어찌 교계(較計)[거래]하리이까? 당신의 죽은 자를 장사하소서.

〔16-20절〕 아브라함이 에브론의 말을 좇아 에브론이 헷 족속의 듣는데서 말한 대로 상고(商賈)의 통용하는 은 400세겔을 달아 에브론에게 주었더니 마므레 앞 막벨라에 있는 에브론의 밭을 바꾸어 그 속의 굴과 그 사방에 둘린 수목을 다 성문에 들어온 헷 족속 앞에서 아브라함의 소유로 정한지라. 그 후에 아브라함이 그 아내 사라를 가나안 땅 마므레 앞 막벨라 밭 굴에 장사하였더라. (마므레는 곧 헤브론이라.) 이와 같이 그 밭과 그 속의 굴을 헷 족속이 아브라함 소유 매장지로 정하였더라.

아브라함은 다시 그 땅 백성을 향해 몸을 굽히고 그 밭값을 정당히 지불하고 매입하기를 원했다. 땅 주인 에브론이 그 땅을 그냥 주겠다고 제안했지만, 아브라함은 정당하게 당시 장사들이 사용하는 세겔로 은 400세겔(약 4.6킬로그램)을 달아 주고 그 땅을 샀다. 그 땅은 모든 증인 앞에서 아브라함의 소유지가 되었다. 그런 후 아브라함은 죽은 아내의 시신을 그 밭의 굴에 안장(安葬)하였다.

아브라함은 그 밭을 정당한 값을 주고 샀다. 그는 물질 생활에서 남에게 손해를 주지 않고 정당하게 살려 하였다. 그것이 의와 사랑이다. 사람의 인격성은 그의 정확한 돈 계산에서 나타난다. 우리는 정당하게 돈을 벌고 정당하게 물건을 사고 소유해야 한다. 도적질은 악한 일이며, 남의 것을 강탈하는 것은 더 악한 일이다. 그것들은 천국에 들어가지 못할 죄악들 중에 포함된다(고전 6:9-10).

본장의 교훈을 정리해보자. 첫째로, 사라는 127세에 죽었다. 사람의 죽음은 그의 영혼이 그의 몸을 떠나가는 것이다(전 3:20-21). 그것은 죄 때문에 왔다(창 2:17). 죽음은 생의 마감으로서 매우 중요하다. 우리는 죽음으로 마감된 생에 대해 심판을 받을 것이다(전 12:14; 히 9:27). 우리는 죽음을 잘 준비해야 한다. 우리는 구주 예수 그리스도를 믿음으로 죄사함과 영생을 얻었고(요 3:16; 5:24) 죽어도 마지막 날 부활할 것을 믿고 소망한다(요 5:28-29; 11:25-26; 살전 4:13-18). 인생은 나그넷길이며 누구나 어느 날 죽는다. 우리는 참된 믿음과 확실한 소망을 가지고 계명대로 의와 선과 사랑을 실천함으로써 죽음을 잘 준비해야 한다.

둘째로, 아브라함은 헷 족속에게 몸을 굽혀 절하였다. 그는 겸손한 자이었다. 하나님을 아는 자는 자신이 보잘것없는 자임을 알고 자신을 낮춘다. 주께서는 "너희 중에 누구든지 크고자 하는 자는 너희를 섬기는 자가 되고 너희 중에 누구든지 으뜸이 되고자 하는 자는 너희 종이 되어야 하리라"고 말씀하셨다(마 20:26-27). 우리는 항상 겸손해야 한다.

셋째로, 아브라함은 막벨라 밭과 굴을 에브론에게 은 4백 세겔을 주고 정당하게 샀다. 천국 소망을 가진 자는 이 세상에서 정당하게 산다. 우리는 남에게 물질적 손해를 끼치지 않고 정당하게 살아야 한다. 적은 소득이 의를 겸하면 많은 소득이 불의를 겸한 것보다 낫다(잠 16:8).

24장: 이삭의 아내를 택함

〔1절〕아브라함이 나이 많아 늙었고 여호와께서 그의 범사에 복을 주셨더라.

그의 나이는 140세이었고 사라가 죽은 지 3년 후쯤 되었다.34)

〔2-4절〕아브라함이 자기 집 모든 소유를 맡은 늙은 종(아브도 제칸 베소 עַבְדוֹ זְקַן בֵּיתוֹ)[그의 집에서 그의 가장 나이든 종](KJV, NASB)에게 이르되 청컨대 네 손을 내 환도뼈[허벅지] 밑에 넣으라. 내가 너로 하늘의 하나님, 땅의 하나님이신 여호와를 가리켜 맹세하게 하노니 너는 나의 거하는 이 지방 가나안 족속의 딸 중에서 내 아들을 위하여 아내를 택하지 말고 내 고향 내 족속에게로 가서 내 아들 이삭을 위하여 아내를 택하라.

아브라함은 그의 외아들 이삭의 아내를 구하기를 원하였다. 그는 그의 집 모든 소유를 맡은 그의 가장 나이든 종을 불러 이삭의 아내 구하는 일을 맡겼다. 손을 '환도뼈 밑에' 즉 허벅지 밑에 놓고 맹세하는 것은 옛날의 풍습이었던 것 같다. 여호와께서는 하늘의 하나님이시며 땅의 하나님이시다. 그는 천지만물을 창조하시고 주관하시는 자이시다. 아브라함은 그 종으로 하여금 가나안 족속의 딸 중에서 그 아들을 위해 아내를 택하지 말고 그의 고향의 친족 중에서 택할 것을 맹세케 하였다. 아브라함은 노아의 예언을 알고 있었을 것이다. 노아는 "가나안은 저주를 받아 그 형제의 종들의 종이 되기를 원하노라" "셈의 하나님 여호와를 찬송하리로다. 가나안은 셈의 종이 되리라"고 예언하였었다(창 9:25-26). 가나안은 저주를 받은 족속이었다. 인류의 경건은 셈의 후손들을 통해 전달되고 유지되어 왔다.

〔5-7절〕종이 가로되 여자가 나를 좇아 이 땅으로 오고자 아니하거든 내

---

34) 아브라함은 100세에 이삭을 낳았고(창 17:17) 이삭은 40세에 결혼했다(창 25:20). 또 사라는 127세에 죽었고(창 23:1) 아브라함과 사라의 나이 차이가 열 살이다(창 17:17).

가 주인의 아들을 주인의 나오신 땅으로 인도하여 돌아가리이까? 아브라함
이 그에게 이르되 삼가 내 아들을 그리로 데리고 돌아가지 말라. 하늘의 하
나님 여호와께서 나를 내 아버지의 집과 내 본토에서 떠나게 하시고 내게
말씀하시며 내게 맹세하여 이르시기를 이 땅을 네 씨에게 주리라 하셨으니
그가 그 사자를 네 앞서 보내실지라. 네가 거기서 내 아들을 위하여 아내를
택할지니라.

아브라함은 그의 종에게 하나님께서 그 천사를 그 앞에 보내실 것
이라고 말한다. 그것은 아브라함이 하나님 안에서 가진 확신이었다.

〔8-9절〕 만일 여자가 너를 좇아 오고자 아니하면 나의 이 맹세가 너와 상
관이 없나니 오직 내 아들을 데리고 그리로 가지 말지니라. 종이 이에 주인
아브라함의 환도뼈 아래 손을 넣고 이 일에 대하여 그에게 맹세하였더라.

아브라함은 종에게 내 아들을 그리로 데리고 가지는 말라고 두 번
이나 반복하여 명하였다(6, 8절). 그것은 하나님께서 그를 고향에서
불러내시고 이 땅을 그의 자손에게 주리라고 약속하셨기 때문이다.

〔10-11절〕 이에 종이 그 주인의 약대 중 열 필을 취하고 떠났는데 곧
그 주인의 모든 좋은 것을 가지고 떠나 메소보다미아로 가서 나홀의 성에
이르러 그 약대를 성밖 우물 곁에 꿇렸으니 저녁때라. 여인들이 물을 길러
나올 때이었더라.

나홀의 성은 창세기에서 '밧단 아람'(창 25:20; 28:2, 5, 6, 7; 31:18;
33:18; 35:9, 26; 46:15) 혹은 '하란'(창 27:43; 28:2, 10)으로 언급되었다.

〔12절〕 그가 가로되 우리 주인 아브라함의 하나님 여호와여, 원컨대 오늘
날 나로 순적히 만나게 하사 나의 주인 아브라함에게 은혜를 베푸시옵소서.

그 종은 마음 속으로 하나님께 기도하였다(45절). '우리 주인'이라
는 원어는 '나의 주인'이다. 그러면 창세기 24장에 '나의 주인'이라는
말이 19번 나오는 셈이다(12, 12, 14, 27, 27, 27, 35, 36, 36, 37, 39, 42,
44, 48, 48, 49, 54, 56, 65절). 그 종은 자신의 위치를 잘 알고 있었다.

〔13-14절〕 성중 사람의 딸들이 물 길러 나오겠사오니 내가 우물 곁에
섰다가 한 소녀(나아라 נַעֲרָה)에게 이르기를 청컨대 너는 물 항아리를 기울

여 나로 마시게 하라 하리니 그의 대답이 마시라. 내가 당신의 약대에게도 마시우리라 하면 그는 주께서 주의 종 이삭을 위하여 정하신 자라. 이로 인하여 주께서 나의 주인에게 은혜 베푸심을 내가 알겠나이다.

그 종은 기도 중에 이삭의 아내가 될 소녀를 확인할 구체적 방법을 제안하였다. 그것은 하나님께서 주신 지혜로운 생각이었다. 노인에게 물을 대접하는 소녀는 착한 성품의 사람일 것이다. 또 약대들에게도 물을 마시게 하는 것도 착한 성품이다. 잠언 12:10, "의인은 그 육축의 생명을 돌아보나 악인의 긍휼은 잔인이니라."

〔15절〕말을 마치지 못하여서 리브가가 물 항아리를 어깨에 메고 나오니 그는 아브라함의 동생 나홀의 아내 밀가의 아들 브두엘의 소생이라.

그 종이 마음으로 한 기도를 끝내지 못하여서 응답이 왔다. 리브가가 물 항아리를 어깨에 메고 우물가로 나왔다. 하나님의 기도 응답은 즉각적이었다. 그것은 아브라함에게 베푸신 하나님의 은혜이었고 그 경건한 종의 기도에 대한 하나님의 응답이었다.

〔16절〕그 소녀는 보기에 심히 아리땁고 지금까지 남자가 가까이 하지 아니한 처녀(베술라 בְּתוּלָה)더라. 그가 우물에 내려가서 물을 그 물 항아리에 채워 가지고 올라오는지라.

리브가는 얼굴이 매우 아름다웠고 순결한 처녀이었다. 하나님께서는 자신의 순결성을 지키는 청년들을 받으시고 복을 주신다.

〔17절〕종이 마주 달려가서 가로되 청컨대 네 물 항아리의 물을 내게 조금 마시우라.

종은 하나님께 기도한 후에 얻은 기회를 빠르게 붙잡았다.

〔18-21절〕그가 가로되 주여, 마시소서 하며 급히 그 물 항아리를 손에 내려 마시게 하고 마시우기를 다하고 가로되 당신의 약대도 위하여 물을 길어 그것들로 배불리 마시게 하리이다 하고 급히 물 항아리의 물을 구유에 붓고 다시 길으려고 우물로 달려가서 모든 약대를 위하여 긷는지라. 그 사람이 그를 묵묵히 주목하며 여호와께서 과연 평탄한[형통한] 길을 주신 여부를 알고자 하더니.

본문은 '급히'라는 말을 두 번 사용하며(18, 20절), '달려가서'라는 표현도 사용한다(20절). 리브가는 즐거운 마음으로 선을 베푼 착한 성품을 가진 자임에 틀림 없었다. 아브라함의 종은 그 소녀를 묵묵히 주목하면서 하나님께서 형통한 길 주신 여부를 알기를 원했다.

〔22절〕약대가 마시기를 다하매 그가 반 세겔중 금고리 한 개와 열 세겔 중 금 손목고리 한 쌍을 그에게 주며.

반 세겔은 약 5그램, 열 세겔은 약 114그램을 가리킨다. '고리'라는 원어(네젤 נֶזֶם)는 '코나 귀에 끼는 고리'를 가리킨다.

〔23-25절〕가로되 네가 뉘 딸이냐? 청컨대 내게 고하라. 네 부친의 집에 우리 유숙할 곳이 있느냐? 그 여자가 그에게 이르되 나는 밀가가 나홀에게 낳은 아들 브두엘의 딸이니이다. 또 가로되 우리에게 짚과 보리가 족하며 유숙할 곳도 있나이다.

'보리'라고 번역한 원어(미스포 מִסְפּוֹא)는 '마초, 꼴'이라는 뜻이다.

〔26-27절〕이에 그 사람이 머리를 숙여 여호와께 경배하고 가로되 나의 주인 아브라함의 하나님 여호와를 찬송하나이다. 나의 주인에게 주의 인자와 성실을 끊이지 아니하셨사오며 여호와께서 길에서 나를 인도하사 내 주인의 동생집(베스 아케 בֵּית אֲחֵי)[형제들 집]에 이르게 하셨나이다 하니라.

그 종은 하나님께서 그의 주인 아브라함에게 인자와 진실을 베푸셨고 자기를 선히 인도하셨기 때문에 하나님께 경배하며 찬송하는 경건한 자이었다. '성실'이라는 원어는 '진실'이라는 뜻이다.

〔28-31절〕소녀가 달려가서 이 일을 어미 집에 고하였더니 리브가에게 오라비가 있어 이름은 라반이라. 그가 우물로 달려가 그 사람에게 이르니 그가 그 누이의 고리와 그 손의 손목고리를 보고 또 그 누이 리브가가 그 사람이 자기에게 이같이 말하더라 함을 듣고 그 사람에게로 나아감이라. 때에 그가 우물가 약대 곁에 섰더라. 라반이 가로되 여호와께 복을 받은 자여, 들어오소서. 어찌 밖에 섰나이까? 내가 방과 약대의 처소를 예비하였나이다.

〔32-33절〕그 사람이 집으로 들어가매 라반이 약대의 짐을 부리고 짚과 보리를 약대에게 주고 그 사람의 발과 그 종자[그와 함께한 자들]의 발 씻을

물을 주고 그 앞에 식물을 베푸니 그 사람이 가로되 내가 내 일을 진술하기 전에는 먹지 아니하겠나이다. 라반이 가로되 말하소서.

그 종은 참으로 충성된 종이었다. 그는 자기의 일에 충실하였다.

〔34-36절〕 그가 가로되 나는 아브라함의 종이니이다. 여호와께서 나의 주인에게 크게 복을 주어 창성케 하시되 우양과 은금과 노비와 약대와 나귀를 그에게 주셨고 나의 주인의 부인 사라가 노년에 나의 주인에게 아들을 낳으매 주인이 그 모든 소유를 그 아들에게 주었나이다.

〔37-41절〕 나의 주인이 나로 맹세하게 하여 가로되 너는 내 아들을 위하여 나 사는 땅 가나안 족속의 딸 중에서 아내를 택하지 말고 내 아비 집, 내 족속에게로 가서 내 아들을 위하여 아내를 택하라 하시기로 내가 내 주인에게 말씀하되 혹 여자가 나를 좇지 아니하면 어찌하리이까 한즉 주인이 내게 이르되 나의 섬기는 여호와께서 그 사자를 너와 함께 보내어 네게 평탄한[형통한] 길을 주시리니 너는 내 족속 중 내 아비 집에서 내 아들을 위하여 아내를 택할 것이니라. 네가 내 족속에게 이를 때에는 네가 내 맹세와 상관이 없으리라. 설혹 그들이 네게 주지 아니할지라도[만일 그들이 네게 주지 아니한다면] 네가 내 맹세와 상관이 없으리라 하시기로.

〔42-44절〕 내가 오늘 우물에 이르러 말씀하기를 나의 주인 아브라함의 하나님 여호와여, 만일 나의 행하는 길에 형통함을 주실진대 내가 이 우물 곁에 섰다가 청년 여자(알마 עַלְמָה)[처녀]가 물을 길러 오거든 내가 그에게 청하기를 너는 물 항아리의 물을 내게 조금 마시우라 하여 그의 대답이 당신은 마시라. 내가 또 당신의 약대를 위하여도 길으리라 하면 그 여자는 여호와께서 나의 주인의 아들을 위하여 정하여 주신 자가 되리이다 하며.

〔45-46절〕 내가 묵도하기를[마음에 말하기를](원어의 뜻) 마치지 못하여 리브가가 물 항아리를 어깨에 메고 나와서 우물로 내려와 긷기로 내가 그에게 이르기를 청컨대 내게 마시우라 한즉 그가 급히 물 항아리를 어깨에서 내리며 가로되 마시라. 내가 당신의 약대에게도 마시우리라 하기로 내가 마시매 그가 또 약대에게도 마시운지라.

〔47-48절〕 내가 그에게 묻기를 네가 뉘 딸이뇨 한즉 가로되 밀가가 나홀에게 낳은 브두엘의 딸이라 하기로 내가 고리를 그 코에 꿰고 손목고리를

그 손에 끼우고 나의 주인 아브라함의 하나님 여호와께서 나를 바른 길로 인도하사 나의 주인의 동생의 딸을 그 아들을 위하여 택하게 하셨으므로 내가 머리를 숙여 그에게 경배하고 찬송하였나이다.

〔49절〕 이제 당신들이 인자와 진실로 나의 주인을 대접하려거든 내게 고하시고 그렇지 않을지라도 내게 고하여 나로 좌우간 행하게 하소서.

〔50-51절〕 라반과 브두엘이 대답하여 가로되 이 일이 여호와께로 말미암았으니 우리는 가부를[나쁘다 혹은 좋다] 말할 수 없노라. 리브가가 그대 앞에 있으니 데리고 가서 여호와의 명대로[여호와의 말씀하신 대로] 그로 그대의 주인의 아들의 아내가 되게 하라.

〔52-53절〕 아브라함의 종이 그들의 말을 듣고 땅에 엎드리어 여호와께 절하고 은금 패물과 의복을 꺼내어 리브가에게 주고 그 오라비와 어미에게도 보물을 주니라.

〔54-56절〕 이에 그들 곧 종과 종자들이 먹고 마시고 유숙하고 아침에 일어나서 그가 가로되 나를 보내어 내 주인에게로 돌아가게 하소서. 리브가의 오라비와 그 어미가 가로되 소녀로 며칠을 적어도 열흘을 우리와 함께 있게 하라. 그 후에 그가 갈 것이니라. 그 사람이 그들에게 이르되 나를 만류치 마소서. 여호와께서 내게 형통한 길을 주셨으니 나를 보내어 내 주인에게로 돌아가게 하소서.

〔57-58절〕 그들이 가로되 우리가 소녀를 불러 그에게 물으리라 하고 리브가를 불러 그에게 이르되 네가 이 사람과 함께 가려느냐? 그가 대답하되 가겠나이다.

하나님께서는 리브가의 마음 속에도 이미 감동하셨다.

〔59-60절〕 그들이 그 누이 리브가와 그의 유모와 아브라함의 종과 종자들을 보내며 리브가에게 축복하여 가로되 우리 누이여, 너는 천만인의 어미가 될지어다. 네 씨로 그 원수의 성문을 얻게 할지어다.

〔61절〕 리브가가 일어나 비자[여종들]와 함께 약대를 타고 그 사람을 따라가니 종이 리브가를 데리고 가니라.

〔62-63절〕 때에 이삭이 브엘 라해로이에서 왔으니 그가 남방에 거하였었음이라. 이삭이 저물 때에 들에 나가 묵상하다가(수아크 שׂוח)(LXX, Vg,

KJV, NASB, NIV) **눈을 들어 보매 약대들이 오더라.**

브엘 라해로이는 남방(네게브)의 최남단에 있었다. 이삭은 그 곳에 거하다가 아버지 아브라함이 거주했던 기럇 아르바(헤브론)로 올라 왔을 것이며, 아마 거기에서 리브가를 만났을 것이다.

〔64-67절〕리브가가 눈을 들어 이삭을 바라보고 약대에서 내려 종에게 말하되 들에서 배회하다가 우리에게로 마주 오는 자가 누구뇨? 종이 가로 되 이는 내 주인이니이다. 리브가가 면박[얼굴 가리개]을 취하여 스스로 가리우더라. 종이 그 행한 일을 다 이삭에게 고하매 이삭이 리브가를 인도하여 모친 사라의 장막으로 들이고 그를 취하여 아내를 삼고 사랑하였으니 이삭이 모친 상사(喪事)[죽음] 후에 위로를 얻었더라.

본장의 교훈을 정리해보자. 첫째로, 아브라함은 그 아들 이삭의 아내를 택하기 위하여 나이 든 경건한 종으로 하여금 가나안 땅의 여자를 택하지 말고 그의 고향의 친족 중에서 택할 것을 맹세케 하였다. 그것은 노아의 예언에 근거한 것일 것이다. 노아는 가나안의 자손을 저주하였고 셈의 자손을 축복하였다. 또 아브라함은 혹시 여자가 이 곳으로 오지 않는다고 할지라도 그의 아들을 그리로 데려가지 말라고 명하였다. 그것은 가나안 땅이 하나님의 약속의 땅이기 때문이다. 모세 시대에도 하나님께서는 이스라엘 백성이 가나안 땅 사람과 결혼해서는 안 된다고 말씀하셨다. 신명기 7:3-4, "또 그들과 혼인하지 말지니 네 딸을 그 아들에게 주지 말 것이요 그 딸로 네 며느리를 삼지 말 것은 그가 네 아들을 유혹하여 그로 여호와를 떠나고 다른 신들을 섬기게 하므로 여호와께서 너희에게 진노하사 갑자기 너희를 멸하실 것임이니라."

성도의 결혼은 주 안에서, 바른 믿음 안에서, 교회 안에서 이루어져야 한다. 오늘날 영적으로 혼란하므로 더욱 그러해야 한다. 고린도전서 7:39, "아내가 그 남편이 살 동안에 매여 있다가 남편이 죽으면 자유하여 자기 뜻대로 시집 갈 것이나 주 안에서만 할 것이니라." 고린도후서 6:14-16, "너희는 믿지 않는 자와 멍에를 같이하지 말라. 의와 불법이

창세기 24장: 이삭의 아내를 택함

어찌 함께하며 빛과 어두움이 어찌 사귀며 그리스도와 벨리알이 어찌
조화되며 믿는 자와 믿지 않는 자가 어찌 상관하며 하나님의 성전과 우
상이 어찌 일치가 되리요." 하나님께서는 불신 결혼을 금하신다. 불신
자와 결혼하는 것은 영적으로 산 자가 영적으로 죽은 자와 결혼하는 것
과 같다. 그것은 신자가 믿지 않는 자와 멍에를 같이 하는 일이다. 그것
은 성경의 교훈을 어기는 일이다. 불신자를 사귀지도 말아야 하지만, 혹
사귀고 있다면 먼저 상대방이 참된 신자가 되어야 하고 그 후에 결혼이
가능하다. 성도의 결혼은 믿음 안에서, 교회 안에서 이루어져야 한다.

둘째로, 아브라함은 하나님께서 그의 천사를 그의 종 앞에 보내실 것
을 확신하였다(7, 40절). 아브라함의 종은 하나님께서 그의 걸음을 인도
하실 것을 기도하였고(12절) 그의 기도대로 하나님께서 인도하셨음을
찬송했다(27, 48절). 라반과 브두엘도 그 일이 여호와께로 말미암았다고
깨달았고(50절) 여호와의 말씀대로 행하라고 말했다(51절). 복된 결혼은
하나님께서 주셔야 얻는다. 복된 가정은 하나님의 은혜로만 세워진다
(시 127:1). 잠언 19:14, "집과 재물은 조상에게서 상속하거니와 슬기로
운 아내는 여호와께로서 말미암느니라." 그러므로 결혼 당사자들은 이
중대한 일을 위해 하나님의 예비하심과 선한 인도하심을 구해야 한다.

셋째로, 리브가는 남을 섬길 수 있는 착한 성품을 가졌고(14, 18-20
절), 순결하였고(16절), 또한 겸손하였다(64-65절). 하나님께서는 남자를
돕는 자가 되게 하기 위해 여자를 만드셨다(창 2:18). 아내는 일차적으
로 남편을 돕는 자가 되어야 한다. 착한 성품을 가진 자가 아니면 좋은
아내가 되기 어렵다. 미혼 여성들은 착한 성품을 준비해야 한다.

넷째로, 아브라함의 종은 경건하고(12절) 민첩하고(17절) 믿음이 있고
(21, 27, 48, 52절) 충성되었다(33, 54, 56절). 그는 아브라함을 '나의 주인'
이라고 19번이나 말했다. 그는 자기 위치를 지키는 자이었고 맡은 임무
에 충실했다. 교회 안에서 하나님의 직분을 맡은 자에게 필요한 것은
이런 충성이다(고전 4:2). 우리는 하나님의 충성된 종이 되어야 한다.

25장: 이삭의 두 아들

1-11절, 아브라함의 후년의 삶

〔1-4절〕 아브라함이 후처(잇솨 הָשָּׁא)[아내]를 취하였으니 그 이름은 그두라라. 그가 시므란과 욕산과 므단과 미디안과 이스박과 수아를 낳았고 욕산은 스바와 드단을 낳았으며 드단의 자손은 앗수르 족속과 르두시 족속과 르움미 족속이며 미디안의 아들은 에바와 에벨과 하녹과 아비다와 엘다아니 다 그두라의 자손이었더라.

아브라함은 사라가 죽고 아마 이삭이 결혼한 후 그두라라는 이름의 후처를 취하였다. 하나님께서는 아브라함에게 기력을 주셨고 그의 아내 그두라는 아브라함에게 여섯 아들을 낳았다. 그의 자손들 중에는 스바, 드단, 앗수르 등 성경에 나오는 지역 혹은 종족의 이름들이 있다. 그러나 성경에는 같은 이름의 사람들이나 종족들이 있으므로(창 10:7, 22, 28) 그것을 확인하는 것은 어려워 보인다.

〔5-6절〕 아브라함이 이삭에게 자기 모든 소유를 주었고 자기 서자들(베네 핫필라그쉼 הַפִּילַגְשִׁים בְּנֵי)[첩들의 아들들]에게도 재물을 주어 자기 생전에 그들로 자기 아들 이삭을 떠나 동방 곧 동국으로 가게 하였더라.

아브라함은, 그의 사랑하던 아내 사라의 아들이요 하나님의 약속의 아들인 이삭에게 그의 모든 소유를 주었다. 이삭은 그의 주상속자이었다. 또 아브라함은 자기의 다른 아들들, 즉 여종 하갈이 낳은 이스마엘과, 그두라의 여섯 아들들에게도 재물을 주어 자기 생전에 그들로 이삭을 떠나 동쪽 땅, 즉 오늘날 아라비아 반도로 가게 하였다.

〔7-8절〕 아브라함의 향년[일생의 연수]이 175세라. 그가 수(壽)[나이]가 높고 나이 많아 기운이 진하여[다하여] 죽어 자기 열조에게로 돌아가매.

아브라함은 175세에 별세하였다. 그는 주전 2166년경에 출생하여 주전 1991년경에 사망하였다. 아브라함은 주전 2000년대의 인물이었고, 우리나라의 고조선 시대이다. 아브라함은 나이가 많았고 기운이 다하여 숨이 끊어졌다. 본문은 그의 죽음을 "자기 열조에게로 돌아갔다"고 표현한다. 그것은 창세기 15:15에 기록된 하나님의 예언대로 된 것이다. 이 표현은 사람이 죽음으로 그 존재가 없어지는 것이 아니고 그 영혼이 육체를 떠나 어떤 곳에 모이는 것을 보인다.

〔9-11절〕 그 아들 이삭과 이스마엘이 그를 마므레 앞 헷 족속 소할의 아들 에브론의 밭에 있는 막벨라 굴에 장사하였으니 이것은 아브라함이 헷 족속에게서 산 밭이라. 아브라함과 그 아내 사라가 거기 장사되니라. 아브라함이 죽은 후에 하나님이[하나님께서] 그 아들 이삭에게 복을 주셨고 이삭은 브엘 라해로이 근처에 거하였더라.

이삭과 이스마엘은 아버지를 막벨라 굴에 장사하였다. 아브라함이 죽은 후 하나님께서는 아들 이삭에게 복을 주셨다. 복의 계대(繼代)이다. 이삭은 아브라함을 이어 하나님의 뜻을 이룰 자가 될 것이다.

12-18절, 이스마엘의 자손들

〔12-18절〕 사라의 여종 애굽인 하갈이 아브라함에게 낳은 아들 이스마엘의 후예는 이러하고 이스마엘의 아들들의 이름은 그 이름과 그 세대대로 이와 같으니라. 이스마엘의 장자는 느바욧이요 그 다음은 게달과 앗브엘과 밉삼과 미스마와 두마와 맛사와 하닷과 데마와 여둘과 나비스와 게드마니 이들은 이스마엘의 아들들이요 그 촌과 부락[진영들]대로 된 이름이며 그 족속대로는 12방백이었더라. 이스마엘은 향년[일생의 연수]이 137세에 기운이 진하여 죽어 자기 열조에게로 돌아갔고 그 자손들은 하윌라에서부터 앗수르로 통하는 애굽 앞 술까지 이르러 그 모든 형제의 맞은편에 거하였더라.

모세는 이스마엘의 후예에 대해 먼저 기록한 후 이삭에 대해 기록한다. '후예'라는 원어(톨레도스 תֹּלְדֹה)는 창세기에 열한 번 나오는 단어인데, 창세기가 한 사람의 저자 모세에 의해 쓰여진 책임을 잘 나타낸다. 그것은 '대략, 계보, 사적, 후예, 약전' 등 여러 말로 번역되었다(2:4; 5:1; 6:9; 10:1; 11:10, 27; 25:12, 19; 36:1, 9; 37:1).

이스마엘은 12명의 아들들을 낳았고 그들은 다 열두 부족의 방백들이 되었다. 이스마엘은 137세까지 살았고, 180세까지 산(창 35:28) 이삭보다 일찍 죽었다. 그의 자손들은 아라비아 반도와 홍해 서남쪽에 흩어져 살았다. 하윌라는 홍해 서쪽 최남단, 구스 남쪽이다.

아브라함의 자손들은 수적으로 번창하였다. 두 번째 아내 그두라를 통해 여섯 아들들이 출산되었고, 첩 하갈의 아들 이스마엘을 통해 열두 명의 아들들이 출산되었다. 하나님께서 그의 이름을 아브람에서 아브라함으로 고쳐주시고 "이는 내가 너로 열국의 아비가 되게 함이니라. 내가 너로 심히 번성케 하리니 나라들이 네게로 좇아 일어나며 열왕이 네게로 좇아 나리라"(창 17:5-6)고 말씀하신 대로 되었다.

19-26절, 리브가의 출산

[19-21절] 아브라함의 아들 이삭의 후예는 이러하니라. 아브라함이 이삭을 낳았고 이삭은 40세에 리브가를 취하여 아내를 삼았으니 리브가는 밧단 아람의 아람 족속 중 브두엘의 딸이요 아람 족속 중 라반의 누이였더라. 이삭이 그 아내가 잉태하지 못하므로 그를 위하여 여호와께 간구하매 여호와께서 그 간구를 들으셨으므로 그 아내 리브가가 잉태하였더니

이삭은 40세에 결혼하였으나 60세가 되기까지 20년 동안 자녀가 없었다. 그는 자녀를 가지기 위해 하나님께 간구하였다. 그의 기도는 아마 거의 20년 가까이 올린 기도이었을 것이다. 하나님께서는 그의 기도를 들으셨고 그의 아내 리브가는 임신하였다.

이삭이 자녀를 위해 기도한 긴 기간은 하나님께서 언약 자손 이삭을 훈련시키신 기간이었다. 그의 조상 노아는 500세에 자녀를 가졌다(창 5:32). 그의 부친 아브라함도 75세 이전에 결혼했으나 100세가 되기까지 자녀가 없었다. 이삭은 하나님께 자녀를 주시기를 구하면서 믿음이 자라고 인격이 성숙되었을 것이다. 그는 간절하고 끈질긴 기도를 통해 하나님을 인정하고 믿고 의지하며 그의 응답을 체험하였고 그것을 통해 더욱 하나님을 섬기는 자가 되었을 것이다.

[22-26절] 아이들이 그의 태 속에서 서로 싸우는지라. 그개[그 여자가] 가로되 이 같으면 내가 어찌할꼬 하고 가서 여호와께 묻자온대 여호와께서 그에게[그 여자에게] 이르시되 두 국민이 네 태중에 있구나. 두 민족이 네 복중에서부터 나누이리라. 이 족속이 저 족속보다 강하겠고 큰 자는 어린 자를 섬기리라 하셨더라. 그 해산 기한이 찬즉 태에 쌍동이가 있었는데 먼저 나온 자는 붉고 전신(全身)[온 몸]이 갖옷[가죽 털옷] 같아서 이름을 에서라 하였고 후에 나온 아우는 손으로 에서의 발꿈치를 잡았으므로 그 이름을 야곱이라 하였으며 리브가가 그들을 낳을 때에 이삭이 60세이었더라.

하나님께서는 리브가에게 쌍동이를 잉태케 하셨었고 또 그에게 "큰 자가 어린 자를 섬기리라"는 특별한 말씀을 주셨다. 이것은 하나님의 주권적 은혜의 작정을 보인다. 구원은 하나님의 전적인 은혜다.

27-34절, 에서가 장자의 명분을 팖

[27-28절] 그 아이들이 장성하매 에서는 익숙한 사냥군인 고로 들사람이 되고 야곱은 종용한[조용한] 사람인 고로 장막에 거하니 이삭은 에서의 사냥한 고기를 좋아하므로 그를 사랑하고 리브가는 야곱을 사랑하였더라.

그 쌍둥이 아이들은 잘 자랐다. 에서는 장성하여 익숙한 사냥꾼인 들사람이 되었고, 야곱은 장막에 거하는 조용한 사람이 되었다. '조용한'이라고 번역된 말(탐 תָּם)은 영어성경들에서 'plain'(수수한)(KJV), 'peaceful'(온화한)(NASB), 'quiet'(조용한)(NIV) 등으로 번역되었지만, 성경에 사용된 예들(13번)은 주로 '순전한, 순진한'이라는 뜻이다(BDB). 고대 헬라어 70인역도 본문을 '순전한, 순진한'이라는 말(아플라스토스 ἄπλαστος)로 번역하였다. 아브라함과 같은 시대의 인물로 생각되는 욥에 대해 증거하는 욥기에는 이 말이 7번 나오며, '순전한, 온전한'이라는 뜻으로 쓰였다(1:1, 8; 2:3; 8:20; 9:20, 21, 22). 야곱은 순전한, 순진한, 수수한, 온화한 사람이었다고 보인다.

〔29-34절〕 야곱이 죽을 쑤었더니 에서가 들에서부터 돌아와서 심히 곤비하여 야곱에게 이르되 내가 곤비하니 그 붉은 것을 나로 먹게 하라 한지라. 그러므로 에서의 별명은 에돔이더라. 야곱이 가로되 형의 장자의 명분을 오늘날 내게 팔라. 에서가 가로되 내가 죽게 되었으니 이 장자의 명분이 내게 무엇이 유익하리요. 야곱이 가로되 오늘 내게 맹세하라. 에서가 맹세하고 장자의 명분을 야곱에게 판지라. 야곱이 떡과 팥죽을 에서에게 주매 에서가 먹으며 마시고 일어나서 갔으니 에서가 장자의 명분을 경홀히 여김이었더라.

'에돔'은 '붉다'는 말에서 나왔다. 야곱은 하나님의 복을 사모하며 평소에 장자의 명분에 관심을 가지고 있었다고 보인다. 그러나 에서는 장자의 명분을 가볍게 여겼고 팥죽 한 그릇에 팔아버렸다. '팥죽'이라는 말에서 '팥'이라는 원어(아다쇠 עֲדָשָׁה)는 '렌즈콩'(편두 혹은 불콩)이라는 뜻이다. 본문에 팥죽은 일종의 붉은 색의 콩죽이다.

이삭 가정의 장자 명분은 단순히 땅 위에서 부모의 유산을 배갑절 받는 것 정도의 문제가 아니었다. 물론 장자가 부모의 유산을 배갑절 받는 것(신 21:17)은 아마 옛날부터의 관습법이었을 것이다. 그러나 이삭 가정의 장자 명분은 그 이상의 의미가 있었다. 그것은 아브라함과 이삭을 통해 계대(繼代)될 하나님의 언약의 복과 관계된다. 하나님께서는 아브라함에게 "네 씨로 말미암아 천하 만민이 복을 얻으리라"고 말씀하셨다(창 22:18). 이 언약의 계승자, 이 언약의 복을 누릴 장자가 누구인가? 야곱은 하나님의 언약의 복을 중시하고 사모하였다고 보인다. 그것은 그의 경건성을 나타낸다. 그러나 에서는 달랐다. 그는 하나님의 언약의 복을 무시하고 경홀히 여겼다.

본장의 교훈을 정리해보자. 첫째로, 이삭은 결혼한 지 20년이 되도록 자녀가 없었다. 그것은 확실히 그의 신앙 훈련의 과정이었다. 그는 자녀가 없는 일을 통해 하나님께 기도하며 그의 은혜와 응답하심을 사모하였고 마침내 응답을 얻었다. 그것은 낙망하지 않고 하나님을 사모하며 기도한 긴 세월 후이었다. 하나님을 참으로 믿는 자는 오래 참고 기다리는 기도를 할 수 있을 것이다. 사람은 고난을 통해 인격의 훈련을 받는다. 기도 응답은 특히 환난 날에 주신 하나님의 약속이다(시 50:15). 기도는 성도의 특권이다(마 7:7-8). 기도 응답의 체험은 하나님을 체험하는 것이며, 그것은 우리의 신앙을 한층 더 성숙시킨다. 고난은 성도에게 걱정거리가 아니고 기도거리일 뿐이다. 우리는 기도 응답을 체험해야 하며 그때까지 낙심치 말고 하나님을 믿고 기도해야 한다.

둘째로, 야곱은 하나님의 복을 사모하였다. 그는 단순히 장자의 복뿐 아니라, 아브라함과 이삭을 통해 약속된 하나님의 복을 사모했다. 11절, "아브라함이 죽은 후 하나님께서 그 아들 이삭에게 복을 주셨고." 하나님께서 아브라함에게 주신 복은 이삭에게 전해졌고, 그에게 주신 복은 아마 장자에게 주어질 것이다. 에서는 그 장자의 명분 곧 그 장자권을 가볍게 여겼다. 그는 하나님의 복을 사모하지 않았고 복의 계대를 사모하지 않았다. 하나님께서는 리브가에게 "큰 자는 어린 자를 섬기리라"고 말씀하셨다. 리브가는 하나님의 복이 에서 대신 야곱을 통하여 이어질 것을 아마 믿었을 것이다. 야곱은 형 에서에게서 그 장자권을 샀다. 에서는 맹세하며 그것을 야곱에게 팔았다. 과연 야곱은 하나님께로부터 그 복을 받을 것이다. 세상에서 이것보다 더 큰 복은 없다.

우리는 하나님의 복을 사모하며 복의 계대를 사모해야 한다. 하나님께서 신약 성도들에게 하나님의 자녀의 명분과 영생과 천국 기업을 이어받는 복을 주셨다. 그것은 예수 그리스도를 믿는 믿음 안에서 얻은 복이다. 요한일서 5:13, "내가 하나님의 아들의 이름을 믿는 너희에게 이것을 쓴 것은 너희로 하여금 너희에게 영생이 있음을 알게 하려 함이라." 우리는 이 영생과 천국의 복을 가볍게 여기지 말고 사모해야 한다. 우리는 이 귀한 복을 이 세상에 허무한 돈이나 육신의 쾌락이나 명예와 바꾸지 말아야 한다. 또 우리는 우리 자신뿐 아니라, 우리의 자녀들에게도 이 귀한 복이 계승되기를 위해 사모하며 기도하며 힘써야 한다.

26장: 이삭이 그랄에 우거함

〔1-2절〕 아브라함 때에 첫 흉년이 들었더니 그 땅에 또 흉년이 들매 이삭이 그랄로 가서 블레셋 왕 아비멜렉에게 이르렀더니 여호와께서 이삭에게 나타나 가라사대 애굽으로 내려가지 말고 내가 네게 지시하는 땅에 거하라.

아브라함 때에 첫 흉년이 들었었는데, 이삭 때에 또 흉년이 들었다. 땅의 흉년은 주로 하나님의 징벌로 온다. 그것은 사람들의 도덕성을 유지시키는 데 도움이 된다. 사람은 고난 중에 하나님을 두려워하고 죄 짓기를 두려워하고 양심의 각성을 가진다. 좋은 일이든 나쁜 일이든 땅의 모든 일은 다 하나님의 섭리 가운데 일어난다(사 45:7).

하나님께서는 전에 아브라함에게 나타나셨듯이(창 12:7; 15:1; 17:1; 18:1) 이삭에게도 나타나셨다. 그는 아마 꿈이나 이상 중에 나타나셨을 것이다. 그것은 하나님의 특별계시이었다. 하나님의 특별계시들의 기록이 성경이다. 하나님께서 나타나셔서 하신 말씀은 "애굽으로 내려가지 말고 내가 네게 지시하는 땅에 거하라"는 것이었다. 하나님의 뜻은 이삭이 가나안 땅에 머무는 것이었다. 가나안 땅은 하나님께서 아브라함에게 주기로 약속하신 땅이다. 창세기 12:7, "내가 이 땅을 네 자손에게 주리라"(창 13:14-15; 17:8). 이삭은 하나님의 약속하신 그 땅에 머물러야 하고 애굽으로 내려가지 말아야 했다.

〔3-5절〕 이 땅에 유하면 내가 너와 함께 있어 네게 복을 주고 내가 이 모든 땅을 너와 네 자손에게 주리라. 내가 네 아비 아브라함에게 맹세한 것을 이루어 네 자손을 하늘의 별과 같이 번성케 하며 이 모든 땅을 네 자손에게 주리니 네 자손을 인하여 천하 만민이 복을 받으리라[이 땅에 유하라. 그러면 내가 너와 함께 있어 네게 복을 주리라. 이는 내가 이 모든 땅을 너와 네 자손에게 주며 내가 네 아비 아브라함에게 맹세한 것을 이루며 네 자손을 하늘의 별과 같이 번성케 하며 이 모든 땅을 네 자손에게 주리니 네 자손을 인하여 천하만민이 복을 받을 것임이니라]. 이는 아브라함이 내 말을 순

종하고 내 명령과 내 계명과 내 율례와 내 법도를 지켰음이니라 하시니라.

하나님께서는 이삭에게 "이 땅에 유하라"고 다시 반복해 말씀하신 후 "그러면 내가 너와 함께 있어 네게 복을 주리라"고 약속하셨다. 복의 근원이신 하나님께서 함께 계시면 항상 복되다. 후에, 요셉은 하나님께서 그와 함께하시므로 형통한 자가 되었었다(창 39:2-3, 23).

하나님께서는 그가 말하는 복이 무엇인지 다시 말씀하셨다. 그것은 그가 그 부친 아브라함에게 맹세하신 것을 이루시는 것이다. 그것은 그 자손이 하늘의 별같이 번성케 되어 이 모든 가나안 땅을 그와 그 자손들이 얻으며 그 자손으로 인하여 천하 만민이 복을 얻는 것이다. 그것은 메시아 약속이었다.

하나님께서 아브라함에게 이런 복을 약속하셨던 것은 그가 그의 말씀을 순종하고 그 명령과 계명과 율례와 법도를 지켰기 때문이었다. 불순종 곧 죄는 징벌과 재앙의 원인이지만, 순종은 하나님의 복을 얻는 길이다. 하나님의 계명을 순종하는 자는 평안과 형통을 얻는다.

〔6-8절〕 이삭이 그랄에 거하였더니 그 곳 사람들이 그 아내를 물으매 그가 말하기를 그는 나의 누이라 하였으니 리브가는 보기에 아리따우므로 그 곳 백성이 리브가로 인하여 자기를 죽일까 하여 그는 나의 아내라 하기를 두려워함이었더라. 이삭이 거기 오래 거하였더니 이삭이 그 아내 리브가를 껴안은 것을 블레셋 왕 아비멜렉이 창으로 내다본지라.

이삭은 하나님의 명령에 순종했다. 그는 하나님의 명령대로 애굽으로 내려가지 않고 그랄에 거하였다. 그랄은 가나안 땅의 남서쪽의 해안 지역이다. 이삭은 믿음이 있는 자요 순종하는 자이었다.

이삭은 그 곳에 거할 때에 사람들이 그의 아내에 대해 묻자 그가 나의 누이라고 대답하였다. 그것은 그의 아내 리브가가 보기에 아름다우므로 그 곳 사람들이 리브가로 인해 그를 죽일까봐 그의 아내라고 말하기를 두려워했기 때문이었다. 이런 점에서 이삭은 부친 아브라함처럼 인간적으로 연약하였다. 죽음에 대해 두려움을 가지는 것은 사람의 공통적 감정인 것 같다. 하나님의 은혜가 아니면 사람이 이런 연약함을 극복할 수 없을 것이다.

이삭이 그랄 땅에 오래 거하였는데, 어느 날 그가 아내 리브가를 껴안은 것을 아비멜렉이 창으로 내다보았다. '껴안다'는 원어(메차케크 מְצַחֵק)는 '놀다, 장난치다, 껴안다'는 뜻을 가진다. 이삭은 그 아내 리브가를 간격 없이 친하게 대하며 사랑하였다. 그의 친근한 사랑은 바깥에서도 드러날 정도이었다. 부부는 이렇게 친하게 지내는 것이 좋다. 부부는 서로를 좋아하고 서로를 위하고 사랑해야 한다.

〔9-11절〕 이에 아비멜렉이 이삭을 불러 이르되 그가 정녕 네 아내여늘 어찌 네 누이라 하였느냐? 이삭이 그에게 대답하되 내 생각에 그를 인하여 내가 죽게 될까 두려워하였음이로라. 아비멜렉이 가로되 네가 어찌 우리에게 이렇게 행하였느냐? 백성 중 하나가 네 아내와 동침하기 쉬웠을 뻔하였은즉 네가 죄를 우리에게 입혔으리라. 아비멜렉이 이에 모든 백성에게 명하여 가로되 이 사람이나 그 아내에게 범하는 자는 죽이리라 하였더라.

아비멜렉은 "백성 중 하나가 네 아내와 동침하기 쉬웠을 뻔하였은즉 네가 죄를 우리에게 입혔으리라"고 말했다. 이방 세계에도 부모 공경이나 살인과 간음과 도적질의 금지 등 약간의 도덕성이 있다. 그것은 양심에서 나온 것이다. 그것이 사회 질서를 유지시킨다. 불완전하지만, 세속 정부의 역할은 바로 그런 데 있다. 하나님께서는 위험한 상황에서도 이삭을 지켜주셨고 모든 일이 잘 해결되게 해주셨다.

〔12-15절〕 이삭이 그 땅에서 농사하여 그 해에 백 배나 얻었고 여호와께서 복을 주시므로 그 사람이 창대하고 왕성하여 마침내 거부가 되어 양과 소가 떼를 이루고 노복[종들]이 심히 많으므로 블레셋 사람이 그를 시기하여 그 아비 아브라함 때에 그 아비의 종들이 판 모든 우물을 막고 흙으로 메웠더라.

물질적 복도 하나님의 복이다. 물론 하나님의 복은 물질적 복 이상이다. 그것은 일차적으로 구원의 복, 즉 죄사함과 영생과 천국의 복이지만, 물질적 복도 그의 복이다. 이삭은 하나님의 복을 받아 그 땅에서 농사하여 그 해에 백 배나 얻었고 양과 소가 떼를 이루었고 종들도 심히 많았다. 그런데 블레셋 사람들은 그를 시기했다. 그들은 그의 부친 아브라함 때에 그 종들이 판 모든 우물들을 막고 흙으로 메웠다. 옛 시대에 우물은 생활의 기본적 요소인데 그것을 방해했던 것이다.

사람 속에는 남이 잘되는 것을 시기하는 마음이 있다. 이것이 부패된 인간 본성이다. 이런 마음이 때때로 신자들 속에도 있다. 빌립보서에서, 사도 바울은 어떤 이들이 투기와 분쟁의 마음으로 전도한다고 증거하였다(빌 1:15). 또 그는 빌립보 교인들에게 "마음을 같이하여 같은 사랑을 가지고 뜻을 합하며 한 마음을 품어 아무 일에든지 다툼이나 허영으로 하지 말고 오직 겸손한 마음으로 각각 자기보다 남을 낫게 여기라"고 교훈하였다(빌 2:2-3).

〔16-22절〕아비멜렉이 이삭에게 이르되 네가 우리보다 크게 강성한즉 우리를 떠나가라. 이삭이 그 곳을 떠나 그랄 골짜기에 장막을 치고 거기 우거하며 그 아비 아브라함 때에 팠던 우물들을 다시 팠으니 이는 아브라함 죽은 후에 블레셋 사람이 그 우물들을 메웠음이라. 이삭이 그 우물들의 이름을 그 아비의 부르던 이름으로 불렀더라. 이삭의 종들이 골짜기에 파서 샘 근원을 얻었더니 그랄 목자들이 이삭의 목자와 다투어 가로되 이 물은 우리의 것이라 하매 이삭이 그 다툼을 인하여 그 우물 이름을 에섹이라 하였으며 또다른 우물을 팠더니 그들이 또 다투는 고로 그 이름을 싯나라 하였으며 이삭이 거기서 옮겨 다른 우물을 팠더니 그들이 다투지 아니하였으므로 그 이름을 르호봇이라 하여 가로되 이제는 여호와께서 우리의 장소를 넓게 하셨으니 이 땅에서 우리가 번성하리로다 하였더라.

옛 시대에 우물 하나를 파는 것은 쉬운 일이 아니었을 것이다. 그러나 이삭은 이웃 사람들이 싸움을 걸어올 때 그것을 피하였고 다시 다른 우물을 파는 일을 하였다. 여기에서 우리는 하나님을 경외하는 이삭의 온유함과 인내심을 본다. 참된 경건은 선하고 온유한 성품을 동반한다. 성도는 할 수 있는 대로 남과 다투지 않아야 한다.

〔23-25절〕이삭이 거기서부터 브엘세바로 올라갔더니 그 밤에 여호와

께서 그에게 나타나 가라사대 나는 네 아비 아브라함의 하나님이니 두려워 말라. 내 종 아브라함을 위하여 내가 너와 함께 있어 네게 복을 주어 네 자손으로 번성케 하리라 하신지라. 이삭이 그 곳에 단을 쌓아 여호와의 이름을 부르고 거기 장막을 쳤더니 그 종들이 거기서도 우물을 팠더라.

하나님께서는 브엘세바에서 밤에 그에게 나타나셔서 이전과 같이 "내 종 아브라함을 위하여 내가 너와 함께 있어 네게 복을 주어 네 자손으로 번성케 하리라"고 말씀하셨다. 이삭은 거기에서 단을 쌓고 여호와의 이름을 불렀다. 이런 행위는 이삭의 경건함을 증거한다. 그는 그의 부친 아브라함처럼 하나님께 단을 쌓는 자 즉 하나님을 경외하며 예배하며 기도하는 자이었다.

〔26-29절〕아비멜렉이 그 친구 아훗삿과 군대장관 비골로 더불어 그랄에서부터 이삭에게로 온지라. 이삭이 그들에게 이르되 너희가 나를 미워하여 나로 너희를 떠나가게 하였거늘 어찌하여 내게 왔느냐? 그들이 가로되 여호와께서 너와 함께 계심을 우리가 분명히 보았으므로 우리의 사이 곧 우리와 너의 사이에 맹세를 세워 너와 계약을 맺으리라 말하였노라. 너는 우리를 해하지 말라. 이는 우리가 너를 범하지 아니하고 선한 일만 네게 행하며 너로 평안히 가게 하였음이니라. 이제 너는 여호와께 복을 받은 자니라.

아비멜렉은 이삭에게 와서 "여호와께서 너와 함께 계심을 우리가 분명히 보았으므로 우리와 너의 사이에 맹세로 계약을 맺자"고 제안하였고 또 그에게 "너는 여호와께 복을 받은 자니라"고 증거하였다. 이것은 이방인 아비멜렉이 이삭에 대해 증거한 놀라운 증거이었다. 하나님의 사람 이삭은 하나님을 알지 못하는 이방 사람에게도 선한 증거를 받은 자이었다. 이것은 우리에게 본이 된다.

〔30-33절〕이삭이 그들을 위하여 잔치를 베풀매 그들이 먹고 마시고 아침에 일찍이 일어나 서로 맹세한 후에 이삭이 그들을 보내매 그들이 평안히 갔더라. 그 날에 이삭의 종들이 자기들의 판 우물에 대하여 이삭에게 와서 고하여 가로되 우리가 물을 얻었나이다 하매 그가 그 이름을 세바라 한지라. 그러므로 그 성읍 이름이 오늘까지(35:20; 47:26) 브엘세바(21:31)더라.

창세기 26장: 이삭이 그랄에 우거함

이삭은 그들을 위해 잔치를 베풀었고 그들은 먹고 마시며 하룻밤을 자고 아침 일찍이 일어나 서로 맹세한 후에 평안히 돌아갔다. 그 날에 이삭의 종들은 이삭에게 와서 자기들이 우물을 파서 물을 얻었다고 말했다. 브엘세바는 '맹세의 우물'이라는 뜻이다.

[34-35절] 에서가 40세에 헷 족속 브에리의 딸 유딧과 헷 족속 엘론의 딸 바스맛을 아내로 취하였더니 그들이 이삭과 리브가의 마음의 근심(모라스 루아크 מָרַת רוּחַ)[영(심령)의 고통]**이 되었더라.**

에서의 아내들은 이삭과 리브가의 심령에 근심과 고통이 되었다. 그 며느리들에게는 경건과 도덕성이 없었을 것이다.

본장의 교훈을 정리해보자. 첫째로, 하나님께서는 흉년 때에 이삭에게 "애굽으로 내려가지 말고 내가 네게 지시하는 땅에 거하라"고 말씀하셨다. 예수 그리스도를 믿음으로 구원 얻은 자들은 참 교회에 속하였고, 세상은 죄로 인해 멸망할 세상이다. 하나님의 구원을 얻은 자들도 세상이 흉년이 들 때 그 어려움을 겪어야 한다. 그러나 하나님의 자녀들은 세상 사는 동안 이런저런 고난 중에서도 끝까지 믿음으로 살아야 하지, 어려운 일이 있다고 세상으로 돌아가지 말아야 한다. 우리는 예수 그리스도 안에, 참된 교회 안에, 성경적 믿음과 바른 삶 안에 거해야 하고, 하나님을 의지하며 회복을 기도하며 참고 기다려야 한다.

둘째로, 하나님께서는 이삭에게 "내가 너와 함께 있어 네게 복을 주리라"고 말씀하셨다. 그는 위험한 환경에서도 그의 아내를 지켜주셨고 물질적 복도 주셨다. 하나님께서는 자기 백성을 보호하시고 복 주신다. 예수 그리스도를 믿은 우리는 이미 하나님의 큰 복을 받은 자들이다. 우리는 믿음으로 구원을 얻었고 천국과 영생의 약속을 받았다. 그러나 하나님의 복은 내세의 복뿐 아니라, 현세의 복도 포함한다. 예수께서는 "너희는 먼저 하나님의 나라와 그 의를 구하라. 그리하면 이 모든 것을 너희에게 더하여 주시리라"고 약속하셨다(마 6:33, 전통본문). 하나님의 나라와 그 의를 구하는 것은 믿음과 계명 순종으로 사는 것을 말하며,

'이 모든 것'이란 의식주의 필요를 말한다. 우리가 믿음으로 살면 하나님께서는 우리에게 이 세상 사는 데 필요한 것들도 주신다. 사도 바울은 "경건은 범사에 유익하니 금생과 내생에 약속이 있느니라"고 말했다(딤전 4:8). 우리가 성경을 읽고 배우고 기도하기를 힘쓰면 내세의 구원뿐 아니라, 이 세상에서의 건강과 물질적 여유와 평안의 복도 얻는다.

셋째로, 이삭은 그랄 사람들이 자기 우물들을 메우며 빼앗을 때 온유함으로 양보하며 참았다. 우리는 인간관계에서 온유해야 한다. 온유와 양보는 성도들의 중요한 덕이다. 로마서 12:17-18, "아무에게도 악으로 악을 갚지 말고 모든 사람 앞에서 선한 일을 도모하라. 할 수 있거든 너희로서는 모든 사람으로 더불어 평화하라." 빌립보서 4:5, "너희 관용[온유함]을 모든 사람에게 알게 하라. 주께서 가까우시니라." 야고보서 3:17, "오직 위로부터 난 지혜는 첫째 성결하고 다음에 화평하고 관용하고 양순하며 긍휼과 선한 열매가 가득하고 편벽과 거짓이 없나니."

넷째로, 이삭은 이방인인 그랄 왕 아비멜렉에게서 선한 증거를 얻었다. 아비멜렉은 "하나님께서 너와 함께 계심을 우리가 분명히 보았도다," "너는 하나님의 복을 받은 자니라"고 말했다. 성도는 세상에 살면서 주위 사람들에게서 선한 증거를 얻어야 한다. 주께서는 우리가 세상의 빛이며 우리의 착한 행실을 사람들에게 나타내라고 교훈하셨다(마 5:14-16). 사도 바울은, 교회의 장로가 될 자격자는 "외인에게서도 선한 증거를 얻은 자라야 할지니라"고 말했다(딤전 3:7). 사도 베드로는 교훈하기를, "아내된 자들아, 이와 같이 자기 남편에게 순복하라. 이는 혹 도를 순종치 않는 자라도 말로 말미암지 않고 그 아내의 행위로 말미암아 구원을 얻게 하려 함이니 너희의 두려워하며 정결한 행위를 봄이라"고 했다(벧전 3:1-2). 믿지 않는 남편을 둔 믿는 아내는 그 남편에게 선한 행위를 보임으로써 그를 하나님 앞으로 인도해야 한다는 뜻이다. 우리는 교우들과 믿지 않는 이웃 사람들에게서 하나님께서 우리와 함께하시고 우리에게 복을 주셨다는 선한 증거를 듣는 자가 되어야 한다.

27장: 야곱이 축복을 가로챔

〔1-4절〕이삭이 나이 많아 눈이 어두워 잘 보지 못하더니 맏아들 에서를 불러 가로되 내 아들아 하매 그가 가로되 내가 여기 있나이다 하니 이삭이 가로되 내가 이제 늙어 어느 날 죽을는지 알지 못하노니 그런즉 네 기구 곧 전통[화살통]과 활을 가지고 들에 가서 나를 위하여 사냥하여 나의 즐기는 별미를 만들어 내게로 가져다가 먹게 하여 나로 죽기 전에 내 마음껏 네게 축복하게 하라.

이삭은 죽기 전에 맏아들 에서에게 마지막 축복을 하기를 원했다.

〔5-10절〕이삭이 그 아들 에서에게 말할 때에 리브가가 들었더니 에서가 사냥하여 오려고 들로 나가매 리브가가 그 아들 야곱에게 일러 가로되 네 부친이 네 형 에서에게 말씀하시는 것을 내가 들으니 이르시기를 나를 위하여 사냥하여 가져다가 별미를 만들어 나로 먹게 하여 죽기 전에 여호와 앞에서 네게 축복하게 하라 하셨으니 그런즉 내 아들아, 내 말을 좇아 내가 네게 명하는 대로 염소떼에 가서 거기서 염소의 좋은 새끼를[새끼 둘(쉐네 _עזים_)을](원문, KJV, NASB, NIV) 내게로 가져오면 내가 그것으로 네 부친을 위하여 그 즐기시는 별미를 만들리니 네가 그것을 가져 네 부친께 드려서 그로 죽으시기 전에 네게 축복하기 위하여 잡수시게 하라.

리브가는 야곱이 이삭의 축복을 통해 하나님의 복 받기를 원했다.

〔11-17절〕야곱이 그 모친 리브가에게 이르되 내 형 에서는 털사람이요 나는 매끈매끈한 사람인즉 아버지께서 나를 만지실진대 내가 아버지께 속이는 자로 뵈일지라. 복은 고사하고 저주를 받을까 하나이다. 어미가 그에게 이르되 내 아들아, 너의 저주는 내게로 돌리리니 내 말만 좇고 가서 가져오라. 그가 가서 취하여 어미에게로 가져왔더니 그 어미가 그 아비의 즐기는 별미를 만들었더라. 리브가가 집안 자기 처소에 있는 맏아들 에서의 좋은 의복 취하여 작은 아들 야곱에게 입히고 또 염소 새끼의 가죽으로 그 손과 목의 매끈매끈한 곳에 꾸미고 그 만든 별미와 떡을 자기 아들 야곱의 손에 주매.

리브가는 별미를 만들었고 야곱에게 염소가죽으로 손과 목에 꾸민

후 그 별미와 떡을 가지고 아버지에게 들어가게 하였다.

〔18-24절〕 야곱이 아버지에게 나아가서 내 아버지여 하고 부른대 가로되 내가 여기 있노라. 내 아들아, 네가 누구냐? 야곱이 아비에게 대답하되 나는 아버지의 맏아들 에서로소이다. 아버지께서 내게 명하신 대로 내가 하였사오니 청컨대 일어나 앉아서 내 사냥한 고기를 잡수시고 아버지의 마음껏 내게 축복하소서. 이삭이 그 아들에게 이르되 내 아들아, 네가 어떻게 이같이 속히 잡았느냐? 그가 가로되 아버지의 하나님 여호와께서 나로 순적히 만나게[나로 하여금 잡게] 하셨음이니이다. 이삭이 야곱에게 이르되 내 아들아, 가까이 오라. 네가 과연 내 아들 에서인지 아닌지 내가 너를 만지려 하노라. 야곱이 그 아비 이삭에게 가까이 가니 이삭이 만지며 가로되 음성은 야곱의 음성이나 손은 에서의 손이로다 하며 그 손이 형 에서의 손과 같이 털이 있으므로 능히 분별치 못하고 축복하였더라. 이삭이 가로되 네가 참 내 아들 에서냐? 그가 대답하되 그러하니이다.

야곱은 아버지 앞에서 네 번이나 반복하여 거짓말을 하였다. 첫째, "네가 누구냐?"는 질문에 그는 "나는 아버지의 맏아들 에서로소이다"라고 대답하였고, 둘째, 그는 가져간 고기를 사냥한 고기라고 말했고, 셋째, "네가 어떻게 이같이 속히 잡았느냐?"는 말에 그는 "아버지의 하나님 여호와께서 나로 하여금 잡게 하셨음이니이다"라고 대답했고, 넷째, "네가 참 내 아들 에서냐?"는 질문에 그는 "그러하니이다"라고 대답했다. 그는 거짓말을 반복했다. 그것은 확실히 악한 일이다.

〔25-29절〕 이삭이 가로되 내게로 가져오라. 내 아들의 사냥한 고기를 먹고 내 마음껏 네게 축복하리라. 야곱이 그에게로 가져가매 그가 먹고 또 포도주를 가져가매 그가 마시고 그 아비 이삭이 그에게 이르되 내 아들아, 가까이 와서 내게 입맞추라. 그가 가까이 가서 그에게 입맞추니 아비가 그 옷의 향취를 맡고 그에게 축복하여 가로되 내 아들의 향취는 여호와의 복 주신 밭의 향취로다. 하나님은[께서는] 하늘의 이슬과 땅의 기름짐이며 풍성한 곡식과 포도주로 네게 주시기를 원하노라. 만민이 너를 섬기고 열국이 네게 굴복하리니 네가 형제들의 주가 되고 네 어미의 아들들이 네게 굴복하며 네게 저주하는 자는 저주를 받고 네게 축복하는 자는 복을 받기를 원하노라.

창세기 27장: 야곱이 축복을 가로챔

이삭은 세 가지의 복을 기원했다. 첫째는 물질의 복이다. "하나님께서는 하늘의 이슬과 땅의 기름짐이며 풍성한 곡식과 포도주로 네게 주시기를 원하노라." 둘째는 권세의 복이다. 그것은 사회적 안정을 포함할 것이다. "만민이 너를 섬기고 열국이 네게 굴복하리니 네가 형제들의 주가 되고 네 어미의 아들들이 네게 굴복하리라." 셋째는 명예의 복이다. "네게 저주하는 자는 저주를 받고 네게 축복하는 자는 복을 받기를 원하노라." 이것은 하나님께서 아브라함에게 처음 주셨던 내용이었다. 창세기 12:3, "너를 축복하는 자에게는 내가 복을 내리고 너를 저주하는 자에게는 내가 저주하리니."

〔30-33절〕이삭이 야곱에게 축복하기를 마치매 야곱이 그 아비 이삭 앞에서 나가자 곧 그 형 에서가 사냥하여 돌아온지라. 그가 별미를 만들어 아비에게로 가지고 가서 가로되 아버지여, 일어나서 아들의 사냥한 고기를 잡수시고 마음껏 내게 축복하소서. 그 아비 이삭이 그에게 이르되 너는 누구냐? 그가 대답하되 나는 아버지의 아들 곧 아버지의 맏아들 에서로소이다. 이삭이 심히 크게 떨며 가로되 그런즉 사냥한 고기를 내게 가져온 자가 누구냐? 너 오기 전에 내가 다 먹고 그를 위하여 축복하였은즉 그가 정녕 복을 받을 것이니라.

이삭은 먼저 왔던 자가 에서가 아니었음을 알았을 때 심히 크게 떨며 "내가 그를 위하여 축복하였은즉 그가 정녕 복을 받을 것이니라"고 말했다. 이삭은 하나님의 이름으로 하는 축복의 효력을 믿었다.

〔34-38절〕에서가 그 아비의 말을 듣고 방성대곡하며[심히 크고 쓰라린 통곡을 하였으며] 아비에게 이르되 내 아버지여, 내게 축복하소서. 내게도 그리하소서. 이삭이 가로되 네 아우가 간교하게 와서 네 복을 빼앗았도다. 에서가 가로되 그의 이름을 야곱이라 함이 합당치 아니하니이까? 그가 나를 속임이 이것이 두 번째니이다. 전에는 나의 장자의 명분을 빼앗고 이제는 내 복을 빼앗았나이다. 또 가로되 아버지께서 나를 위하여 빌 복을 남기지 아니하셨나이까? 이삭이 에서에게 대답하여 가로되 내가 그를 너의 주로 세우고 그 모든 형제를 내가 그에게 종으로 주었으며 곡식과 포도주를 그에게 공급하였으니 내 아들아, 내가 네게 무엇을 할 수 있으랴. 에서가

아비에게 이르되 내 아버지여, 아버지의 빌 복이 이 하나뿐이리이까? 내 아버지여, 내게 축복하소서. 내게도 그리하소서 하고 소리를 높여 우니.

에서는 전에 장자의 복이 얼마나 중요한지를 깨닫지 못했었다. 그가 팥죽 한 그릇에 장자권을 동생 야곱에게 팔았을 때 성경은 "에서가 장자의 명분을 경홀히 여김이었더라"고 기록하였다(창 25:34).

〔39-40절〕 그 아비 이삭이 그에게 대답하여 가로되 너의 주소는 땅의 기름짐에서 뜨고[떨어지고] 내리는 하늘 이슬에서 뜰[떨어질] 것이며 너는 칼을 믿고 생활하겠고 네 아우를 섬길 것이며 [그러나](NASB, NIV) 네가 매임을 벗을(타리드 רָרִיד)[안정이 없을](BDB, NASB, NIV) 때에는 그 멍에를 네 목에서 떨쳐버리리라 하였더라.

이삭은 에서에 대해 몇 가지 예언을 했다. 첫째, 그의 주소는 땅의 기름짐에서 떨어지고 하늘 이슬에서도 떨어질 것이다. 둘째, 그는 칼을 믿고 생활할 것이다. 셋째, 그는 그 아우를 섬길 것이다. 넷째, 그는 안정이 없을 것이며 그때 그 아우의 멍에를 자기 목에서 떨쳐버릴 것이다.

〔41절〕 그 아비가 야곱에게 축복한 그 축복을 인하여 에서가 야곱을 미워하여 심중에 이르기를 아버지를 곡할 때가 가까웠은즉 내가 내 아우 야곱을 죽이리라 하였더니.

에서는 실상 장자 권한을 주장할 입장이 못됨에도 불구하고 욕심 때문에 그것을 사모했고 그것을 얻지 못하자 동생을 미워하고 죽일 마음까지 품었다. 야곱의 속임의 사건은 이와 같이 형제 사이의 극단적 불화로까지 진전되었다. 거짓말의 파장과 결과는 컸다.

〔42-46절〕 맏아들 에서의 이 말이 리브가에게 들리매 이에 보내어 작은 아들 야곱을 불러 그에게 이르되 네 형 에서가 너를 죽여 그 한을 풀려하나니 내 아들아, 내 말을 좇아 일어나 하란으로 가서 내 오라버니 라반에게 피하여 네 형의 노가 풀리기까지 몇 날 동안 그와 함께 거하라. 네 형의 분노가 풀려 네가 자기에게 행한 것을 잊어버리거든 내가 곧 보내어 너를 거기서 불러오리라. 어찌 하루에 너희 둘을 잃으랴.

리브가는 야곱을 불러 이런 상황을 말하고 하란의 외삼촌 집으로 피신하여 형의 노가 풀리기까지 몇 날 동안 그와 함께 거하라고 말한다. '그 몇 날'이 20년이 될 줄은 리브가도, 야곱도 몰랐을 것이다.

〔46절〕 리브가가 이삭에게 이르되 내가 헷 사람의 딸들을 인하여 나의 생명을 싫어하거늘 야곱이 만일 이 땅의 딸들 곧 그들과 같은 헷 사람의 딸들 중에서 아내를 취하면 나의 생명이 내게 무슨 재미가 있으리이까.

리브가는 이삭에게 야곱이 헷 사람의 딸을 취하지 않도록 하자고 제안하며 그를 하란으로 보내도록 머리를 썼다.

본장의 교훈을 정리해보자. 첫째로, 이삭은 죽기 전에 맏아들 에서에게 마지막 축복을 하기를 원했고 비록 야곱을 에서인 줄 알고 축복했지만 야곱이 그 복을 받을 것을 알았다. 33절, "내가 그를 위해 축복하였은즉 그가 정녕 복을 받을 것이니라." 우리는 축복의 귀중함을 알아야 한다. 야곱은 어릴 때부터 장자권과 하나님의 복을 사모하였다고 보인다. 리브가와 야곱에게는 하나님의 복을 사모함이 있었다.

신앙의 열조들은 때때로 예언적 축복을 했다. 노아는 그 아들들 셈과 함과 야벳에 대해 예언적 축복 혹은 저주를 했었고(창 9:25-27) 그 예언은 그대로 이루어졌다. 후에, 야곱도 죽기 전 요셉을 위해, 그의 두 아들 므낫세와 에브라임을 위해 축복했고(창 48:15-16) 또 그의 열두 아들들에 대해 예언적 축복을 했다(창 49장). 모세는 죽기 전에 이스라엘 열두 지파를 위해 예언적 축복을 했다(신 33장). 하나님을 아는 자는 하나님의 복을 사모한다. 하나님께서는 만복의 근원이시다. 우리는 하나님 없이 살지 말고 하나님을 믿고 그의 복을 사모해야 한다. 믿는 부모들은 자녀들을 성경의 바른 교훈으로 교훈하고 주 예수 그리스도의 이름으로 축복하며, 믿는 자녀들은 믿는 부모의 축복을 사모해야 한다.

둘째로, 에서는 부모의 마지막 축복을 받지 못했을 때 방성대곡했다. 그는 전에 장자의 복을 무시했었다. 야곱은 비록 거짓말을 했지만 하나님의 복의 귀중함을 알고 그 복을 사모했으나 에서는 그렇지 않았다.

그는 장자권을 경홀히 여겼었고 그것을 팥죽 한 그릇에 야곱에게 맹세하며 팔았었다(창 25:34). 그는 실상 아버지로부터 장자의 축복을 받을 자격이 없었다. 그는 아버지께 "내 아버지여, 아버지의 빌 복이 이 하나뿐이리이까? 내 아버지여, 내게 축복하소서. 내게도 그리하소서"라고 말했고 소리를 높여 울었으나(창 25:34), 아버지의 축복을 받지 못했다.

우리는 하나님의 복을 잃어버리지 말아야 한다. 히브리서 12:15-17, "너희는 돌아보아 하나님 은혜에 이르지 못하는 자가 있는가 두려워하고 또 쓴 뿌리가 나서 괴롭게 하고 많은 사람이 이로 말미암아 더러움을 입을까 두려워하고 음행하는 자와 혹 한 그릇 식물을 위하여 장자의 명분을 판 에서와 같이 망령된 자가 있을까 두려워하라. 너희의 아는 바와 같이 저가 그 후에 축복을 기업으로 받으려고 눈물을 흘리며 구하되 버린 바가 되어 회개할 기회를 얻지 못하였느니라." 우리는 하나님의 복을 귀중히 여겨야 하며 그것을 잃지 않도록 조심해야 한다.

셋째로, 리브가와 야곱은 거짓말하면서 이삭의 마지막 축복을 받기를 원했다. 그러나 거짓말은 명백히 죄악이다. 우리는 거짓말하지 말아야 한다. 그들의 거짓말은 형제간의 심각한 불화를 일으켰다. 또 야곱은 속임의 대가를 20년 동안 매우 고통스럽게 치루었다고 보인다(창 31:40; 47:9). 거짓말은 지옥에 들어갈 죄악이며 천국에 들어가지 못할 죄악이다(계 21:8; 22:15). 참된 성도의 교제는 진실 위에서만 세워질 수 있다. 그러므로 우리는 정당하고 진실하게 하나님의 복을 사모해야 한다.

넷째로, 에서는 동생 야곱을 미워하여 죽이려 했다. 그러나 그것은 큰 악이었다. 그는 실상 장자권을 야곱에게 팔았으므로 장자의 축복을 받을 자격이 없었다. 그는 잘못된 욕심을 버려야 했고, 동생에 대한 잘못된 미움을 버려야 했다. 요한일서 3:14-15, "우리가 형제를 사랑함으로 사망에서 옮겨 생명으로 들어간 줄을 알거니와 사랑치 아니하는 자는 사망에 거하느니라. 그 형제를 미워하는 자마다 살인하는 자니 살인하는 자마다 영생이 그 속에 거하지 아니하는 것을 너희가 아는 바라."

28장: 야곱의 꿈과 서원

〔1-4절〕이삭이 야곱을 불러 그에게 축복하고 또 부탁하여 가로되 너는 가나안 사람의 딸들 중에서 아내를 취하지 말고 일어나 밧단아람35)으로 가서 너의 외조부 브두엘 집에 이르러 거기서 너의 외삼촌 라반의 딸 중에서 아내를 취하라. 전능하신 하나님이[께서] 네게 복을 주어 너로 생육하고 번성케 하사 너로 여러 족속을 이루게 하시고 아브라함에게 허락하신 복을 네게 주시되 너와 너와 함께 네 자손에게 주사 너로 하나님이[께서] 아브라함에게 주신 땅 곧 너의 우거하는 땅을 유업으로 받게 하시기를 원하노라.

노아는 "가나안은 저주를 받아 그 형제의 종들의 종이 되기를 원하노라" "셈의 하나님 여호와를 찬송하리로다. 가나안은 셈의 종이 되리라"고 예언했다(창 9:25-26). 아브라함은 노아의 예언에 근거하여 아들 이삭의 아내를 구하려 할 때 그의 거하는 땅 가나안 족속의 딸 중에서가 아니고 그의 고향 그의 족속에게서 구하게 하였었다(창 24:3-4). 이제 이삭도 그 아들 야곱에게 그렇게 말한다.

이삭은 하나님을 '전능하신 하나님'으로 믿고 있었다. 천지만물을 창조하시고 섭리하시는 영원자존자 하나님께서는 전능하신 하나님이시다. 이 하나님께서만 참 하나님이시며 그 하나님께서만 사람들에게 복을 주실 수 있고 그들을 죄와 사망에서 구원하실 수 있다.

이삭은 또 야곱에게 생육하고 번성하는 복을 기원하였다. 출산과 번성은 분명히 하나님의 복이다. 인간 사회가 잘 유지되고 발전되려면 좋은 인재들이 많이 출산되어야 할 것이다. 하나님의 뜻이 세상에 이루어지려면 경건하고 충성된 인물들이 많이 출산되어야 할 것이다. 하나님의 복은 출산에서부터 시작된다. 출산은 확실히 복된 일이다.

---

35) '하란'을 가리키는 말로서 창세기에 10번이나 나온다(창 25:20; 28:2, 5, 6, 7; 31:18; 33:18; 35:9, 26; 46:15).

하나님께서 아브라함과 이삭에게 주신 복은 메시아 약속을 포함하
였다. 그것은 14절에서 증거된다. 그것은 아브라함과 이삭과 야곱의
자손으로 오실 메시아를 통해 천하 만민이 복을 받는 것을 가리킨다.
그것은 주 예수 그리스도로 말미암아 만민이 구원 얻는 것을 의미한
다. 하나님의 구원은 영육의 복과 현세와 내세의 복을 포함한다.

**[5절] 이에 이삭이 야곱을 보내었더니 [그개] 밧단아람으로 가서 라반에
게 이르렀으니 라반은 아람 사람 브두엘의 아들이요 야곱과 에서의 어미 리
브가의 오라비더라.**

야곱이 아버지 집을 떠나 하란으로 갈 때 나이는 성경에 기록된 몇
가지의 단서로 추측될 수 있다. 후에 야곱은 애굽에 내려가 바로 앞
에 섰을 때 자신의 나이가 130세라고 말했고(창 47:9), 그때는 애굽에
서 7년간의 풍년이 지나고 2년 동안 흉년이 든 때이었으므로 요셉이
애굽의 총리가 된 지 9년 후쯤, 즉 요셉의 나이 39세쯤이었다(창 41:
46-54; 45:6). 야곱이 하란에 14년 거주했을 때 요셉을 낳았으므로(창
30:25), 야곱이 130세된 때는 그가 하란에 내려간 때로부터 14년과 39
년, 즉 53년이 지난 때이었다. 그러면 야곱이 하란에 내려갔을 때의
나이는, 130세에서 53년을 뺀 77세쯤이었다. 나이가 상당히 많았다.
그러나 야곱은 나이에 비해 매우 건강했던 것 같다.

**[6-9절] 에서가 본즉 이삭이 야곱에게 축복하고 그를 밧단아람으로 보
내어 거기서 아내를 취하게 하였고 또 그에게 축복하고 명하기를 너는 가나
안 사람의 딸들 중에서 아내를 취하지 말라 하였고 또 야곱이 부모의 명을
좇아 밧단아람으로 갔으며 에서가 또 본즉 가나안 사람의 딸들이 그 아비
이삭을 기쁘게 못하는지라. 이에 에서가 이스마엘에게 가서 그 본처들 외에
아브라함의 아들 이스마엘의 딸이요 느바욧의 누이인 마할랏을 아내로 취
하였더라.**

모세는 그의 서술방식대로(창 11:32; 25:17) 먼저 에서에 대해 기록
한다. 에서는, 가나안 땅 헷 족속의 딸들인 유딧과 바스맛, 두 여자를

이미 자기 아내로 삼았었고, 그들은 이삭과 리브가의 마음에 큰 고통이 되었었다(창 26:34-35). 그는 또 이스마엘의 딸 마할랏을 세 번째 아내로 취했다. 에서는 일부일처의 하나님의 뜻을 알지 못했고 하나님과 부모의 뜻과 상관없이 자신의 육신적 생각과 욕심을 따라 세 명의 아내를 취했다. 그것은 경건한 하나님 백성의 모습은 아니었다.

〔10-11절〕 야곱이 브엘세바에서 떠나 하란으로 향하여 가더니 한 곳에 이르러는 해가 진지라. 거기서 유숙하려고 그 곳의 한 돌을 취하여 베개하고 거기 누워 자더니.

야곱은 가나안 땅 남쪽 끝부분에 위치한 브엘세바에서 떠나 대략 750킬로미터(서울에서 부산까지가 약 444킬로미터라고 함) 북쪽에 있는 하란으로 향하여 갔다. 그가 80킬로미터쯤 갔을 때 해가 저물었고 들판에서 밤을 지내려고 한 돌을 취하여 베개하고 거기 누워 잤다. 사랑하는 부모와 편안한 집을 두고 먼 곳에 있는 친척집을 향해 막연히 떠나온 야곱은, 비록 하나님을 경외했고 그의 복을 사모했고 아버지 이삭의 축복을 받았음에도 불구하고, 하나님께서 그와 함께하지 않으시고 그를 돌보지 않으시는 것 같아, 아마 불안하고 쓸쓸하였고 두렵기까지 하였을 것이다.

〔12-15절〕 꿈에 본즉[보라] 사닥다리가 땅위에 섰는데 그 꼭대기가 하늘에 닿았고 또 본즉[보라] 하나님의 사자[사자들]가 그 위에서 오르락내리락하고 또 본즉[보라] 여호와께서 그 위에 서서 가라사대 나는 여호와니 너의 조부 아브라함의 하나님이요 이삭의 하나님이라. 너 누운 땅을 내가 너와 네 자손에게 주리니 네 자손이 땅의 티끌같이 되어서 동서남북에 편만할지며 땅의 모든 족속이 너와 네 자손을 인하여 복을 얻으리라. [보라] 내가 너와 함께 있어 네가 어디로 가든지 너를 지키며 너를 이끌어 이 땅으로 돌아오게 할지라. 내가 네게 허락한 것을 다 이루기까지 너를 떠나지 아니하리라 하신지라.

하나님께서는 옛 시대에 사람들에게 종종 꿈으로 자신을 계시하셨다. 야곱이 꾼 꿈은 하나님께서 주신 계시적 꿈이었다. 야곱은 꿈에 한 사닥다리가 땅위에 세워져 있고 그 꼭대기가 하늘에 닿았고 그 위에 서 계신 하나님을 보았다. 하나님께서는 몇 가지 내용을 말씀해주셨다. 첫째로, 너 누운 땅을 내가 너와 네 자손에게 주리라. 둘째로, 네 자손이 땅의 티끌같이 되어서 동서남북에 편만하리라. 셋째로, 땅의 모든 족속이 너와 네 자손을 인하여 복을 얻으리라.

이 세 가지는 하나님께서 아브라함과 이삭에게 반복하여 주셨던 약속의 내용이었다(창 12:3, 7; 22:18; 26:3-4). 특히, 세 번째 내용은 메시아 약속이었다. 후에, 사도 바울은 예수 그리스도의 대속 사역으로 그리스도 예수 안에서 아브라함의 복이 이방인들에게 미치게 되었다고 증거하였다(갈 3:13-14, 28-29; 롬 4:16).

〔16-19절〕 야곱이 잠이 깨어 가로되 여호와께서 과연 여기 계시거늘 내가 알지 못하였도다. 이에 두려워하여 가로되 두렵도다. 이 곳이여 다른 것이 아니라. 이는 하나님의 전이요 이는 하늘의 문이로다 하고 야곱이 아침에 일찍이 일어나 베개하였던 돌을 가져 기둥으로 세우고 그 위에 기름을 붓고 그 곳 이름을 벧엘이라 하였더라. 이 성의 본 이름은 루스더라.

기름을 붓는 것은 거룩하게 구별하는 뜻이 있다(레 8:10-11). 그는 그 곳 이름을 벧엘, 곧 '하나님의 집'이라고 지었다.

〔20-22절〕 야곱이 서원하여 가로되 하나님이[께서] 나와 함께 계시사 내가 가는 이 길에서 나를 지키시고 먹을 양식과 입을 옷을 주사 나로 평안히 아비 집으로 돌아가게 하시오면 여호와께서 나의 하나님이 되실 것이요 내가 기둥으로 세운 이 돌이 하나님의 전이 될 것이요 하나님께서 내게 주신 모든 것에서 십분 일을 내가 반드시 하나님께 드리겠나이다 하였더라.

야곱은 하나님께서 그와 함께 계셔서 그의 가는 길에서 그를 지켜주시고 그에게 먹을 양식과 입을 옷을 주시고 그로 평안히 아버지 집으로 돌아오게 하시기를 구하였다. 그러면서 그는 하나님께 세 가지를 서원하였다. 서원은 하나님께 맹세하며 약속하는 것이다. 첫째로, 그러면 여호와께서 나의 하나님이 되시리이다. 둘째로, 이 돌이 하나님의 집이 되리이다. 셋째로, 하나님께서 내게 주신 모든 것의 십분의 일을 반드시 하나님께 드리겠나이다.

본장의 교훈을 정리해보자. 첫째로, 하나님께서는 아브라함과 이삭과 야곱의 자손 예수 그리스도를 통하여 천하 만민이 구원의 복을 얻게 하셨다. 이삭은 야곱에게 하나님께서 아브라함에게 허락하신 복을 주시기를 구하였다. 하나님께서는 야곱에게 꿈에 나타나셔서 "땅의 모든 족속이 너와 네 자손을 인하여 복을 얻으리라"고 말씀하셨다(창 28:14). 이것은 메시아 약속이었다. 이 약속대로 하나님께서는 아브라함의 자손 예수 그리스도를 이 세상에 보내주셨다. 바울은 "그리스도께서 우리를 위하여 저주를 받은 바 되사 율법의 저주에서 우리를 속량하셨으니 기록된 바 나무에 달린 자마다 저주 아래 있는 자라 하였음이라. 이는 그리스도 예수 안에서 아브라함의 복이 이방인에게 미치게 하고 또 우리로 하여금 믿음으로 말미암아 성령의 약속을 받게 하려 함이니라"고 말했다(갈 3:13-14). 하나님께서 약속하신 복은 영생의 복이다. 로마서 6:23, "죄의 삯은 사망이요 하나님의 은사는 그리스도 예수 우리 주 안에 있는 영생이니라." 우리는 이 복을 감사하고 찬송해야 한다.

둘째로, 하나님께서는 자기 백성과 언제나 함께하신다. 하나님께서는 집을 떠나 쓸쓸히 먼 길을 가던 야곱에게 꿈에 나타나셔서 "내가 너와 함께 있어 네가 어디로 가든지 너를 지키며 너를 이끌어 이 땅으로 돌아오게 할지라. 내가 네게 허락한 것을 다 이루기까지 너를 떠나지 아니하리라"고 말씀하셨다(창 28:15). 야곱은 잠을 깨어 일어나 "여호와께서 과연 여기 계시거늘 내가 알지 못하였도다. 이에 두려워하여 가로되 두렵도다, 이 곳이여, 다른 것이 아니라 이는 하나님의 전이요 이는 하늘의 문이로다"라고 말했다(창 28:16-17). 하나님께서는 야곱과 함께하셨다. 하나님께서는 후에 요셉과 함께하셨고(창 39:2-3, 21, 23), 여호수아와도 함께하셨다(수 1:5, 9). 다윗은 "내가 사망의 음침한 골짜기로 다닐지라도 해를 두려워하지 않을 것은 주께서 나와 함께하심이라. 주의 지팡이와 막대기가 나를 안위하시나이다"라고 말했다(시 23:4). 예수께서는 제자들에게 "내가 세상 끝날까지 너희와 항상 함께 있으리라"고 약속하셨다(마 28:20). 또 그는 그들에게 성령을 약속하셨고(요 14:16) 성령께서는 세상에 오셔서 우리 속에 계시고 우리와 영원히 함께 계신다. 단지, 우리는 하나님의 말씀에 순종하며 범죄하지 말아야 하고(수 1:7-8) 항상 믿음과 순종으로 주 안에 거해야 한다(요 15장).

셋째로, 우리는 하나님을 바로 섬겨야 한다. 이것은 하나님을 아는 자의 당연한 응답이다. 야곱은 하나님의 함께하심을 구하면서 하나님을 자신의 하나님으로 삼고 그 곳으로 하나님을 섬기는 곳을 삼고 모든 소득의 십일조를 드리겠다고 서원하였다. 오늘날도 하나님을 아는 자들은 하나님을 바로 섬길 것이다. 초대교회는 사도들의 가르침을 받아 서로 교제하며 기도하기를 매우 힘썼다(행 2:42). 그들은 모일 때 찬송을 부르며 기도하였고 하나님의 뜻을 전하며 배웠다(고전 14:26). 이런 경건한 모임은 중단되거나 폐지되지 말고 주의 재림 때까지 계속되어야 한다(히 10:25). 우리는 하나님을 우리의 마음의 첫 자리에 모시고 하나님을 바로 섬기며 하나님 중심으로 살고 하나님께 대한 참된 예배와 찬송과 기도와 말씀의 교훈과 헌금으로 하나님을 바로 섬겨야 한다.

특히, 야곱이 하나님께 십일조를 서원한 것은 우리 모두에게 교훈이 된다. 십일조는 후에 하나님께서 율법에 명하신 바이다(레 27:30). 다윗은 헌금을 드릴 때 천지에 있는 것이 다 주의 것이며 "모든 것이 주께로 말미암았사오니 우리가 주의 손에서 받은 것으로 주께 드렸을 뿐이니이다"라고 말했다(대상 29:11, 14). 말라기서는 십일조를 드리지 않은 것을 하나님의 것을 도적질한 것이라고 말했고 "너희의 온전한 십일조를 창고에 들여 나의 집에 양식이 있게 하라"고 했고 그러면 물질의 복을 누리리라고 말했다(말 3:8-12). 십일조는 참 경건의 표가 된다. 고린도후서 8:9, "오직 너희는 믿음과 말과 지식과 모든 간절함과 우리를 사랑하는 이 모든 일에 풍성한 것같이 이 은혜에도 풍성하게 할지니라."

29장: 야곱의 하란 생활--결혼

〔1-6절〕야곱이 발행하여[떠나] 동방 사람의 땅에 이르러 본즉 들에 우물이 있고 그 곁에 양 세 떼가 누웠으니 이는 목자들이 그 우물에서 물을 양떼에게 먹임이라. 큰 돌로 우물 아구를 덮었다가 모든 떼가 모이면 그들이 우물 아구에서 돌을 옮기고 양에게 물을 먹이고는 여전히 우물 아구 그 자리에 돌을 덮더라. 야곱이 그들에게 이르되 나의 형제여, 어디로서뇨? 그들이 가로되 하란에서로라. 야곱이 그들에게 이르되 너희가 나홀의 손자 라반을 아느냐? 그들이 가로되 아노라. 야곱이 그들에게 이르되 그가 평안하냐? 가로되 평안하니라. 그 딸 라헬이 지금 양을 몰고 오느니라.

야곱은 고향을 떠나 외롭고 쓸쓸하게 먼 곳 동방 사람들의 땅 곧 하란 가까이에 왔다. 그는 한 우물 곁에서 목자들이 세 무리의 양떼를 누이고 물 먹일 때를 기다리는 것을 보았다. 그들은 하란에서 온 자들이었다. 야곱은 그들에게 나홀의 손자 라반의 안부를 물었다. 그들은 라반이 평안하다고 대답하며 그의 딸 라헬이 지금 양떼를 몰고 오고 있다고 말하였다. 야곱은 그의 아내가 될 라헬을 하란 부근의 들판 우물곁에서 이렇게 처음 만났다. 야곱의 결혼에 대한 하나님의 섭리는 이렇게 이루어지고 있었다. 하나님의 섭리는 항상 신비롭다.

〔7-14절〕야곱이 가로되 해가 아직 높은즉 짐승 모일 때가 아니니 양에게 물을 먹이고 가서 뜯기라. 그들이 가로되 우리가 그리하지 못하겠노라. 떼가 다 모이고 목자들이 우물 아구에서 돌을 옮겨야 우리가 양에게 물을 먹이느니라. 야곱이 그들과 말하는 중에 라헬이 그 아비의 양과 함께 오니 그가 그의 양들을 침이었더라. 야곱이 그 외삼촌 라반의 딸 라헬과 그 외삼촌의 양을 보고 나아가서 우물 아구에서 돌을 옮기고 외삼촌 라반의 양떼에게 물을 먹이고 그가 라헬에게 입맞추고 소리내어 울며 그에게 자기가 그의 아비의 생질(아키 אֲחִי)[친척]이요 리브가의 아들됨을 고하였더니 라헬이 달려가서 그 아비에게 고하매 라반이 그 생질[친척] 야곱의 소식을 듣고 달려와서 그를 영접하여 안고 입맞추고 자기 집으로 인도하여 들이니 야곱이 자기

의 모든 일을 라반에게 고하매 라반이 가로되 너는 참으로 나의 골육이로다 하였더라. 야곱이 한 달을 그와 함께 거하더니.

야곱이 목자들과 말하는 중 라헬이 양떼를 몰며 왔다. 야곱은 자기 외삼촌 라반의 딸 라헬과 그 양떼를 보자 나가서 우물 아구에서 돌을 옮기고 그 양떼에게 물을 먹였다. 야곱은 라헬에게 입맞추며 소리내어 울며 그에게 자기가 그의 아버지의 친척이며 리브가의 아들임을 말했다. 쓸쓸했던 긴 여행은 그의 가슴을 눈물로 가득케 했다. 라헬은 달려가서 라반에게 고했고 라반은 조카의 소식을 듣고 달려와서 그를 영접하여 안고 입맞추고 자기 집으로 인도하였다. 야곱은 자기의 모든 일을 라반에게 고하였고 한 달을 그와 함께 거하였다.

[15-20절] 라반이 야곱에게 이르되 네가 비록 나의 생질[친척]이나 어찌 공으로 내 일만 하겠느냐? 무엇이 네 보수(報酬)겠느냐? 내게 고하라. 라반이 두 딸이 있으니 형의 이름은 레아요 아우의 이름은 라헬이라. 레아는 안력(眼力)[시력]이 부족하고 라헬은 곱고 아리따우니 야곱이 라헬을 연애하므로 대답하되 내가 외삼촌의 작은 딸 라헬을 위하여 외삼촌에게 7년을 봉사하리이다. 라반이 가로되 그를 네게 주는 것이 타인에게 주는 것보다 나으니 나와 함께 있으라. 야곱이 라헬을 위하여 7년 동안 라반을 봉사하였으나 그를 연애하는 까닭에 7년을 수일같이 여겼더라.

라반이 야곱에게 무엇이 네 보수겠느냐고 물었을 때 야곱은 그의 딸 라헬을 사랑하므로 그를 아내로 주기를 요청하며 그러면 외삼촌에게 7년을 봉사하겠다고 약속하였다. 라반은 그 일을 허락하였다. 이렇게 야곱은 아내를 얻기 위해 7년 동안 수고로운 봉사를 시작했다. 그러나 야곱은 라헬을 위해 7년 동안 라반의 집에서 일했으나 그를 연애하는 까닭에 7년을 수일같이 여겼다. 사랑은 수고로운 긴 7년간을 수일같이 여기게 만들었다. "7년을 수일같이!"--이 말은 야곱의 사랑의 힘을 잘 증거한다. 사랑의 힘은 참으로 크다.

야곱의 결혼은 이렇게 준비되었다. 하나님께서는 각 사람을 위해 다양한 방법으로 섭리하신다. 그러나 모든 일이 하나님으로 말미암는다(롬 11:36). 야곱의 결혼은 라헬에 대한 참된 사랑으로 준비되고 있었다. 결혼은 사랑의 관계이다. 결혼의 중요한 조건은 사랑이다. 그 외의 다른 조건들은 부수적일 뿐이다. 다른 좋은 것들이 있어도 사랑이 없는 결혼은 삭막할 것이며 결코 행복하지 못할 것이다.

〔21-25절〕야곱이 라반에게 이르되 내 기한이 찼으니 내 아내를 내게 주소서. 내가 그에게 들어가겠나이다. 라반이 그 곳 사람을 다 모아 잔치하고 저녁에 그 딸 레아를 야곱에게로 데려가매 야곱이 그에게로 들어가니라. 라반이 또 그 여종 실바를 그 딸 레아에게 시녀로 주었더라. 야곱이 아침에 보니 레아라. 라반에게 이르되 외삼촌이 어찌하여 내게 이같이 행하셨나이까? 내가 라헬을 위하여 외삼촌께 봉사하지 아니하였나이까? 외삼촌이 나를 속이심은 어찜이니이까?

7년의 기한이 찼다. 야곱은 라반에게 아내를 주어 그에게 들어가게 하기를 요청하였다. 라반은 사람들을 다 모아 잔치를 열었고 저녁에 그 딸 레아를 그에게 데려다주었다. 야곱이 아침에 보니 레아이었다. 라반은 야곱을 속였다. 전에 아버지를 속였던 야곱은 이제 외삼촌에게 속임을 당하였다. 하나님께서는 그가 행한 대로 갚으셨다. 야곱은 자신의 과거의 잘못을 기억했을 것이다. 사람은 행한 대로 받는다.

〔26-30절〕라반이 가로되 형보다 아우를 먼저 주는 것은 우리 지방에서 하지 아니하는 바이라. 이를 위하여 7일을 채우라[이 주간을 채우라]. 우리가 그도 네게 주리니 네가 그를 위하여 또 7년을 내게 봉사할지니라. 야곱이 그대로 하여 그 7일을 채우매 라반이 딸 라헬도 그에게 아내로 주고 라반이 또 그 여종 빌하를 그 딸 라헬에게 주어 시녀가 되게 하매 야곱이 또한 라헬에게로 들어갔고 그가 레아보다 라헬을 더 사랑하고 다시 7년을 라반에게 봉사하였더라.

야곱은 레아를 위해 한 주간을 채웠고, 7일 후 라반은 그의 딸 라헬도 그의 아내로 주었다. 이렇게 하여 야곱은 원치 않게 두 아내, 그것도 형제인 두 아내와, 그들의 두 여종을 얻게 되었고 또 7년간의 수고로운 봉사를 더했다. 야곱은 그의 두 아내로 인해 심적 고통이 컸을 것이다. 일찍이 아브라함은 여종 하갈로 인해 그런 고통을 당했었다 (창 21:11). 또 야곱은 결혼을 위해 14년이라는 긴 세월을 수고로이 보냈다. 그것은 하나님께서 주신 혹독한 고난의 훈련이었다. 사람의 모든 상황은 하나님께서 주시는 것이다. 하나님께서는 그의 종들을 고난을 통해 단련시키신 후 쓰신다. 후에, 요셉도 그러하였고 모세도 그러하였으며 다윗도 그러하였다.

〔31-35절〕여호와께서 레아에게 총이 없음(세누아 שְׂנוּאָה)[미움 받음, 사랑받지 못함]을 보시고 그의 태를 여셨으나 라헬은 무자(無子)하였더라. 레아가 잉태하여 아들을 낳고 그 이름을 르우벤이라 하여 가로되 여호와께서 나의 괴로움을 권고하셨으니[돌아보셨으니] 이제는 내 남편이 나를 사랑하리로다 하였더라. 그가 다시 잉태하여 아들을 낳고 가로되 여호와께서 나의 총이 없음[미움 받음, 사랑받지 못함]을 들으셨으므로 내게 이도 주셨도다 하고 그 이름을 시므온이라 하였으며 그가 또 잉태하여 아들을 낳고 가로되 내가 그에게 세 아들을 낳았으니 내 남편이 지금부터 나와 연합하리로다 하고 그 이름을 레위라 하였으며 그가 또 잉태하여 아들을 낳고 가로되 내가 이제는 여호와를 찬송하리로다 하고 이로 인하여 그가 그 이름을 유다라 하였고 그의 생산이 멈추었더라.

섭리의 하나님, 언약의 하나님 여호와께서는 레아가 미움 받음을 보셨고 그를 돌아보셨다. 한 남자가 두 여자를 똑같이 사랑할 수는 없다. 하나를 더 사랑하면 다른 하나는 미움을 받는 것이 된다. 이것은 주께서 우리가 두 주인을 섬길 수 없다고 말씀하신 것과 같다(마 6:24). 야곱이 라헬을 더 사랑했고 레아가 아무 잘못이 없이 남편의 사랑을 받지 못했기 때문에, 하나님께서는 레아를 동정하셨다.

하나님께서는 그의 태를 여심으로 그를 사랑하셨다. 하나님께서는 레아를 통해 야곱에게 자녀들을 주셨다. 야곱의 자녀들은 먼저 레아를 통해 출산되었다. 출산은 하나님께 달려 있다. 성경은 하나님께서 레아의 태를 여셨다고 말한다(31절). 하나님께서는 여인의 태를 열기도 하시고 닫기도 하신다(창 20:17-18; 30:2, 22; 삼상 1:19).

레아는 남편 사랑을 받지 못했던 과정을 통해 경건의 훈련을 받았을 것이다. 사람은 고난 중에 인격 단련을 받는다. 레아는 첫아들을 낳고 이름을 르우벤이라 지으며 "여호와께서 나의 괴로움을 돌아보셨으니 이제는 내 남편이 나를 사랑하리로다"라고 말했고, 둘째 아들을 낳고 "여호와께서 내가 미움 받음을 들으셨으므로 내게 이도 주셨도다"라고 말하며 그 이름을 시므온이라 지었다. 그는 셋째 아들을 낳고 "내 남편이 지금부터 나와 연합하리로다"고 말하며 그 이름을 레위라 지었고, 넷째 아들을 낳고 "내가 이제는 여호와를 찬송하리로다"고 말하며 그 이름을 유다라고 지었다. 그가 지은 아들들의 이름을 보면 그가 하나님을 어떻게 사모하며 의지했는지 엿볼 수 있다.

본장의 교훈을 정리해보자. 첫째로, 야곱은 라헬을 위하여 7년 동안 라반을 섬겼으나 라헬을 사랑하는 까닭에 7년을 수일같이 여겼고 그 7년을 잘 참았다. 사랑은 수고로운 세월을 잘 견디게 한다. 오늘날 어떤 사람들은 미혼자의 순결성을 중요하게 여기지 않는다. 그렇지만 옛날부터 경건한 사람들은 미혼자의 순결성을 중요하게 여겼다. 참된 사랑은 상대의 순결성을 귀히 여기며 참고 기다려주는 것이다. 사랑은 오래 참는다(고전 13:4). 야곱은 라헬을 사랑했기 때문에 7년을 잘 참고 수고로운 시간들을 잘 견디었다. 남녀간의 사랑도 그렇지만, 하나님의 사랑은 더욱 그러하다. 하나님께서는 우리를 사랑하셔서 자기의 독생자를 십자가에 속죄제물로 내어주셨다(요 3:16; 롬 5:8). 우리가 하나님의 그 놀라운 사랑을 깨닫고 하나님과 주 예수 그리스도를 사랑하면, 우리는 그의 모든 계명을 즐거이 지킬 수 있고, 주 안에서 형제된 자들을 참으로 사랑할 수 있고, 또 하나님의 일들에 헌신하며 충성할 수 있다. 신명기 6:5, "너는 마음을 다하고 성품을 다하고 힘을 다하여 네 하나님 여호와를 사랑하라." 고린도후서 5:15, "저가 모든 사람을 대신하여 죽으심은 산 자들로 하여금 다시는 저희 자신을 위하여 살지 않고 오직 저희를 대신하여 죽었다가 다시 사신 자를 위하여 살게 하려 함이니라."

둘째로, 아버지를 속였던 야곱은 외삼촌 라반에게 속임을 당했고 14년 동안, 후에 6년을 더하면 20년 동안 혹독하게 수고로운 삶을 살았다. 그것은 그 자신의 부족에 대한 하나님의 징계나 훈련의 과정이었다고 보인다. 하나님께서는 공의의 하나님이시다. 사람에게는 하나님의 공의로운 보응이 있다. 갈라디아서 6:7-8, "스스로 속이지 말라. 하나님은 만홀히 여김을 받지 아니하시나니 사람이 무엇으로 심든지 그대로 거두리라. 자기의 육체를 위하여 심는 자는 육체로부터 썩어진 것[썩는 것]을 거두고 성령을 위하여 심는 자는 성령으로부터 영생을 거두리라." 마태복음 7:12, "그러므로 무엇이든지 남에게 대접을 받고자 하는 대로 너희도 남을 대접하라. 이것이 율법이요 선지자니라." 이것은 하나님께 대해서든지 사람에게 대해서든지 동일하다. 우리가 상대에게 좋은 것을 받기를 원한다면, 우리는 먼저 그에게 좋은 것을 주어야 한다.

셋째로, 하나님께서는 야곱에게 고난 중에서도 가정을 세우는 복을 주셨다. 하나님께서는 그의 섭리 가운데 야곱에게 두 명의 아내들과 여종들을 얻게 하셨고 그들에게서 이스라엘의 열두 지파가 될 자들이 태어나게 하셨다. 결혼이나 자녀 출산은 하나님의 섭리 가운데 이루어진다. 특히 자녀 출산은 하나님께서 하시는 일이다. 31절은 "여호와께서 레아에게 사랑받지 못함을 보시고 그의 태를 여셨으나 라헬은 자식이 없었다"고 말한다. 레아는 남편 사랑을 받지 못한 고난 중 믿음의 단련을 받았다고 보인다. 그는 자녀를 낳을 때마다 "여호와께서 나의 괴로움을 권고하셨다," "여호와께서 들으셨다," "내가 이제는 여호와를 찬송하리로다"는 믿음 있는 이름을 지었다. 육신의 가정 뿐만 아니라, 교회의 건립도 마찬가지이다. 사람의 구원과 양육과 참 교회의 건립은 오직 하나님의 은혜로 된다. 고린도전서 3:6-7, "나는 심었고 아볼로는 물을 주었으되 오직 하나님께서는 자라나게 하셨나니 그런즉 심는 이나 물 주는 이는 아무것도 아니로되 오직 자라나게 하시는 하나님뿐이니라."

30장: 야곱의 하란 생활--재산

〔1-2절〕**라헬이 자기가 야곱에게 아들[자식]을 낳지 못함을 보고 그 형을 투기하여 야곱에게 이르되 나로 자식을 낳게 하라. 그렇지 아니하면 내가 죽겠노라. 야곱이 라헬에게 노를 발하여 가로되 그대로 성태(成胎)치[임신 치] 못하게 하시는 이는 하나님이시니 내가 하나님을 대신하겠느냐?**

전장에서 우리는 레아가 네 명의 아들들, 즉 르우벤, 시므온, 레위, 유다를 낳은 것을 읽었다. 그러나 라헬은 자식을 낳지 못했다. 그는 자기가 야곱에게 자식을 낳지 못함을 보고 그 언니를 질투하여 야곱에게 말했다. "나로 자식을 낳게 하라. 그렇지 아니하면 내가 죽겠노라." 그러나 불임(不妊)은 하나님께서 하시는 일이다. 출산은 사람의 의지대로 되는 일이 아니고 하나님의 허락하심과 복 주심으로 된다.

〔3-5절〕**라헬이 가로되 나의 여종 빌하에게로 들어가라. 그가 아들을 낳 아 내 무릎에 두리니 그러면 나도 그를 인하여 자식을 얻겠노라 하고 그 시 녀 빌하를 남편에게 첩으로 주매 야곱이 그에게로 들어갔더니 빌하가 잉태 하여 야곱에게 아들을 낳은지라.**

라헬은 남편에게 자신의 여종 빌하를 첩으로 주었다. 야곱은 이와 같이 자의가 아니고 타의로 첩을 얻게 되었다. 레아와 라헬에 이어 빌하까지 그의 아내가 되었고 그에게 아들을 낳았다.

〔6-8절〕**라헬이 가로되 하나님이[께서] 내 억울함을 푸시려고 내 소리를 들으사 내게 아들을 주셨다 하고 이로 인하여 그 이름을 단이라 하였으며 라 헬의 시녀 빌하가 다시 잉태하여 둘째 아들을 야곱에게 낳으매 라헬이 가로 되 내가 형과 크게 경쟁하여 이기었다 하고 그 이름을 납달리라 하였더라.**

'억울함을 푼다'고 번역된 원어(딘 ןיד)는 '사정을 들어준다'는 뜻이다(BDB). 라헬은 하나님께서 그의 사정을 들어주셨고 그의 소리를 들어주셨다고 말했다. 그는 자녀를 위해 하나님께 기도했고 응답을 얻었다. 빌하가 또 둘째 아들을 낳자, 라헬은 "내가 형과 크게 경쟁하여 이겼다"고 말했다. 라헬이 지은 아들들의 이름에서 우리는 그에게 언니 레아에 대한 경쟁심과 질투심이 많았음을 볼 수 있다.

〔9-13절〕 레아가 자기의 생산[출산]이 멈춤을 보고 그 시녀 실바를 취하여 야곱에게 주어 첩을 삼게 하였더니 레아의 시녀 실바가 야곱에게 아들을 낳으매 레아가 가로되 복되도다[36] 하고 그 이름을 갓이라 하였으며 레아의 시녀 실바가 둘째 아들을 야곱에게 낳으매 레아가 가로되 기쁘도다, 모든 딸들이 나를 기쁜 자라 하리로다 하고 그 이름을 아셀이라 하였더라.

레아도 자기의 출산이 멈춤을 보고 자기의 여종 실바를 야곱에게 첩으로 주었다. 레아도 동생 라헬처럼 경쟁심이 없지 않았다. 이렇게 하여 야곱은 자기의 뜻과 상관없이 레아의 여종 실바를 네 번째 아내로 얻었다. 실바는 야곱에게 두 아들을 낳아주었다.

〔14-16절〕 맥추[보리 추수] 때에 르우벤이 나가서 들에서 합환채(두다임 דּוּדָאִים)(mandrakes)를 얻어 어미 레아에게 드렸더니 라헬이 레아에게 이르되 형의 아들의 합환채를 청구하노라. 레아가 그에게 이르되 네가 내 남편을 빼앗은 것이 작은 일이냐? 그런데 네가 내 아들의 합환채도 빼앗고자 하느냐? 라헬이 가로되 그러면 형의 아들의 합환채 대신에 오늘 밤에 내 남편이 형과 동침하리라 하니라. 저물 때에 야곱이 들에서 돌아오매 레아가 나와서 그를 영접하며 이르되 내게로 들어오라. 내가 내 아들의 합환채로 당신을 샀노라. 그 밤에 야곱이 그와 동침하였더라.

합환채는 최음적(催淫的) 성분이 있다고 알려진 풀이었다(NBD).

〔17-21절〕 하나님이[께서] 레아를 들으셨으므로 그가 잉태하여 다섯째 아들을 야곱에게 낳은지라. 레아가 가로되 내가 내 시녀를 남편에게 주었으므로 하나님이[께서] 내게 그 값을 주셨다 하고 그 이름을 잇사갈이라 하였으며 레아가 다시 잉태하여 여섯째 아들을 야곱에게 낳은지라. 레아가 가로되 하나님이[께서] 내게 후한 선물을 주시도다. 내가 남편에게 여섯 아들을 낳았으니 이제는 그가 나와 함께 거하리라 하고 그 이름을 스불론이라 하였

---

36) 원문에는 베가드 בְּגָד (by good fortune)[행운이로다]라고 쓰여져 있으나(케팁, LXX, Vg, NASB, NIV), 바 가드 בָּא גָד (Good fortune has come)[행운이 왔도다]로 읽으라고 제안되어 있다(케레, Syr, Targ, KJV).

으며 그 후에 그가 딸을 낳고 그 이름을 디나라 하였더라.

하나님께서 레아를 들으셨다는 표현은 레아가 남편의 사랑을 사모하면서 하나님께 기도하는 믿음의 훈련을 받았음을 보인다.

〔22-24절〕 하나님이[께서] 라헬을 생각하신지라. 하나님이[께서] 그를 들으시고 그 태를 여신 고로 그가 잉태하여 아들을 낳고 가로되 하나님이[께서] 나의 부끄러움을 씻으셨다 하고 그 이름을 요셉이라 하니 여호와는[께서는] 다시 다른 아들을 내게 더하시기를 원하노라 함이었더라.

때가 되어, 하나님께서는 라헬을 생각하셨다. '생각한다'는 원어(자카르 זָכַר)는 '기억한다'는 뜻으로 하나님께서 그를 잊어버리지 않으시고 그의 정하신 때에 그에게 은혜를 베푸심을 나타낸다. 창세기 8:1에 하나님께서 "노아와 그와 함께 방주에 있는 모든 들짐승과 육축을 권념하사 바람으로 땅위에 불게 하시매 물이 감하였다"는 말씀에서 '권념하다'는 말이 이 단어이며, 또 사무엘상 1:19에 사무엘의 어머니 한나가 하나님께 아들을 하나 주시기를 간절히 구하였을 때 "엘가나가 그 아내 한나와 동침하매 여호와께서 그를 생각하신지라"라고 한 구절에서 '생각한다'는 말도 같은 단어이다.

하나님께서는 라헬을 생각하셨고 그를 들으셨고 그의 태를 여셨다. 자녀 출산은 사람의 의지에 달려 있지 않고 하나님의 섭리의 손길에 달려 있다. 하나님께서 허락하셔야 자녀를 얻을 수 있고 하나님께서 허락하시면 얻을 수 있다. 특히 하나님께서 라헬을 들으셨다는 표현은 라헬이 자녀 문제로 인해 하나님께 기도했음을 나타낸다. 사람은 부족한 것이 있을 때 하나님께 기도하는 것 같다. 하나님께서는 라헬을 이렇게 훈련시키셨다. 라헬은 아들을 낳고 "하나님께서 나의 부끄러움을 씻으셨다"고 말하며 여호와께서 다시 그에게 다른 아들을 더하시기를 원한다는 뜻에서 그 이름을 요셉이라고 지었다.

이와 같이, 야곱은 아내를 얻기 위해 7년간 봉사했고 레아와 라헬을 아내로 얻은 후 또 7년간 봉사하는 동안 자녀를 열한 명이나 얻게 되었다. 그것은 레아와 라헬의 경쟁 속에서, 또 그들의 두 여종들까지 아내로 얻음으로써 이루어졌다. 하나님의 섭리는 이상하게 이루어졌다. 야곱은 7년 동안 열한 명이나 되는 자녀들을 얻었다. 하나님께서는 야곱에게 다산(多産)의 복을 주셨다.

〔25-30절〕 라헬이 요셉을 낳은 때에 야곱이 라반에게 이르되 나를 보내어 내 고향 내 본토로 가게 하시되 내가 외삼촌에게서 일하고 얻은 처자를 내게 주어 나로 가게 하소서. 내가 외삼촌께 한 일은 외삼촌이 아시나이다. 라반이 그에게 이르되 여호와께서 너로 인하여 내게 복 주신 줄을 내가 깨달았노니 네가 나를 사랑스럽게 여기거든 유하라. 또 가로되 네 품삯을 정하라. 내가 그것을 주리라. 야곱이 그에게 이르되 내가 어떻게 외삼촌을 섬겼는지, 어떻게 외삼촌의 짐승을 쳤는지 외삼촌이 아시나이다. 내가 오기 전에는 외삼촌의 소유가 적더니 번성하여 떼를 이루었나이다. 나의 공력을 따라 여호와께서 외삼촌에게 복을 주셨나이다. 그러나 나는 어느 때에나 내 집을 세우리이까.

라헬이 요셉을 낳은 때에 야곱은 외삼촌 라반에게 자신의 가족들이 외삼촌 곁을 떠나 고향으로 돌아가겠다고 말한다. 그때 그는 아무 재산도 없는 상태이었다. 그때 라반은 "여호와께서 너로 인해 내게 복 주신 줄을 내가 깨달았노니 네가 나를 사랑스럽게 여기거든 유하라"고 말했다. '내가 깨달았노니'라는 원어(니카쉬티, נִחַשְׁתִּי)는 '내가 점술로 알았다'는 뜻이다. 이것은 라반의 미신적 행위를 보이는 것 같다. 하나님께서는 야곱 때문에, 그를 보시고 라반에게 복을 주셨다.

〔31-33절〕 라반이 가로되 내가 무엇으로 네게 주랴? 야곱이 가로되 외삼촌께서 아무것도 내게 주실 것이 아니라. 나를 위하여 이 일을 행하시면 내가 다시 외삼촌의 양떼를 먹이고 지키리이다. 오늘 내가 외삼촌의 양떼로 두루 다니며 그 양 중에 아롱진 자와 점 있는 자와 검은 자를 가리어내며 염소 중에 점 있는 자와 아롱진 자를 가리어내리니 이 같은 것이 나면 나의 삯이 되리이다. 후일에 외삼촌께서 오셔서 내 품삯을 조사하실 때에 나의 의가 나의 표징이 되리이다. 내게 혹시 염소 중 아롱지지 아니한 자나 점이 없는 자나 양 중 검지 아니한 자가 있거든 다 도적질한 것으로 인정하소서.

야곱은 라반에게 자신의 품삯으로 양떼나 염소떼 중에서 아롱진 것이나 점 있는 것이나 검은 것을 주기를 요청했다. 그러면 후에 외삼촌이 양떼나 염소떼를 살필 때 재산의 구별이 분명할 것이며 다른 것들은 도적질한 것으로 인정할 수 있을 것이라고 말했다.

〔34-36절〕 라반이 가로되 내가 네 말대로 하리라 하고 그 날에 그가(라반이) 숫염소 중 얼룩무늬 있는 자와 점 있는 자를 가리고 암염소 중 흰 바탕에 아롱진 자와 점 있는 자를 가리고 양 중의 검은 자들을 가려 자기 아들들의 손에 붙이고 자기와 야곱의 사이를 사흘길이 뜨게 하였고 야곱은 라반의 남은 양떼를 치니라.

라반은 야곱의 요청을 허락하였다. 그는 이전의 품삯에 대해서는 침묵했다. 그는 물질적 이익에 관해서는 너그럽지 못하였다.

〔37-39절〕 야곱이 버드나무(리브네 לִבְנֶה)[미루나무(poplar), 때죽나무(storax-tree)]와 살구나무(루즈 לוּז)[편도나무](almond tree)와 신풍나무(아르몬 עַרְמוֹן)[플라타너스](plane tree)의 푸른 가지를 취하여 그것들의 껍질을 벗겨 흰 무늬를 내고 그 껍질 벗긴 가지를 양떼가 와서 먹는 개천의 물구유에 세워 양떼에 향하게 하매 그 때가 물을 먹으러 올 때에 새끼를 배니 가지 앞에서 새끼를 배므로 얼룩얼룩한 것과 점이 있고 아롱진 것을 낳은지라.

야곱이 미루나무, 편도나무, 플라타너스의 껍질 벗긴 가지를 양떼가 와서 먹는 개천의 물구유에 세워 양떼를 향하게 하였고 양떼들이 물을 먹으러 올 때 가지 앞에서 새끼를 배므로 얼룩얼룩한 것과 점이 있고 아롱진 것을 낳았다는 말씀은 신기한 일이지만, 야곱의 간절한 소원과 하나님의 응답과 복 주심을 나타낼 것이다.

〔40-43절〕 야곱이 새끼 양을 구분하고 그 얼룩무늬와 검은 빛 있는 것으로 라반의 양과 서로 대하게 하며 자기 양을 따로 두어 라반의 양과 섞이지 않게 하며 실한[더 건강한] 양이 새끼 밸 때에는 야곱이 개천에다가 양떼의 눈 앞에 그 가지를 두어 양으로 그 가지 곁에서 새끼를 배게 하고 약한 양이면 그 가지를 두지 아니하니 이러므로 약한 자는 라반의 것이 되고 실한[더 건강한] 자는 야곱의 것이 된지라. 이에 그 사람이 심히 풍부하여 양

떼와 노비와 약대와 나귀가 많았더라.

41절의 '개천'이라는 원어는 38절의 '물구유'라는 말과 같다(레하팀 רְהָטִים)(troughs). 야곱이 많은 재산을 얻게 된 것은 하나님의 섭리 가운데, 그것도, 신기하게 이루어졌다.

본장의 교훈을 정리해보자. 첫째로, 하나님께서는 야곱의 하란 생활, 특히 그의 결혼과 자녀들의 출산을 섭리하셨다. 사람의 결혼과 자녀 출산은 전적으로 하나님께 달렸다. 임신도 하나님께 달려 있다. 우리는 이 세상의 모든 일들이 주권적 섭리자 하나님께 달려 있음을 알아야 한다.

둘째로, 하나님께서는 라헬을 생각하시고 그의 기도에 응답하심으로 그의 태를 여셨다. 22절, "하나님께서 라헬을 생각하신지라. 하나님께서 그를 들으시고 그 태를 여신 고로." 라헬은 하나님께 자녀를 구함으로써 믿음의 성장을 가졌을 것이다. 6절, "하나님께서 내 억울함을 푸시려고 내 소리를 들으사 내게 아들을 주셨다." 22절, "하나님께서 그를 들으시고." 레아는 믿음이 더 있었다고 보인다. 17절, "하나님께서 레아를 들으셨으므로." 18절, "하나님께서 내게 그 값을 주셨다." 20절, "하나님께서 내게 후한 선물을 주시도다." 기도는 성도들의 특권이다.

셋째로, 사람은 하나님께서 복을 주셔야 복을 얻는다. 27절, "라반이 그에게 이르되 여호와께서 너로 인하여 내게 복 주신 줄을 내가 깨달았노니." 30절, "나의 공력을 따라 여호와께서 외삼촌에게 복을 주셨나이다." 하나님께서는 야곱의 소원을 따라 그의 양들과 염소들이 많게 하셨다. 하나님께서는 우리에게 죄사함과 새 생명을 주시고 내세의 복, 즉 천국과 영생을 약속하시고 보장하실 뿐 아니라, 광야 같은 이 세상의 삶도 섭리하신다. 그는 먼저 하나님의 나라와 그의 의를 구하는 자들에게 의식주의 필요를 채워주신다(마 6:33). 경건한 삶은 현세와 내세에 약속이 있는 복된 삶이다(딤전 4:8). 그러므로 우리는 오직 하나님 중심으로 경건하게 성경 읽고 기도하며 의롭고 선하게만 살아야 한다.

31장: 야곱이 고향으로 돌아감

본장은 야곱이 자기 고향으로 돌아가게 된 일을 자세히 기록한다.

〔1-3절〕 야곱이 들은즉 라반의 아들들의 말이 야곱이 우리 아버지의 소유를 다 빼앗고 우리 아버지의 소유로 인하여 이같이 거부(巨富)가 되었다 하는지라. 야곱이 라반의 안색[얼굴빛]을 본즉 자기에게 대하여 전과 같지 아니하더라. 여호와께서 야곱에게 이르시되 네 조상의 땅, 네 족속에게로 돌아가라. 내가 너와 함께 있으리라 하신지라.

야곱은 라반의 아들들이 자기가 그들의 아버지의 소유를 다 빼앗고 그들의 아버지의 소유로 인해 많은 재산을 얻게 되었다는 불평을 들었다. 똑같은 사건도 어떻게 보느냐에 따라 해석이 달라지는 경우가 많다. 야곱이 라반 때문에 많은 재산을 얻게 된 것은 사실이지만, 그가 라반의 소유를 빼앗았다는 것은 바른 말이 아니다. 그는 외삼촌과의 정당한 약속 아래서 재산을 얻었다. 그러나 그의 재산이 많아지자 라반의 아들들은 불평했고 라반의 얼굴빛도 이전과 같지 않았다.

그때 하나님께서는 야곱에게 "네 조상의 땅으로 돌아가라. 내가 너와 함께 있으리라"고 말씀하셨다. 이제 야곱이 하란을 떠나야 할 때가 되었다. 야곱을 향하신 하나님의 섭리와 인도하심은 그의 현실을 이렇게 만드시면서 자연스럽게 이루어졌다.

〔4-9절〕 야곱이 보내어 라헬과 레아를 자기 양떼 있는 들로 불러다가 그들에게 이르되 내가 그대들의 아버지의 안색을 본즉 내게 대하여 전과 같지 아니하도다. 그러할지라도 내 아버지의 하나님께서 나와 함께 계셨느니라. 그대들도 알거니와 내가 힘을 다하여 그대들의 아버지를 섬겼거늘 그대들의 아버지가 나를 속여 품삯을 열 번이나 변역[변경]하였느니라. 그러나 하나님이[께서] 그를 금하사 나를 해치 못하게 하셨으며 그가 이르기를 점 있는 것이 네 삯이 되리라 하면 온 양떼의 낳은 것이 점 있는 것이요 또 얼룩무늬 있는 것이 네 삯이 되리라 하면 온 양떼의 낳은 것이 얼룩무늬 있는 것이니 하나님께서 이같이 그대들의 아버지의 짐승을 빼앗아 내게 주셨느니라.

야곱은 먼저 자기 아내들을 그가 양떼를 치는 들로 불러 그들에게 그 상황을 말해주었다. 지금부터 3,900여년 전인 옛날에 야곱은 아내들을 인격적으로 대했다. 야곱은 아내들에게 장인의 얼굴빛이 전과 같지 않고 자신이 힘을 다해 그를 섬겼지만 그가 자신을 속여 품삯을 열 번이나 변경했으나 하나님께서 그를 금하셔서 자기를 해치지 못하게 하셨고 그의 짐승을 빼앗아 자기에게 주셨다고 말했다.

〔10-13절〕그 양떼가 새끼 밸 때에 내가 꿈에 눈을 들어 보니 양떼를 탄 숫양은 다 얼룩무늬 있는 것, 점 있는 것, 아롱진 것이었더라. 꿈에 하나님의 사자가 내게 말씀하시기를 야곱아 하기로 내가 대답하기를 여기 있나이다 하매 가라사대 네 눈을 들어 보라. 양떼를 탄 숫양은 다 얼룩무늬 있는 것, 점 있는 것, 아롱진 것이니라. 라반이 네게 행한 모든 것을 내가 보았노라. 나는 벧엘 하나님이라. 네가 거기서 기둥에 기름을 붓고 거기서 내게 서원하였으니 지금 일어나 이 곳을 떠나서 네 출생지로 돌아가라 하셨느니라.

야곱은 아내들에게 그가 꿈에 받은 계시를 말하였고 꿈에 들은 하나님의 사자의 음성에 대해 말했다. 하나님의 사자는 천사의 모습으로 나타나신 하나님이셨다. 그는 야곱에게 벧엘에서 그가 한 서원을 기억나게 하셨다. 야곱은 쓸쓸히 집을 떠나올 때 벧엘에서 서원하기를, 하나님께서 그와 함께 계셔서 그를 지켜주시고 양식과 옷을 주시고 평안히 돌아오게 하시면 하나님을 자기의 하나님으로 삼고 그가 세운 돌기둥으로 하나님의 전이 되게 하고 소득의 십일조를 하나님께 드리겠다고 서원하였었다. 이제 하나님께서는 그에게 고향으로 돌아가 그 서원을 지키라고 말씀하시는 것이다.

〔14-16절〕라헬과 레아가 그에게 대답하여 가로되 우리가 우리 아버지 집에서 무슨 분깃이나 유업이나 있으리요. 아버지가 우리를 팔고 우리의 돈을 다 먹었으니 아버지가 우리를 외인으로 여기는 것이 아닌가. 하나님이 [하나님께서] **우리 아버지에게서 취하신 재물은 우리와 우리 자식의 것이니 이제 하나님이**[하나님께서] **당신에게 이르신 일을 다 준행하라.**

라헬과 레아는 남편의 말을 듣고 하나님께서 그들의 아버지에게서

재물을 취하여 그들과 그들의 자식들의 소유로 주신 것을 인정하고
하나님께서 그에게 말씀하신 바를 다 행하라고 말했다. 그들에게는
믿음이 있었다. 하나님께서는 이렇게 야곱이 아내들의 동의를 얻음
으로써 그 가족들이 하란을 떠날 수 있도록 여건을 준비해주셨다.

〔17-20절〕 야곱이 일어나 자식들과 아내들을 약대들에게 태우고 그 얻
은 바 모든 짐승과 모든 소유물 곧 그가 밧단아람에서 얻은 짐승을 이끌고
가나안 땅에 있는 그 아비 이삭에게로 가려할새 때에 라반이 양털을 깎으러
갔으므로 라헬은 그 아비의 드라빔[가정 우상]을 도적질하고 야곱은 그 거취
를 아람 사람 라반에게 고하지 않고 가만히 떠났더라.

야곱은 곧 행동하였다. 라반이 양털을 깎으러 간 사이, 그는 자식
들과 아내들을 약대들에 태우고 그 얻은 모든 짐승과 모든 소유물을
이끌고 가나안 땅 아비의 집으로 떠났다. 라헬은 아버지의 드라빔을
도적질하였다. 드라빔은 가정 수호신 같은 '가정 우상'이었다. 그것은
당시에 그 지역에서 매우 중요하게 여겨졌던 것으로서 부패된 종교
의 산물이었다. 라헬은 경건과 도덕성이 부족했다. 야곱이 라반에게
아무 말을 하지 않고 떠난 것은 그가 뒤에 라반에게 말한 바와 같이
라반이 그의 떠나는 것을 허락하지 않고 그의 아내들과 자식들과 그
의 재산을 빼앗을까 두려워했기 때문이었다.

〔21-24절〕 그가 그 모든 소유를 이끌고 강을 건너 길르앗 산을 향하여
도망한 지 3일 만에 야곱의 도망한 것이 라반에게 들린지라. 라반이 그 형
제(에카우 אֶחָיו)[그의 친척들]를 거느리고 7일 길을 쫓아가 길르앗 산에서
그에게 미쳤더니 밤에 하나님이[하나님께서] 아람 사람 라반에게 현몽하여
[꿈에 나타나] 가라사대 너는 삼가 야곱에게 선악간 말하지 말라 하셨더라.

야곱이 도망한 지 3일 만에 그 사실이 라반에게 알려졌고 라반은
그의 친척들을 거느리고 7일 길을 쫓아와 길르앗 산에서 그에게 미쳤
으나 그 밤에 꿈에 하나님께서는 라반에게 "너는 야곱에게 선악간 말
하지 말라"고 말씀하셨다. 그는 야곱을 해치려는 라반의 생각을 미리

아시고 그 위험을 막아주셨던 것이다.

〔25-30절〕 라반이 야곱을 쫓아 미치니 야곱이 산에 장막을 쳤는지라. 라반이 그 형제로 더불어 길르앗 산에 장막을 치고 라반이 야곱에게 이르되 네가 내게 알리지 아니하고 가만히 내 딸들을 칼로 잡은 자같이 끌고 갔으니 어찌 이같이 하였느냐? 내가 즐거움과 노래와 북과 수금으로 너를 보내겠거늘 어찌하여 네가 나를 속이고 가만히 도망하고 내게 고하지 아니하였으며 나로 내 손자들과 딸들에게 입맞추지 못하게 하였느냐? 네 소위가 실로 어리석도다. 너를 해할 만한 능력이 내 손에 있으나 너희 아버지의 하나님이[하나님께서] 어젯밤에 내게 말씀하시기를 너는 삼가 야곱에게 선악간 말하지 말라 하셨느니라. 이제 네가 네 아비 집을 사모하여 돌아가려는 것은 가하거니와 어찌 내 신을 도적질하였느냐?

라반은 야곱에게 왜 자기의 딸들을 칼로 잡은 자같이 가만히 끌고 갔느냐고 말하며 또 왜 자기의 신을 도적질하였느냐고 했다. 라반은 하란의 우상숭배적 풍습대로 드라빔 즉 가정 우상들을 매우 중요하게 여기며 섬겼던 것이 분명하다.

〔31-35절〕 야곱이 라반에게 대답하여 가로되 내가 말하기를(아마르티 אָמַרְתִּי)[내가 생각하기를](BDB, NIV) 외삼촌이 외삼촌의 딸들을 내게서 억지로 빼앗으리라 하여 두려워하였음이니이다. 외삼촌의 신은 뉘게서 찾든지 그는 살지 못할 것이요 우리 형제들[친족들] 앞에서 무엇이든지 외삼촌의 것이 발견되거든 외삼촌에게로 취하소서 하니 야곱은 라헬이 그것을 도적질한 줄을 알지 못함이었더라. 라반이 야곱의 장막에 들어가고 레아의 장막에 들어가고 두 여종의 장막에 들어갔으나 찾지 못하고 레아의 장막에서 나와 라헬의 장막에 들어가매 라헬이 그 드라빔을 가져 약대 안장 아래 넣고 그 위에 앉은지라. 라반이 그 장막에서 찾다가 얻지 못하매 라헬이 그 아비에게 이르되 마침 경수가 나므로 일어나서 영접할 수 없사오니 내 주는 노하지 마소서 하니라. 라반이 그 드라빔을 두루 찾다가 얻지 못한지라.

〔36-40절〕 야곱이 노하여 라반을 책망할새 야곱이 라반에게 대척[대답]하여 가로되 나의 허물이 무엇이니이까? 무슨 죄가 있기에 외삼촌께서 나를 불같이 급히 쫓나이까? 외삼촌께서 내 물건을 다 뒤져 보셨으니 외삼촌의

가장집물 중에 무엇을 찾았나이까? 여기 나의 형제[친족들]와 외삼촌의 형제 [친족들] 앞에 그것을 두고 우리 두 사이에 판단하게 하소서. 내가 이 20년에 외삼촌과 함께하였거니와 외삼촌의 암양들이나 암염소들이 낙태하지 아니 하였고 또 외삼촌의 양떼의 숫양을 내가 먹지 아니하였으며 물려 찢긴 것은 내가 외삼촌에게로 가져가지 아니하고 스스로 그것을 보충하였으며 낮에 도 적을 맞았든지 밤에 도적을 맞았든지 내가 외삼촌에게 물어내었으며(테바크 쉔나 תְּבַקְשֶׁנָּה)[외삼촌이 내게 물어내게 하셨으며] 내가 이와 같이 낮에는 더위를 무릅쓰고 밤에는 추위를 당하며 눈붙일 겨를도 없이 지내었나이다.

야곱은 20년 동안 충성되이 일했다. 성경은 나태를 정죄하고 근면 을 장려한다(잠 6:6; 10:4-5, 26; 12:24, 27; 21:5; 27:23; 31:10, 13, 15, 27). 또 성경은 종들에게 눈가림만 하지말고 정직하고 충성되게 단 마음으로 일하라고 말한다(엡 6:5-8). 우리는 진실하게 살아야 한다.

[41-42절] 내가 외삼촌의 집에 거한 이 20년에 외삼촌의 두 딸을 위하여 14년, 외삼촌의 양떼를 위하여 6년을 외삼촌을 봉사하였거니와 외삼촌께서 내 품값을 열 번이나 변역[변경]하셨으니 우리 아버지의 하나님, 아브라함의 하나님 곧 이삭의 경외하는 이가[께서] 나와 함께 계시지 아니하셨더면 외삼 촌께서 이제 나를 공수로[빈손으로] 돌려보내셨으리이다 마는 하나님께서 나 의 고난과 내 손의 수고를 감찰하시고 어젯밤에 외삼촌을 책망하셨나이다.

야곱은 하란에서의 20년을, 두 아내를 위해 14년, 양떼를 위해 6년 외삼촌을 섬긴 세월이라고 요약한다. 또 그는 외삼촌이 그의 품삯을 열 번이나 변경하였으나 하나님께서 그의 고난과 그의 손의 수고를 감찰하시고 그 전날밤에 외삼촌을 책망하셨다고 말했다. 하나님께서 는 자기 자녀들을 감찰하시고 눈동자같이 보호하신다.

[43-50절] 라반이 야곱에게 대답하여 가로되 딸들은 내 딸이요 자식들 은 내 자식이요 양떼는 나의 양떼요 네가 보는 것은 다 내 것이라. 내가 오 늘날 내 딸들과 그 낳은 자식에게 어찌할 수 있으랴. 이제 오라. 너와 내 가 언약을 세워 그것으로 너와 나 사이에 증거를 삼을 것이니라. 이에 야곱 이 돌을 가져 기둥으로 세우고 또 그 형제들[친척들]에게 돌을 모으라 하니 그들이 돌을 취하여 무더기를 이루매 무리가 거기 무더기 곁에서 먹고 라반

은 그것을 여갈사하두다라 칭하였고 야곱은 그것을 갈르엣이라 칭하였으니 라반의 말에 오늘날 이 무더기가 너와 나 사이에 증거가 된다 하였으므로 그 이름을 갈르엣이라 칭하였으며 또 미스바라 하였으니 이는 그의 말에 우리 피차 떠나 있을 때에 여호와께서 너와 나 사이에 감찰하옵소서 함이라. 네가 내 딸을 박대하거나 내 딸들 외에 다른 아내들을 취하면 사람은 우리와 함께 할 자가 없어도 보라 하나님께서 너와 나 사이에 증거하시느니라 하였더라.

라반은 야곱에게 자기와 언약을 맺기를 요청하였다. 이에 야곱은 돌을 가져 기둥을 세우고 언약을 맺었다. 또 그는 돌들을 가져 무더기를 만들고 그 곁에서(NASB, NIV) 함께 식사하였다. 갈르엣은 '증거의 무더기'라는 뜻이다. 또 그것을 미스바(미츠파 מִצְפָּה)라고 불렀는데, 그것은 '망대, 망루'라는 뜻이다.

〔51-55절〕 라반이 또 야곱에게 이르되 내가 너와 나 사이에 둔 이 무더기를 보라. 또 이 기둥을 보라. 이 무더기가 증거가 되고 이 기둥이 증거가 되나니 내가 이 무더기를 넘어 네게로 가서 해하지 않을 것이요 네가 이 무더기, 이 기둥을 넘어 내게로 와서 해하지 않을 것이라. 아브라함의 하나님, 나홀의 하나님, 그들의 조상의 하나님께서 우리 사이에 판단하옵소서 하매 야곱이 그 아비 이삭의 경외하는 이를 가리켜 맹세하고 야곱이 또 산에서 제사를 드리고 형제들[친척들]을 불러 떡을 먹이니 그들이 떡을 먹고 산에서 경야(經夜)하고[밤을 새우고] 라반이 아침에 일찍이 일어나 손자들과 딸들에게 입맞추며 그들에게 축복하고 떠나 고향으로 돌아갔더라.

그들은 이 무더기와 기둥을 증거로 삼아 서로 이 경계를 넘어 상대에게 해를 끼치지 않기로 하자고 말했고, 야곱은 그 아버지 이삭의 경외하는 이를 가리켜 맹세했다. 모든 일이 선하게 이루어졌다.

본장의 교훈을 정리해보자. 첫째로, 야곱은 20년간 라반에게 충성하였다. 야곱은 라반에게 손해가 되지 않게 양치는 일에 충실했다(38-39절). 그는 낮에는 더위를 무릅쓰고 밤에는 추위를 당하며 눈붙일 겨를도 없이 지냈다고 고백하였다(40절). 우리는 무슨 일을 맡았든지, 세상 일이나 교회 일이나, 맡은 일에 충성해야 한다. 성경은 종들이 주인에게

창세기 31장: 야곱이 고향으로 돌아감

그리스도께 하듯이 성심으로, 단 마음으로 순종해야 하고 눈가림만 하지 말아야 한다고 교훈하였고(엡 6:5-8), 또 "맡은 자들에게 필요한 것은 충성이라"고 말했다(고전 4:2). 우리는 각자 맡은 일에 충성해야 한다.

둘째로, 하나님께서는 야곱이 고향으로 돌아가도록 섭리하셨다. 그는 꿈에 나타나 그 일을 지시하셨다(3, 11-13절). 라반의 아들들의 불평이나 라반의 얼굴빛이 이전 같지 않은 것 등도 그가 고향으로 돌아가는 일을 재촉하였다. 아내들의 동의도 그 일을 순조롭게 진행케 했다(4-16절). 하나님께서는 우리의 삶의 모든 일을 섭리하신다. 하나님을 사랑하는 자, 곧 그 뜻대로 부르심을 받은 자들에게는 모든 일이 합력하여 선을 이룬다(롬 8:28). 그것은 우리의 성화를 가리킨다. 하나님께서는 우리의 선한 목자가 되셔서 우리를 의의 길로 인도하신다(시 23:3). 우리는 하나님의 섭리를 믿고 늘 성경 읽고 기도하기를 힘쓰며 살아야 한다.

셋째로, 하나님께서는 야곱과 늘 함께하셨고 또 앞으로 늘 함께하실 것이다. 그는 야곱에게 고향 땅으로 돌아가라고 하시면서 "내가 너와 함께 있으리라"고 말씀하셨다(3절). 그것은 하나님의 백성에게 든든한 약속의 말씀이다. 야곱은 아내들에게 "내가 그대들의 아버지의 얼굴빛을 본즉 내게 대해 전과 같지 아니하도다. 그러할지라도 내 아버지의 하나님께서는 나와 함께 계셨느니라"고 증거했고(5절) 또 하나님께서 그대들의 아버지의 짐승을 빼앗아 내게 주셨다고 말했다(9절). 하나님께서는 라반이 야곱을 속여 품삯을 열 번이나 변경했으나 그를 금하여 야곱을 해치 못하게 하셨고(7절), 밤에 라반에게 꿈에 나타나셔서 야곱에게 선악간 말하지 말라고 하셨다(24절). 야곱은 라반에게 하나님께서 나와 함께 계시지 않으셨더면 외삼촌이 나를 빈손으로 돌려보내셨으리이다라고 말했다(42절). 하나님께서는 우리가 사망의 음침한 골짜기를 지날 때라도 우리와 함께하시는 목자이시다(시 23:4). 성령께서는 영원토록 우리 안에, 우리와 함께 계신다(요 14:16). 그러므로 우리는 오직 하나님 앞에서 경건하고 정직하고 선하고 진실하게만 살아야 한다.

32장: 얍복 강변에서의 씨름

〔1-2절〕야곱이 그 길을 진행하더니 하나님의 사자들이 그를 만난지라. 야곱이 그들을 볼 때에 이르기를 이는 하나님의 군대(마카네 מַחֲנֶה)라 하고 그 땅 이름을 마하나임(마카나임 מַחֲנָיִם)(마카네의 쌍수)이라 하였더라.

마하나임은 '두 군대'라는 뜻으로 야곱의 가족들과 하나님의 사자들, 두 무리를 가리킨 것 같다. 이 신비한 사건은 하나님께서 야곱의 일행과 함께하시고 그들을 지켜주실 것을 암시하였다고 보인다.

〔3-5절〕야곱이 세일 땅 에돔 들에 있는 형 에서에게로 사자들을 자기보다 앞서 보내며 그들에게 부탁하여 가로되 너희는 이같이 내 주(主) 에서에게 고하라. 주의 종[당신의 종] 야곱이 말하기를 내가 라반에게 붙여서 지금까지 있었사오며 내게 소와 나귀와 양떼와 노비가 있사오므로 사람을 보내어 내 주께 고하고 내 주께 은혜받기를 원하나이다 하더라 하라 하였더니.

야곱은 형을 '내 주(主)'라고 불렀고 자신을 '당신의 종 야곱'이라고 표현하였다(4, 5절). 이 말들은 그의 겸손해진 마음을 보인다.

〔6-8절〕사자들이 야곱에게 돌아와 가로되 우리가 주인의 형 에서에게 이른즉 그가 400인을 거느리고 주인을 만나려고 오더이다. 야곱이 심히 두렵고 답답하여 자기와 함께한 종재[사람들]와 양과 소와 약대를 두 떼로 나누고 가로되 에서가 와서 한 떼를 치면 남은 한 떼는 피하리라 하고.

야곱이 보낸 자들의 소식을 들은 형 에서는 400명을 이끌고 야곱을 만나러 오고 있었다. 야곱은 심히 두렵고 답답하였다. 그는 하나님께서 명하시고 보장하신 길을 왔음에도 불구하고 어려운 일을 당했다. 그는 우선 자기와 함께한 사람들과 짐승들을 두 떼로 나누었다. 에서가 와서 한 떼를 치면 남은 한 떼라도 피하게 하기 위함이었다.

〔9절〕야곱이 또 가로되 나의 조부 아브라함의 하나님, 나의 아버지 이삭의 하나님 여호와여, 주께서 전에 내게 명하시기를 네 고향, 네 족속에게로 돌아가라. 내가 네게 은혜를 베풀리라 하셨나이다.

야곱은 그의 조부와 그의 아버지의 하나님, 그에게 고향으로 돌아가라고 명하신 하나님께 기도하였다. 그는 그의 조부 때로부터 주신 하나님의 언약의 복과 자기에게 주신 하나님의 약속을 붙들었다.

〔10절〕나는 주께서 주의 종에게 베푸신 모든 은총[자비]과 모든 진리를 조금이라도 감당할 수 없사오나[받을 자격이 없나이다. 이는] 내가 내 지팡이만 가지고 이 요단을 건넜더니 지금은 두 떼나 이루었나이다[이루었음이니이다].

야곱은 과거에 자신이 욕심을 품고 거짓말하였으나 하나님께서 그에게 넘치는 자비를 베푸셨고 약속 이행에 신실하셨음을 고백하는 것 같다. 그는 그의 지팡이만 가지고 요단강을 건넜으나 하나님께서는 약속대로 그를 지켜주셔서 지금은 두 떼나 이루었다.

〔11-12절〕내가 주께 간구하오니 내 형의 손에서 에서의 손에서 나를 건져내시옵소서. 내가 그를 두려워하옴은 그가 와서 나와 내 처자들[자녀들을 가진 어미들]을 칠까 겁냄이니이다. 주께서 말씀하시기를 내가 정녕 네게 은혜를 베풀어 네 씨로 바다의 셀 수 없는 모래와 같이 많게 하리라 하셨나이다.

야곱은 특히 하나님께서 형 에서의 손에서 자기를 구원해주실 것을 기도한다. 그는 형이 와서 자기와 자기 가족들을 칠까봐 두려워하고 있다. 또 그는 "내가 네 씨로 바다의 셀 수 없는 모래같이 많게 하리라"는 하나님의 약속을 붙들었고 그것은 그의 기도의 근거이었다. 어려울 때 우리의 할 일은 기도뿐이다. 시편 50:15, "환난 날에 나를 부르라. 내가 너를 건지리니 네가 나를 영화롭게 하리로다." 기도는 성도가 세상에서 직면한 어려운 문제들의 최선의 해결책이다.

〔13-15절〕야곱이 거기서 경야(經夜)하고[밤을 새우고] 그 소유 중에서 형 에서를 위하여 예물을 택하니 암염소가 200이요 숫염소가 20이요 암양이 200이요 숫양이 20이요 젖 나는 약대 30과 그 새끼요 암소가 40이요 황소가 10이요 암나귀가 20이요 그 새끼나귀가 10이라.

야곱은 밤을 지낸 후 그의 소유물 중에서 형 에서를 위해 예물을 준비하였다. 야곱이 구별한 예물은 모두 아홉 떼이었다. 맨 마지막의 '새끼나귀'라는 원어(아이르 עַיִר)는 '수나귀'를 가리킨다(BDB).

〔16-21절〕 그것을 각각 떼로 나눠 종들의 손에 맡기고 그 종들에게 이르되 나보다 앞서 건너가서 각 떼로 상거가 뜨게 하라 하고 그가 또 앞선 자에게 부탁하여 가로되 내 형 에서가 너를 만나 묻기를 네가 뉘 사람이며 어디로 가느냐? 네 앞엣것은 뉘 것이냐 하거든 대답하기를 주의 종 야곱의 것이요 자기 주 에서에게로 보내는 예물이오며 야곱도 우리 뒤에 있나이다 하라 하고 그 둘째와 셋째와 각 떼를 따라가는 자에게 부탁하여 가로되 너희도 에서를 만나거든 곧 이같이 그에게 고하고 또 너희는 말하기를 주의 종 야곱이 우리 뒤에 있다 하라 하니 이는 야곱의 생각에 내가 내 앞에 보내는 예물로 형의 감정을 푼 후에 대면하면 형이 혹시 나를 받으리라 함이었더라. 그 예물은 그의 앞서 행하고 그는 무리 가운데서 경야(經夜)하다가.

야곱은 그것을 각각 떼로 나눠 종들의 손에 맡기고 자기보다 앞서 건너가며 각 떼로 거리가 뜨게 하였다. 또 그는 앞선 자가 형 에서를 만날 때 그가 물으면 앞엣것은 주의 종 야곱의 것이요 '나의 주'(원문) 에서에게로 보내는 예물이오며 야곱도 우리 뒤에 있나이다라고 말하라고 일러주었다. 또 그는 뒤따라가는 모든 종들도 같은 말을 하라고 했다. 그것은 그가 예물들로 형의 감정을 푼[유화(宥和)한](원문) 후 대면하면 형이 혹시 그를 받으리라고 생각했기 때문이었다(잠 18:16).

〔22-26절〕 밤에 일어나 두 아내와 두 여종과 열한 아들을 인도하여 얍복 나루(마아바르 מַעֲבַר)(ford)[개울]를 건널새 그들을 인도하여 시내를 건네며 그 소유도 건네고 야곱은 홀로 남았더니 어떤 사람이 날이 새도록 야곱과 씨름하다가 그 사람이 자기가 야곱을 이기지 못함을 보고 야곱의 환도뼈[허벅지의 연결 부분]를 치매 야곱의 환도뼈가 그 사람과 씨름할 때에 위골되었더라. 그 사람이 가로되 날이 새려하니 나로 가게 하라. 야곱이 가로되 당신이 내게 축복하지 아니하면 가게 하지 아니하겠나이다.

야곱은 그 밤에 편히 잠을 잘 수 없었다. 그는 밤에 일어나 두 아내들과 두 여종들과 열한 아들들을 인도하여 얍복 개울을 건너게 했고 또 그의 소유물들도 그렇게 하였다. 그에게는 많은 두려움과 염려가 있었다. 그는 이제 홀로 남았다. 무슨 중요한 일을 결단할 때 우리는 때때로 하나님 앞에 홀로 있게 된다. 이러한 점에서 인생은 고독한 존재이다. 그러나 하나님께서는 야곱과 함께 계셨다.

그 밤에 어떤 사람이 야곱 곁에 있었고 그와 날이 새도록 씨름을 하였다. '씨름한다'는 말(아바크 אָבַק)은 성경에서 이 곳에서만 사용된 말이다. 이것은 비유적 말이 아닐 것이다. 야곱의 환도뼈, 즉 허벅지의 연결부분이 위골된 것을 보면 그것은 실제의 씨름이었던 것 같다. 그러나 그것은 영적인 의미가 담긴 씨름이었다.

야곱은 그가 하나님의 사자임을 알았다. 그러므로 그는 그 사자에게 자신을 축복해줄 것을 간절히 소원하였다. 그 사자는 그의 끈질긴 요청을 이기지 못하였다. 그래서 그는 야곱의 환도뼈를 쳤고 야곱은 그 씨름에서 환도뼈가 위골되었다. 날이 새려했으므로 그 하나님의 사자가 가기를 원하였지만, 야곱은 "당신이 내게 축복하지 아니하면 가게 하지 아니하겠나이다"라고 말하며 그에게 끈질기게 매달렸다.

〔27-28절〕그 사람이 그에게 이르되 네 이름이 무엇이냐? 그가 가로되 야곱이니이다. 그 사람이 가로되 네 이름을 다시는 야곱이라 부를 것이 아니요 이스라엘이라 부를 것이니 이는 네가 하나님과 사람[사람들]으로 더불어 겨루어 이기었음이니라.

마침내 그 사람은 야곱의 이름을 물었고 그 이름을 고쳐주었다. 그는 그에게 이스라엘이라는 새 이름을 주었다. 야곱은 '그가 발꿈치를 잡는다, 선수(先手)친다, 속인다'라는 뜻을 가지고, 이스라엘은 '그가 하나님과 겨룬다'는 뜻일 것이다. 그것은 야곱이 하나님과 사람들로 더불어 겨루어 이겼음을 나타낸다. 야곱은 하나님의 복을 사모한 간절함으로 에서나 라반을 이겼을 뿐만 아니라, 하나님의 사자도 이겼다. 호세아 12:3-4는 "야곱은 태에서 그 형의 발뒤꿈치를 잡았고 또 장년에 하나님과 힘을 겨루되 천사와 힘을 겨루어 이기고 울며 그에게 간구하였다"고 증거한다. 야곱은 간절하고 끈질긴 기도로 하나님의 응답을 받았고 인간 관계의 모든 복잡한 일들에서 승리했다.

〔29-32절〕야곱이 청하여 가로되 당신의 이름을 고하소서. 그 사람이 가로되 어찌 내 이름을 묻느냐 하고 거기서 야곱에게 축복한지라. 그러므로 야곱이 그 곳 이름을 브니엘이라 하였으니 그가 이르기를 내가 하나님과 대면하여 보았으나 내 생명이 보전되었다 함이더라. 그가 브니엘을 지날 때에 해가 돋았고 그 환도뼈로 인하여 절었더라. 그 사람이 야곱의 환도뼈 큰 힘줄을 친 고로 이스라엘 사람들이 지금까지 환도뼈 큰 힘줄을 먹지 아니하더라.

그 사람은 자신의 이름을 알려주지 않고 야곱을 축복하였다. 그러나 야곱은 그가 하나님의 사자임을 알았다. 그는 그 곳 이름을 '브니엘'이라고 불렀다. 그것은 '하나님의 얼굴'이라는 뜻이다.

본장의 교훈을 정리해보자. 첫째로, 야곱은 하나님의 명령과 보장하심 속에 하란을 떠나 고향 땅을 향해 오고 있음에도 불구하고 형 에서가 400명을 이끌고 그를 만나러 온다는 두려운 일을 당하였다. 이스라엘 백성이 애굽에서 나올 때도 그러하였다. 그들이 애굽을 떠나는 것은 하나님의 분명한 뜻이었다. 그러나 그들이 애굽을 떠난 후에 직면한 첫 번째 어려움은 홍해라는 큰 바다와 그들을 뒤쫓아오는 애굽 왕 바로의 병거들이었다(출 14:1-7, 10). 그들은 구름기둥과 불기둥으로 인도하시는 하나님의 인도하심을 따라왔음에도 불구하고 그런 일을 당하였다. 예수님의 제자들이 갈릴리 바다에서 겪은 풍랑들도 그와 비슷하였다. 그들은 배에 오르신 예수님을 따라 배를 타고 갈릴리 바다를 건너고 있었을 때 큰 풍랑을 만났었다(마 8:23-24). 성도들은 세상에서 하나님의 명령과 보장하심 속에서 행하고 성경적으로 바르게 살려고 노력함에도 불구하고 때때로 어려운 일을 만날 수 있다. 그러므로 우리는 그런 어려운 일이 있을 때 이상하게 생각하지 말고 낙심하지도 말고 더욱 참고 인내하며 살아계신 섭리자 하나님께 기도하며 믿고 의지해야 한다.

둘째로, 야곱은 어려운 문제 앞에서 그의 조부의 하나님, 그의 부친의 하나님, 또 그에게 나타나셔서 하란을 떠나 고향으로 돌아가라고 명하셨던 하나님 앞에 기도하였다. 그는 "내가 주께 간구하오니 내 형의 손에서 에서의 손에서 나를 건져내시옵소서. 내가 그를 두려워하옴은 그가 와서 나와 자녀들을 가진 어미들을 칠까 겁냄이니이다. 주께서 말씀하시기를 내가 정녕 네게 은혜를 베풀어 네 씨로 바다의 셀 수 없는 모래와 같이 많게 하리라 하셨나이다"라고 말했다(11-12절). 사도 시대에 헤롯 왕이 요한의 형제 야고보를 칼로 죽이고 베드로도 잡아 옥에 가둔 후 유월절 후에 죽이려고 작정했을 때 교회는 그를 위하여 간절히 하나님께 기도하였고 그때 하나님의 놀라운 개입하심이 있었다. 베드로는 아직 죽을 때가 아니었다. 하나님께서는 그를 기이하게 감옥에서 건져내셨다. 어려운 문제 앞에서 우리가 해야 할 첫 번째 일은 기도하는 것이다. 야곱이 가족과 소유물을 두 떼로 나누거나 형을 위해 아홉 떼나 선물을 준비하는 것이 하나님께서 주신 지혜의 방법일지는 몰라도 참 해결책은 기도뿐이다. 하나님의 도우심만이 최선의 해결책이다.

셋째로, 야곱은 날이 새도록 하나님의 사자와 씨름하며 "당신이 내게 축복하지 아니하면 가게 하지 아니하겠나이다"라고 말하며 끈질기게 간구하였다. 그의 간절한 사모함은 하나님의 사자의 응답을 받아내었다. 누가복음 11장에 보면, 주께서는 밤중에 친구에게 와서 떡 세 덩이를 빌리는 한 사람의 이야기를 하셨다. 이 사람은 자기 친구가 여행 중에 자기에게 들렀는데 자기가 먹일 것이 없다고 말하면서 떡 세 덩이를 빌려달라고 했다. 밤이 늦었고 식구들이 다 침소에 누웠지만 그의 강청함 때문에 그 친구는 그의 요청을 들어주었다(눅 11:8). 누가복음 18장에 보면, 주께서는 한 과부가 불의한 재판관에게 날마다 와서 간청하는 바를 그 불의한 재판관이 들어주었다고 이야기하시면서 하물며 하나님께서 그 밤낮 부르짖는 택하신 자들의 원한을 풀어주지 아니하시겠느냐고 말씀하셨다(눅 18:7). 우리는 환난 많은 세상에서 '강청함'의 기도 즉 끈질긴 기도와, 낙망치 않고 항상 하는 기도를 올려야 한다.

33장: 형 에서를 만남

〔1-4절〕 야곱이 눈을 들어 보니 에서가 400인을 거느리고 오는지라. 그 자식들을 나누어 레아와 라헬과 두 여종에게 맡기고 여종과 그 자식들은 앞에 두고 레아와 그 자식들은 다음에 두고 라헬과 요셉은 뒤에 두고 자기는 그들 앞에서 나아가되 몸을 일곱 번 땅에 굽히며 그 형 에서에게 가까이 하니 에서가 달려와서 그를 맞아서 안고 목을 어긋맞기고 그와 입맞추고 피차 우니라.

야곱이 아내들과 자식들을 세 무리로 나눈 것은 그가 아끼는 정도를 나타내는 것 같다. 그가 형 에서를 향해 몸을 일곱 번 땅에 굽힌 것은 그의 겸손과 자신의 과거의 행위에 대한 진심의 사과를 나타낸다. 그가 하나님의 복을 사모하며 콩죽 한 그릇으로 형에게서 장자권을 샀으니 축복받을 정당성이 있었을지라도, 아버지를 속이고 그의 축복을 받은 것은 잘못이었다. 야곱은 하란에서의 20년간의 혹독한 고난을 통해 확실히 자신의 부족을 반성하며 겸손해졌다고 보인다.

에서가 달려와서 그를 안고 목을 어긋맞기고 그와 입맞추며 피차 운 것을 보면, 에서의 마음은 누그러졌다. 동생에 대한 미움과 적개심이 사라졌다. 이것은 하나님의 은혜이었고 야곱의 기도의 응답이었다. 사람의 마음을 주장하시는 이는 하나님이시다. 그의 마음을 변화시키신 이는 하나님이시다. 또 야곱의 마음에서 두려움을 제거하신 이도 하나님이시다. 이 모든 일들은 하나님께서 주신 은혜이었다.

〔5-7절〕 에서가 눈을 들어 여인과 자식들을 보고 묻되 너와 함께한 이들은 누구냐? 야곱이 가로되 하나님이[께서] 주의 종에게 은혜로 주신 자식이니이다. 때에 여종들이 그 자식으로 더불어 나아와 절하고 레아도 그 자식으로 더불어 나아와 절하고 그 후에 요셉이 라헬로 더불어 나아와 절하니.

자녀들은 하나님께서 은혜로 주신 자들이며 하나님의 기업과 상급이다(시 127:3). 야곱에게는 이런 믿음이 있었다. 또 그는 에서 앞에서 자신을 '당신의 종'이라고 겸손히 불렀다. 본장에서 그는 두 번이나 자신을 종이라고 불렀다(5, 14절). 아내들과 자녀들은 나와 절하였다.

〔8-11절〕 에서가 또 가로되 나의 만난 바 이 모든 떼는 무슨 까닭이냐? 야곱이 가로되 내 주께 은혜를 입으려 함이니이다. 에서가 가로되 내 동생아, 내게 있는 것이 족하니 네 소유는 네게 두라. 야곱이 가로되 그렇지 아니하니이다. 형님께 은혜를 얻었사오면 청컨대 내 손에서 이 예물을 받으소서. 내가 형님의 얼굴을 뵈온즉 하나님의 얼굴을 본 것 같사오며 형님도 나를 기뻐하심이니이다. 하나님이[께서] 내게 은혜를 베푸셨고 나의 소유도 족하오니 청컨대 내가 형님께 드리는 예물을 받으소서 하고 그에게 강권하매 받으니라.

'내 주'라는 말(아도니 אֲדֹנִי)이 본장에서 다섯 번 나온다(8, 13, 14, 14, 15절). 이것은 야곱의 겸손함과 동시에 형 에서에 대한 그의 진심의 뉘우침을 나타낼 것이다. 야곱은 자신의 과거의 잘못을 인정하고 뉘우치는 마음으로 자신을 낮추면서 형을 '내 주'(나의 주)라고 불렀다. 야곱은 겸손한 자가 되었다. 사람은 자신을 낮춘다고 천해지는 것이 아니다. 자신을 낮추는 자는 오히려 존중히 여김을 받을 것이다. 겸손한 자가 귀한 인격이다. 예수께서는 "너희 중에 누구든지 크고자 하는 자는 너희를 섬기는 자가 되고 너희 중에 누구든지 으뜸이 되고자 하는 자는 너희 종이 되어야 하리라"고 말씀하셨다(마 20:26-27). 또 야곱이 강권한 선물은 진심의 선물이었고 에서는 그것을 받았다.

〔12-14절〕 에서가 가로되 우리가 떠나가자. 내가 너의 앞잡이가 되리라. 야곱이 그에게 이르되 내 주도 아시거니와 자식들은 유약하고 내게 있는 양떼와 소가 새끼를 데렸은즉 하루만 과히 몰면 모든 떼가 죽으리니 청컨대 내 주는 종보다 앞서 가소서. 나는 앞에 가는 짐승과 자식의 행보대로 천천히 인도하여 세일로 가서 내 주께 나아가리이다.

에서는 "내가 너의 앞잡이가 되리라"고 말하였다. 사람은 연약하여 용서하면서도 약간의 감정이 남아 있을 수도 있다. 에서의 감정이 그러했는지도 모른다. 그러나 야곱은 겸손히 이해를 구하며 사양했다.

야곱은 본문에서 에서를 '내 주'라고 세 번 불렀고 자신을 '그의 종'(원문)이라고 불렀다. 잠언 15:1은 "유순한 대답은 분노를 쉬게 하여도 과격한 말은 노를 격동하느니라"고 말하였다.

〔15-17절〕에서가 가로되 내가 내 종자 수인을 네게 머물리라. 야곱이 가로되 어찌하여 그리하리이까? 나로 내 주께 은혜를 얻게 하소서 하매 이 날에 에서는 세일로 회정하고 야곱은 숙곳에 이르러 자기를 위하여 집을 짓고 짐승을 위하여 우릿간을 지은 고로 그 땅 이름을 숙곳이라 부르더라.

"내가 내 종자 몇 사람을 네게 머물리라"는 제안도 야곱은 겸손히 거절하였다. 어려움이 즉시 사라진 것은 아니지만, 마침내 에서와의 갈등이 해소되고 야곱은 그 고민스러운 문제에서 승리하였다. '숙곳'(숙코스 סֻכּוֹת)은 '천막들'이라는 뜻이다. 거주할 천막이나 집을 세웠다는 것은 어느 정도 심적, 환경적 안정을 얻었다는 뜻이다.

〔18-20절〕야곱이 밧단아람에서부터 평안히 가나안 땅 세겜 성에 이르러 성 앞에 그 장막을 치고 그 장막 친 밭을 세겜의 아비 하몰의 아들들의 손에서 은 100개로 사고 거기 단을 쌓고 그 이름을 엘엘로헤이스라엘('하나님 이스라엘의 하나님'이라는 뜻)이라 하였더라.

야곱은 밧단아람에서부터 가나안 땅 세겜 성에 이르러 성 앞에 그 장막을 쳤다. 고대 헬라어 70인역과 라틴어 벌케이트역과 킹제임스 영어성경(KJV)은 '평안히'라는 원어(쌀렘 שָׁלֵם)를 '살렘'이라고 읽어 본문을 "가나안 땅에 있는 살렘 즉 세겜 성에 이르러"라고 번역했다. 그렇다면 구약성경에 살렘이라는 말이 두 번 나온 셈이다(창 14:18; 33:18). 근래의 영어번역들은 그것을 한글개역처럼 '평안히'라고 번역했지만(NASB, NIV), '살렘'이라는 고대 번역이 옳을지도 모른다.

야곱은 세겜 성 앞에 장막친 밭을 세겜의 아비 하몰의 아들들에게서 돈을 주고 샀다. '은'이라는 원어(케시타 קְשִׂיטָה)는 당시의 무게 단위인데, 은인지 금인지 분명치 않다(BDB, KB). 거기에서 야곱은 단을 쌓았다. '단'(미즈베아크 מִזְבֵּחַ)은 '짐승 제사를 드린 단'을 암시한다. 단을 쌓은 것은 속죄와 헌신의 제사를 통해 하나님께 예배드리고 기도하며 섬긴 것을 뜻한다. 그것은 야곱의 경건을 나타낸다. 노아는 방주에서 나와 하나님께 단을 쌓았고(창 8:20), 아브라함은 여러 번 단을 쌓았으며(창 12:7, 8; 13:18; 22:9), 이삭도 하나님께 단을 쌓았다 (창 26:25). 이제 하란에서 돌아온 야곱도 하나님께 단을 쌓은 것이다.

본장의 교훈을 정리해보자. 첫째로, 야곱은 에서에게 겸손히 용서를 구하였다. 야곱은 겸손과 진심의 회개를 하였다. 그는 에서에게 일곱 번 절하였다. 그는 자신을 두 번이나 그의 종이라고 표현했다(5, 14절). 또 그는 형 에서를 다섯 번이나 '나의 주'라고 표현했다(8, 13, 14, 14, 15절). 그는 형에게 정성의 예물을 주었다(8절). 그는 그를 용납하는 형의 얼굴을 볼 때 하나님의 얼굴을 본 것같이 기쁘다고 말했다(10절). 그는 그의 예물들을 사양하는 형에게 강권하여 받게 했다(11절). 우리는 우리 자신의 잘못에 대해 겸손한 마음으로 또 진심으로 회개하며 사과해야 한다.

둘째로, 하나님께서는 야곱과 그 아내들과 자녀들을 평안히 가나안 땅으로 돌아오게 하셨다. 그는 야곱에게 "[너는] 네 조상의 땅 네 족속에게로 돌아가라"고 말씀하셨었다(창 31:3). 에서는 눈물의 포옹과 입맞춤으로 그를 받아주었다(4절). 그는 야곱 일행의 앞잡이가 되지도 않았고 (12절) 야곱의 강권하는 예물들을 받았고(11절) 그의 종들을 야곱에게 머물게 하지도 않았다(15절). 또 야곱은 집과 가축들의 우릿간을 지었고 약간의 땅도 샀다. 우리는 평안을 주시는 하나님만 의지해야 한다.

셋째로, 야곱은 자신이 하나님의 은혜로 살아왔음을 고백했고 하나님께 단을 쌓았다. 5절, "하나님께서 주의 종에게 은혜로 주신 자식이니이다." 11절, "하나님께서 내게 은혜를 베푸셨고." 20절, "거기 단을 쌓고." 하나님께서는 마음의 두려움과 고통 중 부르짖었던 야곱에게 문제의 해결과 평안을 주셨다. 우리는 하나님을 경외하고 그의 은혜를 간절히 구하므로 항상 기도 응답과 그의 도우심을 체험하며 살기를 원한다.

34장: 디나 사건

〔1-4절〕 레아가 야곱에게 낳은 딸 디나가 그 땅 여자를 보러 나갔더니 히위 족속 중 하몰의 아들 그 땅 추장 세겜이 그를 보고 끌어들여 강간하여 욕되게 하고 그 마음이 깊이 야곱의 딸 디나에게 연련(戀戀)하며[끌리어] 그 소녀를 사랑하여 그의 마음을 말로 위로하고[다정히 말하고] 그 아비 하몰에게 청하여 가로되 이 소녀를 내 아내로 얻게 하여 주소서 하였더라.

본장은 야곱이 가나안 땅 세겜에 거할 때 그의 가정에 생긴 좋지 않은 일을 기록한다. 그것은 그의 아내 레아가 그에게 낳은 딸 디나가 그 땅 여자들을 보러 나갔다가 히위 족속 중 하몰의 아들 그 땅 추장 세겜에게 강간을 당한 일이었다. 이것은 야곱에게 고통스럽고 수치스런 일이었다. 야곱에게는 고난이 많았다. 하란에서 뿐만 아니라 가나안 땅에 돌아온 후에도 그는 이런 고통의 일을 당했다.

그러나 생각해보면, 야곱이 당한 가정적 고통은 하나님의 징책이었다고 생각된다. 하나님께서는 하란에서 야곱에게 고향으로 돌아가라고 명령하시면서 그가 벧엘에서 서원하였던 일을 회상시키셨다(창 31:3, 13). 그러나 야곱은 가나안 땅 세겜에 도착하여 땅을 사고 거기 거하려 했다(창 33:17-19). 세겜과 벧엘 간의 직선거리는 약 30킬로미터이며 벧엘에서 이삭이 거주했던 헤브론까지는 약 45킬로미터이었다.37) 야곱이 벧엘이나 헤브론으로 가려 생각하였다면 그 곳에서 땅을 사지 않았을 것이다. 그가 그 곳에서 땅을 산 것은 옳지 않았다.

그러므로 하나님께서는 디나 사건을 통해 야곱을 징책하시고 그가 그 곳에 머물지 않고 떠나게 하셨다고 생각된다. 야곱이 하란을 떠날 때에도, 하나님께서는 그가 외삼촌 라반의 아들들의 불평어린 말들을

---

37) 대략적으로, 30킬로미터는 합정동에서 수원까지의 직선거리이며, 45 킬로미터는 수원에서 거의 천안까지의 직선거리이다.

듣고 또 라반의 얼굴빛이 전과 같지 않음을 보고 그의 마음이 불편했을 때 그에게 그 곳을 떠나라고 말씀하셨었다(창 31:1-3). 그는 이번에도 환경적으로 야곱을 불편케 하신 후 그 곳을 떠나라고 말씀하신다(창 35:1). 디나 사건은 확실히 그에게 내린 하나님의 징책이었다.

본장은 세겜 땅의 추장 세겜의 잘못된 사랑에 대해서도 증거한다. 세겜은 야곱의 딸 디나를 보고 한 눈에 반한 것 같다. 그는 그를 끌어들였고 강간하여 욕되게 하였다. 세겜의 마음은 디나에게 끌렸고 그 소녀를 사랑하였다. '연련(戀戀)하다'라고 번역된 원어(다바크 דָּבַק)는 '붙들다, 끌리다'는 뜻이다. 그는 그에게 친절히, 다정히 말하였다. 또 그는 그 아비 하몰에게 그 소녀를 자기의 아내로 얻게 해주기를 청했다. 세겜의 감정은 인간적으로 이해될지라도 그의 행위는 도덕적으로 용납될 수 없는 것이었다. 그의 행위는 이기적인 것이었다. 그가 한 부족의 추장이므로 그 지역에서 상당한 권세를 가졌겠지만, 그것이 그의 도덕적 탈선을 정당화시키지는 못한다. 오히려 디나 사건은 한 권세자의 도덕적 탈선을 드러낼 뿐이다.

〔5-7절〕 야곱이 그 딸 디나를 그가 더럽혔다 함을 들었으나 자기 아들들이 들에서 목축하므로 그들의 돌아오기까지 잠잠하였고 세겜의 아비 하몰은 야곱에게 말하러 왔으며 야곱의 아들들은 들에서 이를 듣고 돌아와서 사람 사람이 근심하고 심히 노하였으니 이는 세겜이 야곱의 딸을 강간하여[동침하여] 이스라엘에게 부끄러운 일 곧 행치 못할 일을 행하였음이더라.

강간은 부끄러운 일이며 일어나서는 안 될 부도덕한 일이었다.

〔8-12절〕 하몰이 그들에게 이르되 내 아들 세겜이 마음으로 너희 딸을 연련하여 하니[사랑하니] 원컨대 그를 세겜에게 주어 아내를 삼게 하라. 너희가 우리와 통혼하여 너희 딸을 우리에게 주며 우리 딸을 너희가 취하고 너희가 우리와 함께 거하되 땅이 너희 앞에 있으니 여기 머물러 매매하며 여기서 기업을 얻으라 하고 세겜도 디나의 아비와 남형들에게 이르되 나로 너희에게 은혜를 입게 하라. 너희가 내게 청구하는 것은 내가 수응하리니[드리리니] 이 소녀만 내게 주어 아내가 되게 하라. 아무리 큰 빙물[신부값]

과 예물을 청구할지라도 너희가 내게 말한 대로 수응하리라[드리리라].

8절의 '연련하다'는 원어(카솨크 חשק)는 '애착을 가지다, 사랑하다'는 뜻이다(BDB). 세겜은 디나에게 반했고 그를 사랑했다. 19절도 "그가 야곱의 딸을 사랑함(카페츠 חפץ)[기뻐함]이며"라고 기록한다. 본장은 세겜이 야곱의 딸 디나에게 끌렸고 사랑했으며 그에게 다정히 말했고(3절) 마음이 붙잡혔고(8절) 기뻐하였다고 말한다(19절).

세겜의 사랑은 참 사랑이 못 되었다. 그의 사랑은 강간이라는 정당치 못한 행위로 나타났다. 미혼 남녀가 합의한 혼전 동침이라 할지라도 그것은 하나님 앞에서 매우 조심하고 지혜롭게 피해야 할 죄이다. 참 사랑은 오래 참는 것이고(고전 13:4) 단순히 자기 욕망의 충족이 아니다. 야곱은 라헬을 사랑하므로 7년을 수일같이 참았다(창 29:20).

〔13-17절〕 야곱의 아들들이 세겜과 그 아비 하몰에게 속여 대답하였으니 이는 세겜이 그 누이 디나를 더럽혔음이라. 야곱의 아들들이 그들에게 말하되 우리는 그리하지 못하겠노라. 할례 받지 아니한 사람에게 우리 누이를 줄 수 없노니 이는 우리의 수욕이 됨이니라. 그런즉 이같이 하면 너희에게 허락하리라. 만일 너희 중 남자가 다 할례를 받고 우리같이 되면 우리 딸을 너희에게 주며 너희 딸을 우리가 취하며 너희와 함께 거하여 한 민족이 되려니와 너희가 만일 우리를 듣지 아니하고 할례를 받지 아니하면 우리는 곧 우리 딸을 데리고 가리라.

〔18-24절〕 그들의 말을 하몰과 그 아들 세겜이 좋게 여기므로 이 소년이 그 일 행하기를 지체치 아니하였으니 그가 야곱의 딸을 사랑함이며 그는 그 아비 집에 가장 존귀함일러라. 하몰과 그 아들 세겜이 성문에 이르러 그 고을 사람에게 말하여 가로되 이 사람들은 우리와 친목하고 이 땅은 넓어 그들을 용납할 만하니 그들로 여기서 거주하며 매매하게 하고 우리가 그들의 딸들을 아내로 취하고 우리 딸들도 그들에게 주자. 그러나 우리 중에 모든 남자가 그들의 할례를 받음같이 할례를 받아야 그 사람들이 우리와 함께 거하여 한 민족 되기를 허락할 것이라. 그리하면 그들의 생축과 재산과 그 모든 짐승이 우리의 소유가 되지 않겠느냐? 다만 그 말대로 하자. 그리하면 그들이 우리와 함께 거하리라. 성문으로 출입하는 모든 자가 하몰과 그 아

들 세겜의 말을 듣고 성문으로 출입하는 그 모든 남자가 할례를 받으니라.

21절에 '친목하다'는 원어(솰렘 שָׁלֵם)는 '화친하다'는 뜻이다(BDB). 그들은 그 제안을 받아들임으로 야곱의 사람들과 재산들이 결국 다 자신들의 소유가 될 것이라고 생각했다. 그 성의 모든 남자들은 추장 세겜의 요청대로 할례를 받았다.

〔25-29절〕제3일에 미쳐 그들이 고통할 때에 야곱의 두 아들 디나의 오라비 시므온과 레위가 각기 칼을 가지고 가서 부지중에 성을 엄습하여 그 모든 남자를 죽이고 칼로 하몰과 그 아들 세겜을 죽이고 디나를 세겜의 집에서 데려오고 야곱의 여러 아들이 그 시체 있는 성으로 가서 노략하였으니 이는 그들이 그 누이를 더럽힌 연고라. 그들이 양과 소와 나귀와 그 성에 있는 것과 들에 있는 것과 그 모든 재물을 빼앗으며 그 자녀와 아내들을 사로잡고 집 속의 물건을 다 노략한지라.

이것은 그들이 그 누이를 더럽힌 일에 대한 보복이었다. 추장 세겜의 잘못된 행동으로 그와 그의 부친과 그 성의 남자들이 다 죽임을 당했다. 그것은 하나님께서 내리신 징벌이었다고 보인다

〔30-31절〕야곱이 시므온과 레위에게 이르되 너희가 내게 화를 끼쳐 나로 이 땅 사람 곧 가나안 족속과 브리스 족속에게 냄새를 내게 하였도다. 나는 수가 적은즉 그들이 모여 나를 치고 나를 죽이리니 그리하면 나와 내 집이 멸망하리라. 그들이 가로되 그가 우리 누이를 창녀같이 대우함이 가하니이까?

야곱은 시므온과 레위를 책망하며 그 땅의 가나안 족속과 브리스 족속이 그와 그 집을 쳐서 멸망시킬 것을 두려워하였다. 그러나 그들은 그 행위의 정당성을 주장하며 "그가 우리 누이를 창녀같이 대우함이 가하니이까?"라고 아버지께 반문했다. 야곱의 아들들이 하몰에게 속여 대답한 것이나 그들을 죽인 것은 옳지 않은 행동이라고 생각되지만, 하나님께서는 그것을 허용하셨다. 하나님께서 그들의 행동을 인정하셨는지는 몰라도 확실히 그것을 허용하셨다. 야곱의 아들들에게는 의로운 분노가 있었다. 세겜이 디나를 욕보인 행위는 이스라엘

백성에게 부끄러운 일이며 행해서는 안될 악한 일이었다(7절). 그러므로 본장은 세겜이 야곱의 딸 디나를 더럽혔다고 세 번이나 말했다(5, 13, 27절). 그것은 세겜이 받은 보복이 도덕적으로 마땅함을 보이는 것 같다. 강간은 분명히 벌받을 큰 악이다.

본장의 교훈을 정리해보자. 첫째로, 야곱은 하나님의 명령하신 대로 가나안 땅으로 돌아왔지만, 딸 디나가 강간을 당하는 큰 근심된 일이 생겼다. 성도들에게는 어려운 일들이 많다. 많은 경우, 고난은 그들의 부족 때문에 온다. 야곱의 이 고난은 그가 세겜에 머물고자 한 일 때문에 왔다고 보인다. 그는 세겜에 머물지 말고 벧엘로 갔어야 했다. 성도는 조금만 잘못을 해도 하나님의 징책을 경험한다. 그러나 그가 회개하면 하나님께서는 고난에서 그를 건져주실 것이다. 시편 34:19, "의인은 고난이 많으나 여호와께서 그 모든 고난에서 건지시는도다." 그러므로 우리는 어려운 일을 당할 때 먼저 우리 자신을 성찰하고 마음에 깨달아지는 잘못이 있으면 하나님 앞에 고백하고 고치기를 결심해야 한다. 우리는 하나님을 의지하며 온전히 섬기며 순종하는 자가 되어야 한다.

둘째로, 세겜은 디나를 강간함으로 그와 그의 종족이 큰 화를 당했다. 그 성의 모든 남자들은 죽임을 당했고 자녀들과 여자들은 사로잡혔다. 사람은 순간적 욕망을 제어하지 못함으로 범죄하고 큰 불행에 떨어진다. 하나님께서는 모든 사람에게 양심을 주셨다고 또 사람이 지켜야 할 도덕적 규범들을 주셨다. 우리는 부모를 공경하고 순종해야 하고 남을 죽이지 말고 간음하지 말고 도적질하지 말고 거짓 증거하지 말고 남의 것을 탐내지 말아야 한다. 우리는 하나님께서 주신 도덕적인 계명들을 지켜야 한다. 죄의 결과는 죽음과 불행이다. 자기 죄를 회개치 않고 주 예수 그리스도를 믿지 않는 죄인들은 영원한 지옥 불못에 던지우는 벌을 피할 수 없을 것이다(계 21:8). 하나님의 뜻은 사람이 하나님을 경외하고 구주 예수님을 믿고 정직하고 선하고 진실하게 사는 것이다.

35장: 벧엘로 올라감

〔1절〕하나님이[하나님께서] 야곱에게 이르시되 일어나 벧엘로 올라가서 거기 거하며 네가 네 형 에서의 낯을 피하여 도망하던 때에 네게 나타났던 하나님께 거기서 단을 쌓으라 하신지라.

세겜에서 디나 사건으로 인해 야곱의 아들들이 세겜의 남자들을 죽인 일이 있은 후, 하나님께서는 야곱에게 세겜에 머물지 말고 벧엘로 올라가 거기 거하며 거기서 그에게 나타났던 하나님께 단을 쌓으라고 말씀하셨다. 그것은 그가 벧엘에서 꿈에 나타나셨던 하나님께 서원하였던 바를 이행하라는 뜻이기도 하였다.

〔2-3절〕야곱이 이에 자기 집 사람과 자기와 함께한 모든 자에게 이르되 너희 중의 이방 신상을 버리고 자신을 정결케 하고 의복을 바꾸라. 우리가 일어나 벧엘로 올라가자. 나의 환난날에 내게 응답하시며 나의 가는 길에서 나와 함께하신 하나님께 내가 거기서 단을 쌓으려 하노라 하매.

야곱은 즉시 하나님의 명령에 응답하였다. 우리는 하나님의 명령에 즉시 응답해야 한다. 야곱은 자기 집 사람들 즉 아내들과 아들들과 자기와 함께한 모든 사람들 즉 종들에게까지 말했다. 그는 자기 혼자만 하나님의 명령에 순종하려 하지 않고 자기 집의 모든 사람들과 함께 순종하려 하였다. 하나님께서는 안식일 계명을 주실 때에도 "너나 네 아들이나 네 딸이나 네 남종이나 네 여종이나 네 육축이나 네 문안에 유하는 객이라도 아무 일도 하지 말라"고 말씀하셨다(출 20:10). 우리는 가족적으로 하나님을 섬기며 순종해야 한다.

야곱은 그들에게 "너희 중의 이방 신상을 버리고 자신을 정결케 하고 의복을 바꾸라. 우리가 일어나 벧엘로 올라가자"고 말하였다. 그들 가운데 여전히 이방 신상들이 있었다는 사실은 전장의 하나님의 징벌의 또 다른 한 이유가 될 것이다. 이방 신상을 가정에 두고서는 평안과 복을 기대할 수 없다. 그들은 하나님의 명령을 순종하기 위하여 먼저 자신들을 정결케 해야 했다. 의복을 바꾸는 일도 필요했다. 옷은 마음가짐과 관계가 있다. 평소에 입는 옷과 놀러 갈 때 입는 옷과 하나님께 예배드리러 올 때 입는 옷이 다른 것이 좋다.

[4-5절] 그들이 자기 손에 있는 모든 이방 신상과 자기 귀에 있는 고리를 야곱에게 주는지라. 야곱이 그것들을 세겜 근처 상수리나무 아래 묻고 그들이 발행하였으니[떠났으니] 하나님이[하나님께서] 그 사면 고을들로 크게 두려워하게 하신 고로 야곱의 아들들을 추격하는 자가 없었더라.

그의 가족들과 그와 함께한 자들이 다 모든 이방 신상과 귀고리들을 그에게 주었고 야곱은 그것들을 세겜 근처 상수리나무 아래 묻고 그곳을 떠났다. 그는 하나님의 명령을 순종하고 실행하였다. 하나님께서 야곱을 도우셔서 그 사방의 성들로 크게 두려워하게 하셨으므로 야곱의 아들들을 뒤쫓아오는 자들은 없었다. 우리는 실수와 부족이 많고 세상은 악하고 험할지라도, 하나님께서 우리를 도우시고 우리와 함께하시면 우리의 삶은 항상 안전할 것이다.

[6-7절] 야곱과 그와 함께한 모든 사람이 가나안 땅 루스 곧 벧엘에 이르고 그가 거기서 단을 쌓고 그 곳을 엘벧엘('벧엘의 하나님')이라 불렀으니 이는 그 형의 낯을 피할 때에 하나님께서 그에게 거기서 나타나셨음이더라.

[8절] 리브가의 유모 드보라가 죽으매 그를 벧엘 아래 상수리나무 밑에 장사하고 그 나무 이름을 알론바굿('곡함의 상수리'라는 뜻)이라 불렀더라.

본문은 갑작스럽게 리브가의 유모 드보라의 죽음에 대해 기록한다. 드보라는 죽어 벧엘 아래 상수리나무 밑에 장사되었다. 그는 이삭과 리브가와 함께 헤브론에 살고 있었을 것이지만, 어느 때, 아마 야곱이 가나안 땅에 돌아와 세겜에 머문 어느 때, 야곱에게로 보냄을 받은 것 같다. 그렇다면, 드보라를 야곱에게 보낸 것은 아마 야곱의 모친 리브가의 배려이었을 것이다. 그러나 이제 그 유모가 죽었다.

[9-10절] 야곱이 밧단아람에서 돌아오매 하나님이[하나님께서] 다시 야

곱에게 나타나사 그에게 복을 주시고 그에게 이르시되 네 이름이 야곱이다 마는 네 이름을 다시는 야곱이라 부르지 않겠고 이스라엘이 네 이름이 되리라 하시고 그가 그의 이름을 이스라엘이라 부르시고.

하나님의 명령에 순종하여 밧단아람에서 돌아온 야곱에게 하나님께서는 다시 나타나셨고 그에게 복을 주셨다. 그는 그의 이름이 다시는 야곱이라고 불리지 않고 이스라엘이라고 불릴 것이라고 말씀하셨다. 하란에서 돌아오다가 얍복 강변에서 천사와 씨름할 때 얻었던 그 이름을 재확인시켜 주신 것이다. 그 이름은 그의 새 삶을 증거한다. 그는 더 이상 형을 속였던 자 야곱이 아니고 하나님과 사람들과 겨루어 이긴 자요 하나님께 복을 받은 자인 이스라엘인 것이다.

〔11-15절〕 그에게 이르시되 나는 전능한 하나님이니라. 생육하며 번성하라. 국민과 많은 국민이 네게서 나고 왕들이 네 허리에서 나오리라. 내가 아브라함과 이삭에게 준 땅을 네게 주고 내가 네 후손에게도 그 땅을 주리라 하시고 하나님이[하나님께서] 그와 말씀하시던 곳에서 그를 떠나 올라가시는지라. 야곱이 하나님의 자기와 말씀하시던 곳에 기둥 곧 돌기둥을 세우고 그 위에 전제물(포도주)을 붓고 또 그 위에 기름을 붓고 하나님께서 자기와 말씀하시던 곳의 이름을 벧엘('하나님의 집'이라는 뜻)이라 불렀더라.

하나님께서 그에게 "생육하고 번성하라"고 말씀하시며 많은 백성이 그에게서 나고 왕들이 그의 허리에서 나올 것이라고 하신 것은 그가 아브라함에게 "내가 네 자손을 하늘의 별같이, 바닷가의 모래같이 많게 하리라"고 약속하신 말씀과 같았다. 또 하나님께서는 아브라함과 이삭에게 주신 땅, 곧 가나안 땅을 그에게 주리라고 약속하셨다.

〔16-20절〕 그들이 벧엘에서 발행하여[떠나] 에브랏에 이르기까지 얼마 길을 격한 곳에서 라헬이 임산(臨産)하여[해산할 때가 되어] 심히 신고(辛苦)[고통스러워]하더니 그가 난산(難産)할 즈음에 산파가 그에게 이르되 두려워 말라. 지금 그대가 또 득남(得男)하느니라 하매 그가 죽기에 임하여 그 혼이 떠나려 할 때에 아들의 이름은 베노니(벤오니 בֶּן־אוֹנִי)(슬픔의 아들)라 불렀으나 그 아비가 그를 베냐민(빈야민 בִּנְיָמִין)(오른손의 아들)이라

불렀더라. 라헬이 죽으매 에브랏 곧 베들레헴 길에 장사되었고 야곱이 라헬의 묘에 비를 세웠더니 지금까지[모세 시대까지] 라헬의 묘비라 일컫더라.

가나안 땅의 삶은 여전히 쓸쓸한 나그넷길이었다. 리브가의 유모 드보라도 죽었고 사랑하던 아내 라헬도 죽었다.

〔21-26절〕이스라엘이 다시 발행하여[떠나] 에델 망대를 지나 장막을 쳤더라. 이스라엘이 그 땅에 유할 때에 르우벤이 가서 그 서모 빌하와 통간하매 이스라엘이 이를 들었더라. 야곱의 아들[아들들]은 열둘이라. 레아의 소생은 야곱의 장자 르우벤과 그 다음 시므온과 레위와 유다와 잇사갈과 스불론이요, 라헬의 소생은 요셉과 베냐민이며, 라헬의 여종 빌하의 소생은 단과 납달리요, 레아의 여종 실바의 소생은 갓과 아셀이니, 이들은 야곱의 아들들이요 밧단아람에서 그에게 낳은 자더라.

야곱이 그 땅에 거할 때 르우벤이 그의 아버지의 첩 빌하와 통간하였고 이스라엘은 그 일을 들었다. 아직 청소년이었을 르우벤은 부끄럽고 악한 죄를 범하였다. 하나님의 약속의 땅 가나안에 온 야곱의 가족들 안에도 여전히 죄악된 일이 있었다. 지상에서의 가나안 땅은 여전히 불완전하였다. 우리는 천국에서만 완전한 성화를 볼 것이다.

〔27-29절〕야곱이 기럇아르바의 마므레로 가서 그 아비 이삭에게 이르렀으니 기럇아르바는 곧 아브라함과 이삭의 우거하던 헤브론이더라. 이삭의 나이 180세라. 이삭이 나이 많고 늙어 기운이 진하매[다하여] 죽어 자기 열조에게로 돌아가니 그 아들 에서와 야곱이 그를 장사하였더라.

야곱은 이삭의 우거하던 헤브론으로 왔다. 이삭이 죽었을 때 야곱은 120세이었고 가나안 땅에 돌아온 지 약 30년 후이었다고 본다.

본장의 교훈을 정리해보자. 첫째로, 하나님께서는 야곱에게 벧엘로 올라가서 거기 거하며 거기서 단을 쌓으라고 말씀하셨다(1절). 벧엘은 야곱이 형 에서의 낯을 피하여 도망하다가 날이 저물어 밤에 자다가 꿈에 하나님을 만났던 곳이며 하나님께 서원했던 곳이다. 야곱은 하나님의 말씀에 순종하여 온 가족과 함께 이방 신상들을 제거함으로 자신들을 정결케 하고 벧엘로 떠났다. 하나님께서는 그런 야곱에게 그 주위의 이방인들로 크게 두려워하게 하심으로 그들을 뒤쫓지 못하게 하셨다.

하나님께서는 우리 모두에게 성경말씀을 순종하라고 명하셨다. 신명기 10:12-13, "이스라엘아, 네 하나님 여호와께서 네게 요구하시는 것이 무엇이냐? 곧 네 하나님 여호와를 경외하여 그 모든 도를 행하고 그를 사랑하며 마음을 다하고 성품을 다하여 네 하나님 여호와를 섬기고 내가 오늘날 네 행복을 위하여 네게 명하는 여호와의 명령과 규례를 지킬 것이 아니냐?" 마태복음 28:20, [예수님] "내가 너희에게 분부한 모든 것을 가르쳐 지키게 하라." 데살로니가후서 2:15, [사도 바울] "형제들아, 굳게 서서 말로나 우리 편지로 가르침을 받은 유전(遺傳)을 지키라."

둘째로, 하나님께서 벧엘에서 야곱에게 다시 나타나셔서 그의 이름을 이스라엘이라고 고쳐주시고 생육하고 번성하라고 말씀하시고 그 땅을 그에게 주겠다고 약속하셨다(9-12절). 하나님께서는 우리에게 '하나님의 자녀'와 '성도'라는 새 이름을 주셨다. 요한복음 1:12, "영접하는 자 곧 그 이름을 믿는 자들에게는 하나님의 자녀가 되는 권세를 주셨으니." 로마서 1:7, "하나님의 사랑하심을 입고 성도로 부르심을 입은 모든 자." 하나님께서는 또 신약교회에 세계복음화의 명령을 주셨고 영광의 부활과 영생과 천국 기업을 약속하셨다. 우리는 하나님께서 주신 구원의 복, 하나님의 자녀의 권세를 늘 감사하고 그 은혜에 보답하며 복음을 온 세상에 전파하고 또 부활과 영생과 천국을 소망하며 살아야 한다.

셋째로, 야곱에게 가나안 땅은 여전히 사랑하는 아내의 죽음이 있고 맏아들의 부끄러운 실수와 죄악이 있는 나그넷길이었다. 우리에게도 세상은 여전히 죄와 슬픈 일이 많은 나그넷길이다(대상 29:15). 우리의 본향은 여기가 아니고 장차 올 세상이다. 사도 베드로는 성도들의 소망이 그들을 위해 하늘에 간직된 "썩지 않고 더럽지 않고 쇠하지 아니하는 기업"이라고 말했다(벧전 1:4). 우리는 이 세상이 나그넷길임을 알고 천국을 우리의 참된, 영원한 본향으로 삼고 늘 사모하며 살아야 한다.

36장: 에서의 자손들

〔1절〕에서 곧 에돔의 대략이 이러하니라.

이삭의 쌍둥이 아들 중 형 에서의 별명은 에돔이다. 창세기 25:30, "야곱에게 이르되 내가 곤비하니 그 붉은 것을 나로 먹게 하라 한지라. 그러므로 에서의 별명은 에돔이더라." 에돔 אֱדוֹם이라는 원어는 '붉은 것'이라는 단어인 아돔 אָדֹם에서 나왔다.

'대략'이라는 원어(톨레도스 תֹּלְדוֹת)는 창세기에 11번 나온다(2:4; 5:1; 6:9; 10:1; 11:10, 27; 25:12, 19; 36:1, 9; 37:2). 그것은 '대략' '계보' '사적' '후예' '약전' 등 다양하게 번역되었다. 이 단어가 창세기 전체에 반복하여 사용된 것은 창세기가 여러 사람에 의해 편집된 것이 아니고 한 사람의 저작임을 증거한다. 창세기의 인간 저자는 모세이다.

〔2절〕에서가 가나안 여인 중 헷 족속 중 엘론의 딸 아다와 히위 족속 중 시브온의 딸 아나의 소생 오홀리바마를 자기 아내로 취하고.

에서는 가나안 여인 중에서 아내를, 그것도 둘씩이나 취했다. 그의 아내들은 필경 우상숭배적이고 불경건한 자들이었을 것이다. 에서가 믿지 않는 자와 결혼한 것은 그에게 경건함이 없었음을 보인다.

본문은 에서가 헷 족속 중 엘론의 딸 아다와 히위 족속 중 시브온의 딸 아나의 소생 오홀리바마를 아내로 취하였다고 말한다. 창세기 26:34-35는 그가 헷 사람 브에리의 딸 유딧과 헷 사람 엘론의 딸 바스맛을 아내로 취하였다고 기록했고, 창세기 27:4에 보면, 그의 어머니 리브가가 남편 이삭에게 "내가 헷 사람의 딸들을 인하여 내 생명을 싫어한다"고 말했다. 에서의 아내들은 두 개의 이름을 가졌다고 보이며 또 그들이 다 헷 사람의 딸들이라고 불린 것은 대략적 의미이거나 대표적 의미를 가졌거나 혹은 종족의 혼합이 있었다고 보인다.

〔3절〕또 이스마엘의 딸 느바욧의 누이 바스맛을 취하였더니.

창세기 28:9는 에서가, 이스마엘의 딸이요 느바욧의 누이인 마할랏을 아내로 또 취하였다고 기록한다. 마할랏도 바스맛이라는 다른 한 이름을 가지고 있었다고 보인다 그는 에서의 세 번째 아내가 되었다. 에서는 스스로 세 여자를 아내로 취하였다. 성경은 일부일처를 교훈한다. 에서가 세 아내를 취한 것은 그의 무절제한 욕망을 나타낸다.

[4-5절] 아다는 엘리바스를 에서에게 낳았고 바스맛은 르우엘을 낳았고 오홀리바마는 여우스와 얄람과 고라를 낳았으니 이들은 에서의 아들이요 가나안 땅에서 그에게 낳은 자더라.

에서가 가나안 땅에 그 부친 이삭 가까이에 거하는 동안, 아다는 엘리바스를, 바스맛은 르우엘을, 오홀리바마는 여우스와 얄람과 고라를 에서에게 낳았다. 에서의 자녀들은 점점 많아졌다.

[6-8절] 에서가 자기 아내들과 자기 자녀들과 자기 집의 모든 사람과 자기의 가축과 자기 모든 짐승과 자기가 가나안 땅에서 얻은 모든 재물을 이끌고 그 동생 야곱을 떠나 타처로 갔으니 두 사람의 소유가 풍부하여 함께 거할 수 없음이러라. 그들의 우거한 땅이 그들의 가축으로 인하여 그들을 용납할 수 없었더라. 이에 에서 곧 에돔이 세일산에 거하니라.

에서는 야곱이 하란에서 가나안 땅으로 돌아오기 전에는 세일 땅, 에돔 들에 거하였던 것 같다. 그래서 야곱은 하란에서 돌아오는 길에 세일 땅 에돔 들에 있는 형 에서에게로 사자들을 자기보다 앞서 보냈었다(창 32:3). 그러나 본문은 에서가 가족들과 소유물이 많아서 야곱과 함께 가나안 땅에 거하기 어려웠으므로 그를 떠나 세일산에 거하였다고 증거한다. 그것은 야곱이 돌아온 후 이제 거주 지역이 완전히 나뉘었다는 뜻일 것이다. 후에 신명기 2:5이나 여호수아 24:4는 하나님께서 세일산을 에서 자손의 소유로 주셨다고 증거하였다.

[9-11절] 세일산에 거한 에돔 족속의 조상 에서의 대략이 이러하고 그 자손의 이름은 이러하니라. 에서의 아내 아다의 아들은 엘리바스요 에서의 아내 바스맛의 아들은 르우엘이며 엘리바스의 아들들은 데만과 오말과 스보와 가담과 그나스요.

에서의 아들 엘리바스의 아들들 가운데 데만이 있다. 또 본장 15절
도 에서의 자손 중 데만 족장을 언급한다. 욥기에 보면, 욥을 방문한
친구들 중 데만 사람 엘리바스가 있다(욥 2:11). 욥기는 에서의 후손
들을 배경으로 하는 것 같다. 욥은 우스 땅에 거주하였는데(욥 1:1),
예레미야 애가 4:21은 "우스 땅에 거하는 처녀 에돔아"라고 말한다.
또 70인 헬라어역 구약성경은 욥기 끝에, 욥은 시리아어 책에 이두매
와 아라비아 국경지역의 아우시스 땅에 살았고 에서의 아들인 자레
의 아들, 즉 아브라함의 5대손으로 묘사되어 있다고 쓰여 있다.

〔12-14절〕에서의 아들 엘리바스의 첩 딤나는 아말렉을 엘리바스에게
낳았으니 이들은 에서의 아내 아다의 자손이며 르우엘의 아들들은 나핫과
세라와 삼마와 미사니 이들은 에서의 아내 바스맛의 자손이며 시브온의 손
녀 아나의 딸 에서의 아내 오홀리바마의 아들들은 이러하니 그가 여우스와
얄람과 고라를 에서에게 낳았더라.

〔15-19절〕에서 자손 중 족장은 이러하니라. 에서의 장자 엘리바스의
자손에는 데만 족장, 오말 족장, 스보 족장, 그나스 족장과 고라 족장, 가담
족장, 아말렉 족장이니 이들은 에돔 땅에 있는 엘리바스로 말미암아 나온
족장들이요 이들은 아다의 자손이며, 에서의 아들 르우엘의 자손에는 나핫
족장, 세라 족장, 삼마 족장, 미사 족장이니 이들은 에돔 땅에 있는 르우엘
로 말미암아 나온 족장들이요 이들은 에서의 아내 바스맛의 자손이며, 에서
의 아내 오홀리바마의 아들들은 여우스 족장, 얄람 족장, 고라 족장이니 이
들은 아나의 딸이요 에서의 아내인 오홀리바마로 말미암아 나온 족장들이
라. 에서 곧 에돔의 자손으로서 족장된 자들이 이러하였더라.

12절은 엘리바스의 첩 딤나가 그에게 아말렉을 낳았다고 증거한다.
16절도 엘리바스의 자손 중에 아말렉 족장을 언급한다. 이 아말렉은
이스라엘 역사에 이스라엘의 원수이었던 족속이다. 출애굽기 17장에
보면, 이스라엘이 애굽에서 나와 광야를 지날 때, 아말렉 족속은 광야
생활로 피곤했을 이스라엘에게 싸움을 걸어왔고 르비딤에서 싸웠다.
그 전쟁에서 이스라엘이 하나님의 은혜로 그들을 이겼지만, 그 날에

하나님께서는 모세에게 "내가 아말렉을 도말하여 천하에서 기억함이 없게 하리라"고 말씀하셨다(14절). 그러므로 모세는 광야생활을 마치고 가나안 땅으로 들어가기 전에 이스라엘 백성에게 "너는 아말렉의 이름을 천하에서 도말하라"고 말했고(신 25:19) 후에 하나님께서는 사울 왕에게 아말렉 족속을 다 없애라고 명령하셨다(삼상 15:2-3).

〔20-23절〕그 땅의 원거인(原居人) 호리 족속 세일의 자손은 로단과 소발과 시브온과 아나와 디손과 에셀과 디산이니 이들은 에돔 땅에 있는 세일의 자손 중 호리 족속으로 말미암아 나온 족장들이요 로단의 자녀는 호리와 헤맘과 로단의 누이 딤나요 소발의 자녀는 알완과 마나핫과 에발과 스보와 오남이요.

세일 땅에는 본래 호리 족속이 거하고 있었다. 본문은 그들의 자손에 대해 증거한다. 창세기 14:6은 아브라함 때에 호리 족속이 세일산에 거하였음을 증거한다. 그러나 에서 자손들이 그 땅을 정복했다. 그러므로 신명기 2:12는 "호리 사람도 세일에 거하였더니 에서의 자손이 그들을 멸하고 대신하여 그 땅에 거하였으니 이스라엘이 여호와의 주신 기업의 땅에서 행한 것과 일반이었느니라"고 기록하였다.

〔24-30절〕시브온의 자녀는 아야와 아나며 이 아나는 그 아비 시브온의 나귀를 칠 때에 광야에서 온천[38]을 발견하였고 아나의 자녀는 디손과 오홀리바마니 오홀리바마는 아나의 딸이며 디손의 자녀는 헴단과 에스반과 이드란과 그란이요 에셀의 자녀는 빌한과 사아완과 아간이요 디산의 자녀는 우스와 아란이니 호리 족속의 족장들은 곧 로단 족장, 소발 족장, 시브온 족장, 아나 족장, 디손 족장, 에셀 족장, 디산 족장이라. 이들은 그 구역을 따라 세일 땅에 있는 호리 족속으로 말미암아 나온 족장들이었더라.

---

38) '온천'이라는 원어(예밈 מֵימִם)는 성경에 단 한 번 나오는 단어로 성경 히브리어 학자들은 그 뜻을 정확히 모른다고 말한다(BDB). 옛날 영어성경은 '노새들'(mules)이라고 번역하였고(KJV) 근래의 영어성경들은 '온천'이라고 번역하였다(NASB, NIV). '온천'이라는 번역은 고대의 라틴어 벌게이트역을 따른 것이다. 고대 시리아어역은 '물'이라고 번역하였다.

〔31-39절〕이스라엘 자손을 다스리는 왕이 있기 전에 에돔 땅을 다스리는 왕이 이러하니라. 브올의 아들 벨라가 에돔의 왕이 되었으니 그 도성의 이름은 딘하바며 벨라가 죽고 보스라 사람 세라의 아들 요밥이 그를 대신하여 왕이 되고(이 요밥이 욥기의 인물인 욥이라고 보임) 요밥이 죽고 데만 족속의 땅의 후삼이 그를 대신하여 왕이 되고 후삼이 죽고 브닷의 아들 곧 모압 들에서 미디안 족속을 친 하닷이 그를 대신하여 왕이 되니 그 도성 이름은 아윗이며 하닷이 죽고 마스레가의 삼라가 그를 대신하여 왕이 되고 삼라가 죽고 유브라데 하숫가 르호봇의 사울이 그를 대신하여 왕이 되고 사울이 죽고 악볼의 아들 바알하난이 그를 대신하여 왕이 되고 악볼의 아들 바알하난이 죽고 하달이 그를 대신하여 왕이 되니 그 도성 이름은 바우며 그 처의 이름은 므헤다벨이니 마드렛의 딸이요 메사합의 손녀더라.

31절, "이스라엘 자손을 다스리는 왕이 있기 전에 에돔 땅을 다스리는 왕이 이러하니라." 창세기 35:11에 보면, 하나님께서는 야곱에게 "왕들이 네 허리에서 나오리라"고 말씀하셨다. 모세는 신명기 17:14에서 이스라엘 백성에게 그들이 가나안 땅에 들어가서 거할 때 그들 주위의 열국같이 그들 위에 왕을 세우려는 뜻을 가질 것을 예견하며 말했다. 모세 당시에 주변국들에는 왕이 있었다. 본문은 에돔 땅에도 왕이 있었음을 증거한다. 본문에는 '왕이 되었으니' '왕이 되니'라는 표현(와이믈록 וַיִּמְלֹךְ)이 8번이나 반복해 나온다(32-39절). 33절의 '세라의 아들 요밥'은 욥기의 욥이라고 보인다.39)

〔40-43절〕에서에게서 나온 족장들의 이름은 그 종족과 거처와 이름대로 이러하니 딤나 족장, 알와 족장, 여뎃 족장, 오홀리바마 족장, 엘라 족장, 비논 족장, 그나스 족장, 데만 족장, 밉살 족장, 막디엘 족장, 이람 족장이라. 이들은 그 구역과 거처를 따른 에돔 족장들이며 에돔 족속의 조상은 에서더라.

---

39) 헬라어 70인역 욥기 끝에, 욥은 시리아어 책에서 이두매와 아라비아 국경지역의 아우시스(Ausis) 땅에 살았으며 그의 이름이 요밥이고 에서의 아들인 자레의 아들이었다고 묘사되어 있다고 쓰여 있다.

창세기 36장: 에서의 자손들

본장의 교훈을 정리해보자. **첫째로, 본장의 많은 사람과 족속의 이름은 성경이 역사적인 책임을 증거한다.** 우리는 노아 자손들의 분포도가 기록된 창세기 10장에서도 성경의 역사성을 보았고 본장에서도 그것을 본다. 오늘날 자유주의 신학의 영향을 받은 적지 않은 목사들은 성경의 역사적 사건들의 진실성을 믿지 않는다. 그러나 성경은 역사적 사건들을 진실히 증거한 책이다(눅 1:1-4; 요 21:24). 성경의 역사는 믿을 만한 참된 역사이다. 우리는 성경의 역사적 진실성을 믿고 확신해야 한다.

둘째로, 본장은 이방인 에서의 자손에 대한 하나님의 관심을 보인다. 우리는 하나님께서 이방인 에서도 돌아보셨음을 감사해야 한다. 세계 모든 나라들의 역사는 하나님의 작정 속에 이루어지고 있다. 하나님께서는 이스라엘뿐 아니라 온 세계의 모든 나라를 주관하시는 섭리자이시다. 그는 특히 온 세계에 흩어져 있는 그의 택하신 백성을 불러 구원하신다. 우리는 전에 할례 없는 이방인이었고 약속의 언약과 상관없는 상태에 있었고 세상에서 소망이 없는 자들이었으나 이제는 구약성도들과 동일한 시민들이 되었고 하나님의 가족들이 되었다(엡 2:11-12, 19).

셋째로, 에서의 자손들에게는 아직 하나님의 구원의 계시가 없었다. 본장은 에서의 자손들의 명단과 그들 가운데 왕이 있었음과 또 에서의 처가쪽 호리 족속 아나가 광야에서 온천을 발견했음을 증거하는 정도이다. 하나님의 긍휼의 언약은 에서의 자손들이 아니고 야곱의 자손들인 유대인들을 중심으로 전달되었다. 하나님께서는 특별히 유대인들에게 자신의 뜻을 계시하셨고 그것이 성경에 기록되었다. 하나님의 아들 예수께서는 유대인으로 이 세상에 오셨다. 일반적으로, 에서의 자손들은 불경건했다. 그러나 우리는 에서 자손들처럼 육신적 욕구대로 살지 말고 돈 사랑, 육신의 쾌락 사랑, 세상 사랑의 헛된 삶을 버리고 하나님의 자녀답게 경건하게 살고 하나님을 위해, 그의 영광을 위해, 하나님의 뜻을 위해, 그의 복음을 전하기 위해, 참된 교회를 세우기 위해 살아야 하고 또 성경에 교훈된 하나님의 모든 계명들을 힘써 행해야 한다.

37장: 요셉이 팔림

〔1-2절〕 야곱이 가나안 땅 곧 그 아비의 우거하던 땅에 거하였으니 야곱의 약전(略傳)[자손들]이 이러하니라. 요셉이 17세의 소년으로서 그 형제와 함께 양을 칠 때에 그 아비의 첩 빌하와 실바의 아들들로 더불어 함께하였더니 그가 그들의 과실을 아비에게 고하더라.

요셉은 빌하와 실바의 아들들, 즉 단과 납달리, 갓과 아셀의 잘못을 아버지에게 고하였다. 그들은 때때로 잘못을 행했고 그것을 감추었던 것 같다. 그것은 실상 아버지를 속이는 것이었다. 요셉이 그런 일들을 아버지께 고한 것은 그의 정직함과 도덕성을 보인다.

〔3-4절〕 요셉은 노년에 얻은 아들이므로 이스라엘이 여러 아들보다 그를 깊이 [더] 사랑하여 위하여 채색옷을 지었더니 그 형들이 아비가 형제들보다 그를 사랑함을 보고 그를 미워하여 그에게 언사가 불평하였더라.

야곱은 요셉을 여러 아들들보다 더 사랑하였다. 그것은 그가 하란에서 14년을 지난 91세 때 그를 얻었기 때문이다. 더욱이, 그는 그의 사랑하던 아내 라헬이 낳은 아들이었고 그 어머니 라헬은 그가 여섯 살 때 그 동생 베냐민을 출산한 후 죽었기 때문이다. 요셉은 어머니의 사랑을 받지 못하고 자랐다. 그래서 야곱은 그를 더욱 사랑했고 그에게 채색옷을 지어 입혔다. 형들은 야곱의 이런 편애 때문에 요셉을 더욱 미워했고 그에게 하는 말이 친절하지 못했다(NASB, NIV).

〔5-11절〕 요셉이 꿈을 꾸고 자기 형들에게 고하매 그들이 그를 더욱 미워하였더라. 요셉이 그들에게 이르되 청컨대 나의 꾼 꿈을 들으시오. 우리가 밭에서 곡식을 묶더니 내 단은 일어서고 당신들의 단은 내 단을 둘러서서 절하더이다. 그 형들이 그에게 이르되 네가 참으로 우리의 왕이 되겠느냐? 참으로 우리를 다스리게 되겠느냐 하고 그 꿈과 그 말을 인하여 그를 더욱 미워하더니 요셉이 다시 꿈을 꾸고 그 형들에게 고하여 가로되 내가 또 꿈을 꾼즉 해와 달과 열한 별이 내게 절하더이다 하니라. 그가 그 꿈으로

부형(父兄)에게 고하매 아비가 그를 꾸짖고 그에게 이르되 너의 꾼 꿈이 무엇이냐? 나와 네 모(母)와 네 형제들이 참으로 가서 땅에 엎드려 네게 절하겠느냐? 그 형들은 시기하되 그 아비는 그 말을 마음에 두었더라.

　요셉은 어느 날 그가 꾼 곡식단의 꿈을 말했다. 형들은 그 꿈과 그의 말을 인해 그를 더욱 미워했다. 그가 다시 꾼 해와 달과 열한 별의 꿈은 더욱 그러했다. 요셉이 꾼 꿈들은 예사롭지 않았다. 그는 두 번이나 비슷한 뜻을 보이는 꿈을 꾸었다. 이 일로 인해 요셉은 '꿈꾸는 자'라고 불리었다(19절). 오늘날 하나님께서는 성경을 통해 자신의 뜻을 계시하시지만, 옛날에는 꿈이 하나님의 계시의 한 방법이었다. 요셉의 꿈은 하나님께서 주신 꿈이었고 그에게 하나님의 뜻을 보이신 것이었다. 그것은 그가 그 꿈을 꾼 17살 때부터 애굽의 총리가 된 30살 때까지 13년간의 긴 고난의 과정을 견디는 힘이 되었을 것이다.

　〔12-17절〕 그 형들이 세겜에 가서 아비의 양떼를 칠 때에 이스라엘이 요셉에게 이르되 네 형들이 세겜에서 양을 치지 아니하느냐? 너를 그들에게로 보내리라. 요셉이 아비에게 대답하되 내가 그리하겠나이다. 이스라엘이 그에게 이르되 가서 네 형들과 양떼가 다 잘 있는 여부를 보고 돌아와 내게 고하라 하고 그를 헤브론 골짜기에서 보내매 이에 세겜으로 가니라. 어떤 사람이 그를 만난즉 그가 들에서 방황하는지라. 그 사람이 그에게 물어 가로되 네가 무엇을 찾느냐? 그가 가로되 내가 나의 형들을 찾으오니 청컨대 그들의 양 치는 곳을 내게 가르치소서. 그 사람이 가로되 그들이 여기서 떠났느니라. 내가 그들의 말을 들으니 도단으로 가자 하더라. 요셉이 그 형들의 뒤를 따라 가서 도단에서 그들을 만나니라.

　요셉은 아버지의 명에 순종하여 헤브론에서 세겜까지 직선거리로 약 75킬로미터 이상인 거리를 갔고 거기서 형들을 찾지 못하고 방황하다가 어떤 사람에게 물어 도단까지 약 20킬로미터를 더 갔다. 요셉은 아버지의 명을 완수하기 위해 충실하였다.

　〔18-20절〕 요셉이 그들에게 가까이 오기 전에 그들이 요셉을 멀리서 보고 죽이기를 꾀하여 서로 이르되 꿈꾸는 자가 오는도다. 자, 그를 죽여 한

구덩이에 던지고 우리가 말하기를 악한 짐승이 그를 잡아먹었다 하자. 그 꿈이 어떻게 되는 것을 우리가 볼 것이니라 하는지라.

누가 주동자인지는 몰라도 형제들이 대부분 동참했다. 그에 대한 그들의 미움은 그들로 하여금 그를 죽이려는 계획에 동참케 하였다.

〔21-22절〕 르우벤이 듣고 요셉을 그들의 손에서 구원하려 하여 가로되 우리가 그 생명은 상하지 말자. 르우벤이 또 그들에게 이르되 피를 흘리지 말라. 그를 광야 그 구덩이에 던지고 손을 그에게 대지 말라 하니 이는 그가 요셉을 그들의 손에서 구원하여 그 아비에게로 돌리려 함이었더라.

맏형 르우벤은 그들의 손에서 요셉을 구원하여 아버지께로 돌리려 했다. 후에 그들이 애굽에 양식을 구하러 가서 애굽 총독 앞에서 옛날 자신들의 악행을 기억하며 후회했을 때, 르우벤은 동생들에게 "내가 너희더러 그 아이에게 죄를 짓지 말라고 하지 아니하였느냐? 그래도 너희가 내 말을 듣지 아니하였느니라"고 말하였다(창 42:22).

〔23-25절〕 요셉이 형들에게 이르매 그 형들이 요셉의 옷 곧 그 입은 채색옷을 벗기고 그를 잡아 구덩이에 던지니 그 구덩이는 빈 것이라. 그 속에 물이 없었더라. 그들이 앉아 음식을 먹다가 눈을 들어 본즉 한 떼 이스마엘 족속이 길르앗에서 오는데 그 약대들에 향품과 유향과 몰약을 싣고 애굽으로 내려가는지라.

아버지의 뜻을 따라 그 먼 곳까지 찾아온 동생을 형들이 죽이려 했으니 사람은 참으로 악한 존재이다. 그들은 동생을 구덩이에 던진 채 앉아서 음식을 먹었다. 미움은 참으로 무서운 악이다. 미움은 동생을 구덩이에 던져 넣어 잔인하게 굶겨 죽이려 하였다.

〔26-28절〕 유다가 자기 형제에게 이르되 우리가 우리 동생을 죽이고 그의 피를 은익한들 무엇이 유익할까. 자 그를 이스마엘 사람에게 팔고 우리 손을 그에게 대지 말자. 그는 우리의 동생이요 우리의 골육이니라 하매 형제들이 청종하였더라. 때에 미디안 사람 상고들이 지나는지라. 그들이 요셉을 구덩이에서 끌어올리고 은 20개에 그를 이스마엘 사람들에게 팔매 그 상고들이 요셉을 데리고 애굽으로 갔더라.

굶겨 죽이는 것보다는 덜한지 몰라도 동생을 팔아 넘기자는 유다
의 제안도 악한 것이었다. 후에 율법은 사람을 납치하고 파는 것을
사형에 해당하는 큰 악으로 규정했다(출 21:16). 그들은 요셉을 구덩
이에서 끌어올려 은 20개에 그를 이스마엘 사람들에게 팔았다. 미디
안 상인들은 이스마엘 상인들 속에 속해 있었던 것 같다. 은 20개는
은 20세겔을 가리킬 것이다. 레위기 27:5에 보면, 5세부터 20세까지의
남자의 값이 은 20세겔이었다. 요셉은 은 20세겔에 종으로 팔렸다.

**〔29-32절〕 르우벤이 돌아와서 구덩이에 이르러 본즉 거기 요셉이 없는
지라. 옷을 찢고 아우들에게로 와서 가로되 아이가 없도다. 나는 나는 어디
로 갈까. 그들이 요셉의 옷을 취하고 숫염소를 죽여 그 옷을 피에 적시고
그 채색옷을 보내어 그 아비에게로 가져다가 이르기를 우리가 이것을 얻었
으니 아버지의 아들의 옷인가 아닌가 보소서 하매.**

형제들 중 르우벤 외에는 누구 하나 요셉을 위하지 않았던 것 같다.
그러나 요셉을 팔 때 르우벤은 거기 없었다. 그러나 그것도 하나님의
섭리이었다. 요셉은 애굽으로 팔려가야 했다. 그들은 요셉의 채색옷
을 취하고 숫염소를 죽여 그 옷을 피에 적시고 그 옷을 그 아버지에
게 가져와 이것이 아버지의 아들의 옷인가 보소서라고 말했다. 그들
은 그들의 악한 행동을 이렇게 숨겼다. 그들은 악한 데 영리했다.

**〔33-35절〕 아비가 그것을 알아보고 가로되 내 아들의 옷이라. 악한 짐
승이 그를 먹었도다. 요셉이 정녕 찢겼도다 하고 자기 옷을 찢고 굵은 베로
허리를 묶고 오래도록[여러 날을] 그 아들을 위하여 애통하니 그 모든 자녀
가 위로하되 그가 그 위로를 받지 아니하여 가로되 내가 슬퍼하며 음부(陰
府)[무덤]에 내려 아들에게로 가리라 하고 그 아비가 그를 위하여 울었더라.**

야곱은 사랑하는 아들이 얼마나 두려움과 고통 가운데 죽었을까
생각하며 괴로워했을 것이다. 또 자기가 괜히 아들을 심부름 보냈다
고 자책했을 것이다. 야곱의 생애는 고생이 많았다. 20년 하란 생활은
수고로웠고 외삼촌 라반에게 큰 압박을 받았었다. 돌아오는 길에 그

는 에서 때문에 매우 두려웠었다. 세겜에서 그는 딸 디나가 강간당하는 괴로운 일도 경험했다. 벧엘을 지나오면서 사랑하는 아내 라헬이 죽었고 아들 르우벤이 서모 빌하와 통간한 충격적 사건도 경험했다. 거기에 더해, 그는 이제 사랑하는 아들 요셉이 짐승에게 찢겨 죽었다고 생각하는 큰 고통을 당하고 있는 것이다. 하나님께서는 야곱을 이렇게 철저히 고난으로 훈련시키셨다. 야곱에게 고난은 세상의 애착을 다 끊어버리고 하나님만 바라보게 하는 은혜의 방편이었다.

〔36절〕 미디안 사람이 애굽에서 바로의 신하 시위대장 보디발에게 요셉을 팔았더라.

요셉을 향한 하나님의 작정은 이렇게 이루어져 가고 있었다.

본장의 교훈을 정리해보자. 첫째로, 요셉의 형들은 자기들보다 아버지의 사랑을 더 받는 요셉을 미워했고 자기들이 그에게 절하는 꿈 이야기를 듣고 더욱 미워했고 마침내 그를 죽이려 하다가 그를 팔아넘겼다. 사람은 심히 죄악되다. 형제를 미워하는 것은 곧 살인하는 것이다(요일 3:15). 우리는 형제를 미워하지 말고 서로 사랑해야 한다(롬 12:10).

둘째로, 형들의 미움을 받아 애굽에 종으로 팔려갔을 때, 요셉의 꿈은 좌절되었고 고난의 어두움이 그를 삼킨 것 같았으나 꿈으로 계시된 하나님의 뜻은 이루어지고 있었다. 요셉을 향하신 하나님의 작정하신 뜻은 신기하게 이루어졌다. 우리는 하나님의 계시의 말씀인 성경말씀 안에서 삶의 목표를 정하고, 믿음과 순종으로 살고, 고난 중에도 낙심치 말고 하나님의 작정하신 일이 이루어질 때까지 참고 기다려야 한다.

셋째로, 야곱은 사랑하는 아내 라헬을 잃어버렸고 또 사랑하는 아들 요셉도 잃어버렸다. 그는 세상에서 모든 좋은 것을 다 잃어버렸다. 야곱은 고난을 통해 신앙 훈련을 받았다. 신앙생활은 결국 세상의 헛된 것을 버리고 하나님과 영원한 영광의 천국을 소유하는 것이다. 우리는 우리 자신을 부정하고 우리의 십자가를 지고 주를 따라야 한다(마 16:24).

38장: 유다와 다말

〔1-5절〕그 후에(바에스 하히 וַיְהִי בָּעֵת הַהִוא)[그때에](KJV, NASB, NIV) **유다가 자기 형제에게서 내려가서 아둘람 사람 히라에게로 나아가니라. 유다가 거기서 가나안 사람 수아라 하는 자의 딸을 보고 그를 취하여 동침하니 그가 잉태하여 아들을 낳으매 유다가 그 이름을 엘이라 하니라. 그가 다시 잉태하여 아들을 낳고 그 이름을 오난이라 하고 그가 또다시 아들을 낳고 그 이름을 셀라라 하니라. 그가 셀라를 낳을 때에 유다는 거십에 있었더라.**

유다의 제안으로 동생 요셉을 이스마엘 상인들에게 팔아넘긴 일이 있은 후, 유다는 형제들에게서 내려가서 아둘람 사람 히라에게 나아가 거기서 가나안 사람 수아라 하는 자의 딸을 취하여 동침하였다. 유다는 요셉과 나이 차이가 약 7-8년이었으며 그때 약 25세이었을 것이다. 그의 아내는 그에게 엘, 오난, 셀라를 차례로 낳아주었다.

〔6-8절〕**유다가 장자 엘을 위하여 아내를 취하니 그 이름은 다말이더라. 유다의 장자 엘이 여호와 목전에 악하므로 여호와께서 그를 죽이신지라. 유다가 오난에게 이르되 네 형수에게로 들어가서 남편의 아우의 본분을 행하여 네 형을 위하여 씨가 있게 하라.**

여러 해(아마 20여년)가 지나서, 유다는 맏아들 엘을 위해 다말을 아내로 얻어 주었다. 그런데 엘은 하나님 보시기에 악하므로 하나님께서 그를 죽이셨다. 유다는 자식들을 바르게 잘 키우지 못했다. 유다는 둘째 아들 오난에게 "네 형수에게로 들어가서 남편의 아우의 본분을 행하여 네 형을 위해 씨가 있게 하라"고 말했다. 옛날부터 과부가 고인의 형제와 결혼하는 수혼(嫂婚, levirate) 관습이 있었다. 이것은 하나님의 뜻이었고 후에 모세의 율법에 규정되었다(신 25:5). 이것은 형제의 대(代)가 끊어지지 않게 하기 위한 것이었다(신 25:6).

〔9-11절〕**오난이 그 씨가 자기 것이 되지 않을 줄 알므로 형수에게 들어 갔을 때에 형에게 아들을 얻게 아니하려고 땅에 설정(泄精)[사정 射精]하매**

그 일이 여호와 목전에 악하므로 여호와께서 그도 죽이시니 유다가 그 며느리 다말에게 이르되 수절(守節)하고[과부로] 네 아비 집에 있어서 내 아들 셀라가 장성하기를 기다리라 하니 셀라도 그 형들 같이 죽을까 염려함이라. 다말이 가서 그 아비 집에 있으니라.

둘째 아들 오난은 그 씨가 자기의 것이 되지 않을 줄 알았으므로 형수에게 들어갔을 때 형에게 아들을 얻게 아니하려고 정액을 땅에 배설하였다. 이것은 하나님의 뜻을 거스르는 악한 일이었기 때문에 하나님께서는 그도 죽이셨다. 유다는 며느리에게 "과부로 네 아비 집에 있어서 내 아들 셀라가 장성하기를 기다리라"고 말했다. 그것은 그가 막내아들 셀라도 그 형들같이 죽을까 염려했기 때문이다. 다말은 가서 그 아비 집에 있었다. 셀라가 장성할 때까지는 적어도 몇 년의 세월이 더 흘렀을 것이다.

〔12-14절〕얼마 후에[여러 날이 지난 후] 유다의 아내 수아의 딸이 죽은지라. 유다가 위로를 받은 후에 그 친구 아둘람 사람 히라와 함께 딤나로 올라가서 자기 양털 깎는 자에게 이르렀더니 혹이 다말에게 고하되 네 시부가 자기 양털을 깎으려고 딤나에 올라왔다 한지라. 그가 그 과부의 의복을 벗고 면박[얼굴 가리는 천]으로 얼굴을 가리고 몸을 휩싸고 딤나 길결 에나임 문에 앉으니 이는 셀라가 장성함을 보았어도 자기를 그의 아내로 주지 않음을 인함이라.

여러 날이 지난 후 유다의 아내가 죽었다. 유다는 20여년의 세월이 흐른 후에도 연속하여 불행한 일들을 당했다. 첫째 아들과 둘째 아들이 죽었고 아내도 죽었다. 그것은 요셉을 이스마엘 상인들에게 팔자고 제안한 그의 악한 제안에 대한 하나님의 징벌이었을 것이다.

유다는 아내가 죽고 위로를 받은 후에 그 친구 아둘람 사람 히라와 함께 딤나로 올라가서 자기 양털 깎는 자에게 이르렀다. 시아버지가 자기 양들의 털을 깎으려고 딤나에 올라오셨다는 소식을 들은 다말은 과부의 의복을 벗고 얼굴 가리는 천으로 얼굴을 가리고 몸을 휩싸고 딤나 길결 에나임 문에 앉았다. 그것은 유다의 막내 시동생 셀라가 다 컸지만 자기를 그의 아내로 주지 않기 때문에 계획적으로 그의 시아버지를 유혹하기 위함이었다.

[15-16절] 그가 얼굴을 가리웠으므로 유다가 그를 보고 창녀로 여겨 길 곁으로 그에게 나아가 가로되 청컨대 나로 네게 들어가게 하라 하니 그 자부(子婦)인 줄 알지 못하였음이라. 그가 가로되 당신이 무엇을 주고 내게 들어오려느냐?

다말이 베일로 얼굴을 가리웠으므로 유다는 그를 창녀로 여겼고 길곁으로 그에게 나아가서 그에게 들어가기를 청하였다. 그는 그가 자기 며느리인 것을 알지 못했다. 비록 아내가 죽은 후이긴 하지만, 유다는 육신의 욕망을 통제하지 못한 연약한 모습을 가졌다. 사람은 본성 속에 죄성이 있기 때문에 하나님의 은혜가 아니고서는 그것을 잘 통제할 수 없다. 그러므로 하나님께서는 결혼 제도를 통해 사람이 죄 가운데 빠지지 않게 하셨다(고전 7:1-9). 결혼 제도는 출산의 방법이기도 하지만 사람이 음행을 피하는 방법이기도 했다. 잠언 5:18-20, "네 샘으로 복되게 하라. 네가 젊어서 취한 아내를 즐거워하라. 그는 사랑스러운 암사슴 같고 아름다운 암노루 같으니 너는 그 품을 항상 족하게 여기며 그 사랑을 항상 연모하라. 내 아들아, 어찌하여 음녀를 연모하겠으며 어찌하여 이방 계집의 가슴을 안겠느냐?"

[17-19절] 유다가 가로되 내가 내 떼에서 염소 새끼를 주리라. 그가 가로되 당신이 그것을 줄 때까지 약조물을 주겠느냐? 유다가 가로되 무슨 약조물을 네게 주랴. 그가 가로되 당신의 도장과 그 끈과 당신의 손에 있는 지팡이로 하라. 유다가 그것들을 그에게 주고 그에게로 들어갔더니 그가 유다로 말미암아 잉태하였더라. 그가 일어나 떠나가서 그 면박을 벗고 과부의 의복을 도로 입으니라.

이렇게 성 매매가 이루어졌고 다말은 시아버지로 말미암아 임신했었다. 유다는 그가 창녀인 줄 알고 그에게 들어갔지만, 그것은 만일 그가 며느리인 줄 알고 행했다면 사형에 해당하는 죄악된 일이었다.

레위기 20:12는 "누구든지 그 자부와 동침하거든 둘 다 반드시 죽일지니 그들이 가증한 일을 행하였음이라"고 말한다. 유다는 심히 부끄러운 실수를 하였다. 그것은 유다의 생애에 큰 오점이었다. 그러나 그 실수도 하나님께서 그에게 내리신 징벌이었던 것 같다.

〔20-23절〕유다가 그 친구 아둘람 사람의 손에 부탁하여 염소 새끼를 보내고 그 여인의 손에서 약조물을 찾으려 하였으나 그가 그 여인을 찾지 못한지라. 그가 그 곳 사람에게 물어 가로되 길 곁 에나임에 있던 창녀가 어디 있느냐? 그들이 가로되 여기는 창녀가 없느니라. 그가 유다에게로 돌아와 가로되 내가 그를 찾지 못하고 그 곳 사람도 이르기를 여기는 창녀가 없다 하더라. 유다가 가로되 그로 그것을 가지게 두라. 우리가 부끄러움을 당할까 하노라. 내가 이 염소 새끼를 보내었으나 그대가 그를 찾지 못하였느니라.

유다나 그의 친구는 창녀와의 동침이 부끄러운 일임을 알고 있었다. 사람들의 양심은 부부의 사랑의 표인 성 관계의 본래의 가치를 저버리고 그것을 상품화하는 것이 부끄러운 일임을 알고 있다.

〔24절〕석 달쯤 후에 혹이 유다에게 고하여 가로되 네 며느리 다말이 행음하였고 그 행음함을 인하여 잉태하였느니라. 유다가 가로되 그를 끌어내어 불사르라.

유다는 행음이 용납할 수 없는 큰 악임을 알고 있었다. 후에, 모세의 율법에서, 하나님께서는 제사장의 딸이 행음하면 그를 불사르라고 명령하셨고(레 21:9), 또 처녀가 그 아비 집에서 창녀처럼 행음하면 그 성읍 사람들이 그를 돌로 쳐죽이라고 말씀하셨다(신 22:20-21).

〔25-26절〕여인이 끌려나갈 때에 보내어 시부에게 이르되 이 물건 임자로 말미암아 잉태하였나이다. 청컨대 보소서 이 도장과 그 끈과 지팡이가 뉘 것이니이까 한지라. 유다가 그것들을 알아보고 가로되 그는 나보다 옳도다. 내가 그를 내 아들 셀라에게 주지 아니하였음이로다 하고 다시는 그를 가까이하지 아니하였더라.

다말이 시아버지를 유혹하여 성 관계를 가진 것은 하나님 앞에서 악한 일이었으나, 유다가 다말에게 과부로 있기를 요구하면서 그의 아들 셀라를 그에게 아내로 주지 않은 것도 하나님 앞에서 악한 일이었다. 유다는 다말의 잘못보다 자신의 잘못이 더 크다고 깨달았다.

[27-30절] 임산하여 보니 쌍태라. 해산할 때에 손이 나오는지라. 산파가 가로되 이는 먼저 나온 자라 하고 홍사[붉은 실]를 가져 그 손에 매었더니 그 손을 도로 들이며 그 형제가 나오는지라. 산파가 가로되 네가 어찌하여 터치고 나오느냐 한 고로 그 이름을 베레스라 불렀고 그 형제 곧 손에 홍사[붉은 실] 있는 자가 뒤에 나오니 그 이름을 세라라 불렀더라.

다말은 베레스와 세라라는 쌍둥이를 해산하였고, 룻기 끝에 보면, 그의 아들 베레스는 경건한 다윗의 조상이 되었다(룻 4:18-22).

본장의 교훈을 정리해보자. 첫째로, 유다의 가정은 죄악되었다. 유다의 맏아들 엘도, 둘째 아들 오난도 악하였다. 다말의 행위도 매우 악했고 유다의 행위도 심히 부끄럽고 죄악되었다. 사람은 다 죄악되다. 그러므로 죄사함이 필요하다. 우리가 죄성에 따라 살면 반드시 죽을 것이지만, 성령을 따라 죄성을 죽이고 거룩하게 살면 살 것이다(롬 8:13).

둘째로, 유다의 아들 엘과 오난의 죽음, 그의 아내의 죽음, 유다 자신과 그의 며느리의 죄악된 임신 등은 다 하나님의 징벌이었다고 보인다. 유다의 가정의 불행은 20여년 전에 동생 요셉을 이스마엘 상인들에게 팔자고 제안한 그의 악행에 대한 하나님의 징벌이었다고 본다. 우리는 하나님과 그의 말씀과 그의 징벌을 두려워하는 자가 되어야 한다. 하나님을 경외하는 것이 참 지식과 지혜의 근본이다(잠 1:7; 9:10). 또 하나님께서는 그의 말씀을 인하여 떠는 자를 긍휼히 여기신다(사 66:2).

셋째로, 하나님께서는 이런 부족한 유다를 용서하셨고 그를 통하여 메시아를 보내셨다. 유다도 다말도 부족했으나 하나님의 뜻은 이루어지고 있었다. 유다가 다말에게서 낳은 베레스는 다윗과 예수 그리스도의 조상이 되었다(룻 4:18-22; 마 1:3). 사람들은 실수하고 범죄하지만, 하나님의 뜻은 실패치 않고 성취된다. 그러므로 우리는 하나님의 모든 뜻이 이 세상에서 이루어질 것을 믿고 기도해야 한다(마 6:10).

39장: 요셉의 고난과 형통

〔1절〕 요셉이 이끌려 애굽에 내려가매 바로의 신하 시위대장 애굽 사람 보디발이 그를 그리로 데려간 이스마엘 사람의 손에서 그를 사니라.

바로의 신하 시위대장 보디발은 요셉을 종으로 샀다. '시위대장'은 대통령궁의 경호실장 같은 직위이다. 하나님의 섭리 가운데 요셉은 애굽에 종으로 팔렸고 그것도 바로의 시위대장에게 팔렸다.

〔2절〕 여호와께서 요셉과 함께하시므로 그가 형통한 자가 되어 그 주인 애굽 사람의 집에 있으니.

천지만물을 창조하시고 다스리시는 영원하신 하나님께서 요셉과 함께하셨다. 그는, 에녹과 동행하시고(창 5:22) 노아와 동행하셨듯이 (창 6:9), 또 아브라함과 함께하시고(창 21:22) 이삭과 함께하시고(창 26:3, 28) 야곱과 함께하셨듯이(창 28:15, 20), 요셉과 함께하셨다.

하나님께서 함께하시므로 요셉은 형통한 자가 되었다. '형통하다' 는 원어(찰라크 צָלַח)는 '잘되다, 성공하다'는 뜻이다. 요셉은 고난의 현실 속에서도 하나님께서 함께하심으로 형통하였다. 다니엘과 세 친구들도 비슷했다. 그들은 바벨론 포로로 잡혀가 살면서도 하나님의 함께하심으로 많은 복을 받았다.

전지전능하신 주권적 섭리자 하나님께서 사람과 함께하신다는 것은 세상에서 가장 큰 복이다. 하나님께서 함께하시는 자들은 어려움 속에서도 위로와 힘과 용기를 얻고 기쁨과 평안을 잃지 않고 기도의 응답과 하나님의 도우심과 보호하심과 구원하심을 얻을 것이다. 그는 몸의 건강도 경제적 안정도 전쟁의 승리도 얻을 것이다.

〔3절〕 그 주인이 여호와께서 그와 함께하심을 보며 또 여호와께서 그의 범사에 형통케 하심을 보았더라.

'범사에 형통케 하심'이라는 말을 보면, 요셉은 주인이 맡긴 크고 작은 모든 일들을 원만하게 잘 처리했음을 알 수 있다. 아브라함도 그랄 왕 아비멜렉과 그 군대장관 비골에게서 "네가 무슨 일을 하든지 하나님께서 너와 함께 계시도다"라는 말을 들었다(창 21:22). 또 이삭도 그랄 왕 아비멜렉에게서 "여호와께서 너와 함께 계심을 우리가 분명히 보았으므로 우리의 사이 곧 우리와 너의 사이에 맹세를 세워 너와 계약을 맺으리라"는 말을 들었다(창 26:28). 하나님께서 함께하시고 형통함의 복을 얻는 성도는 주위 사람들에게도 증거가 된다.

〔4절〕요셉이 그 주인에게 은혜를 입어 섬기매 그가 요셉으로 가정 총무[가사 관리인]를 삼고 자기 소유를 다 그 손에 위임하니.

요셉은 주인 보디발에게 은혜를 입었다. 그것은 주인에게 인정을 받고 사랑을 입은 것을 말할 것이다. 그것은 종에게 큰 복이다. '가정 총무'는 집안일의 총책임을 가진 자, 즉 가사 관리인이다. 그의 주인은 모든 소유를 요셉의 손에 위임하였다. 그의 주인이 요셉에게 은혜를 베푼 것은 요셉의 인격의 됨됨이 때문일 것이다. 사람의 가치는 그의 건전한 생각과 인격성, 도덕성에 있다. 말 잘하는 것이나 지식과 기술이 많은 것이 근본적으로 중요한 것은 아니다. 그것도 좋은 요소이지만, 그보다 더 중요한 것은 건전한 생각과 인격성과 도덕성이다. 그것은 정직함과 선함, 진실함과 겸손함과 인내심 등을 포함한다. 그것은 무슨 중요한 일에 대한 책임을 가질 자의 자질이다.

〔5절〕그가 요셉에게 자기 집과 그 모든 소유물을 주관하게 한 때부터 여호와께서 요셉을 위하여[요셉 때문에] 그 애굽 사람의 집에 복을 내리시므로 여호와의 복이 그의 집과 밭에 있는 모든 소유에 미친지라.

주인이 요셉에게 자기 집과 그 모든 소유물을 주관하게 한 때부터 하나님께서는 요셉 때문에 그 애굽 사람의 집에 복을 내리셨고 그 복은 그의 집과 밭에 있는 모든 소유에 미쳤다. 본문은 책임자의 역할이 큼을 보인다. 무슨 일을 책임 맡은 자가 하나님 앞에 바르게 행하면, 하나님께서는 그가 맡은 모든 일에도 복을 주실 것이다.

〔6절〕 주인이 그 소유를 다 요셉의 손에 위임하고 자기 식료[식품] 외에
는 간섭하지 아니하였더라. 요셉은 용모가 준수하고 아담하였더라.

요셉은 용모도 잘 생겼고 보기에도 아름다웠으나, 특히 그의 주인
의 신임을 얻었다. 우리가 무슨 일을 하든지 윗사람의 신임을 얻는
것이 중요하다. 남에게 신임을 얻는 인격이 좋은 인격이다.

〔7-9절〕 그 후에 그 주인의 처가 요셉에게 눈짓하다가[요셉을 쳐다보며]
동침하기를 청하니 요셉이 거절하며 자기 주인의 처에게 이르되 나의 주인
이 가중(家中) 제반[집안의 모든] 소유를 간섭지 아니하고 다 내 손에 위임
하였으니 이 집에는 나보다 큰이가 없으며 주인이 아무것도 내게 금하지 아
니하였어도 금한 것은 당신뿐이니 당신은 자기 아내임이라. 그런즉 내가 어
찌 이 큰 악을 행하여 하나님께 득죄(得罪)하리이까?

요셉의 종살이가 형통한 것 같은 때 그에게 시험이 닥쳐왔다. 사람
에게는 세상 사는 동안 많은 시험이 있다. 요셉의 시험은 그 주인의
아내로 인해 왔다. 그 주인의 아내는 단정치 못했고 욕망을 품은 눈
으로 요셉을 쳐다보며 자기와 동침하기를 청했다. 그러나 요셉은 그
것을 단호히 거절했다. 요셉은 올바른 양심과 도덕성을 가지고 있었
다. 그의 주인이 그에게 집안의 모든 일을 다 맡겼지만 그의 아내는
아니었다. 만일 그가 죄를 짓는다면, 그것은 그의 주인에게와 하나님
앞에서 큰 죄를 짓는 것이었다. 간통은 하나님 앞에서 큰 죄악이다.

〔10-12절〕 여인이 날마다 요셉에게 청하였으나 요셉이 듣지 아니하여
동침하지 아니할 뿐더러 함께 있지도 아니하니라. 그러할 때에 요셉이 시무
하러 그 집에 들어갔더니 그 집 사람은 하나도 거기 없었더라. 그 여인이
그 옷을 잡고 가로되 나와 동침하자. 요셉이 자기 옷을 그 손에 버리고 도망
하여 나가매.

주인의 아내는 전혀 도덕성이 없었다. 요셉은 그 여자의 말을 듣고
동침하지 않을 뿐 아니라 함께 있지도 않았다. 그가 범죄할 위기에
빠졌을 때 그는 자기 옷을 그 손에 버리고 도망하여 나갔다. 그는 그
위기를 잘 모면하였다. 음행의 죄는 기회를 피하는 것이 상책이다.

〔13-19절〕 그가 요셉이 그 옷을 자기 손에 버려두고 도망하여 나감을 보고 집 사람들을 불러서 그들에게 이르되 보라, 주인이 히브리 사람을 우리에게 데려다가 우리를 희롱하게 하도다. 그가 나를 겁간코자[나와 동침하려고] 내게로 들어오기로 내가 크게 소리질렀더니 그가 나의 소리질러 부름을 듣고 그 옷을 내게 버려두고 도망하여 나갔느니라 하고 그 옷을 곁에 두고 자기 주인이 집으로 돌아오기를 기다려 이 말로 그에게 고하여 가로되 당신이 우리에게 데려온 히브리 종이 나를 희롱코자 내게로 들어왔기로 내가 소리질러 불렀더니 그가 그 옷을 내게 버려두고 도망하여 나갔나이다. 주인이 그 아내가 자기에게 고하기를 당신의 종이 내게 이같이[이런 식으로] 행하였다 하는 말을 듣고 심히 노한지라.

주인의 아내는 요셉에게 누명을 뒤집어 씌웠다. 그는 자신의 단정치 못한 말과 행동을 반성하고 고치기는커녕 요셉이 나쁜 사람인 것처럼 말했다. 잘못이 없는 이웃에게 누명을 씌우는 것은 갑절이나 더 나쁜 일이다. 양심을 가진 사람은 그런 일을 해서는 안 된다.

〔20-21절〕 이에 요셉의 주인이 그를 잡아 옥에 넣으니 그 옥은 왕의 죄수를 가두는 곳이었더라. 요셉이 옥에 갇혔으나 여호와께서 요셉과 함께하시고 그에게 인자(仁慈)를 더하사 전옥[교도소장]에게 은혜를 받게 하시매.

요셉은 비록 옥에 갇혔지만, 하나님께서는 그와 함께하시고 그에게 인자를 더하셔서 감옥 책임자에게 은혜를 받게 하셨다. '전옥'은 '감옥 책임자' 즉 오늘날 말로 하면 '교도소장'이다. 요셉에게 고난은 있었지만, 그는 그가 처한 현실에서 사람의 인정과 사랑을 받았다.

〔22-23절〕 전옥(典獄)[교도소장]이 옥중 죄수를 다 요셉의 손에 맡기므로 그 제반 사무를 요셉이 처리하고 전옥(典獄)[교도소장]은 그의 손에 맡긴 것을 무엇이든지 돌아보지 아니하였으니 이는 여호와께서 요셉과 함께하심이라. 여호와께서 그의 범사에 형통케 하셨더라.

감옥 책임자는 감옥에 있는 죄수들을 요셉의 손에 맡겼고 그 제반 사무를 요셉이 처리하였다. 왜냐하면 여호와께서 요셉과 함께하시기 때문이었다. 여호와께서는 그의 범사에 형통케 하셨다.

창세기 39장: 요셉의 고난과 형통

　본장의 교훈을 정리해보자. 첫째로, 요셉은 시위대장 보디발의 집에서도, 감옥에서도 윗사람의 인정을 받는 자이었다. 그것은 분명히 그의 경건에서 나온 인격성과 도덕성 때문이었다. 그는 정직하고 진실하고 겸손하고 인내심이 있었음에 틀림 없다. 그는 보디발의 집에서 집안일을 책임 맡은 가정 총무가 되었고 감옥에서도 모든 일을 맡은 자가 되었다. 하나님을 경외하는 자는 좋은 인격성과 도덕성을 가져야 한다.
　둘째로, 요셉은 고난 중에도 하나님께서 함께하심으로 형통한 자가 되었다. 2절, [종살이 중에서도] "여호와께서 요셉과 함께하시므로 그가 형통한 자가 되어." 3절, "그 주인이 여호와께서 그와 함께하심을 보며 또 여호와께서 그의 범사에 형통케 하심을 보았더라." 21절, (감옥에서도) "여호와께서 요셉과 함께하시고 그에게 인자를 더하사 전옥에게 은혜를 받게 하시매." 23절, "전옥은 그의 손에 맡긴 것을 무엇이든지 돌아보지 아니하였으니 이는 여호와께서 요셉과 함께하심이라. 여호와께서 그의 범사에 형통케 하셨더라." 신약성도는 이미 성령께서 우리 안에 계신다. 오늘날 우리도 하나님께서 형통케 하시는 복을 사모한다.
　셋째로, 요셉은 특히 하나님 앞에서 범죄치 않으려 조심했다. 하나님께서 요셉과 함께하신 것은 그의 경건과 도덕성 때문이다. 그는 주인의 아내와 동침하는 것이 자기를 신임하는 주인에 대한 배신일 뿐 아니라 하나님 앞에서 큰 죄임을 알고 죄 짓지 않으려 조심하였다. 시편 1:1-3, "복 있는 사람은 악인의 꾀를 좇지 아니하며 죄인의 길에 서지 아니하며 오만한 자의 자리에 앉지 아니하고 오직 여호와의 율법을 즐거워하여 그 율법을 주야로 묵상하는 자로다. 저는 시냇가에 심은 나무가 시절을 좇아 과실을 맺으며 그 잎사귀가 마르지 아니함 같으니 그 행사가 다 형통하리로다." 시편 5:4-6, "주는 죄악을 기뻐하는 신이 아니시니 악이 주와 함께 유하지 못하며 오만한 자가 주의 목전에 서지 못하리이다. 주는 모든 행악자를 미워하시며 거짓말하는 자를 멸하시리이다." 우리는 모든 죄를 멀리하고 하나님 앞에서 바르게 살기를 힘써야 한다.

40장: 죄수들의 꿈을 해석함

〔1-5절〕그 후에 애굽 왕의 술 맡은 자와 떡 굽는 자가 그 주 애굽 왕에게 범죄한지라. 바로가 그 두 관원장 곧 술 맡은 관원장과 떡 굽는 관원장에게 노하여 그들을 시위대장의 집안에 있는 옥에 가두니 곧 요셉의 갇힌 곳이라. 시위대장이 요셉으로 그들에게 수종하게 하매 요셉이 그들을 섬겼더라. 그들이 갇힌 지 수일이라. 옥에 갇힌 애굽 왕의 술 맡은 자와 떡 굽는 자 두 사람이 하룻밤에 꿈을 꾸니 각기 몽조(夢兆)[해석]가 다르더라.

술 맡은 관원장과 떡 굽는 관원장이 꾼 꿈은 하나님께서 주신 계시적 꿈이었다. 옛시대에는 하나님께서 꿈이나 이상으로 자신의 뜻을 계시하셨다. 창세기 20:3에 보면, 하나님께서는 그랄 왕 아비멜렉에게 꿈에 나타나셨다. 신약시대에도 하나님께서는 예수님의 어머니 마리아와 정혼한 요셉에게 꿈에 나타나셨다(마 1:20; 2:13, 19).

물론 사람들이 꾸는 꿈들 중에는 헛된 꿈들도 많이 있었다. 거짓 선지자들도 꿈 이야기를 많이 했지만 그것은 헛된 것들이었다. 그래서 하나님께서는 예레미야를 통해 "꿈을 얻은 선지자는 꿈을 말할 것이요 내 말을 받은 자는 진실함으로 내 말을 말할 것이라. 겨와 밀을 어찌 비교하겠느냐?"고 말씀하셨다(렘 23:28).

오늘날에는 하나님께서 성경말씀을 통해 자신과 자신의 뜻을 계시하시고 말씀하신다. 주께서는 이 사실을 부자와 나사로의 이야기에서 아브라함의 말로 말씀하셨다. 누가복음 16:29에서 그는 "아브라함이 가로되 저희에게 모세와 선지자들이 있으니 그들에게 들을지니라"고 말씀하셨다. '모세와 선지자들'은 이미 죽었지만, 그들의 글들인 구약성경이 있기 때문에 그 성경을 읽고 하나님을 바로 알고 바로 믿을 수 있다는 뜻이다. 그러므로 사도 바울은 "모든 성경은 하나님의 감동으로 된 것으로 교훈과 책망과 바르게 함과 의로 교육하기에 유익하다"고 말하였다(딤후 3:16).

〔6-8절〕 아침에 요셉이 들어가 보니 그들에게 근심 빛이 있는지라. 요셉이 그 주인의 집에 자기와 함께 갇힌 바로의 관원장에게 묻되 당신들이 오늘 어찌하여 근심 빛이 있나이까? 그들이 그에게 이르되 우리가 꿈을 꾸었으나 이를 해석할 자가 없도다. 요셉이 그들에게 이르되 해석은 하나님께 있지 아니하니이까? 청컨대 내게 고하소서.

요셉은 하나님께서 사람들의 꿈을 해석해주실 수 있음을 믿었고 그래서 그들에게 "해석은 하나님께 있지 아니하니이까?"라고 말했다.

〔9-15절〕 술 맡은 관원장이 그 꿈을 요셉에게 말하여 가로되 내가 꿈에 보니 내 앞에 포도나무가 있는데 그 나무에 세 가지가 있고 싹이 나서 꽃이 피고 포도송이가 익었고 내 손에 바로의 잔이 있기로 내가 포도를 따서 그 즙을 바로의 잔에 짜서 그 잔을 바로의 손에 드렸노라. 요셉이 그에게 이르되 그 해석이 이러하니 세 가지는 사흘이라. 지금부터 사흘 안에 바로가 당신의 머리를 들고 당신의 전직(前職)[이전의 직위]을 회복하리니 당신이 이왕에 술 맡은 자가 되었을 때에 하던 것같이 바로의 잔을 그 손에 받들게 되리이다. 당신이 득의하거든[당신의 일이 잘되면] 나를 생각하고 내게 은혜를 베풀어서 내 사정을 바로에게 고하여 이 집에서 나를 건져내소서. 나는 히브리 땅에서 끌려온(군노브 군나브티 גֻּנֹּב גֻּנַּבְתִּי)[강제로 납치되어 온] 자요 여기서도 옥(보르 בּוֹר)[토굴 감옥]에 갇힐 일은 행치 아니하였나이다.

요셉은 술 맡은 관원장이 꾼 꿈에 대해 그것은 사흘 후 그가 복직될 것을 보인다고 해석해주었다. 또 그는 자신이 히브리 땅에서 강제로 납치되어 온 자요 여기서도 옥에 갇힐 일을 행치 않았다고 말했다.

〔16-19절〕 떡 굽는 관원장이 그 해석이 길함을 보고 요셉에게 이르되 나도 꿈에 보니 흰 떡 세 광주리가 내 머리에 있고 그 윗광주리에 바로를 위하여 만든 각종 구운 식물이 있는데 새들이 내 머리의 광주리에서 그것을 먹더라. 요셉이 대답하여 가로되 그 해석은 이러하니 세 광주리는 사흘이라. 지금부터 사흘 안에 바로가 당신의 머리를 끊고 당신을 나무에 달리니 새들이 당신의 고기를 뜯어먹으리이다 하더니.

요셉은 또 떡 굽는 관원장의 꿈에 대해서는 그것이 사흘 안에 그의 머리가 끊어지고 그의 몸이 나무에 달리고 새들이 그의 고기를 뜯어

먹을 것이라고 해석하였다. 그것은 매우 대조되는 해석이었다.

〔20-23절〕 제3일은 바로의 탄일[생일]이라. 바로가 모든 신하를 위하여 잔치할 때에 술 맡은 관원장과 떡 굽는 관원장으로 머리를 그 신하 중에 들게 하니라. 바로의 술 맡은 관원장은 전직(前職)을 회복하매 그가 잔을 바로의 손에 받들어 드렸고 떡 굽는 관원장은 매달리니 요셉이 그들에게 해석함과 같이 되었으나 술 맡은 관원장이 요셉을 기억지 않고 잊었더라.

요셉의 꿈 해석대로 한 사람은 복직되었고 다른 한 사람은 나무에 달렸다. 그러나 술 맡은 관원장은 요셉을 기억하지 않고 잊어버렸다. 두 관원장이 꿈을 꾸고 요셉이 그것을 해석한 것은 하나님의 주권적 작정과 섭리 가운데 되어졌다. 2년 후 바로가 한 꿈을 꾸고 그 꿈을 아무도 해석하지 못하고 있을 때 그 술 맡은 관원장은 자기의 꿈을 해석해준 요셉을 기억하고 바로에게 그를 추천할 것이다.

본장의 교훈을 정리해보자. 첫째로, 요셉은 감옥에서도 시위대장이 맡긴 애굽 왕의 술 관원장과 떡 관원장을 섬겼다(4절). 모세는 미디안 광야에서 양을 치던 중에(출 3:1), 다윗은 아버지의 양을 지키던 중에(삼상 16:11), 베드로와 안드레는 바다에 그물을 던지다가 부름을 받았다(마 4:18). 하나님께서는 자기 일에 충실한 자들을 부르시고 쓰신다.

둘째로, 요셉은 꿈의 해석이 하나님께 있다고 말했다(8절). 그는 후에 바로 앞에서도 꿈의 해석이 하나님께 있음을 증거했다(창 41:16). 다니엘도 꿈과 해석이 하나님께 있음을 증거하였다(단 2:19, 28-30). 하나님께서는 오늘 우리의 현실에 대해서도 그의 특별계시의 책인 성경을 통해 바른 교훈을 주신다. 그러므로 우리는 성경을 읽고 기도하며 하나님과 친밀히 교제함으로써 우리의 현실을 바르게 해석해야 한다.

셋째로, 애굽 왕의 술 맡은 관원장은 요셉을 기억하지 않고 잊었다(23절). 이것이 연약한 사람의 모습이고 세상의 현실이다. 그러나 하나님의 섭리는 그때에도 진행되고 있었고 하나님의 때에 그 사람도 요셉을 기억할 것이다. 그러므로 우리는 하나님의 섭리만 굳게 믿어야 한다.

41장: 요셉이 애굽의 총리가 됨

〔1-8절〕만 2년 후에 바로가 꿈을 꾼즉 자기가 하숫가에 섰는데 보니 아름답고 살진 일곱 암소가 하수에서 올라와 갈밭에서 뜯어먹고 그 뒤에 또 흉악하고 파리핸[보기 흉하고 여윈] 다른 일곱 암소가 하수에서 올라와 그 소와 함께 하숫가에 섰더니 그 흉악하고 파리핸[보기 흉하고 여윈] 소가 그 아름답고 살진 일곱 소를 먹은지라. 바로가 곧 깨었다가 다시 잠이 들어 꿈을 꾸니 한 줄기에 무성하고[통통하고] 충실한 일곱 이삭이 나오고 그 후에 또 세약하고[가늘고] 동풍에 마른 일곱 이삭이 나오더니 그 세약핸[가는] 일곱 이삭이 무성하고[통통하고] 충실한 일곱 이삭을 삼킨지라. 바로가 깬즉 꿈이라. 아침에 그 마음이 번민하여 보내어 애굽의 술객과 박사를 모두 불러 그들에게 그 꿈을 고하였으나 그것을 바로에게 해석하는 자가 없었더라.

술 맡은 관원장이 복직된 지 만 2년 후, 바로는 아름답고 살진 일곱 암소와 보기 흉하고 여윈 다른 일곱 암소의 꿈과, 한 줄기의 통통하고 충실한 일곱 이삭과 가늘고 동풍에 마른 일곱 이삭의 꿈을 꾸었다.

〔9-13절〕술 맡은 관원장이 바로에게 고하여 가로되 내가 오늘날 나의 허물을 추억하나이다. 바로께서 종들에게 노하사 나와 떡 굽는 관원장을 시위대장의 집에 가두셨을 때에 나와 그가 하룻밤에 꿈을 꾼즉 각기 징조가 있는 꿈이라. 그 곳에 시위대장의 종된 히브리 소년이 우리와 함께 있기로 우리가 그에게 고하매 그가 우리의 꿈을 풀되 그 꿈대로 각인에게 해석하더니 그 해석한 대로 되어 나는 복직(復職)하고 그는 매여 달렸나이다.

술 맡은 관원장은, 감옥에서 자기의 꿈을 해석해주고 그 해석대로 이루어졌던 요셉을 기억하며 그때의 일을 바로에게 고하였다.

〔14-16절〕이에 바로가 보내어 요셉을 부르매 그들이 급히 그를 옥(보르 ㄱㄱㄱ)[구덩이, 토굴]에서 낸지라. 요셉이 곧 수염을 깎고 그 옷을 갈아 입고 바로에게 들어오니 바로가 요셉에게 이르되 내가 한 꿈을 꾸었으나 그것을 해석하는 자가 없더니 들은즉 너는 꿈을 들으면 능히 푼다더라. 요셉이 바로에게 대답하여 가로되 이는 내게 있는 것이 아니라 하나님이[하나님께

서] 바로에게 평안한 대답을 하시리이다.

요셉은 바로 앞에서 자신을 겸손히 낮추고 하나님을 드러내었다.

〔17-24절〕 바로가 요셉에게 이르되 내가 꿈에 하숫가에 서서 보니 살지고 아름다운 일곱 암소가 하숫가에 올라와 갈밭에서 뜯어먹고 그 뒤에 또 약하고 심히 흉악하고 파리한[보기 흉하고 여윈] 일곱 암소가 올라오니 그같이 흉악한 것들은 애굽 땅에서 내가 아직 보지 못한 것이라. 그 파리하고 흉악한 소가 처음의 일곱 살진 소를 먹었으며 먹었으나 먹은 듯하지 아니하여 여전히 흉악하더라. 내가 곧 깨었다가 다시 꿈에 보니 한 줄기에 무성하고[통통하고] 충실한 일곱 이삭이 나오고 그 후에 또 세약하고[가늘고] 동풍에 마른 일곱 이삭이 나더니 그 세약한[가는] 이삭이 좋은 일곱 이삭을 삼키더라. 내가 그 꿈을 술객에게 말하였으나 그것을 내게 보이는 자가 없느니라.

바로는 요셉에게 자기가 꾼 꿈에 대하여 자세히 말하였다.

〔25-31절〕 요셉이 바로에게 고하되 바로의 꿈은 하나이라. 하나님이[하나님께서] 그 하실 일을 바로에게 보이심이니이다. 일곱 좋은 암소는 일곱 해요 일곱 좋은 이삭도 일곱 해니 그 꿈은 하나이라. 그 후에 올라온 파리하고 흉악한[보기 흉하고 여윈] 일곱 소는 7년이요 동풍에 말라 속이 빈 일곱 이삭도 일곱 해 흉년이니 내가 바로에게 고하기를 하나님이[하나님께서] 그 하실 일로 바로에게 보이신다 함이 이것이라. 온 애굽 땅에 일곱 해 큰 풍년이 있겠고 후에 일곱 해 흉년이 들므로 애굽 땅에 있던 풍년을 다 잊어버리게 되고 이 땅이 기근으로 멸망되리니 후에 든 그 흉년이 너무 심하므로 이전 풍년을 이 땅에서 기억하지 못하게 되리이다.

요셉은 바로에게 그 꿈은 하나이며 하나님께서 주신 것이라고 말하며 그것은 7년 풍년과 7년 흉년에 대한 것이라고 해석하였다.

〔32-37절〕 바로께서 꿈을 두 번 겹쳐 꾸신 것은 하나님께서 이 일을 정하셨음이라. 속히 행하시리니 이제 바로께서는 명철하고 지혜 있는 사람을 택하여 애굽 땅을 치리하게 하시고 바로께서는 또 이같이 행하사 국중에 여러 관리를 두어 그 일곱 해 풍년에 애굽 땅의 5분의 1을 거두되 그 관리로 장차 올 풍년의 모든 곡물을 거두고 그 곡물을 바로의 손에 돌려 양식을 위하여 각 성에 적치(積置)하게[쌓아두게] 하소서. 이와 같이 그 곡물을 이 땅

에 저장하여 애굽 땅에 임할 일곱 해 흉년을 예비하시면 땅이 이 흉년을 인하여 멸망치 아니하리이다. 바로와 그 모든 신하가 이 일을 좋게 여긴지라.

〔38-40절〕 바로가 그 신하들에게 이르되 이와 같이 하나님의 신이 감동한 사람[하나님의 영께서 그 속에 계신 자]을 우리가 어찌 얻을 수 있으리요 하고 요셉에게 이르되 하나님이[께서] 이 모든 것을 네게 보이셨으니 너와 같이 명철하고 지혜 있는 자가 없도다. 너는 내 집을 치리하라[맡으라, 다스리라]. 내 백성이 다 네 명을 복종하리니 나는 너보다 높음이 보좌뿐이니라.

〔41-45절〕 바로가 또 요셉에게 이르되 내가 너로 애굽 온 땅을 총리하게 하노라 하고 자기의 인장 반지를 빼어 요셉의 손에 끼우고 그에게 세마포 옷을 입히고 금사슬을 목에 걸고 자기에게 있는 버금 수레에 그를 태우매 무리가 그 앞에서 소리 지르기를 엎드리라 하더라. 바로가 그로 애굽 전국을 총리하게 하였더라. 바로가 요셉에게 이르되 나는 바로라. 애굽 온 땅에서 네 허락 없이는 수족을 놀릴 자가 없으리라 하고 그가 요셉의 이름을 사브낫바네아('하나님께서 말씀하시며 그가 살아계시도다'라는 뜻이라고 보임)(NASB)라 하고 또 온(헬리오폴리스라는 성) 제사장 보디베라의 딸 아스낫을 그에게 주어 아내를 삼게 하니라. 요셉이 나가 애굽 온 땅을 순찰하니라.

〔46-49절〕 요셉이 애굽 왕 바로 앞에 설 때에 30세라. 그가 바로 앞을 떠나 애굽 온 땅을 순찰하니 일곱 해 풍년에 토지 소출이 심히 많은지라. 요셉이 애굽 땅에 있는 그 7년 곡물을 거두어 각 성에 저축하되 각 성 주위의 밭의 곡물을 그 성중에 저장하매 저장한 곡식이 바다 모래같이 심히 많아 세기를 그쳤으니 그 수가 한이 없음이었더라.

요셉을 총리로 등용한 바로는 애굽의 중왕국시대 제12왕조(주전 2000-1780년) 센우스레트 3세(주전 1888-1852년)이었다고 보인다.

〔50-52절〕 흉년이 들기 전에 요셉에게 두 아들을 낳되 곧 온 제사장 보디베라의 딸 아스낫이 그에게 낳은지라. 요셉이 그 장자의 이름을 므낫세라 하였으니 하나님이[하나님께서] 나로 나의 모든 고난과 나의 아비의 온 집 일을 잊어버리게 하셨다 함이요 차자의 이름을 에브라임이라 하였으니 하나님이[하나님께서] 나로 나의 수고한 땅에서 창성하게 하셨다 함이었더라.

므낫세의 뜻은 잊어버림이며, 에브라임의 뜻은 풍성함이다.

창세기 41장: 요셉이 애굽의 총리가 됨

〔53-57절〕 애굽 땅에 일곱 해 풍년이 그치고 요셉의 말과 같이 일곱 해 흉년이 들기 시작하매 각 국에는 기근이 있으나 애굽 온 땅에는 식물이 있더니 애굽 온 땅이 주리매 백성이 바로에게 부르짖어 양식을 구하는지라. 바로가 애굽 모든 백성에게 이르되 요셉에게 가서 그가 너희에게 이르는 대로 하라 하니라. 온 지면에 기근이 있으매 요셉이 모든 창고를 열고 애굽 백성에게 팔새 애굽 땅에 기근이 심하며 각 국 백성도 양식을 사려고 애굽으로 들어와 요셉에게 이르렀으니 기근이 온 세상에 심함이었더라.

본장의 교훈을 정리해보자. 첫째로, 만 2년 후에 애굽 왕 바로가 한 꿈을 꾸었다. 하나님의 섭리는, 비록 더디게 진행되는 것처럼 보이지만, 이루어지고 있었다. 우리는 하나님의 섭리를 믿고 기다려야 한다.

둘째로, 바로의 꿈은 하나님께서 주신 계시적 꿈이었다. 오늘날에는 성경이 하나님의 특별계시의 책이다. 우리는 성경을 주야로 묵상함으로써 하나님의 뜻을 깨닫고 우리의 현재와 미래를 내다보아야 한다.

셋째로, 하나님께서는 기이한 방법으로 요셉을 애굽의 총리가 되게 하셨다. 그는 요셉에게 꿈을 주셨었고 그 꿈 때문에 형들의 미움을 받아 애굽에 종으로 팔리게 하셨고 모함을 받아 감옥까지 들어가게 하셨다. 그러나 그가 감옥에 있었던 것이 왕에게 나아가 꿈을 해석할 기회가 되었고 마침내 왕에게 발탁되어 단번에 총리가 되었다. 다윗의 경우도 비슷했다. 그는 사무엘에게 기름부음을 받았고 골리앗을 이겨 사울 왕의 발탁을 받았고 그의 미움을 받고 여러 해 피신생활을 했으나 백성의 인정과 사랑을 받았고 마침내 왕이 되었었다. 사람은 하나님께서 하시는 일을 다 측량할 수 없다. 우리는 하나님만 의지해야 한다.

넷째로, 애굽 땅 주위의 큰 흉년은 하나님의 재앙이었을 것이지만, 그것은 또한 야곱의 가족들을 애굽으로 이주케 하시는 일이었다. 하나님께서는 생명을 구원하시려고 요셉을 먼저 애굽에 보내셨다(창 45:5). 이스라엘 자손들은 애굽에서 큰 민족이 될 것이다. 그것은 하나님의 뜻이었다. 하나님의 백성에게는 모든 것이 합력하여 선을 이룬다(롬 8:28).

42장: 요셉의 형들이 양식을 구하러 옴

〔1-4절〕때에 야곱이 애굽에 곡식이 있음을 보고 아들들에게 이르되 너희는 어찌하여 서로 관망만 하느냐? 야곱이 또 이르되 내가 들은즉 저 애굽에 곡식이 있다 하니 너희는 그리로 가서 거기서 우리를 위하여 사오라. 그리하면 우리가 살고 죽지 아니하리라 하매 요셉의 형 10인이 애굽에서 곡식을 사려고 내려갔으나 야곱이 요셉의 아우 베냐민을 그 형들과 함께 보내지 아니하였으니 이는 그의 말이 재난이 그에게 미칠까 두렵다 함이었더라.

〔5-8절〕이스라엘의 아들들이 양식 사러간 자 중에 있으니 가나안 땅에 기근이 있음이라. 때에 요셉이 나라의 총리로서 그 땅 모든 백성에게 팔더니 요셉의 형들이 와서 그 앞에서 땅에 엎드려 절하매 요셉이 보고 형들인 줄 아나 모르는 체하고 엄한 소리로 그들에게 말하여 가로되 너희가 어디서 왔느냐? 그들이 가로되 곡물을 사려고 가나안에서 왔나이다. 요셉은 그 형들을 아나 그들은 요셉을 알지 못하더라.

요셉은 22년 전에 형들이 자기 앞에 절하는 꿈을 두 번이나 꾸었었다(창 37:5-10). 그것은 하나님께서 주신 꿈이었다. 그가 꿈을 꾼 지 22년의 세월이 흐른 때 그 꿈이 현실로 이루어졌다. 비록 고난의 긴 시간들을 지났었지만, 요셉의 꿈은 마침내 현실로 이루어졌다.

〔9-13절〕요셉이 그들에게 대하여 꾼 꿈을 생각하고 그들에게 이르되 너희는 정탐들이라. 이 나라의 틈을 엿보려고 왔느니라. 그들이 그에게 이르되 내 주여, 아니니이다. 종들은 곡물을 사러 왔나이다. 우리는 다 한 사람의 아들로서 독실한(케님 כֵּנִים)[정직한] 자니 종들은 정탐이 아니니이다. 요셉이 그들에게 이르되 아니라. 너희가 이 나라의 틈을 엿보러 왔느니라. 그들이 가로되 주의 종 우리들은 12형제로서 가나안 땅 한 사람의 아들들이라. 말째 아들은 오늘 아버지와 함께 있고 또 하나는 없어졌나이다.

〔14-17절〕요셉이 그들에게 이르되 내가 너희에게 이르기를 너희는 정탐들이라 한 말이 이것이니라. 너희는 이같이 하여 너희 진실함을 증명할 것이라. 바로의 생명으로 맹세하노니 너희 말째 아우가 여기 오지 아니하면

너희가 여기서 나가지 못하리라. 너희 중 하나를 보내어 너희 아우를 데려오게 하고 너희는 갇히어 있으라. 내가 너희의 말을 시험하여 너희 중에 진실이 있는지 보리라. 바로의 생명으로 맹세하노니 그리하지 아니하면 너희는 과연 정탐이니라 하고 그들을 다 함께 삼일을 가두었더라.

〔18-20절〕 삼일 만에 요셉이 그들에게 이르되 나는 하나님을 경외하노니 너희는 이같이 하여 생명을 보전하라. 너희가 독실한[정직한] 자이면 너희 형제중 한 사람만 그 옥에 갇히게 하고 너희는 곡식을 가지고 가서 너희 집들의 주림을 구하고 너희 말째 아우를 내게로 데리고 오라. 그리하면 너희 말이 진실함이 되고 너희가 죽지 아니하리라. 그들이 그대로 하니라.

〔21-23절〕 그들이 서로 말하되 [참으로](KJV, NASB, NIV) 우리가 아우의 일로 인하여 범죄하였도다. 그가 우리에게 애걸할 때에 그 마음의 괴로움을 보고도 듣지 아니하였으므로 이 괴로움이 우리에게 임하도다. 르우벤이 그들에게 대답하여 가로되 내가 너희더러 그 아이에게 득죄하지[죄를 짓지] 말라고 하지 아니하였느냐? 그래도 너희가 듣지 아니하였느니라. 그러므로 그의 핏값을 내게 되었도다 하니 피차 간에 통변[통역]을 세웠으므로 그들은 요셉이 그 말을 알아 들은 줄을 알지 못하였더라.

오랜 세월이 흘렀지만, 그들은 동생 요셉의 애걸함과 마음의 괴로움을 못들은 체했던 자신들의 악하고 무정했던 행동을 생생히 기억했고 그들의 악행의 벌이 그들에게 그대로 임했다고 느끼고 있었다.

〔24-25절〕 요셉이 그들을 떠나가서 울고 다시 돌아와서 그들과 말하다가 그들 중에서 시므온을 취하여 그들의 목전에서 결박하고 명하여 곡물을 그 그릇에 채우게 하고 각인의 돈은 그 자루에 도로 넣게 하고 또 길 양식을 그들에게 주게 하니 그대로 행하였더라.

요셉은 잠시 그들을 떠나가 울었다. 그는 그가 아버지 집을 떠나온 20개에 이 곳으로 팔려올 때로부터 애굽의 총리가 되기까지 약 13년 동안 외롭고 고생스럽게 보낸 세월의 일들이 생각났을 것이다.

〔26-28절〕 그들이 곡식을 나귀에 싣고 그 곳을 떠났더니 한 사람이 객점에서 나귀에게 먹이를 주려고 자루를 풀고 본즉 그 돈이 자루 아구에 있는지라. 그가 그 형제에게 고하되 내 돈을 도로 넣었도다. 보라, 자루 속에

있도다. 이에 그들이 혼이 나서 떨며 서로 돌아보며 말하되 하나님이[하나님께서] 어찌하여 우리에게 이 일을 행하셨는고 하고.

"하나님께서 어찌하여 우리에게 이 일을 행하셨는고"라는 말을 보면 형들 속에도 주권자 하나님에 대한 생각이 조금은 있었던 것 같다.

〔29-36절〕그들이 가나안 땅에 돌아와 그 아비 야곱에게 이르러 그 만난 일을 자세히 고하여 가로되 그 땅의 주 그 사람이 엄히 우리에게 말씀하고 우리를 그 나라 정탐자로 여기기로 우리가 그에게 이르되 우리는 독실한[정직한] 자요 정탐이 아니니이다. 우리는 한 아비의 아들 12형제로서 하나는 없어지고 말째는 오늘 우리 아버지와 함께 가나안 땅에 있나이다 하였더니 그 땅의 주 그 사람이 우리에게 이르되 내가 이같이 하여 너희가 독실한[정직한] 자임을 알리니 너희 형제 중 하나를 내게 두고 양식을 가지고 가서 너희 집들의 주림을 구하고 너희 말째 아우를 내게로 데려오라. 그리하면 너희가 정탐이 아니요 독실한[정직한] 자임을 내가 알고 너희 형제를 너희에게 돌리리니 너희가 이 나라에서 무역하리라 하더이다 하고 각기 자루를 쏟고 본즉 각인의 돈뭉치가 그 자루 속에 있는지라. 그들과 그 아비가 돈뭉치를 보고 다 두려워하더니 그 아비 야곱이 그들에게 이르되 너희가 나로 나의 자식들을 잃게 하도다. 요셉도 없어졌고 시므온도 없어졌거늘 베냐민을 또 빼앗아 가고자 하니 이는 다 나를 해롭게 함이로다.

야곱의 마음의 고통은 매우 컸을 것이다. 그는 요셉도, 또 시므온도 잃었고 베냐민까지 잃어버릴 지경이 되었다고 느꼈다. 그가 사랑했던 라헬은 죽어 그의 곁을 떠난 지 오래되었다. 하나님께서는 야곱을 철저하게 훈련시키셨다. 그것은 그의 성화, 즉 영적 성장의 과정이며 이 세상에 대한 모든 육신적 애착을 끊는 과정이었다고 보인다.

〔37-38절〕르우벤이 아비에게 고하여 가로되 내가 그를 아버지께로 데리고 오지 아니하거든 나의 두 아들을 죽이소서. 그를 내 손에 맡기소서. 내가 그를 아버지께로 데리고 돌아오리이다. 야곱이 가로되 내 아들은 너희와 함께 내려가지 못하리니 그의 형은 죽고 그만 남았음이라. 만일 너희 행하는 길에서 재난이 그 몸에 미치면 너희가 나의 흰 머리로 슬피 음부[무덤]로 내려가게 함이 되리라.

창세기 42장: 요셉의 형들이 양식을 구하러 옴

본장의 교훈을 정리해보자. 첫째로, 요셉의 꿈은 22년 만에 이루어졌다. 하나님의 뜻은 비록 더디게 보일지라도 반드시 이루어진다. 이사야 46:10은 "내가 종말을 처음부터 고하며 아직 이루지 아니한 일을 옛적부터 보이고 이르기를 나의 모략이 설 것이니 내가 나의 모든 기뻐하는 것을 이루리라 하였노라"고 말했다. 하나님의 뜻은 이루어진다. 오늘날 하나님의 약속은 주 예수님의 재림과, 몸의 부활과, 영광의 천국이다. 우리는 세상에서 고난 중에도 낙심하지 말고 성경에 증거된 하나님의 약속들이 반드시 이루어질 것을 굳게 믿고 참고 기다려야 한다.

둘째로, 요셉의 형들은 22년 전의 잘못을 기억하고 뉘우쳤다. 죄의 기억과 양심의 가책은 오래갔다. 그들은 지금 하나님의 징계를 통해 죄를 깨닫는다. 사람의 양심의 가책은 하나님의 기억을 반영한다. 우리는 죄를 짓고 잊어버릴지 모르나, 죄는 우리에게 상처를 입은 자의 기억 속에 오래 남으며, 만일 그것이 용서함을 받지 못한다면 하나님의 기억 속에 영원히 남을 것이다. 죄인은 용서받지 않으면 마지막 날에 하나님의 공의의 보응을 받을 것이다. 그러므로 우리는 우리의 죄들을 철저히 회개하고 버리고 예수 그리스도 안에서 받은 죄사함을 감사해야 한다.

셋째로, 야곱을 위한 하나님의 훈련은 철저하였다. 그것은 세상 애착을 끊게 하는 과정이었다. 사람은 결국 세상에 있는 모든 것을 다 뒤에 버려두고 죽음을 맞을 것이며 홀로 하나님 앞에 서게 될 것이다. 그러므로 우리는 세상에 있는 모든 것이 헛됨을 미리 깨닫고 알아야 한다 (전 1:2). 우리는 이 세상과 세상에 있는 것들에 대한 애착을 끊고 하나님 중심으로만 살아야 한다. 주께서는 "아비나 어미를 나보다 더 사랑하는 자는 내게 합당치 아니하고 아들이나 딸을 나보다 더 사랑하는 자도 내게 합당치 아니하고 또 자기 십자가를 지고 나를 좇지 않는 자도 내게 합당치 아니하니라"고 말씀하셨다(마 10:37-38). 우리는 이 세상의 모든 애착을 끊고 오직 삼위일체 하나님만 의지하고 주께서 약속하신 천국만 소망하며 서로 사랑하며 바르고 선하고 진실하게 살아야 한다.

43장: 형들이 베냐민과 함께 다시 옴

〔1-5절〕 그 땅에 기근이 심하고 그들이 애굽에서 가져온 곡식을 다 먹으매 그 아비가 그들에게 이르되 다시 가서 우리를 위하여 양식을 조금 사라. 유다가 아비에게 말하여 가로되 그 사람이 엄히 우리에게 경계하여 가로되 너희 아우가 너희와 함께하지 아니하면 너희가 내 얼굴을 보지 못하리라 하였으니 아버지께서 우리 아우를 우리와 함께 보내시면 우리가 내려가서 아버지를 위하여 양식을 사려니와 아버지께서 만일 그를 보내지 않으시면 우리는 내려가지 아니하리니 그 사람이 우리에게 말하기를 너희 아우가 너희와 함께하지 아니하면 너희가 내 얼굴을 보지 못하리라 하였음이니이다.

야곱 가족들이 살던 가나안 땅에도 기근이 온 것은 야곱의 아들들의 죄와 무관하지 않을 것이다. 그들은 아직 22년 전의 죄도 회개치 않았던 것 같다. 기근은 일반적으로 그 거민들의 죄에 대한 하나님의 징벌이다. 그러나 기근 중에도 애굽에 양식이 있었고 야곱의 아들들이 애굽에서 양식을 구할 수 있었던 것은 하나님께서 야곱의 가정에 베푸신 은혜이었다. 야곱의 아들들의 행위를 생각한다면 은혜 받을 여지가 없겠지만, 하나님께서는 택하신 야곱을 긍휼히 여기셨다.

하나님께서는 기근의 때에도 자기 백성에게 살 길을 주신다. 시편 33:18-19, "여호와는 그 경외하는 자 곧 그 인자하심을 바라는 자를 살피사 . . . 저희를 기근시에 살게 하시는도다." 욥기 38:41, "까마귀 새끼가 하나님을 향하여 부르짖으며 먹을 것이 없어서 오락가락할 때에 그것을 위하여 먹을 것을 예비하는 자가 누구냐?" 공중의 새를 먹이시고 들의 백합화를 입히시는 하나님께서는 자기 백성된 우리에게 일용할 양식을 주실 것이다. 그러므로 우리는 믿음과 계명 순종으로만 살고 먹을 것과 입을 것을 염려하지 말아야 한다(마 6:26-33).

〔6-10절〕 이스라엘이 가로되 너희가 어찌하여 너희에게 오히려 아우가 있다고 그 사람에게 고하여 나를 해롭게 하였느냐? 그들이 가로되 그 사람

이 우리와 우리의 친족에 대하여 자세히 힐문하여[물어] 이르기를 너희 아버지가 그저 살았느냐? 너희에게 아우가 있느냐 하기로 그 말을 조조이[조목조목] 그에게 대답한 것이라. 그가 너희 아우를 데리고 내려오라 할 줄을 우리가 어찌 알았으리이까? 유다가 아비 이스라엘에게 이르되 저 아이를 나와 함께 보내시면 우리가 곧 가리니 그러면 우리와 아버지와 우리 어린 것들이 다 살고 죽지 아니하리이다. 내가 그의 몸을 담보하오리니 아버지께서 내 손에 그를 물으소서. 내가 만일 그를 아버지께 데려다가 아버지 앞에 두지 아니하면 내가 영원히 죄를 지리이다. 우리가 지체하지 아니하였더면 벌써 두 번 갔다 왔으리이다.

이전에 요셉을 팔 때 앞장서서 제안했던 유다이지만, 지금은 다른 형제들보다 앞서서 자신이 베냐민의 몸을 담보하겠다고 말한다. 그는 과거의 잘못을 많이 반성한 것 같다.

[11-14절] 그들의 아비 이스라엘이 그들에게 이르되 그러할진대 이렇게 하라. 너희는 이 땅의 아름다운 소산을 그릇에 담아가지고 내려가서 그 사람에게 예물을 삼을지니 곧 유향 조금과 꿀 조금과 향품과 몰약과 비자(榧子)[견과들(nuts)]와 파단행[편도들(almonds)]이니라. 너희 손에 돈을 배나 가지고 너희 자루 아구에 도로 넣어 온 그 돈을 다시 가지고 가라. 혹 차착[착오]이 있었을까 두렵도다. 네 아우도 데리고 떠나 다시 그 사람에게로 가라. 전능하신 하나님께서 그 사람 앞에서 너희에게 은혜를 베푸사 그 사람으로 너희 다른 형제와 베냐민을 돌려보내게 하시기를 원하노라. 내가 자식을 잃게 되면 잃으리로다.

야곱에게는 다른 선택의 여지가 없었다. 굶어죽느냐 아니면 베냐민을 함께 보내어 양식을 구하게 하느냐 둘 중에 하나를 택할 수밖에 없었다. 그는 베냐민을 잃을지도 모른다고 두려워했으나 그를 함께 보내지 않을 수 없었다. 그때 야곱은 먼저 애굽의 그 통치자를 위해 선물을 준비하였다. 그는 가나안 땅의 아름다운 소산 중 유향 조금과 꿀 조금과 향품과 몰약과 견과들과 편도(아몬드)들을 준비했다. 야곱은 그 통치자를 위해 정성의 선물을 준비하였다.

또 야곱은 양식값을 두 배나 넣게 하였다. 지난번에 어떤 착오로 돈이 지불되지 않았기 때문이다. 그는 돈 계산이 정확한 자, 더러운 이익을 탐하지 않는 자이었다. 그는 좋은 인격자이었다. 이런 요소는 장로와 집사의 한 자격요건이 된다(딤전 3:3[전통본문], 9).

야곱은 막내아들 베냐민을 그들과 함께 보내며 말했다. "전능하신 하나님께서 그 사람 앞에서 너희에게 은혜를 베푸사 그로 너희 다른 형제와 베냐민을 돌려보내게 하시기를 원하노라. 내가 자식을 잃게 되면 잃으리로다." 야곱은 전능하신 하나님을 의지하였고 하나님의 은혜받기를 소원하였다. 참 신앙은 사람들이나 땅의 것들을 의지하지 않고 오직 주권적 섭리자이신 하나님을 알고 그를 의지하며 그의 주권적 처분에 모든 것을 의탁하는 것이다.

하나님께서는 야곱을 온전케 만들고 계셨다. 그는 이미 돈 계산이 정확한 도덕성이 있었고 전능자 하나님을 의지하는 믿음이 있었다. 그러나 거기에 더하여 하나님께서는 그에게 세상의 귀한 것들을 다 포기하게 하시고 오직 하나님 한 분만 바라며 의지하게 하셨다. 그것이 그에게서 사랑하는 아내 라헬을 먼저 데려가신 뜻이며 사랑하는 아들 요셉을 빼앗아 가신 뜻이었고 지금 남은 베냐민까지 포기하게 하시는 뜻이었다. 그는 베냐민을 포기했지만, 그 대신 하나님을 더욱 의지하였다. 이제 그에게 남은 것은 하나님뿐이었다.

〔15-18절〕 그 사람들이 그 예물을 취하고 갑절 돈을 자기들의 손에 가지고 베냐민을 데리고 애굽에 내려가서 요셉의 앞에 서니라. 요셉이 베냐민이 그들과 함께 있음을 보고 그 청지기에게 이르되 이 사람들을 집으로 인도해 들이고 짐승을 잡고 준비하라. 이 사람들이 오정에 나와 함께 먹을 것이니라. 그 사람이 요셉의 명대로 하여 그 사람들을 요셉의 집으로 인도하니 그 사람들이 요셉의 집으로 인도되매 두려워하여 이르되 전일 우리 자루에 넣어 있던 돈의 일로 우리가 끌려드도다. 이는 우리를 억류하고 달려들어 우리를 잡아 노예를 삼고 우리의 나귀를 빼앗으려 함이로다 하고.

〔19-24절〕 그들이 요셉의 청지기에게 가까이 나아가 그 집 문앞에서 그에게 고하여 가로되 내 주여, 우리가 전일에 내려와서 양식을 사 가지고 객

점[여관]에 이르러 자루를 풀어본즉 각인의 돈이 본수[그]대로 자루 아구에 있기로 우리가 도로 가져왔고 양식 살 다른 돈도 우리가 가지고 내려왔나이다. 우리의 돈을 우리 자루에 넣은 자는 누구인지 우리가 알지 못하나이다. 그가 이르되 너희는 안심하라. 두려워 말라. 너희 하나님 너희 아버지의 하나님께서 재물을 너희 자루에 넣어 너희에게 주신 것이니라. 너희 돈은 내가 이미 받았느니라 하고 시므온을 그들에게로 이끌어내고 그들을 요셉의 집으로 인도하고 물을 주어 발을 씻게 하며 그 나귀에게 먹이를 주더라.

요셉의 청지기는 하나님을 경외하는 자이었던 것 같다.

〔25-28절〕 그들이 여기서 먹겠다 함을 들으므로 예물을 정돈하고 요셉이 오정에 오기를 기다리더니 요셉이 집으로 오매 그들이 그 집으로 들어가서 그 예물을 그에게 드리고 땅에 엎드리어 절하니 요셉이 그들의 안부를 물으며 가로되 너희 아버지 너희가 말하던 그 노인이 안녕하시냐? 지금까지 생존하셨느냐? 그들이 대답하되 주의 종 우리 아비가 평안하고 지금까지 생존하였나이다 하고 머리 숙여 절하더라.

〔29-31절〕 요셉이 눈을 들어 자기 어머니의 아들 자기 동생 베냐민을 보고 가로되 너희가 내게 말하던 너희 작은 동생이 이냐? 그가 또 가로되 소자여, 하나님이[하나님께서] 네게 은혜 베푸시기를 원하노라. 요셉이 아우를 인하여 마음이 타는 듯하므로 급히 울 곳을 찾아 안방으로 들어가서 울고 얼굴을 씻고 나와서 그 정을 억제하고 음식을 차리라 하매.

〔32-34절〕 그들이 요셉에게 따로 하고 그 형제들에게 따로 하고 배식(配食)하는 애굽 사람에게도 따로 하니 애굽 사람은 히브리 사람과 같이 먹으면 부정(不淨)을 입음이었더라. 그들이 요셉의 앞에 앉되 그 장유의 차서대로[맏형부터 막내 동생까지 순서대로] 앉히운 바 되니 그들이 서로 이상히 여겼더라. 요셉이 자기 식물로 그들에게 주되 베냐민에게는 다른 사람보다 5배나 주매 그들이 마시며 요셉과 함께 즐거워하였더라.

요셉의 형들은 요셉 앞에 맏형부터 막내 동생까지 나이 순서대로 앉히우자 서로 이상히 여겼다. 요셉이 처음부터 형들을 용서치 않은 것은 그들에게 회개할 시간을 준 것일 것이다. 그가 양식을 살 돈을 그들의 자루에 도로 넣은 것을 보면 그들을 아주 미워한 것은 아니었던 것 같지만, 형들에 대한 감정을 정리하는 데에도 시간이 필요했을 것이다. 그는 그 동생 베냐민은 보고 싶었으나 자기를 판 형들은 보고 싶지 않았을 것이다. 그러나 이제 그가 형들과 함께 식사하는 것을 보면, 그들에 대한 감정도 상당히 풀린 것 같다. 그래도 하나님을 경외하는 요셉이 낫다. 그는 지금 자기를 팔았던 그 형들을 용서하고 너그러이 대하고 있고 함께 식사까지 하고 있는 것이다.

본장의 교훈을 정리해보자. 첫째로, 가나안 땅에 기근이 극심했으나 애굽에는 양식이 있었다. 땅에 기근이 심해도 하나님께서는 자기 백성에게 먹을 것과 입을 것을 예비하셨다. 우리는 공중의 새를 먹이시고 들의 백합화를 입히시는 하나님께서 우리의 의식주의 필요들을 아시고 주실 것을 믿어야 한다. 그러므로 우리는 땅의 것들 곧 의식주의 문제로 염려하지 말고 기근 중에도 오직 섭리자 하나님만 의지하고 그의 뜻대로, 그의 계명대로 의롭고 선하고 진실하게만 살아야 한다(마 6:33).

둘째로, 야곱은 강제적으로지만 라헬도, 요셉도, 베냐민도 포기했다. 주 예수께서는 부자 청년에게 "네가 온전하고자 할진대 가서 네 소유를 팔아 가난한 자들에게 주고 나를 따르라"고 말씀하셨고(마 19:21) 또 그의 제자들에게 "누구든지 자기의 모든 소유를 버리지 아니하면 능히 내 제자가 되지 못하리라"고 말씀하셨다(눅 14:33). 그것이 제자의 길이며 그것이 영적으로 온전케 되는 길이다. 우리는 야곱처럼 땅의 것들을 다 포기하고 영원하신 하나님만 믿고 그의 복된 나라만 소망해야 한다.

셋째로, 요셉은 원수 같은 형들을 너그러이 용서하였다. 이것은 하나님께서 성경에 교훈하신 온전함이다. 주께서는 "너희 원수를 사랑하며 너희를 핍박하는 자를 위하여 기도하라"고 말씀하셨다(마 5:44). 사도 바울은 "서로 인자하게 하며 불쌍히 여기며 서로 용서하기를 하나님께서 그리스도 안에서 너희를 용서하심과 같이 하라"고 말했다(엡 4:32). 우리는 형제를 사랑하고 서로 용서하고 원수까지도 사랑해야 한다.

44장: 베냐민을 남겨두려 함

〔1-6절〕 요셉이 그 청지기에게 명하여 가로되 양식을 각인의 자루에 실을 수 있을 만큼 채우고 각인의 돈을 그 자루에 넣고 또 내 잔 곧 은잔을 그 **소년**(학카톤 ﬧ[그 가장 어린 재](BDB, KJV, NASB, NIV)의 **자루 아구에** 넣고 그 양식 값 돈도 함께 넣으라 하매 그가 요셉의 명령대로 하고 개동시에[아침이 밝자] 사람들과 그 나귀를 보내니라. 그들이 성에서 나가 멀리 가기 전에 요셉이 청지기에게 이르되 일어나 그 사람들의 뒤를 따라 미칠 때에 그들에게 이르기를 너희가 어찌하여 악으로 선을 갚느냐? 이것은 내 주인이 가지고 마시며 늘 점치는 데 쓰는 것이 아니냐? 너희가 이같이 하니 악하도다 하라. 청지기가 그들에게 따라 미쳐 그대로 말하니.

〔7-13절〕 그들이 그에게 대답하되 우리 주여, 어찌 이렇게 말씀하시나이까? 이런 일은 종들이 결단코 아니하나이다. 우리 자루에 있던 돈도 우리가 가나안 땅에서부터 당신에게로 가져왔거늘 우리가 어찌 당신 주인의 집에서 은, 금을 도적질하리이까? 종들 중 뉘게서 발견되든지 그는 죽을 것이요 우리는 우리 주의 종이 되리이다. 그가 가로되 그러면 너희 말과 같이 하리라. 그것이 뉘게서든지 발견되면 그는 우리[나의] 종이 될 것이요 너희에게는 책망이 없으리라. 그들이 각각 급히 자루를 땅에 내려놓고 각기 푸니 그가 나이 많은 자에게서부터 시작하여 나이 적은 자에게까지 수탐하매 [뒤지니] 잔이 베냐민의 자루에서 발견된지라. 그들이 옷을 찢고 각기 짐을 나귀에 싣고 성으로 돌아오니라.

잔이 베냐민의 자루에서 발견된 것은 너무 예상 밖의 일이었다. 그것은 최악의 상황이었다. 아버지 야곱이 염려했던 그 일이 일어났다. 그들은 옷을 찢고 짐을 나귀에 싣고 성으로 돌아왔다.

〔14-17절〕 유다와 그 형제들이 요셉의 집에 이르니 요셉이 오히려 그 곳에 있는지라. 그 앞 땅에 엎드리니 요셉이 그들에게 이르되 너희가 어찌하여 이런 일을 행하였느냐? 나 같은 사람이 점 잘 칠 줄을 너희가 알지 못하느냐? 유다가 가로되 우리가 내 주께 무슨 말을 하오리이까? 무슨 설명을 하오리이까? 어떻게 우리의 정직을 나타내리이까? 하나님께서 종들의 죄악을

적발하셨으니 우리와 이 잔이 발견된 자가 다 내 주의 종이 되겠나이다. 요셉이 가로되 내가 결코 그리하지 아니하리라. 잔이 그 손에서 발견된 자만 나의 종이 되고 너희는 평안히 너희 아버지께로 도로 올라갈 것이니라.

유다가 야곱의 넷째 아들이었음에도 불구하고(창 29:32-35) 본문이 "유다와 그 형제들이"라고 말하고 또 "유다가 가로되"라고 말한 것은 성격이 활달하였거나 지도력이 있었거나 아니면 자신의 과거의 잘못에 대해 보상하려는 마음의 용기가 있었기 때문일 것이다. 그와 그 형제들은 만일 베냐민을 두고 가는 상황이라면 자신들이 모두 그의 종이 되겠다는 단합된 결심을 보였다. 요셉이 자기 동생 베냐민을 남겨두고 싶어하는 마음은 이해되지만, 형들에게 왜 자신을 밝히지 않고 이런 일을 했는지, 그의 속뜻이 무엇인지, 형들을 완전히 용서하는 마음이 아직 없었는지, 형들의 회개를 위해 좀더 시간을 주려 했는지 우리는 알 수 없다. 그것은 하나님만 아실 것이다. 성경은 거기에 대해 말하지 않고 단지 그 사실을 그대로 증거하고 있다.

〔18-24절〕 유다가 그에게 가까이 가서 가로되 내 주여, 청컨대 종으로 내 주의 귀에 한 말씀을 고하게 하소서. 주의 종에게 노하지 마옵소서. 주는 바로와 같으심이니이다. 이전에 내 주께서 종들에게 물으시되 너희는 아비가 있느냐? 아우가 있느냐 하시기에 우리가 내 주께 고하되 우리에게 아비가 있으니 노인이요 또 그 노년에 얻은 아들 소년이 있으니 그의 형은 죽고 그 어미의 끼친 것은 그뿐이므로 그 아비가 그를 사랑하나이다 하였더니 주께서 또 종들에게 이르시되 그를 내게로 데리고 내려와서 나로 그를 목도하게 하라 하시기로 우리가 내 주께 말씀하기를 그 아이는 아비를 떠나지 못할지니 떠나면 아비가 죽겠나이다. 주께서 또 주의 종들에게 말씀하시되 너희 말째 아우가 너희와 함께 내려오지 아니하면 너희가 다시 내 얼굴을 보지 못하리라 하시기로 우리가 주의 종 우리 아비에게로 도로 올라가서 내 주의 말씀을 그에게 고하였나이다.

유다는 그에게 가까이 가서 한 말씀을 고하기를 청했다. 20절에 그가 말째 아우의 형이 죽었다고 말한 것을 보면, 그 형제들은 아직도 요셉을 팔아넘겼다는 사실을 감추고 있었던 것 같다. 그것은 그들에게 참 회개가 없었음을 나타낼 것이다. 자기 잘못을 사실대로 고백함이 없이는 참된 회개가 없다. 그들은 완전한 회개를 해야 할 것이다.

〔25-29절〕 그 후에 우리 아비가 다시 가서 곡물을 조금 사오라 하시기로 우리가 이르되 우리가 내려갈 수 없나이다. 우리 말째 아우가 함께하면 내려가려니와 말째 아우가 우리와 함께함이 아니면 그 사람의 얼굴을 볼 수 없음이니이다. 주의 종 우리 아비가 우리에게 이르되 너희도 알거니와 내 아내가 내게 두 아들을 낳았으나 하나는 내게서 나간 고로 내가 말하기를 정녕 찢겨 죽었다 하고 내가 지금까지 그를 보지 못하거늘 너희가 이도 내게서 취하여 가려한즉 만일 재해가 그 몸에 미치면 나의 흰머리로 슬피 음부로[무덤으로] 내려가게 하리라 하니.

28절의 말씀대로 야곱은 지금껏 요셉이 짐승에게 찢겨 죽었다고 생각하고 있으니(창 37:31-33), 그의 형들이 아버지 야곱에게 자신들의 잘못과 거짓말을 그대로 고백하지 않았던 것이 분명하였다. 그들에게는 참된 회개가 필요하였다.

〔30-34절〕 아비의 생명과 아이의 생명이 서로 결탁되었거늘 이제 내가 주의 종 우리 아비에게 돌아갈 때에 아이가 우리와 함께하지 아니하면 아비가 아이의 없음을 보고 죽으리니 이같이 되면 종들이 주의 종 우리 아비의 흰머리로 슬피 음부로[무덤으로] 내려가게 함이니이다. 주의 종이 내 아비에게 아이를 담보하기를 내가 이를 아버지께로 데리고 돌아오지 아니하면 영영히 아버지께 죄를 지리이다 하였사오니 청컨대 주의 종으로 아이를 대신하여 있어서 주의 종이 되게 하시고 아이는 형제와 함께 도로 올려 보내소서. 내가 어찌 아이와 함께하지 아니하고 내 아비에게로 올라갈 수 있으리이까? 두렵건대 재해가 내 아비에게 미침을 보리이다.

유다는 전에 다른 형제들이 요셉을 죽이려고 구덩이에 던져 넣었을 때 그를 죽이지 말고 이스마엘 사람들에게 팔자고 제안하였었다(창 37:26-27). 그러나 동생을 종으로 팔아넘기는 것도 하나님 앞에서 사형에 해당하는 큰 죄이었다(출 21:16). 그런 일들이 있은 후에, 유다

는 그의 아내가 죽은 일이라든지, 그의 장자와 차자가 죽은 일, 또 그
자신이 며느리를 창녀로 알고 그에게 들어가 그로 임신케 한 부끄럽
고 죄악된 일 등으로 인해 이미 하나님의 징벌을 상당히 받았었다.
요셉의 형들도 자신들의 잘못을 깨닫기 시작했고(창 42:21) 이제 다
함께 베냐민을 위해 종이 되겠다고 말하는 것을 보면 그들의 인격들
에도 많은 변화가 있었다. 특히 유다가 나서서 베냐민을 담보하며 그
대신 자신이 종이 되겠다고 고백한 것은 그의 심령과 인격의 큰 변화
를 증거한다. 지금 유다는 이전의 유다가 아니다.

　본장의 교훈을 정리해보자. 첫째로, 요셉의 형들은 자기들의 잘못을
아직도 아버지께 사실 그대로 고백하지 않았다. 그러나 하나님께서는
그들의 죄를 다 들추어내실 것이다. 잠언 28:13, "자기의 죄를 숨기는 자
는 형통치 못하나 죄를 자복하고 버리는 자는 불쌍히 여김을 받으리
라." 참 회개의 첫걸음은 자신의 잘못을 인정하는 것이다. 우리는 우리
의 모든 죄와 잘못을 사실 그대로 인정하고 고백하고 버려야 한다.
　둘째로, 유다와 형제들은 다 요셉에게 종이 되겠다고 고백했고 특히
유다는 동생 베냐민을 대신하여 종이 되겠다고 간청했다. 유다와 형제
들은 하나님께서 주신 고난의 징계를 통해 착한 방향으로 많이 변한 것
같다. 우리는 하나님께서 주시는 징계의 고난을 불평하지 말고 낙심치
도 말고 달게 받고 우리의 부족을 고쳐 온전한 인격이 되어야 한다.
　셋째로, 특히 유다는 베냐민 대신 자신을 종으로 삼기를 청하였다.
그것은, 그가 과거에 요셉을 종으로 팔자고 제안했던 악의 보상이 될
수는 없겠지만, 그래도 작은 보상적 의미를 가질 것이다. 그것은 유다의
회개의 열매이었다고 보인다. 예수께서는 "사람이 친구를 위하여 자기
목숨을 버리면 이에서 더 큰 사랑이 없다"고 말씀하셨다(요 15:13). 그는
친히 참 사랑을 보이셨다. 우리는 그의 사랑을 본받아 남을 위해 자신
을 희생하는 사랑을 실천하고 사랑의 열매를 맺어야 할 것이다.

45장: 형들에게 자기를 알림

〔1-4절〕 요셉이 시종하는 자들 앞에서 그 정을 억제하지 못하여 소리질러 모든 사람을 자기에게서 물러가라 하고 그 형제에게 자기를 알리니 때에 그와 함께한 자가 없었더라. 요셉이 방성대곡하니 애굽 사람에게 들리며 바로의 궁중에 들리더라. 요셉이 그 형들에게 이르되 나는 요셉이라. 내 아버지께서 아직 살아계시니이까? 형들이 그 앞에서 놀라서 능히 대답하지 못하는지라. 요셉이 형들에게 이르되 내게로 가까이 오소서. 그들이 가까이 가니 가로되 나는 당신들의 아우 요셉이니 당신들이 애굽에 판 자라.

요셉은 감정을 억제치 못했고 모든 시종하는 자들을 물러가게 한 후 형제들에게 자신을 알리며 큰 소리로 울었다. 20여년간 쌓였던 그의 슬픔과 외로움과 그리움이 뒤섞인 감정은 마침내 폭발하였다.

〔5-8절〕 당신들이 나를 이 곳에 팔았으므로 근심하지 마소서. 한탄하지 마소서. 하나님께서 생명을 구원하시려고(레미크야 מִחְיָה)[생명의 보존을 위해] 나를 당신들 앞서 보내셨나이다. 이 땅에 2년 동안 흉년이 들었으나 아직 5년은 기경도 못하고 추수도 못할지라. 하나님께서 큰 구원으로 당신들의 생명을 보존하고 당신들의 후손을 세상에 두시려고 나를 당신들 앞서 보내셨나니 그런즉 나를 이리로 보낸 자는 당신들이 아니요 하나님이시라.

요셉에게는 하나님의 주권에 대한 놀라운 지식과 믿음이 있었다. 그는 하나님께서 자신을 애굽에 미리 보내셨다고 세 번이나 말한다 (5, 7, 8절). 그는 하나님께서 그들과 그들의 후손들의 생명의 보존을 위하여 자신을 미리 보내신 것이라고 증거하고 있다. 이것은 주권적 섭리자 하나님에 대한 그의 놀라운 지식과 믿음이다.

〔8-11절〕 . . . [또] 하나님이[하나님께서] 나로 바로의 아비를 삼으시며 그 온 집의 주를 삼으시며 애굽 온 땅의 치리자를 삼으셨나이다. 당신들은 속히 아버지께로 올라가서 고하기를 아버지의 아들 요셉의 말에 하나님이 [하나님께서] 나를 애굽 전국의 주로 세우셨으니 내게로 지체말고 내려오사 아버지의 아들들과 아버지의 손자들과 아버지의 양과 소와 모든 소유가 고

센 땅에 있어서 나와 가깝게 하소서. 흉년이 아직 다섯 해가 있으니 내가 거기서 아버지를 봉양하리이다. 아버지와 아버지의 가속[집안 사람들]과 아버지의 모든 소속이 결핍할까 하나이다 하더라 하소서.

요셉은 하나님께서 자신을 애굽에 미리 보내셨고 애굽에서 높은 지위를 갖게 하셨다고 두 번이나 말한다(8, 9절). 그는 자신을 '바로의 아비,' '그의 온 집의 주,' '애굽 온 땅의 치리자,' '애굽 온 땅의 주'라고 표현한다. 그가 애굽의 총리가 된 것은 그의 지혜 때문이 아니었고 우연이나 재수가 좋아서도 아니었다. 그것은 살아계셔서 온 세상을 섭리하시는 주권자 하나님 때문이었다. 하나님께서는 그로 하여금 그런 지위에 오르게 하셨다. 이것은 하나님에 대한 놀라운 진리이며 놀라운 믿음이다. 이것이 하나님의 절대주권 진리와 믿음이다.

〔12-15절〕 당신들의 눈과 내 아우 베냐민의 눈이 보는 바 당신들에게 이 말을 하는 것은 내 입이라. 당신들은 나의 애굽에서의 영화와 당신들의 본 모든 것을 다 내 아버지께 고하고 속히 모시고 내려오소서 하며 자기 아우 베냐민의 목을 안고 우니 베냐민도 요셉의 목을 안고 우니라. 요셉이 또 형들과 입맞추며 안고 우니 형들이 그제야 요셉과 말하니라.

요셉에게는 부모님에 대한 효심과 형제들에 대한 사랑이 있었고 특히 그의 눈물 속에는 확실히 형들에 대한 용서가 들어 있었다.

〔16-20절〕 요셉의 형들이 왔다는 소문이 바로의 궁에 들리매 바로와 그 신복이 기뻐하고 바로는 요셉에게 이르되 네 형들에게 명하기를 너희는 이렇게 하여 너희 양식을 싣고 가서 가나안 땅에 이르거든 너희 아비와 너희 가속[집안 사람들]을 이끌고 내게로 오라. 내가 너희에게 애굽 땅 아름다운 것을 주리니 너희가 나라의 기름진 것을 먹으리라. 이제 명을 받았으니 이렇게 하라. 너희는 애굽 땅에서 수레[수레들]를 가져다가 너희 자녀와 아내를 태우고 너희 아비를 데려오라. 또 너희의 기구[물건들, 소유물들]를 아끼지[아까워하지] 말라. 온 애굽 땅의 좋은 것이 너희 것임이니라 하라.

'너희의 물건들을 아끼지 말라'는 말은 그들의 물건들을 아까워하지 말라는 뜻으로 그들이 그 곳을 떠나 이 곳으로 올 때 혹시 버리고 올 물건들이 있다고 해서 아까워하지 말라는 뜻이라고 본다.

〔21-24절〕 이스라엘의 아들들이 그대로 할새 요셉이 바로의 명대로 그들에게 수레[수레들]를 주고 길 양식을 주며 또 그들에게 다 각기 옷(칼리포스 세말롯 שְׂמָלֹת חֲלִיפוֹת)[갈아입을 겉옷들](BDB) 한 벌씩 주되 베냐민에게는 은 삼백과 옷 다섯 벌을 주고 그가 또 이와 같이 그 아비에게 보내되 수나귀 열 필에 애굽의 아름다운 물품을 실리고 암나귀 열 필에는 아비에게 길에서 공궤할 곡식과 떡과 양식을 실리고 이에 형들을 돌려보내며 그들에게 이르되 당신들은 노중에서 다투지 말라 하였더라.

"노중에서 다투지 말라"(알 티르게주 밧다렉 אַל־תִּרְגְּזוּ בַּדָּרֶךְ)는 원어는 영어성경들도 대체로 그런 뜻으로 번역하고 있지만(KJV, NASB, NIV), 히브리어 사전(BDB)과 성경의 용례들을 볼 때, "길에서 두려워하지 마소서"라고 번역하는 것이 더 나아 보인다(출 15:14; 신 2:25; 시 99:1; 사 64:1; 렘 33:9; 욜 2:1 등).

〔25-28절〕 그들이 애굽에서 올라와 가나안 땅으로 들어가서 아비 야곱에게 이르러 고하여 가로되 요셉이 지금까지 살아 있어 애굽 땅 총리가 되었더이다. 야곱이 그들을 믿지 아니하므로 기색하더니[어리둥절하더니] 그들이 또 요셉이 자기들에게 부탁한 모든 말로 그 아비에게 고하매 그 아비 야곱이 요셉의 자기를 태우려고 보낸 수레[수레들]를 보고야 기운이 소생한지라. 이스라엘이 가로되 족하도다. 내 아들 요셉이 지금까지 살았으니[아직도 내 아들 요셉이 살아 있다니] 내가 죽기 전에 가서 그를 보리라.

본장의 교훈을 정리해보자. 첫째로, 요셉은 하나님의 주권적 섭리를 증거하였다. 5절, "당신들이 나를 이 곳에 팔았으므로 근심하지 마소서. 한탄하지 마소서. 하나님께서 생명을 구원하시려고 나를 당신들 앞서 보내셨나이다." 7-8절, "하나님께서 큰 구원으로 당신들의 생명을 보존하고 당신들의 후손을 세상에 두시려고 나를 당신들 앞서 보내셨나니 그런즉 나를 이리로 보낸 자는 당신들이 아니요 하나님이시라. 하나님께서 나로 바로의 아비를 삼으시며 그 온 집의 주를 삼으시며 애굽 온 땅의 치리자를 삼으셨나이다." 9절, "하나님께서 나를 애굽 전국의 주로 세우셨으니." 창조자 하나님께서는 온 세상을 다스리시는 섭리자이시다. 시편 115:3, "우리 하나님께서는 하늘에 계셔서 원하시는 모든 것을 행하셨나이다." 또 하나님의 섭리는 선한 결과를 가져온다. 하나님께서는 요셉의 형들의 악행이 야곱 가족들의 생명을 구원하는 일이 되도록 섭리하셨다. 요셉의 생애는 예수님의 생애의 예표이었다. 예수께서는 가룟 유다의 배신으로 은 30에 팔려 십자가에 처형되셨으나 그의 고난과 죽음이 인류의 구원, 정확히 말해 택자들의 구원이 되었다. 하나님께서는 모든 일이 합력하여 선을 이루신다. 로마서 8:28, "우리가 알거니와 하나님을 사랑하는 자 곧 그 뜻대로 부르심을 입은 자들에게는 모든 것이 합력하여 선을 이루느니라." 우리는 하나님의 섭리를 믿어야 한다.

둘째로, 요셉은 형들의 잘못을 용서하며 그들과 입맞추었다. 14-15절, "[요셉이] 자기 아우 베냐민의 목을 안고 우니 베냐민도 요셉의 목을 안고 우니라. 요셉이 또 형들과 입맞추며 안고 우니 형들이 그제야 요셉과 말하니라." 요셉은 형들에게 "당신들이 나를 이 곳에 팔았으므로 근심하지 마소서. 한탄하지 마소서. 하나님께서 생명을 구원하시려고 나를 당신들 앞서 보내셨나이다"라고 말했다. 요셉은 형들을 용서했다. 원수도 용서하는 것이 하나님 섬기는 자의 바르고 선한 마음가짐이다.

셋째로, 하나님께서는 야곱에게 큰 위로를 주셨다. 애굽 왕 바로는 요셉의 형제들이 왔다는 소식을 듣고 기뻐했고 요셉의 가족들이 애굽 땅으로 이주해올 것을 권하였고 그들을 위해 수레들과 길 양식과 많은 선물들을 풍성하게 주었다. 야곱은 처음에 그 아들들의 말을 믿지 못하였으나 자기를 태우려고 보낸 수레들을 보고 믿게 되었고 "아직도 내 아들 요셉이 살아 있다니 내가 죽기 전에 가서 그를 보리라"고 말했다. 하나님께서는 많은 고난을 당했던 야곱에게 말년에 큰 위로를 주셨다. 그는 자기 백성에게 좋은 것을 주시는 위로의 하나님이시다. 그는 우리에게 때때로 슬프고 괴로운 일도 주시지만 곧 위로와 기쁨과 평안을 주시며 또 장차 천국에서 충만한 위로와 기쁨과 평안을 주실 것이다.

46장: 야곱이 애굽으로 내려감

〔1-2절〕 이스라엘이 모든 소유를 이끌고 발행하여[떠나] 브엘세바에 이르러 그 아비 이삭의 하나님께 희생을 드리니 밤에 하나님이[하나님께서] 이상(異像) 중에 이스라엘에게 나타나시고 불러 가라사대 야곱아 야곱아 하시는지라. 야곱이 가로되 내가 여기 있나이다 하매.

브엘세바는 유다 땅의 가장 남단의 성읍이다. 희생을 드렸다는 말은 짐승 제사를 드렸다는 뜻이다. 짐승 제사 중 대표적인 것은 번제이며 그것은 속죄와 헌신을 나타낸다. '그 아비 이삭의 하나님께'라는 말은 야곱의 가정에 경건이 계대(繼代)되고 있음을 보인다. 신앙의 유산은 재물의 유산보다 훨씬 더 귀하다. 사람은 하나님 없이는 행복도 없기 때문이다. 사람의 성공적 삶은 하나님을 경외함에서 가능하다. 하나님을 경외함은 참 지식의 시작이요 핵심이다(잠 1:7; 9:10).

하나님께서는 '밤의 이상'(마르옷 할라옐라 מַרְאֹת הַלַּיְלָה) 중에 그에게 말씀하셨다. 이상(異象)은 옛 시대에 하나님의 특별계시의 한 방법이었다. 후에 사무엘을 부르셨듯이(삼상 3:3-9), 하나님께서는 밤에 나타나 "야곱아, 야곱아" 하고 그를 부르셨고 야곱은 대답했다.

〔3-4절〕 하나님이[하나님께서] 가라사대 나는 하나님이라. 네 아비의 하나님이니 애굽으로 내려가기를 두려워 말라. 내가 거기서 너로 큰 민족을 이루게 하리라. 내가 너와 함께 애굽으로 내려가겠고 [내가] 정녕 너를 인도하여 다시 올라올 것이며 요셉이 그 손으로 네 눈을 감기리라 하셨더라.

하나님께서는 "나는 하나님, 네 아비의 하나님이라"고 말씀하셨다. '하나님'이라는 원어(하엘 הָאֵל)[그 하나님]는 유일하신 참 하나님을 나타낸다. 세상에는 아브라함과 이삭과 야곱의 하나님 외에 다른 신이 없다. 그는 천지만물을 지으시고 홀로 다스리시는 하나님이시다.

하나님께서는 "애굽으로 내려가기를 두려워 말라"고 말씀하셨다. 가나안은 약속의 땅이며(창 12:7) 전에 조부 아브라함은 애굽에 내려갔다가 아내를 빼앗긴 일도 있었고(창 12:10-20), 하나님께서는 이전에 아버지 이삭에게 "애굽으로 내려가지 말고 내가 네게 지시하는 땅에 거하라"고 말씀하기도 하셨다(창 26:2). 야곱은 그 일들을 들어 잘 알고 있었을 것이며 그러므로 두려움과 주저함이 있었을 것이다. 그러나 지금 하나님께서는 애굽에 내려가라고 지시하시는 것이다. 또 원문에 보면, 하나님께서는 "왜냐하면 내가 거기서 너로 큰 민족을 이루게 할 것임이니라"고 말씀하셨다. 야곱이 애굽에 내려가는 것은 하나님의 뜻이었다. 그는 두려워하지 말고 그리로 내려가야 했다.

뿐만 아니라, 하나님께서는 "내가 너와 함께 애굽으로 내려가겠고 내가 정녕 너를 인도하여 다시 올라올 것이라"고 말씀하셨다. 원문에는 '내가'라는 말(아노키 אָנֹכִי)이 두 번 나온다. 인칭대명사는 히브리어에서 강조할 때만 쓰이지만, 본문에서는 그것이 두 번이나 쓰였다. 하나님께서는 '내가' 너와 함께 애굽으로 내려가겠고 또 '내가' 정녕 너를 인도하여 다시 올라올 것이라고 강조해 말씀하신 것이다.

또 하나님께서는 요셉이 그의 눈을 감기리라고 말씀하셨다. 야곱은 애굽에서 사랑하는 아들 요셉이 보는 데서 임종을 맞을 것이다. 그것은 많은 고난을 당했던 야곱에게 큰 위로와 보상이 될 것이다.

〔5-7절〕야곱이 브엘세바에서 발행할새〔떠날 때〕이스라엘의 아들들이 바로의 태우려고 보낸 수레〔수레들〕에 자기들의 아비 야곱과 자기들의 처자들을 태웠고 그 생축과 가나안 땅에서 얻은 재물을 이끌었으며 야곱과 그 자손들이 다함께 애굽으로 갔더라. 이와 같이 야곱이 그 아들들과 손자들과 딸들과 손녀들 곧 그 모든 자손을 데리고 애굽으로 갔더라.

야곱은 그 가족들과 가축들을 거느리고 브엘세바를 떠나 애굽으로 내려갔다. 애굽의 거주는 야곱 즉 이스라엘 자손들에게 훈련기간이 될 것이다. 애굽은 이 세상과 같고, 가나안 땅은 천국의 예표이다.

〔8-15절〕애굽으로 내려간 이스라엘 가족의 이름이 이러하니 야곱과 그 아들들 곧 야곱의 맏아들 르우벤과 르우벤의 아들 하녹과 발루와 헤스론과

갈미요, 시므온의 아들 곧 여무엘과 야민과 오핫과 야긴과 스할과 가나안 여인의 소생 사울이요, 레위의 아들 곧 게르손과 그핫과 므라리요, 유다의 아들 곧 엘과 오난과 셀라와 베레스와 세라니, 엘과 오난은 가나안 땅에서 죽었고 또 베레스의 아들 곧 헤스론과 하물이요, 잇사갈의 아들 곧 돌라와 부와와 욥과 시므론이요, 스불론의 아들 곧 세렛과 엘론과 얄르엘이니, 이들은 레아가 밧단아람에서 야곱에게 낳은 자손들이라. 그 딸 디나를 합하여 남자와 여자가 33명이며.

8절부터 27절까지는 애굽에 내려간 야곱 가족들의 이름이 기록되어 있다. 먼저 레아가 낳은 32명의 자녀들의 이름이 나온다. 우리말 성경의 15절은 레아가 33명을 낳은 것처럼 번역되어 있지만, 원문에는 "이들은 레아가 밧단아람에서 야곱에게 낳은 자손들이며 또 그의 [야곱의] 딸 디나라. 그의[야곱의] 아들들과 그의 딸들이 모두 33명이라"고 되어 있다. '그의'(남성인칭어미)라는 말은 레아를 가리키지 않고 야곱을 가리킨다. 야곱의 아들들과 딸들이 모두 33명이라고 한 것은 야곱 자신을 포함한 숫자인 것 같다. 즉 야곱 자신과, 아들들 6명, 딸 1명, 손자 23명, 증손자 2명, 도합 33명인 것이다.

〔16-18절〕 갓의 아들 곧 시본과 학기와 수니와 에스본과 에리와 아로디와 아렐리요, 아셀의 아들 곧 임나와 이스와와 이스위와 브리아와 그들의 누이 세라며 또 브리아의 아들 곧 헤벨과 말기엘이니, 이들은 라반이 그 딸 레아에게 준 실바가 야곱에게 낳은 자손들이라. 합 16명이요.

레아의 여종 실바가 낳은 자녀들은 갓과 그의 일곱 아들들, 아셀과 그의 네 아들들과 한 명의 딸, 그리고 두 명의 손자들, 도합 16명이다.

〔19-22절〕 야곱의 아내 라헬의 아들 곧 요셉과 베냐민이요 애굽 땅에서 온 제사장 보디베라의 딸 아스낫이 요셉에게 낳은 므낫세와 에브라임이요 베냐민의 아들 곧 벨라와 베겔과 아스벨과 게라와 나아만과 에히와 로스와 뭅빔과 훕빔과 아룻이니 이들은 라헬이 야곱에게 낳은 자손이라. 합 14명이요.

야곱의 아내 라헬이 낳은 자녀들은 요셉과 그의 두 아들들, 베냐민과 그의 열 아들들, 도합 14명이다. 본문은 특히 라헬을 '야곱의 아내 라헬'이라고 표현한다. 라헬은 야곱이 특히 사랑했던 아내이었다.

[23-25절] 단의 아들 후심이요, 납달리의 아들 곧 야스엘과 구니와 예셀과 실렘이라. 이들은 라반이 그 딸 라헬에게 준 빌하가 야곱에게 낳은 자손이니, 합이 7명이라.

마지막으로, 라헬의 여종 빌하가 낳은 자녀들은 단과 그의 한 명의 아들, 납달리와 그의 네 아들들, 도합 7명이다.

[26-27절] 야곱과 함께 애굽에 이른 자는 야곱의 자부 외에 66명이니 이는 다 야곱의 몸에서 나온 자며 애굽에서 요셉에게 낳은 아들이 두 명이니 야곱의 집 사람으로 애굽에 이른 자의 도합이 70명이었더라.

애굽에 이른 야곱 집의 사람들의 도합 70명에는, 야곱 자신과 레아의 자손 32명, 실바의 자손 16명, 라헬의 자손 14명, 빌하의 자손 7명이 포함되며, 야곱과 요셉과 그의 두 아들을 빼면 66명이다. 70명 속에는 야곱의 아내들과 자부들과 종들은 빠져 있다. "야곱의 몸에서 나온"이라는 표현의 '몸'이라는 원어(야레크 יָרֵךְ)는 '허벅지, 허리'라는 말로서 '생식기관'을 가리킨다.

70명의 적은 무리가 애굽에 내려갔으나, 430년 후 애굽에서 나올 때 그들은 성인 남자들만 약 60만명, 여자들과 아이들을 합하면 아마 200만명 이상이 되는 거대한 무리가 될 것이다(출 12:37, 40). 하나님께서 말씀하신 대로(3절), 그들은 거기서 큰 민족이 될 것이다.

70명의 명단에는 딸들이 두 명 들어 있을 뿐 대부분이 아들들이다. 물론, 세상에서 여성의 역할도 중요하다. 여성의 가장 큰 일은 출산이고 또 집안일을 하는 것도 큰 역할이다(잠 31:27; 딛 2:5). 또 여성들은 복음사역자들도 도왔다(눅 8:1-3; 롬 16:1, 3, 6, 12, 13). 그러나 구약시대나 신약시대나 하나님께서는 가정이나 사회나 교회에서 남성의 역할을 중요시하셨다. 그는 구약시대에 남자들을 선지자나 제사장이나 왕이 되게 하셨고 신약시대에는 사도와 목사와 장로가 되게 하셨다. 간혹 예외가 있었지만 예외는 예외일 뿐이다. 오늘날도 가정이나 사회나 교회에서 남자들의 역할이 매우 중요하다.

〔28-30절〕 야곱이 유다를 요셉에게 미리 보내어 자기를 고센으로 인도하게 하고 다 고센 땅에 이르니 요셉이 수레를 갖추고 고센으로 올라가서 아비 이스라엘을 맞으며 그에게 보이고 그 목을 어긋맞겨 안고 얼마 동안 울매 이스라엘이 요셉에게 이르되 네가 지금까지 살아 있고 내가 네 얼굴을 보았으니 지금 죽어도 가하도다.

야곱과 요셉이 서로 얼굴을 보게 된 것은 전적으로 하나님의 은혜이었다. 그것은 야곱이 받은 오랫동안의 고난의 보상과 같았다. 하나님께서는 야곱의 모든 일들이 합력하여 선을 이루게 하셨다.

〔31-34절〕 요셉이 그 형들과 아비의 권속에게 이르되 내가 올라가서 바로에게 고하여 이르기를 가나안 땅에 있던 내 형들과 내 아비의 권속이 내게로 왔는데 그들은 목자라. 목축으로 업을 삼으므로 그 양과 소와 모든 소유를 이끌고 왔나이다 하리니 바로가 당신들을 불러서 너희의 업이 무엇이냐 묻거든 당신들은 고하기를 주의 종들은 어렸을 때부터 지금까지 목축하는 자이온데 우리와 우리 선조가 다 그러하니이다 하소서. 애굽 사람은 다 목축을 가증히 여기나니[40] 당신들이 고센 땅에 거하게 되리이다.

고센 땅은 애굽의 나일강 하구 동쪽의 비옥한 땅으로 가나안 땅과 가장 가깝다. 창세기 47장은 그 곳을 '가장 좋은 땅'이라고 표현했고 또 라암세스라고 말했다(6, 11절). 본장과 앞뒷장은 고센 땅을 강조한다(45:10; 46:28, 29, 34; 47:1, 4, 6, 27; 50:8). 요셉이 그들을 고센 땅에 거하게 하려 한 것과 야곱도 고센 땅에 거하려 한 것은 나중에 떠날 것을 예상하여 애굽 사람들과 완전히 섞이지 않게 하기 위함이었을

---

40) 요세프스는 요셉이 애굽의 힉소스 왕조 때 총리가 되었다고 말한다. 힉소스는 셈족 배경을 가진 침입자들로서 애굽의 제15, 16왕조를 세웠고 약 150년간(주전 1730-1580년경) 통치한 자들이다. 그러나 이것은 애굽 사람들이 히브리인들을 멸시하고 목축을 가증히 여겼다는 성경의 증거(창 43:32; 46:34)에 맞지 않는다. 요셉 때의 바로는 애굽의 중왕국시대 제12왕조(주전 2000-1780년) 센우스레트 3세(주전 1888-1852년)로 보는 것이 적절하다.

것이다. 그들이 후에 애굽에서 올라오는 것은 하나님의 뜻이었고(창 46:4) 야곱과 요셉의 믿음과 지식과 소망이었던 것이 분명하다.

본장의 교훈을 정리해보자. <u>첫째로, 우리의 삶의 길에는 때때로 하나님의 허락 속에서 불가피한 이사가 있다.</u> 애굽에 내려가는 것은 일반적으로 좋지 않은 선택이다. 그러나 가나안 땅의 기근으로 인해 그것은 불가피하였다. 또 하나님께서는 그것을 명하셨고 허락하셨다. 우리는 하나님의 인도하심이면 어디든지 가야 한다. 그러므로 우리는 하나님을 항상 의지하고 그의 인도하심을 구해야 한다(시 37:5; 잠 16:3).

<u>둘째로, 성도에게는 고난도 있지만 위로와 기쁨도 있다.</u> 야곱의 생애가 그러했다. 오랜 고난 후에, 그는 비록 가나안에서가 아니고 애굽에서이었지만 사랑하는 아들 요셉을 만났고 그의 섬김을 받음으로 큰 위로를 얻었다. 하나님께서는 위로의 하나님이시다. 고린도후서 1:3-4, "[그는] 모든 위로의 하나님이시며 우리의 모든 환난 중에서 우리를 위로하사 우리로 하여금 하나님께 받는 위로로써 모든 환난 중에 있는 자들을 능히 위로하게 하시는 이시로다." 그러므로 우리는 고난 가운데서 낙심치 말고 위로의 하나님을 믿고 바라고 그의 위로를 체험해야 한다.

<u>셋째로, 애굽과 고센은 이스라엘과 그 자손들의 영주지가 아니었다.</u> 그들은 장차 애굽에서 나와 가나안 땅으로 다시 올라와야 할 자들이다. 하나님께서는 야곱에게 "내가 너와 함께 애굽으로 내려가겠고 내가 정녕 너를 인도하여 다시 올라올 것이라"고 말씀하셨다. 그것은 하나님의 분명한 뜻이었다. 애굽은 세상을 상징한다. 이 세상의 삶은 나그넷길이다(대상 29:15; 히 11:13; 벧전 2:11). 우리는 행인과 나그네 같은 자로 이 세상에 살고 있다. 이 세상은 우리의 신앙인격의 훈련장일 뿐이며, 우리의 목적지는 천국이다. 믿음의 족장들은 이 세상의 본향을 찾지 않고 하나님께서 지으실 더 나은 본향을 사모하였다(히 11:13-16). 우리도 이 세상에 소망을 두지 말고 장차 주실 천국에 소망을 두고 살아야 한다(벧후 3:11-13). 우리는 그 복된 천국과 부활과 영생을 사모해야 한다.

47장: 이스라엘이 고센 땅에 거함

〔1-4절〕요셉이 바로에게 가서 고하여 가로되 나의 아비와 형들과 그들의 양과 소와 모든 소유가 가나안 땅에서 와서 고센 땅에 있나이다 하고 형들 중 5인을 택하여 바로에게 보이니 바로가 요셉의 형들에게 묻되 너희 생업이 무엇이냐? 그들이 바로에게 대답하되 종들은 목자이온데 우리와 선조가 다 그러하니이다 하고 그들이 또 바로에게 고하되 가나안 땅에 기근이 심하여 종들의 떼를 칠 곳이 없기로 종들이 이 곳에 우거하러 왔사오니 청컨대 종들로 고센 땅에 거하게 하소서.

요셉의 초청과 하나님의 허락으로, 야곱과 그 가족들 66명은 애굽으로 내려갔고 요셉은 형들 중 5인을 택하여 애굽 왕 바로에게 보이며 문안하게 하고 그들로 고센 땅에 거주하게 하기를 요청하였다.

〔5-6절〕바로가 요셉에게 일러 가로되 네 아비와 형들이 네게 왔은즉 애굽 땅이 네 앞에 있으니 땅의 좋은 곳(메타브 מֵיטַב)[가장 좋은 곳](BDB, KJV, NASB, NIV)에 네 아비와 형들로 거하게 하되 고센 땅에 그들로 거하게 하고 그들 중에 능한 자가 있는 줄을 알거든 그들로 나의 짐승을 주관하게 하라.

애굽 왕 바로는 요셉에게 애굽 땅의 가장 좋은 곳 곧 고센 땅에 그들로 거하게 하고 그들 중에 능한 자가 있으면 그의 짐승을 주관하게 하라고 말했다. 하나님께서는 고난 많았던 야곱에게 큰 위로와 상을 주셨다. 그는 그와 그 가족들을 가장 좋은 곳으로 인도하셨다.

〔7-12절〕요셉이 자기 아비 야곱을 인도하여 바로 앞에 서게 하니 야곱이 바로에게 축복하매 바로가 야곱에게 묻되 네 연세가 얼마뇨? 야곱이 바로에게 고하되 내 나그넷길의 세월이 130년이니이다. 나의 연세가 얼마 못 되니 우리 조상의 나그넷길의 세월에 미치지 못하나 험악한 세월을 보내었나이다 하고 야곱이 바로에게 축복하고 그 앞에서 나오니라. 요셉이 바로의 명대로 그 아비와 형들에게 거할 곳을 주되 애굽의 좋은 땅[가장 좋은 땅] (KJV, NASB, NIV) 라암세스를 그들에게 주어 기업을 삼게 하고 또 그 아비와 형들과 아비의 온 집에 그 식구를 따라 식물을 주어 공궤하였더라.

창세기 47장: 이스라엘이 고센 땅에 거함

요셉은 아버지 야곱을 바로 앞으로 인도하였고 야곱은 바로에게 축복하고 그 앞에서 나왔다. 요셉은 바로의 명대로 그의 아버지 야곱과 형들에게 애굽의 가장 좋은 땅 라암세스를 그들에게 거할 곳으로 주어 소유지가 되게 했고 또 그들과 그들의 온 가족들에게 먹을 양식을 공급하였다. 야곱이 바로 앞에 선 때는 주전 1876년경이었고 애굽의 중왕국시대의 제12왕조(주전 2000-1780년경) 중 센우스레트 3세(주전 1888-1852년경) 때이었다고 보인다.

야곱은 자신의 지난날들을 "내 나그넷길의 세월"이라고 말했다. 그의 생애는 나그넷길이었다. 인생은 나그넷길이다. 역대상 29:15에 보면, 다윗은 인생을 "나그네와 우거한 자"라고 말하였고, 베드로전서 2:11에서, 사도 베드로도 성도를 "나그네와 행인 같은 너희"라고 표현했다. 이 세상에서의 삶은 언젠가 떠나야 할 나그넷길이다.

야곱은 또한 자신의 나이가 조상들에 비하면 얼마 못된다고 말하였다. 그의 조부 아브라함은 175세까지 살았고 그의 부친 이삭은 180세까지 살았다. 그러나 야곱의 나이는 아직 130세이었고 그는 고센 땅에서 17년을 살고 147세에 죽음을 맞을 것이다(28절).

야곱은 또 그의 지나간 세월을 "험악한 세월"이라고 표현하였다. 그가 고향을 떠나 외삼촌이 있는 하란으로 간 때부터 고난은 시작되었다. 하란에서 20년 동안의 그의 양치기 생활은 육신적으로 고달팠을 뿐 아니라, 정신적으로도 외삼촌 라반의 비인격적인 대우 때문에 힘든 시간이었다. 또 고향으로 돌아올 때 형 에서로 인해 심히 두렵고 답답했던 일, 세겜에서 딸 디나가 그 곳 추장 세겜에게 강간당한 일, 벧엘을 지나오면서 사랑하는 아내 라헬이 죽은 일, 맏아들 르우벤이 서모 빌하와 통간한 일, 사랑하는 아들 요셉을 잃어버린 일 등 그의 일생은 고통들의 연속이었다. 그러므로 하나님의 사람 모세는 후에 성령의 감동으로 말하기를, "우리의 연수가 70이요 강건하면 80이라도 그 연수의 자랑은 수고와 슬픔뿐이라"고 하였다(시 90:10).

〔13-15절〕기근이 더욱 심하여 사방에 식물이 없고 애굽 땅과 가나안 땅이 기근으로 쇠약하니 요셉이 곡식을 팔아 애굽 땅과 가나안 땅에 있는 돈을 몰수히 거두고 그 돈을 바로의 궁으로 가져오니 애굽 땅과 가나안 땅에 돈이 진한지래[떨어진지라]. 애굽 백성이 다 요셉에게 와서 가로되 돈이 진하였사오니 우리에게 식물을 주소서. 어찌 주 앞에서 죽으리이까?

〔16-18절〕요셉이 가로되 너희의 짐승을 내라. 돈이 진하였은즉 내가 너희의 짐승과 바꾸어 주리라. 그들이 그 짐승을 요셉에게 끌어오는지라. 요셉이 그 말과 양떼와 소떼와 나귀를 받고 그들에게 식물을 주되 곧 그 모든 짐승과 바꾸어서 그 해 동안에 식물로 그들을 기르니라. 그 해가 다하고 새 해가 되매 무리가 요셉에게 와서 그에게 고하되 우리가 주께 숨기지 아니하나이다. 우리의 돈이 다하였고 우리의 짐승 떼가 주께로 돌아갔사오니 주께 낼 것이 아무것도 남지 아니하고 우리의 몸과 전지(田地)뿐이라.

요셉은 백성들의 돈들과 가축들을 받고 그들에게 식물을 주었다.

〔19-20절〕우리가 어찌 우리의 전지와 함께 주의 목전에 죽으리이까? 우리 몸과 우리 토지를 식물로 사소서. 우리가 토지와 함께 바로의 종이 되리니 우리에게 종자를 주시면 우리가 살고 죽지 아니하고 전지도 황폐치 아니하리이다. 그러므로 요셉이 애굽 전지를 다 사서 바로에게 드리니 애굽 사람이 기근에 몰려서 각기 전지를 팖이라. 땅이 바로의 소유가 되니라.

요셉은 애굽의 모든 땅을 사서 바로의 소유가 되게 하였다.

〔21-26절〕요셉이 애굽 이끝에서 저끝까지의 백성을 성읍들에 옮겼으나 제사장의 전지(田地)는 사지 아니하였으니 제사장은 바로에게서 녹을 받음이라. 바로의 주는 녹을 먹으므로 그 전지(田地)를 팔지 않음이었더라. 요셉이 백성에게 이르되 오늘날 내가 바로를 위하여 너희 몸과 너희 전지(田地)를 샀노라. 여기 종자가 있으니 너희는 그 땅에 뿌리라. 추수의 5분 1을 바로에게 상납하고 4분은 너희가 취하여 전지의 종자도 삼고 너희의 양식도 삼고 너희 집 사람과 어린아이의 양식도 삼으라. 그들이 가로되 주께서 우리를 살리셨사오니 우리가 주께 은혜를 입고 바로의 종이 되겠나이다. 요셉이 애굽 토지법을 세우매 그 5분 1이 바로에게 상납되나 제사장의 토지는 바로의 소유가 되지 아니하여 오늘까지(창 26:33; 35:20) 이르니라.

요셉은 백성에게 씨를 주며 토지 소득의 5분의 1은 바로에게 상납하고 나머지 넷은 그들의 심을 씨와 그들과 그 가족들의 양식을 삼으라고 말했다. 그것이 토지법이 되었다. 제사장의 토지만 예외이었다.

[27-28절] 이스라엘 족속이 애굽 고센 땅에 거하며 거기서 산업을 얻고 생육하며 번성하였더라[매우 번성하였더라](원어). 야곱이 애굽 땅에 17년을 거하였으니 그의 수(壽)[수명]가 147세라.

심히 어려운 그 기근의 때, 애굽과 가나안 땅에 모든 돈이 다 떨어지고 애굽의 짐승들도, 땅들도 다 바로의 소유가 된 그때, 하나님께서는 이스라엘 족속에게 안정된 거처와 먹을 것을 공급해주셨다. 이스라엘 백성은 애굽의 고센 땅에서 안정을 얻었고 생육하며 매우 번성하였다. 시편 33:18-19, "여호와는 그 경외하는 자 곧 그 인자하심을 바라는 자를 살피사 저희 영혼을 사망에서 건지시며 저희를 기근시에 살게 하시는도다." 하나님께서는 자기 백성을 버리지 않으신다.

[29-31절] 이스라엘의 죽을 기한이 가까우매 그가 그 아들 요셉을 불러 그에게 이르되 이제 내가 네게 은혜를 입었거든 청하노니 네 손을 내 환도뼈(야레크 יָרֵךְ)[허벅지(thigh)] 아래 넣어서 나를 인애와 성심으로[진실로] 대접하여 애굽에 장사하지 않기를 맹세하고 내가 조상들과 함께 눕거든 너는 나를 애굽에서 메어다가 선영(先塋)[조상들의 무덤]에 장사하라. 요셉이 가로되 내가 아버지의 말씀대로 행하리이다. 야곱이 또 가로되 내게 맹세하라. 맹세하니 이스라엘이 침상 머리에서 경배하니라.

'침상'이라는 원어(밋타 מִטָּה)는 '지팡이'(맛테 מַטֶּה)라고도 읽을 수 있고 그렇게 번역하는 성경들도 있다(히 11:21 참조).[41] 야곱은 하나님께서 그들에게 가나안 땅을 주시고 그들을 그 곳으로 정녕 인도

---

41) 전통적 히브리어 마소라 본문은 밋타(מִטָּה)[침상]라고 읽으며 어떤 영어성경들(KJV, NASB)과 한글개역성경이 그것을 따르지만, 고대 헬라어 70인역, 옛 라틴어역, 수리아어역, 근래의 어떤 영어역(NIV)은 맛테(מַטֶּה)[지팡이]라고 읽는다. 신약성경 히브리서 11:21은 헬라어 70인역을 인용한 것 같다. 본래의 히브리어 본문의 뜻이 무엇이었는지는 분명치 않다.

하여 다시 올라오게 하시겠다는 하나님의 약속을 믿고 앙모하였다. 그것은 오늘날 애굽 같은 세상에 사는 우리로 하여금 천국의 확실한 소망을 가지게 한다. 우리는 죽을 때 영혼이 천국에 들어갈 것이다.

본장의 교훈을 정리해보자. 첫째로, 하나님께서는 많은 고난의 세월을 보냈던 야곱과 그 가족들을 애굽의 가장 좋은 땅 고센으로 인도하셨고 그 기근의 때에도 먹을것을 주셨고 큰 위로를 주셨다. 하나님께서는 오늘날도 먼저 하나님의 나라와 그의 의를 구하는 자마다 심령의 평안과 위로를 주실 뿐 아니라, 또한 몸의 건강과 의식주의 필요를 채워주시고(마 6:33) 환경적 평안도 주실 것이다. 로마서 8:28, "우리가 알거니와 하나님을 사랑하는 자 곧 그 뜻대로 부르심을 입은 자들에게는 모든 것이 합력하여 선을 이루느니라." 그러므로 우리는 고난의 현실 속에서도 낙심하지 말고 우리를 버리지 않으시고 늘 지켜주실 하나님을 더욱 바라고 믿음에 굳게 서서 주의 교훈과 계명만 순종하며 살아야 한다.

둘째로, 야곱은 그 기근의 때에 요셉의 초청으로 애굽 땅으로 내려가 고센 땅에서 17년을 살다가 죽었으나, 하나님의 약속의 땅 가나안으로 돌아갈 것을 의심치 않았고, 요셉에게 자신을 가나안 땅에 장사해줄 것을 맹세시켰다. 인생은 나그넷길이며 우리의 참 본향은 하나님의 약속의 땅인 천국이다. 우리의 소망은 하나님뿐이시며 또 하나님께서 약속하신 새 하늘과 새 땅 곧 썩지 않고 더럽지 않고 쇠하지 아니하는 기업, 그러나 지금 하늘에 간직된 천국뿐이다(벧전 1:3-4). 시편 39:6-7, "진실로 각 사람은 그림자같이 다니고 헛된 일에 분요하며 재물을 쌓으나 누가 취할는지 알지 못하나이다. 주여, 내가 무엇을 바라리요? 나의 소망은 주께 있나이다." 그러므로 우리는 불타 없어질 장망성 같은 세상에 너무 큰 애착과 의미와 가치를 두지 말아야 한다. 고린도후서 4:18, "우리의 돌아보는 것은 보이는 것이 아니요 보이지 않는 것이니." 우리는 이 수고롭고 허무한 세상에서 오직 하나님과 그의 약속하신 천국에 참 의미와 가치를 두고 주님의 재림과 부활과 천국을 믿고 소망해야 한다.

48장: 야곱이 요셉의 두 아들을 축복함

〔1-4절〕 이 일 후에 혹이 요셉에게 고하기를 네 부친이 병들었다 하므로 그가 곧 두 아들 므낫세와 에브라임과 함께 이르니 혹이 야곱에게 고하되 네 아들 요셉이 네게 왔다 하매 이스라엘이 힘을 내어 침상에 앉아 요셉에게 이르되 이전에 가나안 땅 루스에서 전능한 하나님이[전능하신 하나님께서] 내게 나타나 복을 허락하여[복을 주셨고] 내게 이르시되 내가 너로 생육하게 하며 번성하게 하여 네게서 많은 백성이 나게 하고 내가 이 땅을 네 후손에게 주어 영원한 기업이 되게 하리라 하셨느니라.

야곱은 이스라엘이라 불리었다. 그것은 그가 얍복 강가에서 하나님께 받은 복된 새 이름이었다. 야곱은 병에 걸려 죽을 때가 가까웠을 때 사랑하는 아들 요셉에게 하나님에 대해, 하나님의 복에 관해 말했다. 하나님에 관한 말씀은 경건한 성도가 자녀에게 마지막으로 해줄 수 있는 말씀이다. 하나님께서는 인생에게 가장 큰복이시다.

하나님께서는 가나안 땅 루스에서 야곱에게 나타나 복을 주시며 두 가지를 말씀하셨다. 첫째는 "내가 너로 생육하게 하며 번성하게 하여 네게서 많은 백성이 나게 하리라"는 것이며, 둘째는 "내가 이 땅을 네 후손에게 주어 영원한 기업이 되게 하리라"는 것이었다. 그것은 그의 조부 아브라함과 그의 부친 이삭에게 주셨던 복과 동일하였다(창 12:2, 7; 17:8; 22:17; 26:3-4; 28:13). 물론, 하나님의 복은 이 두 가지에 더하여 "네 자손으로 인하여 천하 만민이 복을 얻으리라"는 내용, 즉 메시아 약속에 대한 내용도 있었다(창 12:3; 22:18; 28:14).

〔5-6절〕 내가 애굽으로 와서 네게 이르기 전에 애굽에서 네게 낳은 두 아들 에브라임과 므낫세는 내 것이라. 르우벤과 시므온처럼 내 것이 될 것이요 이들 후의 네 소생이 네 것이 될 것이며 그 산업은 그 형[형들](에브라임과 므낫세)의 명의 하에서[이름 아래에서] 함께하리라.

성경은 요셉이 므낫세와 에브라임 외에 다른 아들들을 낳았는지에 대해서는 말하고 있지 않다. 그러나 만일 그가 다른 아들들을 낳았다 하더라도, 그의 아들들 중 므낫세와 에브라임, 이 둘은 야곱의 아들로 간주되고 나머지는 요셉의 아들로 간주되며, 그들은 그들의 형 므낫세와 에브라임의 지파에 나뉘어 소속되었을 것이다.

〔7절〕 내게 관하여는 내가 이전에 밧단에서 올 때에 라헬이 나를 따르는 노중(路中) 가나안 땅에서 죽었는데 그 곳은 에브랏까지 길이 오히려 격한 [약간 떨어진] 곳이라. 내가 거기서 그를 에브랏 길에 장사하였느니라. (에브랏은 곧 베들레헴이라.)

에브랏은 모세가 창세기를 기록할 당시 베들레헴이라고 불리었다.

〔8-11절〕 이스라엘이 요셉의 아들들을 보고 가로되 이들은 누구냐? 요셉이 그 아비에게 고하되 이는 하나님이[하나님께서] 여기서 내게 주신 아들들이니이다. 아비가 가로되 그들을 이끌어 내 앞으로 나아오라. 내가 그들에게 축복하리라. 이스라엘의 눈이 나이로 인하여 어두워서 보지 못하더라. 요셉이 두 아들을 이끌어 아비 앞으로 나아가니 이스라엘이 그들에게 입 맞추고 그들을 안고 요셉에게 이르되 내가 네 얼굴을 보리라고는 뜻하지 못하였더니 하나님이[하나님께서] 내게 네 소생까지 보이셨도다.

요셉은 자기 아들들을 '하나님께서 여기서 내게 주신 아들들'이라고 표현하였다. 자녀는 하나님께서 주신 선물이다. 시편 127:3, "자식은 여호와의 주신 기업이요 태의 열매는 그의 상급이로다." 야곱은 하나님께서 자기가 보리라 생각하지도 못했던 요셉뿐 아니라, 그의 아들들까지 보게 하심을 감사하면서 그들에게 축복하기를 원하였다.

〔12-14절〕 요셉이 아비 무릎 사이에서 두 아들을 물리고 땅에 엎드려 절하고 우수(右手)로는 에브라임을 이스라엘의 좌수(左手)를 향하게 하고 좌수로는 므낫세를 이스라엘의 우수를 향하게 하고 이끌어 그에게 가까이 나아가매 이스라엘이 우수를 펴서 차자 에브라임의 머리에 얹고 좌수를 펴서 므낫세의 머리에 얹으니 므낫세는 장자라도 팔을 어긋맞겨 얹었더라.

이스라엘은 오른손을 펴서 둘째인 에브라임의 머리에 얹고 왼손을 펴서 첫째인 므낫세의 머리에 얹었다. 므낫세가 장자이었지만, 팔을 어긋맞겨 얹은 것이다. 그것은 하나님의 작정된 뜻을 나타냈다. 둘째 아들이 더 번창할 것이다. 야곱에게는 선지자적 감동이 있었다.

〔15-16절〕그가 요셉을 위하여 축복하여 가로되 내 조부 아브라함과 아버지 이삭의 섬기던(힛할레쿠 레파나우 יִהְתְהַלְכוּ לְפָנָיו)[그 앞에서 걸었던] 하나님, 나의 남으로부터 지금까지 나를 기르신(로에 רֹעֶה)[먹이신, 인도하신, 목자 되신] 하나님, 나를 모든 환난에서 건지신 사자께서 이 아이에게 복을 주시오며 이들로 내 이름과 내 조부 아브라함과 아버지 이삭의 이름으로 칭하게 하시오며 이들로 세상에서 번식되게 하시기를 원하나이다.

야곱은 젊어서부터 하나님의 복을 사모하였다. 그의 축복의 말에는 하나님에 대한 그의 신앙이 드러나 있다. 첫째로, 그는 하나님을 그의 조부와 부친이 그 앞에서 걸었던 하나님이라고 불렀다. 경건함이란 하나님 앞에서 사는 것이다. 둘째로, 그는 하나님을 "나의 남으로부터 지금까지 나를 기르신 하나님"이라고 불렀다. 하나님께서는 야곱의 목자가 되셔서 그를 먹이셨고 인도하셨다. 셋째로, 그는 하나님을 "나를 모든 환난에서 건지신 사자"라고 불렀다. 하나님께서는 야곱을 그 모든 환난에서 건져주셨다. 야곱은 그 하나님께서 요셉과 그 아들들에게 복을 주시며 세상에서 번성케 하시기를 축복하였다.

〔17-20절〕요셉이 그 아비가 우수를 에브라임의 머리에 얹은 것을 보고 기뻐 아니하여 아비의 손을 들어 에브라임의 머리에서 므낫세의 머리로 옮기고자 하여 그 아비에게 이르되 아버지여, 그리 마옵소서. 이는 장자니 우수를 그 머리에 얹으소서. 아비가 허락지 아니하여 가로되 나도 안다. 내 아들아, 나도 안다. 그도 한 족속이 되며 그도 크게 되려니와 그 아우가 그보다 큰 자가 되고 그 자손이 여러 민족을 이루리라 하고 그 날에 그들에게 축복하여 가로되 이스라엘 족속이 너로 축복하기를 하나님께서 너로 에브라임 같고 므낫세 같게 하시리라 하리라 하여 에브라임을 므낫세보다 앞세웠더라.

야곱에게는 예언적 영감이 있었다. 그는 요셉의 아들들을 축복할 때 둘째 아들 에브라임을 첫째 아들 므낫세보다 앞세웠다.

〔21-22절〕이스라엘이 요셉에게 또 이르되 나는 죽으나 하나님이[하나

님께서] 너희와 함께 계시사 너희를 인도하여 너희 조상의 땅으로 돌아가게 하시려니와 내가 네게 네 형제보다 일부분을 더 주었나니 이는 내가 내 칼과 활로 아모리 족속의 손에서 빼앗은 것이니라.

야곱은 하나님께서 그들과 함께 계셔서 가나안 땅으로 돌아가게 하실 것을 확신했고 또 그들이 가나안 땅 거민들을 정복하고 그 땅을 분배할 때 요셉에게 두 사람 몫을 줄 것을 확신하였다.

본장의 교훈을 정리해보자. 첫째로, 야곱은 병 들어 죽을 때가 가까웠을 때 요셉과 그의 두 아들들의 방문을 받고 힘을 내어 침상에 앉아 하나님에 관해 말했다. 우리가 우리의 사랑하는 자녀들에게 말할 기력이 있고 기회가 있을 때 해야 할 말은, 육신의 건강이나 부자 되는 것이나 출세하는 것에 대한 말이 아니고, 하나님과 그의 구원에 관한 말씀이어야 한다. 부모가 자녀들에게 남겨줄 말들 중에 이보다 더 중요한 말은 없다. 우리는 우리의 자녀들에게 하나님에 관해 말해야 한다.

둘째로, 야곱은 요셉과 그의 두 아들들에게 축복하였다. 하나님께서는 만복의 근원이시다. 하나님께서만 인생에게 복을 주실 수 있다. 우리는 하나님의 아들 예수 그리스도를 믿음으로 죄사함과 구원과 영생의 복을 하나님께로부터 이미 얻었고 또 평안과 건강의 복과 물질적 여유도 얻기를 원한다. 우리는 우리 자신이 하나님의 복 받기를 사모할 뿐 아니라, 또한 우리의 자녀들을 하나님의 이름으로 축복해야 한다.

셋째로, 하나님께서는 이스라엘 백성의 조상들 아브라함과 이삭과 야곱에게 가나안 땅을 기업의 땅으로 약속하셨고 야곱은 그 하나님의 약속을 믿고 소망하였다. 야곱은 하나님께서 그 자손들과 함께 계셔서 장차 그들을 인도하여 가나안 땅으로 돌아가게 하실 것을 확신하였다. 오늘날 우리의 소망은 예수 그리스도의 재림으로 말미암은 천국이다. 하나님께서는 새 하늘과 새 땅을 우리를 위해 예비하셨고 우리는 장차 그 곳에 들어가 영생의 복을 누릴 것이다. 우리는 하나님께서 약속하셨고 성경에 밝히 증거하신 그 천국을 확신하고 항상 소망해야 한다.

49장: 야곱이 열두 아들들에게 예언함

〔1-2절〕 야곱이 그 아들들을 불러 이르되 너희는 모이라. 너희의 후일에 당할 일을 내가 너희에게 이르리라. 너희는 모여 들으라. 야곱의 아들들아, 너희 아비 이스라엘에게 들을지어다.

야곱은 열두 아들들에게 그들이 후일에 당할 일들을 예언하였다.

〔3-4절〕 르우벤아, 너는 내 장자요 나의 능력이요 나의 기력의 시작이라. 위광(威光)[위엄]이 초등(超等)하고[뛰어나고] 권능이 탁월하도다마는 물의 끓음 같았은즉(파카즈 캄마임 מַיִם כַּ פַּחַז)['물같이 불안정하니' 혹은 '물같이 자유분방하니'] 너는 탁월치 못하리니 네가 아비의 침상에 올라 더럽혔음이로다. 그가 내 침상에 올랐었도다.

르우벤이 이런 예언을 들은 것은 그가 아버지의 침상에 올라 그것을 더럽혔기 때문이다. 야곱은 그가 내 침상에 올랐다고 반복해 말한다. 그것은 르우벤이 작은 어머니 라헬의 여종 곧 그의 서모 빌하를 범한 일을 말한 것이다(창 35:22). 르우벤은 장자로서 뛰어난 점들이 많았지만 큰 죄를 범함으로 그 장점들을 잃어버렸다(대상 5:1).

〔5-7절〕 시므온과 레위는 형제요 그들의 칼은 잔해하는 기계로다. 내 혼아, 그들의 모의에 상관하지 말지어다. 내 영광아, 그들의 집회에 참여하지 말지어다. 그들이 그 분노대로 사람을 죽이고 그 혈기대로[원하는 대로] 소의 발목 힘줄을 끊었음이로다. 그 노염이 혹독하니 저주를 받을 것이요 분기가 맹렬하니 저주를 받을 것이라. 내가 그들을 야곱 중에서 나누며 이스라엘 중에서 흩으리로다.

시므온과 레위는 그의 누이 디나가 세겜에서 강간을 당했을 때 그 성을 습격하여 모든 남자들을 죽였었다(창 34:25-26). 야곱은 그 일을 좋지 않게 보았고 불쾌히 여겼고 매우 염려하였었다(창 34:30). 경건한 성도는 악한 일을 행치 말아야 하고 또 악한 일에 참여치 말아야 한다. 사도 바울은 "너희는 열매 없는 어두움의 일에 참여하지 말고

도리어 책망하라"고 말했다(엡 5:11). 야곱은 그러한 혹독한 노염과
맹렬한 분기가 저주를 받을 것이라고 말하며 그들을 이스라엘 중에
서 나누며 흩을 것이라고 말한다. 시므온 지파는 그 수가 적었을 뿐
아니라(민 26:14) 유다 지파의 기업 중에서 기업을 얻었고(수 19:1-9),
레위 지파는 열두 지파에 다 흩어져 거주하게 되었다(수 20-21장).

**[8-9절] 유다야, 너는 네 형제의 찬송이 될지라. 네 손이 네 원수의 목을
잡을 것이요 네 아비의 아들들이 네 앞에 절하리로다. 유다는 사자 새끼로
다. 내 아들아, 너는 움킨 것을 찢고 올라갔도다. 그의 엎드리고 웅크림이
수사자 같고 암사자 같으니 누가 그를 범할[성나게 할] 수 있으랴.**

유다는 형제들에게 칭송을 받을 것이며 원수들의 목을 잡는 통치
권을 발휘할 것이며 형제들을 다스리게 될 것이다. 또 유다는 사자
새끼라고 묘사된다. 그것은 왕권을 상징할 것이다. 그는 먹이를 움키
고 찢는 수사자 같고 암사자 같다. 그를 성나게 할 자가 없을 것이다.

**[10절] 홀이 유다를 떠나지 아니하며 치리자의 지팡이가 그 발 사이에서
떠나지 아니하시기를 실로가 오시기까지 미치리니 그에게 모든 백성이 복
종하리로다.**

'홀'이나 '치리자의 지팡이'는 '왕권'을 나타낸다. '실로'라는 말(쉴로
שׁילֹה)에 대해서는 여러 해석들이 있다. (1) 어떤 이들은 이 말을 '그
의 아들'이라는 뜻으로 본다(탈굼역, 제롬, 칼빈). 히브리어 쉴(שִׁיל)
은 '태아'라는 뜻이다. (2) 어떤 이들은 이 말을 '그것[치리자의 홀]을
가진 자'라는 뜻으로 본다(헬라어 70인역, 수리아어역, BDB, NIV). 그
들은 이 말을 쉐(שׁ)(관계대명사)와 로(לֹו)('그에게 속하는')의 결합어
로 본다. (3) 어떤 이들은 이 말을 메시아에 대한 명칭으로 본다(탈무
드, KJV, NASB). 히브리어 솰라(שָׁלָה)는 '조용하다, 편안하다'는 뜻이
며, 쉴로라는 말은 '안식의 사람,' '평화의 사람'이라는 뜻일 것이다.
(4) 다른 이들은 이 말을 실로라는 장소로 본다(NASB 난외주, 델리
취). 이와 같이, 이 말의 해석은 다양하지만, 그 뜻이 메시아를 가리킨

다는 데는 대체로 일치한다. 예수 그리스도께서는 유다 지파 다윗의 자손으로 세상에 오셨다. 또 본문은 모든 백성이 그에게 복종할 것이라고 말한다. 메시아께서는 모든 백성의 주(主)가 되실 것이다.

〔11-12절〕 그의 나귀를 포도나무에 매며 그 암나귀 새끼를 아름다운 포도나무에 맬 것이며 또 그 옷을 포도주에 빨며 그 복장을 포도즙에 빨리로다. 그 눈은 포도주로 인하여 붉겠고 그 이는 우유로 인하여 희리로다.

본문은 유다 지파가 물질적 풍요를 얻게 됨을 나타낸다.

〔13-15절〕 스불론은 해변에 거하리니 그 곳은 배 매는 해변이라. 그 지경이 시돈까지리로다. 잇사갈은 양의 우리 사이에 꿇어앉은 건장한 나귀로다. 그는 쉴 곳을 보고 좋게 여기며 토지를 보고 아름답게 여기고 어깨를 내려 짐을 메고 압제 아래서 섬기리로다.

스불론은 해변에 거할 것이며 잇사갈은 토지를 경작하는 수고로운 일에 종사하며 그것을 즐기며 생활할 것이다.

〔16-18절〕 단은 이스라엘의 한 지파같이 그 백성을 심판하리로다. 단은 길의 뱀이요 첩경의 독사리로다. 말굽을 물어서 그 탄 자로 뒤로 떨어지게 하리로다. 여호와여, 나는 주의 구원을 기다리나이다[기다렸나이다](KJV).

단은 백성을 재판할 사사를 배출할 것이라고 예언된다. 이 예언은 사사 삼손에게서 이루어졌다. 또 단은 길의 뱀과 사나운 독사로 묘사된다. 이것은 단 지파 사람들의 사나움을 가리킨 것 같다. 야곱은 악하고 사나운 자들에게서 구원을 얻어 선함과 평안 안에 살기를 소망한다. 그것은 모든 성도의 소원이며 천국에서 이루어질 것이다.

〔19-21절〕 갓은 군대의 박격[공격]을 받으나 도리어 그 뒤를 추격[공격]하리로다. 아셀에게서 나는 식물은 기름진 것이라. 그가 왕의 진수를 공궤[공급]하리로다. 납달리는 놓인 암사슴이라. 아름다운 소리를 발하는도다.

갓은 용맹한 자들로 묘사된다. 후에 갓 사람들 중에서 다윗을 도왔던 용사들이 많이 있었다(대상 12:8-15). 아셀은 기름진 식물을 내어 왕의 식탁 재료들을 공급할 것이다. 납달리 사람들은 사사 드보라 때에 바락을 따라 전쟁에서 큰 승리를 하였다(삿 4:10).

〔22-24절〕 요셉은 무성한 가지 곧 샘 곁의 무성한 가지라. 그 가지가 담을 넘었도다. 활쏘는 자가 그를 학대하며 그를 쏘며 그를 군박하였으나[괴롭혔으나] 요셉의 활이 도리어 견강하며[튼튼하며] 그의 팔이 힘이 있으니 야곱의 전능자의 손을 힘입음이라. 그로부터(밋솸 מִשָּׁם)[그 곳으로부터] 이스라엘의 반석인 목자가 나도다.

요셉은 형들의 핍박을 받아 이웃의 애굽으로 팔려갔으나 전능자 하나님의 손을 힘입어 강건해졌다. "그 곳으로부터 이스라엘의 반석인 목자가 나도다"라는 말씀은 "전능자의 손으로부터 메시아께서 오시리라"는 뜻 같다. 메시아께서는 전능하신 하나님의 능력으로 사람이 되어 이 세상에 오실 것이다.

〔25-26절〕 네 아비의 하나님께로 말미암나니 그가 너를 도우실 것이요 전능자로 말미암나니 그가 네게 복을 주실 것이라. 위로 하늘의 복과 아래로 원천의 복과 젖먹이는 복과 태의 복이리로다. 네 아비의 축복이 내 부여조[조상들]의 축복보다 나아서 영원한 산이 한없음같이 이 축복이 요셉의 머리로 돌아오며 그 형제 중 뛰어난[구별된] 자의 정수리로 돌아오리로다.

요셉이 요셉된 것은 전적으로 하나님의 은혜이었다. 그의 아버지 야곱을 도우신 하나님께서는 아들 요셉도 도우실 것이며 전능하신 그는 그에게 복을 주실 것이다. 그 복은 영육의 풍성한 복일 것이다. 그 조상들의 복보다 더 풍성한 복이 요셉에게 임할 것이다.

〔27절〕 베냐민은 물어뜯는 이리라. 아침에는 빼앗은 것을 먹고 저녁에는 움킨 것을 나누리로다.

'물어뜯는 이리'라는 표현은 베냐민의 호전적인 성격을 나타낸다. 베냐민은 이스라엘 자손들과도 전쟁을 치룬 적이 있었다(삿 20장). 베냐민 지파에는 용맹한 자들이 많이 있었다(대하 14:8; 17:17).

〔28-33절〕 이들은 이스라엘의 12지파라. 이와 같이 그 아비가 그들에게 말하고 그들에게 축복하였으되 곧 그들 각인의 분량대로 축복하였더라. 그가 그들에게 명하여 가로되 내가 내 열조에게로 돌아가리니 나를 헷 사람

에브론의 밭에 있는 굴에 우리 부여조[부친과 조상들]와 함께 장사하라. 이 굴은 가나안 땅 마므레 앞 막벨라 밭에 있는 것이라. 아브라함이 헷 사람 에브론에게서 밭과 함께 사서 그 소유 매장지를 삼았으므로 아브라함과 그 아내 사라가 거기 장사되었고 이삭과 그 아내 리브가도 거기 장사되었으며 나도 레아를 그 곳에 장사하였노라. 이 밭과 거기 있는 굴은 헷 사람에게서 산 것이니라. 야곱이 아들에게 명하기를 마치고 그 발을 침상에 거두고 기운이 진하여 그 열조에게로 돌아갔더라.

사람은 죽은 후 '그 열조에게로' 즉 천국 혹은 지옥으로 돌아간다.

본장의 교훈을 정리해보자. 첫째로, 르우벤은 장자로서 좋은 재능을 가지고 태어났지만, 서모와 통간하는 큰 죄를 범함으로 그것을 다 잃어버렸다. 사람은 범죄하면 타고난 좋은 재능을 다 잃어버린다. 그러므로 우리는 범죄치 말아야 한다. 우리는 이 세상의 그 무엇보다 죄 짓는 일을 가장 두려워해야 한다. 죄는 우리의 모든 좋은 것을 잃게 한다.

둘째로, 유다는 큰 잘못을 범했으나 하나님의 징계를 통해 회개했다고 보인다. 그는 동생 요셉을 종으로 팔자고 제안했던 자이었다. 그러나 그 후 그는 두 아들을 잃었고 아내도 잃었다. 또 창녀에게 들어간다는 것이 그의 며느리와 관계를 갖는 수치스런 일도 저질렀다. 그러나 그는 그 모든 일을 회개한 것 같다. 그는 나중에 애굽의 총리 앞에서 베냐민 대신 자신을 종으로 삼게 해주기를 간청하였다. 그는 하나님의 큰 은혜를 받았고 그의 자손에게서 메시아께서 오실 것이 예언되었다. 하나님께서는 회개하는 자에게 큰 은혜를 주신다. 비록 큰 죄를 지은 자라도, 철저히 회개하기만 하면 하나님께서 그를 들어 사용하실 것이다.

셋째로, 요셉은 형들의 미움으로 애굽에 종으로 팔려갔고 긴 고난의 시간들을 겪었지만, 하나님을 경외하며 그와 함께하는 생활을 했다. 그는 죄 짓는 것을 가장 두려워하며 피하였다. 경건하고 의로운 요셉은 큰복을 받았고 마침내 온 가족들을 구원했다. 또 하나님께서는 그에게 더욱 풍성한 복을 주실 것이다. 경건은 현세와 내세에 복된 길이다.

50장: 야곱과 요셉의 장례식

〔1-3절〕요셉이 아비 얼굴에 구푸려 울며 입맞추고 그 수종 의사에게 명하여 향 재료로 아비의 몸에 넣게 하매 의사가 이스라엘에게 그대로 하되 40일이 걸렸으니 향 재료를 넣는 데는 이 날수가 걸림이며 애굽 사람들은 70일 동안 그를 위하여 곡하였더라.

야곱은 요셉의 초청으로 130세에 애굽에 와서(창 47:9) 17년 동안 산 후 147세에 애굽의 고센 땅에서 죽었다(창 47:28; 49:33). 요셉은 울며 아버지의 얼굴에 입맞추었고 그 수종 의사에게 명하여 아버지의 몸을 방부(防腐)처리하게 했다. 미라로 만든다고 말하는 방부처리의 방식은 몸의 내장을 제거하고 소금을 가득 채워 시체를 건조시킨 후 향유에 적신 천으로 묶고 전체를 싸는 방식이라고 한다(NBD).

〔4-9절〕곡하는 기한이 지나매 요셉이 바로의 궁에 말하여 가로되 내가 너희에게 은혜를 입었으면 청컨대 바로의 귀에 고하기를 우리 아버지가 나로 맹세하게 하여 이르되 내가 죽거든 가나안 땅에 내가 파서 둔 묘실에 나를 장사하라 하였나니 나로 올라가서 아버지를 장사하게 하소서. 내가 다시 오리이다 하라 하였더니 바로가 가로되 그가 네게 시킨 맹세대로 올라가서 네 아비를 장사하라. 요셉이 자기 아비를 장사하러 올라가니 바로의 모든 신하와 바로 궁의 장로들과 애굽 땅의 모든 장로와 요셉의 온 집과 그 형제들과 그 아비의 집이 그와 함께 올라가고 그들의 어린아이들과 양떼와 소떼만 고센 땅에 남겼으며 병거와 기병이 요셉을 따라 올라가니 그 떼가 심히 컸더라.

애곡하는 기한이 지나자 요셉은 바로의 궁에 말을 전하였다. 아직 장례의 기간이므로 그가 직접 바로를 알현하지 않은 것 같다. 바로는 "그가 네게 시킨 맹세대로 올라가서 네 아비를 장사하라"고 허락하였다. 많은 고난의 세월을 지났던 야곱의 장례식은 영광스러웠다.

〔10-11절〕그들이 요단강 건너편 아닷 타작마당에 이르러 거기서 크게 호곡하고 애통하며 요셉이 아비를 위하여 7일 동안 애곡하였더니 그 땅 거

민 가나안 백성들이 아닷 마당의 애통을 보고 가로되 이는 애굽 사람의 큰 애통이라 하였으므로 그 땅 이름을 아벨미스라임이라 하였으니 곧 요단강 건너편이더라.

그들은 요단강 건너편 아닷 타작마당에 이르러 거기서 크게 소리 내어 울며 애통했다. 아벨미스라임은 '애굽인들의 곡함'이라는 뜻이다. 그 땅은 요단강 건너편이었다. 본문에 두 번 나오는 '요단강 건너편'이라는 원어(아쉐르 베에베르 하야르덴 הַיַּרְדֵּן בְּעֵבֶר אֲשֶׁר)는 창세기를 쓴 저자 모세의 서술 위치가 요단강 동쪽임을 보인다.

〔12-14절〕 야곱의 아들들이 부명(父命)을 좇아 행하여 그를 가나안 땅으로 메어다가 마므레 앞 막벨라 밭 굴에 장사하였으니 이는 아브라함이 헷 족속 에브론에게 밭과 함께 사서 소유 매장지를 삼은 곳이더라. 요셉이 아비를 장사한 후에 자기 형제와 호상군[모든 사람]과 함께 애굽으로 돌아왔더라.

요셉이 야곱을 장사한 굴은 할아버지 아브라함이 헷 족속 에브론에게 밭과 함께 사서 소유 매장지를 삼은 곳이었다(창 23:16-19).

〔15-18절〕 요셉의 형제들이 그 아비가 죽었음을 보고 말하되 요셉이 혹시 우리를 미워하여 우리가 그에게 행한 모든 악을 다 갚지나 아니할까 하고 요셉에게 말을 전하여 가로되 당신의 아버지가 돌아가시기 전에 명하여 이르시기를 너희는 이같이 요셉에게 이르라. 네 형들이 네게 악을 행하였을지라도 이제 바라건대 그 허물과 죄를 용서하라 하셨다 하라 하셨나니 당신의 아버지의 하나님의 종들의 죄를 이제 용서하소서 하매 요셉이 그 말을 들을 때에 울었더라. 그 형들이 또 친히 와서 요셉의 앞에 엎드려 가로되 우리는 당신의 종이니이다.

요셉이 형들의 말을 듣고 운 것은 자신의 고생스러웠던 과거의 일들이 기억났기 때문이며 또 하나님께서 자기에게 주신 은혜가 너무 기이하고 컸음을 감사하게 느꼈기 때문일 것이다.

〔19-21절〕 요셉이 그들에게 이르되 두려워 마소서. 내가 하나님을 대신하리이까? 당신들은 나를 해하려 하였으나 하나님께서는 그것을 선으로 바꾸사 오늘과 같이 만민의 생명을 구원하게 하시려 하셨나니 당신들은 두려

워 마소서. 내가 당신들과 당신들의 자녀를 기르리이다 하고 그들을 간곡한 말로 위로하였더라[그들을 위로했고 그들의 마음에 말하였더라](원문직역).

요셉은 "두려워 마소서. 내가 하나님을 대신하리이까?"라고 말했다. 사람을 선악간에 판단하시고 보응하실 이는 오직 하나님이시다. 심판과 보응은 하나님께서 하실 일이다. 로마서 12:19, "너희가 친히 원수를 갚지 말고 [하나님의] 진노하심에 맡기라."

요셉은 또 "당신들이 나를 해하려 했으나 하나님께서는 그것을 선으로 바꾸사 오늘과 같이 만민의 생명을 구원하게 하시려 하셨나니"라고 말했다. 형들이 요셉을 해하려 하고 그를 애굽에 종으로 판 것은 큰 악이었다. 사람이 선과 악을 분간하고 판단하는 것은 필요하다. 그러나 하나님께서는 그들의 악한 일을 바꾸셔서 그의 부모와 형제들과 가족들의 생명을 구원하는 선한 일이 되게 하셨다.

또 요셉은 "당신들은 두려워 마소서. 내가 당신들과 당신들의 자녀를 기르리이다"라고 말했다. 과연, 요셉은 그 후 54년간 애굽에 살면서 형제들과 그 자손들에게 많은 도움을 주었음이 분명하다. 본문은 요셉이 형들을 진심으로 위로하였다고 말한다.

〔22-23절〕 요셉이 그 아비의 가족과 함께 애굽에 거하여 110세를 살며 에브라임의 자손 3대를 보았으며 므낫세의 아들 마길의 아들들도 요셉의 슬하에서 양육되었더라.

요셉은 그 아버지의 가족들과 함께 애굽에 거하여 110세를 살았다. 야곱이 죽었을 때 요셉은 56세쯤이었으므로 그 후에도 54년간 더 산 것이다. 그는 에브라임의 자손 3대를 보았으며 므낫세의 아들 마길의 아들들도 요셉의 슬하에서 양육되었다. 하나님께서는 많은 고난을 겪었던 요셉에게 즐거움과 위로의 긴 세월을 은혜로 주셨다.

〔24-26절〕 요셉이 그 형제에게 이르되 나는 죽으나 하나님께서 [정녕] 너희를 권고해[돌아보]시고 너희를 이 땅에서 인도하여 내사 아브라함과 이삭과 야곱에게 맹세하신 땅에 이르게 하시리라 하고 요셉이 또 이스라엘 자

손에게 맹세시켜 이르기를 하나님께서 정녕 너희를 권고해[돌아보]시리니 너희는 여기서 내 해골[뼈들]을 메고 올라가겠다 하라 하였더라. 요셉이 110세에 죽으매 그들이 그의 몸에 향 재료를 넣고 애굽에서 입관하였더라.

요셉은 이스라엘 자손에게 맹세시켜 말했다. "하나님께서 정녕 너희를 돌아보시리니 너희는 여기서 내 뼈들을 메고 올라가겠다고 말하라." 요셉은 110세에 죽었고 그의 몸은 방부처리되어 입관되었다.

본장의 교훈을 정리해보자. 첫째로, 야곱은 147세에 죽었고 요셉은 110세에 죽었다. 창세기는 첫 사람의 창조로부터 시작되어 이스라엘의 선조 야곱과 요셉의 죽음으로 끝난다. 사람은 누구나 다 죽는 존재이며 지금도 모든 사람은 죽음을 향해 가고 있다. 우리는 어느 날 우리에게 올 죽음을 생각하고 지금 살아 있는 동안 죽음의 날에 후회할 것이 없는 자가 되도록 잘 준비해야 한다. 우리는 죽음을 잘 준비해야 한다.

둘째로, 요셉은 하나님의 주권적 섭리를 믿었고 형들을 용서하였고 위로하였다. 그는 형들에게 보복하려 하지 않았다. 물론 형들은 자신들의 잘못을 인정했고 회개했다고 본다. 요셉은 자신을 애굽에 보낸 것이 하나님의 하신 일임을 믿었다. 모든 것이 다 하나님의 은혜요 섭리이었다. 하나님께서는 우리가 서로 사랑하고 상대를 용서하고 선으로 악을 이기기를 원하신다. 우리는 범사에 하나님을 인정하고 하나님의 선하신 주권적 섭리를 믿고 우리의 우리된 것이 전적으로 하나님의 은혜임을 믿고 오직 하나님께 감사하며 그의 계명과 교훈을 행해야 한다.

셋째로, 야곱은 가나안 땅에 대한 하나님의 약속을 믿고 소망하였고 자신을 그 땅에 장사하라고 맹세시켰고 또 요셉도 그 형제들에게 하나님께서 그들을 돌아보시고 약속의 땅으로 인도하실 것이며 그때 자신의 뼈들을 그 곳으로 메고 올라가라고 맹세시켰다. 그들은 가나안 땅에 대한 하나님의 약속을 믿고 소망하였다. 그것은 천국 소망을 예표한다. 우리는 멸망할 세상에서 그리스도의 재림과 영원한 천국을 소망해야 한다. 우리는 하나님의 약속대로 천국을 소망해야 한다(벧후 3:12-13).

저자 소개

연세대학교 문과대학 철학과 졸업 (B.A.).
총신대학 신학연구원[신학대학원] 졸업 (M.Div. equiv.).
미국, Faith Theological Seminary 졸업 (Th.M. in N.T.).
미국, Bob Jones University 대학원 졸업 (Ph.D. in Theology).
계약신학대학원 교수 역임, 합정동교회 담임목사.
[역서] J. 그레셤 메이첸, 신약개론, 신앙이란 무엇인가? 등 다수.
[저서] 구약성경강해 1, 2, 신약성경강해, 조직신학, 기독교교리개요,
기독교 윤리, 현대교회문제, 자유주의 신학의 이단성, 에큐메니칼운동
비평, 복음주의 비평, 현대교회문제자료집, 천주교회비평 등.

창세기 강해

2007년 12월 30일 1판,   2010년 2월 5일 2판
2018년 12월 21일 3판
2023년 4월 28일 4판

저   자 김 효 성
발 행 처 옛신앙 출판사
Old-time Faith Press
www.oldfaith.net
서울 마포구 독막로 26 (합정동)
합정동교회 내
02-334-8291, 팩스 02-337-4869
oldfaith@hjdc.net
등록번호: 제10-1225호

ISBN 978-89-98821-78-4 03230 값 7,000원
옛신앙출판사는 이익을 추구하지 않으며 출판권은 저자에게 있습니다.

♣ '**옛신앙**'이란, 옛부터 하나님의 선지자들과 주 예수 그리스도의
사도들이 가졌던 신앙, 오직 정확 무오(正確無誤)한 하나님 말씀인
신구약성경에만 근거한 신앙, 오늘날 배교(背敎)와 타협의 풍조에
물들지 않는 신앙을 의미합니다.

"여호와께서 이같이 말씀하시되 '너희는 길에 서서 보며 **옛적 길**
곧 **선한 길**이 어디인지 알아보고 그리로 행하라. 너희 심령이 평강
을 얻으리라' 하나, 그들의 대답이 '우리는 그리로 행치 않겠노라'
하였으며"(렘 6:16).

옛신앙 출판사 서적 안내

1. 김효성, 현대교회문제. [6판]. 204쪽. 4,000원.
2. 김효성, 자유주의 신학의 이단성. [2판]. 170쪽. 4,000원.
3. 김효성, 에큐메니칼운동 비평. 158쪽. 6,000원.
4. 김효성, 복음주의 비평. 193쪽. 6,000원.
5. 김효성, 천주교회 비평. [2판]. 97쪽. 3,000원.
6. 김효성, 이단종파들. [6판]. 70쪽. 700원.
7. 김효성, 공산주의 비평. [6판]. 44쪽. 2,000원.
8. 김효성, 조직신학. [2판]. 627쪽. 6,000원.
9. 김효성, 기독교 교리개요. [10판]. 96쪽. 2,500원.
10. 김효성, 기독교 윤리. [6판]. 240쪽. 4,500원.
11. 김효성, 신약성경 전통본문 옹호. 166쪽. 4,000원.
12. 김효성, 기독교 신앙입문. [10판]. 34쪽. 600원.
14. 김효성, 창세기 강해. [4판]. 356쪽. 7,000원.
15. 김효성, 출애굽기 강해. [2판]. 204쪽. 4,000원.
16. 김효성, 레위기 강해. [3판]. 164쪽. 4,000원.
17. 김효성, 민수기 강해. [2판]. 182쪽. 4,000원.
18. 김효성, 신명기 강해. [2판]. 184쪽. 4,000원.
19. 김효성, 여호수아 사사기 룻기 강해. [3판]. 216쪽. 4,000원.
20. 김효성, 사무엘서 강해. [3판]. 233쪽. 5,000원.
21. 김효성, 열왕기 강해. [3판]. 217쪽. 5,000원.
22. 김효성, 역대기 강해. [3판]. 255쪽. 6,000원.
23. 김효성, 에스라 느헤미야 에스더 강해. [3판]. 132쪽. 4,000원.
24. 김효성, 욥기 강해. [2판]. 195쪽. 4,000원.
25. 김효성, 시편 강해. [3판]. 703쪽. 10,000원.
26. 김효성, 잠언 강해. [3판]. 623쪽. 10,000원.
27. 김효성, 전도서 강해. [3판]. 84쪽. 3,000원.
28. 김효성, 아가서 강해. [3판]. 88쪽. 3,000원.
29. 김효성, 이사야 강해. [3판]. 406쪽. 8,000원.
30. 김효성, 예레미야 및 애가 강해. [2판]. 359쪽. 6,000원.
31. 김효성, 에스겔 다니엘 강해. [2판]. 293쪽. 6,000원.
32. 김효성, 소선지서 강해. [2판]. 318쪽. 6,000원.
33. 김효성, 마태복음 강해. [2판]. 340쪽. 6,000원.
34. 김효성, 마가복음 강해. [3판]. 223쪽. 5,000원.
35. 김효성, 누가복음 강해. [2판]. 373쪽. 6,000원.
36. 김효성, 요한복음 강해. [3판]. 281쪽. 5,000원.
37. 김효성, 사도행전 강해. [3판]. 236쪽. 4,000원.
38. 김효성, 로마서 강해. [3판]. 145쪽. 4,000원.
39. 김효성, 고린도전서 강해. [2판]. 122쪽. 3,000원.
40. 김효성, 고린도후서 강해. [2판]. 100쪽. 3,000원.
41. 김효성, 갈라디아서 에베소서 강해. [2판]. 169쪽. 4,000원.
42. 김효성, 빌립보서 골로새서 강해. [2판]. 143쪽. 4,000원.
43. 김효성, 데살로니가전후서 빌레몬서 강해. [2판]. 92쪽. 3,000원.
44. 김효성, 디모데전후서 디도서 강해. [2판]. 164쪽. 4,000원.
45. 김효성, 히브리서 강해. [3판]. 109쪽. 3,000원.
46. 김효성, 야고보서 베드로전후서 강해. [2판]. 145쪽. 4,000원.
47. 김효성, 요한1,2,3서 유다서 강해. [2판]. 104쪽. 3,000원.
48. 김효성, 요한계시록 강해. [2판]. 173쪽. 4,000원.

☆ 주문: oldfaith.net/07books.htm   전화: 02-334-8291
☆ 계좌: 우리은행 1005-604-140217 합정동교회